LIFE, LORE AND SONG

'Nell Phurge' (Eibhlín Ní Mhurchú, from Baile Loiscthe, Corca Dhuibhne, Co. Kerry), in conversation with Ríonach uí Ógáin in 2002 (photograph by Kelly Fitzgerald).

Life, lore and song: essays in Irish tradition in honour of Ríonach uí Ógáin

'Binneas an tSiansa': aistí in onóir do Ríonach uí Ógáin

Kelly Fitzgerald, Bairbre Ní Fhloinn,
Meidhbhín Ní Úrdail & Anne O'Connor

EDITORS

FOUR COURTS PRESS

FOUR COURTS PRESS LTD
7 Malpas Street, Dublin 8, Ireland
www.fourcourtspress.ie
and in North America for
FOUR COURTS PRESS
c/o IPG, 814 N. Franklin Street, Chicago, IL 60610.

© the various contributors and Four Courts Press 2019

A catalogue record for this title is available
from the British Library.

ISBN 978-1-84682-810-2

All rights reserved.
Without limiting the rights under copyright
reserved alone, no part of this publication may be
reproduced, stored in or introduced into a retrieval system,
or transmitted, in any form or by any means (electronic, mechanical,
photocopying, recording or otherwise), without the prior
written permission of both the copyright owner and
publisher of this book.

Typeset in 10.5pt on 12.5pt EhrhardtMTPro by
Carrigboy Typesetting Services, www.carrigboy.co.uk
Printed in England by CPI Antony Rowe, Chippenham, Wilts.

Contents

ACKNOWLEDGMENTS   viii
INTRODUCTION   ix

PART ONE: RÍONACH UÍ ÓGÁIN'S FOLKLORE RECORDINGS IN THE NATIONAL FOLKLORE COLLECTION

1   Saibhriú na cartlainne: liosta taifeadtaí obair pháirce Ríonach uí Ógáin
Anna Bale   1

2   'The landscape of tradition is constantly changing': five decades of contributions to the understanding of Irish vernacular culture
Kelly Fitzgerald   9

3   The visual context of tradition: Ríonach uí Ógáin's photographic work
Críostóir Mac Cárthaigh   17

PART TWO: HISTORICAL COLLECTING, MANUSCRIPT AND LITERARY SOURCES, AND THE HISTORY OF TRADITION ARCHIVES

4   Alma agus Jeremiah Curtin i gConamara
Angela Bourke   19

5   An táilliúireacht trí shúile na bprintíseach: dhá chuntas ón naoú haois déag
Síle de Cléir   28

6   An Craoibhín Aoibhinn ina bhailitheoir óg béaloidis: fianaise a nótaí i Lámhscríbhinn G 1070, i Leabharlann Náisiúnta na hÉireann
Liam Mac Mathúna   40

7   Friendship at the core: Ireland, Sweden and the School of Scottish Studies
Margaret A. Mackay   54

8	Neilí O'Brien and the Gaelic League *Maureen Murphy*	67
9	Deascán ó Chorca Dhuibhne agus ó Chairbre i mbailiúchán lámhscríbhinní an Fheiritéaraigh *Meidhbhín Ní Úrdail*	77
10	Moladh aráin Thaidhg Uí Choileáin *Éamonn Ó hÓgáin*	100
11	The feast days of the Blessed Virgin: Séamas Mac Cuarta's forgotten 'decade' *Seosamh Watson*	109

PART THREE: IRISH TRADITIONAL SONG AND MUSIC

12	'An unique and very curious book': Irish song manuscript RIA 23 F 22 *Nicholas Carolan*	131
13	*Róisín Dubh*: athchuairt *Cathal Goan*	142
14	Mórsheisear scéilíní faoi chúrsaí ceoil *Séamas Ó Catháin*	153
15	Peannphictiúir: ceathrar banamhránaithe i ndialanna Sheáin Uí Eochaidh *Lillis Ó Laoire*	160
16	From Ladywell to the Liberties: conversations with Finbar Boyle *Tom Sherlock*	178
17	A musicscape from the early nineteenth century *Fionnuala Carson Williams*	188

PART FOUR: ASPECTS OF IRISH FOLKLORE AND ETHNOLOGY

18	The Emancipator in the mirror of folk narrative: projection and prejudice in an anecdote about Daniel O'Connell *Barbara Hillers*	202

Contents vii

19 Wise men and little women: 6 January in Irish popular tradition
    Bairbre Ní Fhloinn   214

20 *Pisreoga a bhaineas leis an mbás*: superstition and effective human
    behaviour
    Stiofán Ó Cadhla   224

21 The colours we wore
    Anne O'Dowd   238

22 'Echoes out of the vast silence'? Ancient traditions and folklore
    Diarmuid Ó Giolláin   254

23 Snátha i seanchas na mallacht
    Pádraig Ó Héalaí   263

    PART FIVE: FOLKLORE COLLECTING – PERSONAL PERSPECTIVES

24 'Joy's soul lies in the doing': the pleasure of fieldwork
    Éilís Ní Dhuibhne Almqvist   271

25 The contribution of Séamus Ó Cinnéide to the Schools' Folklore
    Collection, 1937–8
    William Nolan   278

26 Stories my mother told me: collecting folklore from a woman of
    Clonmel, Co. Tipperary
    Anne O'Connor   292

27 'What will we be?' – A spirit of hope distilled
    Vincent Woods   303

LIST OF ILLUSTRATIONS   313
NOTES ON CONTRIBUTORS   317
TABULA GRATULATORIA   319

Acknowledgments

The editors wish to thank all of the contributors for their enthusiastic support for this *Festschrift* in honour of Ríonach uí Ógáin. We wish to acknowledge and thank the members of the wider editorial committee for their support also, namely, Anna Bale, Nicholas Carolan, Cathal Goan, Barbara Hillers, Críostóir Mac Cárthaigh, Éilís Ní Dhuibhne Almqvist, and Anne O'Dowd.

For permission to reproduce photographs and illustrations, we are grateful to Dublin City Gallery The Hugh Lane, the Irish Traditional Music Archive, the National Folklore Collection, the National Gallery of Ireland, the Royal Irish Academy, Special Collections, James Joyce Library, University College Dublin, the University of Edinburgh, as well as individual contributors.

For their generous financial support, we are especially grateful to Comhairle Bhéaloideas Éireann/The Folklore of Ireland Council. We are also indebted to An Cumann le Béaloideas Éireann/The Folklore of Ireland Society; Scoil na Gaeilge, an Léinn Cheiltigh agus an Bhéaloidis/The School of Irish, Celtic Studies and Folklore, University College Dublin; and Bord na Gaeilge, University College Dublin.

We are very grateful to Peter McCanney for his artwork and design of the cover of this book. We also acknowledge the assistance of Ríonach herself, especially in ensuring accuracy with regard to her publications and folklore collections housed within the National Folklore Collection.

Finally, we wish to record our gratitude to Martin Fanning, Claire Fitzgerald and Anthony Tierney from Four Courts Press for their guidance and assistance in preparing this *Festschrift* for publication.

Introduction

In recognition of the achievements of Ríonach uí Ógáin, Professor Emeritus of Irish Folklore at University College Dublin and former Director of the National Folklore Collection (Cnuasach Bhéaloideas Éireann), and to celebrate the contribution she has made to Irish and international folkloristics, this volume presents a collection of essays that engage with themes that have characterized her substantial scholarship, both nationally and internationally.

In *Life, lore and song: essays in Irish tradition in honour of Ríonach uí Ógáin / 'Binneas an tSiansa'*[1]: *aistí in onóir do Ríonach uí Ógáin*, twenty-seven contributors offer a variety of scholarly and personal tributes to Ríonach, which explore topics such as the historical connections between tradition archives in Ireland, Scotland and the Nordic countries, folklore and folklore collecting in this country, essays on aspects of Irish folk tradition and ethnology, traditional music and song, and Irish manuscripts and poetry as rich sources for oral tradition.

In November 1979, Ríonach joined the then Department of Irish Folklore in University College Dublin as Collector / Archivist, having previously worked as an Irish-language translator in the Houses of the Oireachtas. She became a College Lecturer, and later a Senior Lecturer in 2004, and she was then appointed Director of the National Folklore Collection in September 2008. Ríonach began to collect traditional songs and lore in the late 1960s. Her MA thesis was the basis for her first book, *Clár amhrán Bhaile na hInse* (An Clóchomhar Teo, 1976), which is still regarded as the most comprehensive and methodologically sound manner of cataloguing, indexing, arranging and normalizing traditional song in Irish. Her PhD thesis in 1981 was arguably the first study of the songs, historical lore and legends surrounding the Irish historical figure, Daniel O'Connell, while also examining the heroicization process in oral tradition. This was the first time that credence was accorded to the popular imagination and to the perception of an historical figure in Ireland, while at the same time placing the material in the realm of international folkloristic scholarship. The work underlines the close ties between social history and folkloristic methodologies.

Many of Ríonach's published works, listed by Kelly Fitzgerald below, bring together the disciplines of folklore, tradition archives and Irish-language scholarship, as well as contributing to the disciplines of history and traditional music, song and dance. However, in her expertise and academic achievements in

---

1 From the essay by Ríonach uí Ógáin, 'Binneas an tSiansa: an bailiúchán amhrán agus ceoil' in Críostóir Mac Cárthaigh et al., *Seoda as Cnuasach Bhéaloideas Éireann / Treasures of the National Folklore Collection* (Dublin, 2010), pp 143–51.

conducting ethnographic fieldwork and in folklore collecting and research, Ríonach has excelled, and has contributed significantly to Irish and international scholarship in these areas, thus forging ever stronger links with international tradition archives and academic institutions worldwide. The recipient of numerous awards and honours for her work, she has presented material at countless international conferences, engaged in substantial academic collaborations, initiated many creative projects and represented the National Folklore Collection and Irish folklore in numerous media productions, ranging from radio to television documentaries. Through her collaboration with Caoilfhionn Nic Phaidín and her team in Fiontar, Dublin City University, the important website www.duchas.ie came into being; it is now the most accessed online resource for Irish folklore materials.

Ríonach has worked tirelessly in collecting, archiving, researching, editing, teaching, publishing, publicizing and promoting the richness of folklore and of Ireland's cultural heritage. An inspirational lecturer and teacher, she has always reached out to colleagues and students alike, generously sharing her knowledge and passion for the treasures of the National Folklore Collection, and for ethnographic fieldwork and folklore collecting especially, as well as utilizing her multi-lingual expertise in making the collections of sound recordings, audio-visual, manuscript, and photographic material that comprise these treasures, accessible and available in creative and innovative ways to a general audience. Her commitment and dedication has resulted in many years of travelling the entire island of Ireland, speaking in either Irish or English, and representing the National Folklore Collection in as many different ways and with as many diverse communities as possible. She has always had a keen passion not only for giving back to her audience the folklore material which is part of their cultural inheritance, but also for conveying the sense of national ownership which this material represents. Her thoughtfulness and desire to ensure that the contributions that individuals have made over the years to the folklore repository are acknowledged, knows no bounds. Through Ríonach's inspiration and initiative, the National Folklore Foundation (Fondúireacht Bhéaloideas Éireann) was founded in 2014 to support and publicize the richness of the collections held by the National Folklore Collection and to promote ongoing and new ethnographic fieldwork and folklore collecting in Ireland.

It is therefore with great joy that this collection of essays has been brought to fruition. We, its four editors, have all had the privilege to know Ríonach as a friend and to work closely with her for many years. In planning this *Festschrift*, however, we have been supported by a wider editorial committee, all of whom have contributed to this volume: Anna Bale, Nicholas Carolan, Cathal Goan, Barbara Hillers, Críostóir Mac Cárthaigh, Éilís Ní Dhuibhne Almqvist, and Anne O'Dowd.

We wish to acknowledge also that Ríonach has always dedicated herself to family life, supported for almost four decades by her beloved husband Déaglán,

Introduction xi

and their three children, Conall, MacDara and Tuala, and a wide circle of relatives and friends. She also enjoyed a rich upbringing with her parents Máire de Bhaldraithe and Máirtín Ó Flathartaigh, and her siblings Aighlean, Eithne, Colm and Donla.

Éilís Ní Dhuibhne Almqvist concludes her essay on the 'joys' of collecting folklore and 'pleasures of fieldwork' as follows:

> Ríonach uí Ógáin, in her work as an archivist, collector, and professor of Irish Folklore, has experienced this pleasure and joy over the course of her long and rich career. Sitting by a fire in a country cottage in Dún Chaoin during one of Ireland's rainiest summers and stepping out into a river was just one of many interesting adventures. Ríonach had other careers and jobs before she joined the Department of Irish Folklore but she was in love with folklore and pursued it. Why? A small number of people are drawn to our subject, and I am not sure if we know precisely what attracts them to this esoteric discipline, to the extent that they devote their lives to its study. It is a vocation and an addiction. Whatever one's level of involvement, however, the endeavour is richly rewarding. Folklorists are few. But they are lucky people, and the joy of fieldwork cannot be over-estimated.

Ríonach is one of the 'few,' and scholarship is greatly enriched by her ongoing achievements.

***

The first section below focuses on Ríonach's collections in the National Folklore Collection in University College Dublin. Anna Bale, in 'Saibhriú na cartlainne: liosta taifeadtaí obair pháirce Ríonach uí Ógáin,' provides a listing of Ríonach's sound and audio-visual recordings from ethnographic fieldwork. In '"The landscape of tradition is constantly changing": five decades of contributions to the understanding of Irish vernacular culture', Kelly Fitzgerald lists Ríonach's published works, including music and audio-visual recordings. Críostóir Mac Cárthaigh provides us with a selection from Ríonach's photographic collection entitled 'The visual context of tradition: Ríonach uí Ógáin's photographic work'.

The second section focuses on historical collecting, manuscript and literary sources, and the history of tradition archives. In 'Alma agus Jeremiah Curtin i gConamara', Angela Bourke gives a fascinating account of a visit by this famous couple to Conamara where they were based from August 1892 to January 1893. Drawing on information in the diaries and letters of Alma herself, Angela confirms that the tale known as 'Gold Apple, Son of the King of Erin' may now be confidently attributed to the Conamara storyteller Colm Ó Guairim. Síle de Cléir's contribution, 'An táilliúireacht trí shúile na bprintíseach: dhá chuntas ón naoú haois déag', explores the central role of the tailor in Irish society and provides important evidence based on two very different nineteenth-century case studies. 'An Craoibhín Aoibhinn ina bhailitheoir óg béaloidis: fianaise a nótaí i Lámhscríbhinn G 1070, i Leabharlann Náisiúnta na hÉireann' by Liam Mac Mathúna brings together the evidence in a manuscript, housed today in the National Library of Ireland, of the first efforts by Douglas Hyde as a folklore collector. Margaret A. Mackay examines the 'friendship at the core' of the folkloric fellowship of Séamus Ó Duilearga (James Hamilton Delargy) in Ireland with his close colleagues in Scotland and the Nordic countries during the 1920s and 1930s, and later, as the tradition archives of Ireland, Scotland and Nordic countries exchanged scholarship and insights.

Irish-language activist Neilí O'Brien is the focus of Maureen Murphy's article. She describes the efforts of this remarkable woman – born into a family with a long history of dedication to Irish causes – to further the aims of the Irish-language revival movement through her work with the Gaelic League (Conradh na Gaeilge), and through her establishment of the Irish-language college, Coláiste Uí Chomhraidhe in Co. Clare. The Ferriter collection of Irish manuscripts as a rich source for the oral traditions of West Kerry and Carbery is discussed by Meidhbhín Ní Úrdail in 'Deascán ó Chorca Dhuibhne agus ó Chairbre i mbailiúchán lámhscríbhinní an Fheiritéaraigh'. 'Moladh aráin Thaidhg Uí Choileáin' by Éamonn Ó hÓgáin is an edition of a comical nineteenth-century poem by Eoghan Ó Caomhánaigh, poet and scribe from Hospital, Co. Limerick, which praises the excellent quality of bread baked by Tadhg Ó Coileáin of Herbertstown in the same county. Seosamh Watson, in 'The feast days of the Blessed Virgin: Séamas Mac Cuarta's forgotten "decade"', reviews an intriguing series of eleven devotional poems by Séamas Dall Mac Cuarta, the renowned eighteenth-century poet of south-east Ulster.

The focus of the third section is on Irish traditional song and music. In his contribution, Nicholas Carolan provides us with a detailed description of an early collection of songs in the Irish language which had the distinction of including musical annotation (or sometimes an indication of the appropriate tune) as well as words. He explores the history of the anonymous manuscript and its various owners, and makes a convincing argument as to the probable compiler and scribe of the original. As is clear from the title '*Róisín Dubh*: athchuairt', Cathal Goan revisits *Róisín Dubh* and presents a hitherto-unpublished version of this popular song that was originally collected in 1974 in the Donegal *gaeltacht* of Rann na Feirste. Seven stories on the theme of music form the basis of 'Mórsheisear scéilíní faoi chúrsaí ceoil' by Séamas Ó Catháin. Not only is it music which connects these 'little stories', but the contributor himself also features in all of them!

'Peannphictiúir: ceathrar banamhránaithe i ndialanna Sheáin Uí Eochaidh' by Lillis Ó Laoire discusses songs collected by Seán Ó hEochaidh from four

Introduction xiii

female Donegal singers as well as giving a snapshot of how Ó hEochaidh interacted with his informants. In his article on Finbar Boyle, Tom Sherlock discusses an important figure in the revival of interest in traditional Irish music and song in recent decades. Based on interviews conducted by the author, this article provides a personalized account of some of the formative influences in Finbar's life, of his work with the Tradition Club in Dublin, and of his own talent as a composer in the traditional idiom. Fionnuala Carson Williams has employed the term 'musicscape' to describe her investigation of the Ordnance Survey Memoirs of the 1830s as a unique source of information on aspects of music, music-making and dancing. Her description of the Memoirs from Co. Antrim focuses on this 'matchless record' of music and related activities as part of the social, cultural and religious fabric of life in Ireland in the pre-Famine period.

The focus of the fourth section is on aspects of Irish folklore and ethnology. Barbara Hillers in 'The Emancipator in the mirror of folk narrative: projection and prejudice in an anecdote about Daniel O'Connell' explores the representation of Daniel O'Connell in popular culture, examining the hero as a trickster figure in counterpoint to the historical reality. In recent years, the occasion of Women's Christmas, or *Nollaig na mBan*, has been experiencing a flurry of renewed interest in contemporary popular culture and in the media. In her article, Bairbre Ní Fhloinn examines some of the material relating to this significant festival in the Irish calendar, as evidenced in the holdings of the National Folklore Collection in University College Dublin and as noted on the ground in Cork city in recent years. Stiofán Ó Cadhla engages with a number of *pisreoga* associated with death and argues that '[t]he superstition *par excellence* exists in the interstice of the worlds, Christian and indigenous, communitarian and individualistic'. In 'The colours we wore', Anne O'Dowd examines the concept of colour in clothing in both a 'traditional' and 'aspiring fashionable' sense in Ireland from *c.*1830 to 1930.

The main focus of Diarmuid Ó Giolláin's contribution, '"Echoes out of the vast silence"? Ancient traditions and folklore', is the legend explaining the origin of the man in the moon, recordings of which (in English and in Irish) were made in every province in Ireland. While it 'might well be seen as an "echo" from a very remote time', Diarmuid argues that some of this legend's versions form 'part of a living or a remembered tradition' and thus 'took their meaning from a specific living cultural context in which they found their place'. Pádraig Ó Héalaí, in 'Snátha i seanchas na mallacht', examines the prolific custom of cursing in Irish tradition. He shows how society regarded the widow's curse as particularly forceful because it had the power to strike terror into the hearts of the credulous and the guilty.

In the final section, the importance of folklore collecting and collectors is explored with reference to a personal aspect for each of the contributors. Éilís Ní

Dhuibhne Almqvist, in '"Joy's soul lies in the doing": the pleasure of fieldwork', recalls the summer of 1986, when she and Ríonach went together to talk to Máire Ní Ghuithín, also known as Máire Mhaidhc Léin, a Blasket Islander, who was then living in Dún Chaoin, in Co. Kerry. The writing transports the reader to places and people from whom folklore is actually collected, and captures the essence of this 'adventure' while communicating the enthusiasm and excitement of ethnographic fieldwork in a very personal way. William Nolan writes about a collection of material from his native Co. Tipperary that was contributed to the Irish Folklore Commission as part of the Commission's Schools' Scheme in the late 1930s. This material was gathered and collated by primary-school teacher, Séamus Ó Cinnéide, and it provides information on a variety of matters, including factions and faction-fighting, the Great Famine, the Fenian movement in Ó Cinnéide's local area, and the coal-mining industry of that region, with the author complementing his description of the folklore material with reference to other sources. Anne O'Connor presents some of the first folklore material she began to collect in the 1970s and 1980s. The material itself is a recording of her mother, Ethel O'Connor (*née* O'Brien), speaking about a variety of popular traditions in Clonmel, Co. Tipperary. Finally, Vincent Woods writes of his experiences and memories of growing up in Co. Leitrim. He traces his evolving awareness and realization of folklore, 'as source and inspiration', through the rich memories he has of his mother, Mary (*née* Guihen), and his father, John Woods, and their families, neighbours and friends. He concludes with a personal tribute to Ríonach uí Ógáin 'for her generous and unstinting work for culture, language and education'.

Kelly Fitzgerald, Bairbre Ní Fhloinn,
Meidhbhín Ní Úrdail & Anne O'Connor
Lá Fhéile Pádraig, 2019

Saibhriú na cartlainne: liosta taifeadtaí obair pháirce Ríonach uí Ógáin

ANNA BALE

Anuas ar an ualach oibre a bhí ar Ríonach uí Ógáin agus í fostaithe i gCnuasach Bhéaloideas Éireann mar léachtóir, mar ollamh, mar thaighdeoir agus mar fhoilsitheoir – gan trácht ar na dualgais riaracháin a bhí uirthi mar stiúrthóir – d'éirigh léi obair pháirce a chur i gcrích chomh maith. Seo thíos liosta ainmneacha daoine ónar thaifead Ríonach ábhar taifeadtaí a chuireann go mór leis an mbailiúchán breá fuaime atá sa chartlann.

Is ar téip ceathrú orlaigh atá formhór na dtaifeadtaí ach d'úsáid Ríonach caiséid, miondioscaí, clostéipeanna digiteacha agus cártaí SD chomh maith. Is i nGaeilge agus i mBéarla (agus roinnt bheag i nGàidhlig na hAlban) atá an chaint orthu agus tá réimse leathan ábhair faoi chaibidil, ach, faoi mar a bheifí ag súil leis, tá an-chuid seanchais le clos faoi amhráin agus ceol, mar aon le samplaí breátha díobh sin araon.

Ní áirítear anseo na físeáin atá déanta ag Ríonach thar na blianta le scéalaithe, seanchaithe, amhránaithe, ceoltóirí agus damhsóirí. Craoladh roinnt den ábhar seo ar chláracha nó ar scannáin fhaisnéise ar nós *I Ráth Cairn na Mí* (RTÉ, 1988), *Up Sráid Eoin* (RTÉ, 1989), *Ar Lorg Shorcha* (TG4), gan trácht ar an iliomad agallamh teilifíse a rinne Ríonach agus í ag caint ar ghnéithe éagsúla de thraidisiúin agus de bhéaloideas na hÉireann.

Tá litriú na n-ainmneacha tugtha chun rialtachta sa liosta thíos agus tá achoimre ghearr tugtha ar an gcineál ábhair atá i gceist. Níl teidil na scéalta, na n-amhrán ná na bpíosaí ceoil á gcur ar fáil anseo de cheal spáis. Nuair is i mBéarla atá an t-agallamh, is i mBéarla atá an cuntas air.

Tharlódh sé go bhfuil taifeadtaí eile a rinne Ríonach nach bhfuil áirithe anseo ar chúiseanna éagsúla, agus níl cuntas tugtha ach oiread ar na taifeadtaí a bronnadh ar an gcartlann de bharr an idirghabháil a rinne Ríonach. Tá taifeadtaí liostáilte anseo freisin a rinne Ríonach i dteannta daoine eile chomh maith, mic léinn ar obair pháirce ina measc. Tugtar faoi deara nach bhfuil tuairisciú déanta ar gach babhta taifeada le daoine aonaracha – mar shampla tá sé téip déag ann a rinne Ríonach le Cóil de Bhailís idir 1981 agus 1993. Tugtar dáta an chéad taifeadadh agus an ceann is déanaí ach ní hionann sin is a rá go ndearnadh taifeadadh chuile bhliain idir na dátaí sin.

***

FAISNÉISEOIR	SEOLADH: DÁTA	ÁBHAR
AHERNE, Linda	— 1997	amhráin, seanchas, creidiúintí
BAISNÉID, Tadhg	— 1997	amhráin, seanchas, creidiúintí
BERRY, Paddy	Wexford 1990	Ennistymon Festival of Traditional Singing
BODLEY, Dr Seoirse	Music Dept. UCD 1985	Willie Clancy Summer School – lecture
BRADY, Nancy	Navan, Meath 2000	lore
BRODERICK, Patsy	Cill Rícill, Gaillimh 1986	instrumental – keyboard
BURNS, Annie Mrs	Carraig an Chabhaltaigh, An Clár 1981–3	lore
CAMPBELL, Vincent	Na Gleannta, Dún na nGall 1999	instrumental – fiddle
CHEOINÍN, Seán	Carna, Gaillimh 1986	focail, amhráin
COFFEY, Molly	Uíbh Ráthach, Ciarraí 1993	seanchas & amhráin
COLLINS, Dinsy	Freemount, Cork 1985	lore
COPLEY, Neil (Pheig Sayers)	ó Chiarraí, anois 1995 Connecticut, US	seanchas
COSTELLOE, John	Kilbaha, Clare 1983–4	lore
CRONIN, John & Mickey	rec'd in Kilgarvan, Kerry 1986	songs of the Roughty Valley
CRUISE, Gerry	Tintern, Wexford 1996	lore
CUNNANE, Jim	An Lóthar, Ciarraí 1993	seanchas & amhráin
de BARRA, Máire	Uíbh Ráthach, Ciarraí ní fios	seanchas & amhráin
de BHAILÍS, Cóil	An Cheathrú Rua, Gaillimh 1981–2	seanchas & scéalta
de BHAILÍS, Pádraig	Inis Ní, Gaillimh 1997	seanchas
de BRÚN, Eibhlín	Uíbh Ráthach, Ciarraí 1993	amhráin (i dteannta M. Coffey)
de BÚRCA, Patrick	Cill Chiaráin, Gaillimh 1986	amhráin
de NÓGLA, Sinéad	An Rinn, Port Láirge 1992	amhráin
DENNEHY, Tim	Mullach, An Clár 1988	amhráin
DILLON, Baba	Ros a' Mhíl, Gaillimh 1982	amhráin
DOLAN Kitty	Clonmellton, Meath 2000	—
DUGDALE, Susan & Seán	Clonmellton, Meath 2000	instrumental – accordion
DUNLEAVY, Gareth & Janet	US 1988	Éigse Jeremiah Curtin
ELSAFTY, Róisín	An Spidéal, Gaillimh 2008	amhrán
FAHY, Maureen	Oirthear na Gaillimhe 1986	instrumental duo – fiddle
FALSEY, Michael	Quilty, Clare 1991	Willie Clancy Summer School – singing recital

FAISNÉISEOIR	SEOLADH: DÁTA	ÁBHAR
FEIRTÉIR, Cáit (Bab)	Dún Chaoin, Ciarraí 1997–2002	seanchas & scéalta
FITZPATRICK, Michael	Freemount, Cork 1985	local lore
FOX, Deirdre	Virgina, Cavan 1991	*Willie Clancy Summer School* – singing recital
FUREY, Áine	Dublin 2007	song
FURLONG, Maurice	rec'd in Wexford 1987–8	music session
GALLIVAN, Pat	Corca Dhuibhne, Ciarraí 1989	ceol & seanchas – bosca ceoil
GAMBLE, George	Kilmeaden, Waterford 1987	lore – folk cures
GARRAGHY, Jack	Doolin, Clare 2003	lore
GHRIALLAIS, Mary	Ros Muc, Gaillimh 1997	—
GHRIALLAIS, Sarah	Muiceanach idir dhá Sháile, Gaillimh 2012	amhrán – *Amhrán an Phúca*
GREANEY, CON	Athea, Limerick 1991	*Willie Clancy Summer School* – singing recital
GUAIRIM, Seán	Róisín na Mainiach, Gaillimh 1999	comhrá le Tom & Joe Mharcaí Mac an Iomaire
GWYNDAF, Robin	Welsh Folk Museum, Cardiff 1986	lecture 'Folklore of Wales Ireland Society' – On Tape For Tomorrow
HARTE, Frank	Chapelizod, Dublin 1990–2001	talk re Dublin song tradition etc.
HASTINGS, Gary	nat. East Belfast, Antrim 1985	*Willie Clancy Summer School* lecture – 'The Orange musical tradition'
HAYES, Helen	Feakle, Clare 1991	*Willie Clancy Summer School* – singing recital
HEDDERMAN, Paddy	Bruree, Limerick 1986	local lore & song
HEGARTY, Máire	rec'd in Clare 1990	*Ennistymon Festival of Traditional Singing*
HOLLERAN, Christy	Inis Bó Finne, Gaillimh 1989	ceol – bosca ceoil
ILGHNÉITHEACH	Corca Dhuibhne, Ciarraí 1988	*Éigse Jeremiah Curtin* – seisiún ceoil
ILGHNÉITHEACH	Dingle, Kerry 1993	Dingle 'Wren Day', music & lore
ILGHNÉITHEACH	rec'd in Ennistymon, Clare 1991	*Ennistymon Festival of Traditional Singing*
JOYCE, Eddie	Baile Ghib, An Mhí no date	seanchas
KEANE, Sarah & Rita	Tuam, Galway 1990	*Ennistymon Festival of Traditional Singing*
KELLY, Jim	rec'd in Wexford 1987	music session – fiddle
KELLY, Mick	Wexford 1997	amhráin, seanchas, creidiúintí

FAISNÉISEOIR	SEOLADH: DÁTA	ÁBHAR
KELLY, Philib	rec'd in Wexford 1987	music session
KELLY, Rita	Ballinasloe, Galway 1987	music session
KENNEDY, Tom	Baile na nGall, Ciarraí 1989	amhráin
KENNEDY, William	Freemount, Cork 1985	local historical lore
LALLY, Catherine	Baile Ghib, An Mhí 2000	seanchas
LEDWIDGE, Vera	Phibsborough, Dublin 2015	lore
LILLIS, Mag	Kilbaha, Clare 1981–2	local lore & song
LINNANE, Tony	rec'd in Wexford 1987–8	music session, fiddle
LOFTUS, Cáit	Boston, USA 1995	lore
LYNCH, John	Kilbaha, Clare 1981–91	songs
MAC AMHLAOIBH, Fergal	ó BhÁC, anois i nDún Chaoin, Ciarraí 1987	ceol – fidil
MAC AN IOMAIRE, Mícheál	Casla, Gaillimh 2000	seanchas
MAC AN IOMAIRE, Tom & Joe	Carna, Gaillimh 1999	comhrá
MAC DIARMADA, Tom Pheaidí	Cois Fharraige, Gaillimh no date	seanchas
MAC DONNCHA, Dara Bán	Carna, Gaillimh 1986–7	amhráin
MAC DONNCHA, Johnny Mháirtín Learaí	Carna, Gaillimh 1986–9	amhráin
MAC DONNCHA, Josie Sheáin Jack	Carna, Gaillimh 1986–90	amhráin
MAC DONNCHA, Pádraig & Mairéad	Rath Cairn, An Mhí 1996	seanchas & amhráin
MAC DONNCHADHA, Pádraig Joe	Carna, Gaillimh 1980–3	naomhsheanchas & seanchas áitiúil
MAC DONNCHADHA, Tom & Marcus	Carna, Gaillimh 1982	scéalta & beannachtaí
MacDONALD, Donald Archie	North Uist, Scotland 1986	seminar – 'A Hebridean collector's scrapbook'
MAC GEARAILT, Patsy	Dún Chaoin, Ciarraí 1994	seanchas & amhráin
MAC GEARAILT, Pat	Cill Chúile, Ciarraí 1994	seanchas & amhráin
MAC GILLEATHAIN family	Rathasair, Alba 2007	lore & song
MAC NEILL, Flora	Barra, Alba 2007	caint faoi Sheamus Ennis
MAC RUAIRÍ, Éamonn	Toraigh, Dún na nGall 2003	caint faoi Sheamus Ennis
MagAOIDH, Darren	Newry, Down 2007	instrumental – fiddle
MARTIN, John	An Daingean, Ciarraí 1989	seanchas faoi Lá an Dreoilín
McFADDEN, Joe	Baile Ghib, An Mhí 2000	seanchas
McGINLEY, Anthony	Dún na nGall 1999	seanchas
McGRATH, Seán	Lisdoonvarna, Clare 2003	seanchas

FAISNÉISEOIR	SEOLADH: DÁTA	ÁBHAR
McNAMARA, Patrick	Kilkee, Clare 1981–2	folktales & lore
McPARTLAND, Michael	Tarmon, Leitirm 2009	lore
MHIC AN IOMAIRE, Cáit	An Cheathrú Rua, Gaillimh 1985–6	seanchas
MHIC CUAIDH, Ellie	Cinn Mhara, Gaillimh 1986	seanchas
MOLONEY, Martin	Clare 1984	songs & lore
MORRISEY, Mícheál	Inagh, Clare 1991	*Willie Clancy Summer School* – singing recital
NÍ BHEAGLAOICH, Máire	Corca Dhuibhne, Ciarraí 1993	seisiún
NÍ BHEIRN, Cití Sheáin	Teileann, Dún na nGall 2002	poirt bhéil
NÍ CHATHÁIN, Áine	Ceann Trá, Ciarraí 1987	amhrán
NÍ CHATHASAIGH, Bríd	Máinis, Gaillimh 1985	seanchas áitiúil & amhráin
NÍ CHEARNA, Cáit	An Blascaod, Ciarraí 1987–2000	seanchas faoin mBlascaod
NÍ CHOILM, Máire	Dún na nGall 2008	amhrán
NÍ CHRÓINÍN, Nell	Béal Átha an Ghaorthaidh, Corcaigh 2010	amhrán
NÍ DHOMHNAILL, Mairéad	ó Cheanannas Mór, An Mhí 1990	*Ennistymon Festival of Traditional Singing*
NÍ GHAOITHÍN, Máire	An Blascaod, Ciarraí 1986–7	cuimhní cinn – saol an oileáin srl.
NÍ MHAONAIGH, Mairéad	Gaoth Dobhair, Dún na nGall 1988	léacht – 'Traidisiúin Thír Chonaill'
NÍ MHURCHÚ, Eibhlín	ón mBaile Loiscithe, Ciarraí 1995–2002	seanchas – a hóige srl.
NÍ NIA, Bríd	Carna, ó Fhínis, Gaillimh 1986	amhrán – *Mainistir na Buaille*
NÍ RIAIN, Nóirín	Luimneach 1990	*Ennistymon Festival of Traditional Singing*
Nic ASGAILL, Iseabail	Lewis 1991	*Willie Clancy Summer School* – singing recital
Ó BAOIGHILL, Donncha	Rann na Feirste, Dún na nGall 1999	scéalta Fiannaíochta Chassie
Ó BEAGLAOICH, Breanndán	Baile na bPoc, Ciarraí 1989–91	amhráin
Ó BEOLÁIN, Seán	ó Chiarraí, anois i Baile Ghib, An Mhí 2000	cuimhní cinn
Ó CADHAIN, Colm	An Cnocán Glas, Gaillimh 1968	ceol – feadóg stáin & orgán béil
Ó CADHAIN, Pádraig	An Cnocán Glas, Gaillimh 1968	amhráin & seanchas
Ó CADHAIN, Pádraig & Tom Shéamuis	An Cnocán Glas, Gaillimh 1968	amhráin, seanchas & paidreacha

FAISNÉISEOIR	SEOLADH: DÁTA	ÁBHAR
Ó CADHAIN, Tom Shéamuis	An Cnocán Glas, Gaillimh 1968	seanchas & amhráin
Ó CAODHÁIN, Máirtín	Anach Cuain, Gaillimh 1968	seanchas áitiúil, scéalta srl.
Ó CAODHÁIN, Pádraig	Carna, Gaillimh 1986	amhráin & seanchas
Ó CATHÁIN, Eoghan Mór	Baile na nGall, Ciarraí 1990	giota de scéal
Ó CEANNABHÁIN, Pádraig Tom Pheaits	Coill Sáile, Gaillimh 1986	amhráin
Ó CEARNAIGH, Maidhc	ón mBlascaod, anois i Mass. US 1995	seanchas
Ó CEARNAIGH, Mártan	ón mBlascaod, anois i Mass. US 1995	seanchas
Ó CEARNAIGH, Seán Pheats	ón mBlascaod, Ciarraí 1987	seanchas (*Oireachtas an Daingin*)
Ó CEARNAIGH, Seán Sheáin Uí Chearnaigh	Dún Chaoin, Ciarraí 1992	seanchas
Ó CEARRA, Pádraig	An Spidéal, Gaillimh 1983	seanchas – An Nollaig srl.
Ó CONAIRE, Seán	Rath Cairn, An Mhí 1991–6	seanchas
Ó CON CHEANAINN, Ciarán	An Spidéal, Gaillimh 2008	amhrán
Ó CONCHEANAINN, Mícheál	Anach Cuain, Gaillimh 1968	seanchas áitiúil, scéalta & amhráin
Ó CONLUAIN, Proinsias	f/ch RTÉ 1984	léacht – 'Amhráin ó Oileán Thír Chonaill'
Ó CUAIG, Mícheál	Cill Chiaráin, Gaillimh 1989	amhrán – *Neainsín Bhán*
Ó CUALÁIN, Cóilín	Carna, Gaillimh 1986–7	amhráin & ceol (feadóg mhór)
Ó DÁLAIGH, Joe & Peig	Dún Chaoin, Ciarraí 1964	comhrá & seanchas (i dteannta mhuintir na háite)
Ó DÁLAIGH, Muiris	Dún Chaoin, Ciarraí 1987	ceol – bosca ceoil & fidil
Ó DINEEN, Seán	Cúil Aodha, Corcaigh 1986	songs of the Roughty Valley
Ó DONGHAILE, Mícheál	An Coireáin, Ciarraí 1993	seanchas & amhráin (Paddy Bushe i láthair)
Ó DUBHDA, Seán	Caisleán Ghriaire, Ciarraí 1998–2000	cuimhní cinn & scéalta, a shaol mar bhailitheoir srl.
Ó DUBHEANNAIGH, John Ghráinne	Rann na Feirste, Dún na nGall 1999	seanchas áitiúil
Ó DUINNÍN, Seán	Cúl Aodha, Corcaigh 1987	scéal Fiannaíochta
Ó DUINNSHLÉIBHE, Seán	Baile an Chaladh, Ciarraí 1987	ceol – mileoidean
Ó FATHAIGH, Seán & a bhean	Mionlach, Gaillimh 1988	seanchas – cúrsaí creidimh srl.
Ó FLATHARTA, Tomás	Gaillimh 1990	giota de scéal
Ó FLATHARTA, Vail	An Cheathrú Rua, Gaillimh 1984–6	amhráin
Ó GAIRBHIA, Uinsean	Baile Ghib, An Mhí 2000	—

FAISNÉISEOIR	SEOLADH: DÁTA	ÁBHAR
Ó GAOITHÍN, Muiris & Seán	An Blascaod, anois i nDún Chaoin, Ciarraí 1986	cuimhní cinn (i dteannta Mháire Ní Ghaoithín) – An Blascaod srl.
O'KEEFFE, Máire	Trá Lí, Ciarraí 1987–2007	instrumental (fiddle) & talk re musicians
Ó LAOI, Seosamh	Carna, Gaillimh 1982–3	caoineadh & seanchas
Ó LIATHÁIN, Dónal	Cúil Aodha, Corcaigh 1986	songs of the Roughty Valley
Ó LÚING, Seán	ó Chorca Dhuibhne, anois i mBÁC 1995	cuimhní cinn – a shaol mar bhailitheoir srl.
Ó MAINNÍN, Tomás	Tíorabháin, Ciarraí 1998	seanchas áitiúil & amhráin
Ó MONGHAILE, Tomás	Baile Ghib, An Mhí 2000	seanchas
Ó MUIMHNEACHÁIN, Aindrias	Cluain Sceach, Baile Átha Cliath 1985	ceiliúradh ochtú breithlá
Ó MUIRTHILE, Rónan	Baile Átha Cliath 1997	amhrán (seisiún)
Ó MURCHÚ, Tomás	rec'd in Kilgarvan, Kerry 1986	songs of the Roughty Valley
Ó NEACHTAIN, Tomás	An Spidéal, Gaillimh 1988	ceardlann amhránaíochta
Ó NÉILL, Eoghan Rua	Baile Átha Cliath 1986	*An Cumann le Béaloideas Éireann* – léacht
Ó NIA, Pádraig Veailín	Fínis, Carna, 1980–6	amhráin, seanchas, scéalta
Ó SÚILLEABHÁIN, Danny & Eoinín Mikey	Taifead déanta i gCill Orglan, Ciarraí 1986	songs of the Roughty Valley
Ó SÚILLEABHÁIN, Seáinín Mhicil	An Blascaod, Dún Chaoin, Ciarraí 1984	ceol – fidil
Ó SÚILLEABHÁIN, Seán	Uíbh Ráthach, Ciarraí 1985–6	cuimhní cinn faoi *Scéim Bhailithe na Scol* srl.
O'CONNOR, Anne	rec'd in Enniscorthy, Wexford 1987	song
O'DRISCOLL, Pat (Connie)	Sherkin, Cork 2002	tales & lore re storytellers
O'GORMAN, Mrs	Camross, Laois 1983	lore – calendar customs & local musicians
O'GRADY, Domnick	Newport, Mayo 2012	lore & music
O'REILLY, M.J. & Mrs	rec'd in Wexford 1987	instrumental (concertina) & song
O'SULLIVAN, Fr Corney	Templeogue, Dublin 1987	lore about Sliabh Luachra fiddle players (le M O'Keeffe)
O'TOOLE, Richard	Kilkenny 1986	recollections of the IFC & Ó Duilearga
PEKKILA, Erkki Dr	c/o Helsinki Uni. Finland 1991	lecture – 'Folk music in Finland'
PHILBEN, Margaret & brother	rec'd in Wexford 1987	music session – music, banjo & accordion

FAISNÉISEOIR	SEOLADH: DÁTA	ÁBHAR
PORTER, Mrs Anne	Aughrim, Wicklow 2011	recollections on her uncle J.M. Synge
PYBURN, Jack	Hare Island, Cork 2002	lore
QUAN, Mary	Dublin 1999	memories of her life as a district nurse
QUINN, Maurice	Corca Dhuibhne, Ciarraí 1989	ceol – bosca ceoil
RAFTERY, Martin	(nat. Galway) rec'd in Wexford 1987	music session – song & lilt
ROCHE, Paddy	Carraigaholt, Clare 1982–4	lore, poetry, folktale & songs
MHIC RUAIRÍ, Fannie Dónaí Nuala	Rann na Feirste, Dún na nGall 1999	dán a chum sí féin
RUSSELL, Micho	Dúlainn, An Clár 1990–4	port béil & amhráin
RYAN, Ciara	Máistir Gaoithe, Ciarraí 1993	ceol & amhráin
SEOIGHE, Johnny	Camus, Gaillimh 1998	seanchas & paidreacha
SHANNON, Jackie	Milltown Malbay, Clare 1979	lore of Daniel O'Connell
SHEEHY, Danny (Mac an tSíthigh)	Corca Dhuibhne, Ciarraí 2011–12	plé faoi ealaíon Mhaidhc 'An File' Ó Gaoithín
SIMMONDS-GOODING, Maria (le D. SHEEHY)	Dún Chaoin, Ciarraí 2012	discussion with Maria Simmonds-Gooding re M. Ó Gaoithín's paintings
SISTER IMMACULA	Templemore, Tipperary 1993	recollections of her youth in Doolin & her uncle Seán Mac Mathúna, folklore collector
STEWART, Rosie	nat. Garrison, Fermanagh 1990–1	traditional singing festivals
UÍ CHAONAIGH, Cáit Bean	Carna, Gaillimh 1983	seanchas – saol na mban srl.
UI CHEALLAIGH, Áine	An Rinn, Port Láirge 1991	amhráin
UÍ CHONAIRE, Máire	Carna, Gaillimh 1986	amhráin
UÍ CHUINNEAGÁIN, Cití Seáin	Teileann, Dún na nGall 2003	poirt béil
UÍ DHÓNAILL, Maggie	An Cheathrú Rua, Gaillimh 1999	seanchas
UÍ RAIGHNE, Máire Bean	Camus Gaillimh no date	seanchas

'The landscape of tradition is constantly changing':[1] five decades of contributions to the understanding of Irish vernacular culture

KELLY FITZGERALD

Ríonach uí Ógáin follows a long tradition in Ireland whereby a scholar engaged with the exploration of Irish discovers the allure of vernacular material and continues on the course of folkloristics. Fortunately, this also occurred in the 1920s when Séamus Ó Duilearga (1899–1980) began his visits in Kerry with Seán Ó Conaill (1853–1931). It is difficult to imagine the state of folklore studies in Ireland without the impact of Ó Duilearga and his early collecting work. The same may be said of Ríonach and her published legacy. In 1975, her first article on Daniel O' Connell demonstrates a line of enquiry that she followed for the next twenty years culminating in her often-cited monograph, *Immortal Dan*. That said, this was not her only research trajectory as is evident from the list of publications below. The cultural heritage of music and song is core; starting again with her first article on Daniel O'Connell appearing in the songs of the people and continuing throughout the years, most recently with analysing Séamus Ennis as an ethnomusicologist in 2017. In more recent years Ríonach has given great attention to shed light on the collecting process of those employed with the Irish Folklore Commission. The interactions between individuals as expressed through correspondence, along with her own fieldwork with those who knew key individuals of the Commission, allowed her research to gain a greater perspective.

Collaboration is not often seen in the arts and humanities as it is utilized in other sciences. It could be argued that researchers and academics should re-evaluate this position. It is apparent from Ríonach's published legacy that partnerships are essential. What is not documented in the finished articles and books are the hours of discussions and debates covering every aspect of transmission, translation and, not least of all, tradition that took place with Ríonach and her co-authors. It is not difficult to imagine Ríonach as a student travelling to Conamara in the 1960s with her newly purchased tape-recorder as she continues to seek knowledge from the collected material in order to gain a deeper understanding of how the people, themselves, thought about and engaged with what is now referred to as 'folklore'. Her enthusiasm and curiosity have never diminished.

---

1 Taken from Ríonach's editorial for *Béaloideas*, 81 (2013), 2.

It is important to remember that for many of the years Ríonach was working in University College Dublin she was positioned inside the actual folklore archive. She was on the 'frontline', as it were, to a number of the queries directed to Irish Folklore. This contact with fellow scholars highlights another hidden aspect that cannot be shown in this listing of published works, which are all the publications disseminated that drew extensively on Ríonach's knowledge. Her generosity of spirit and of knowledge is central to understanding folklore studies in Ireland from the 1970s onwards. Her publications appear on a number of reading lists for teaching purposes and often her work is the starting point for future research projects. Her truly bilingual approach as a scholar has allowed many to experience material that may have otherwise been kept undiscovered.

It is encouraging to be aware of the fact that this list is not complete as there are books and publications that are forthcoming. She continues to engage with fieldwork and take on new projects while at the same time she is completing well-established lines of research. Her book on Colm Ó Caoidheáin (1893–1975) will be particularly welcomed as it will demonstrate on the one hand, five decades of wisdom and on the other hand, it will be as refreshing, engaging and innovative as her first book from 1976. How fortunate we are to benefit from the scholarship, whether it be in Irish or in English, from Ríonach uí Ógáin.

1975
'Dónall Ó Conaill in amhráin na ndaoine', *Comhar*, 34:8 (Lúnasa, 1975), 10–12; *Comhar*, 34:9 (Meán Fómhair, 1975), 7–9.

1976
Clár Amhrán Bhaile na hInse (Baile Átha Cliath, 1976).

1979
'Cruach na Cara', *Sinsear*, 1 (1979), 23–7.

1981
'Máire Ní Dhuibh', *Sinsear*, 3 (1981), 101–7.

1983
'Aifreann na gine, aifreann is fiche', *Comhar*, 42:12 (Nollaig, 1983), 28–31.

(In collaboration with Anne O'Connor) '"Spor ar an gcois is gan an chos ann": a study of "The Dead Lover's Return" in Irish folk tradition', *Béaloideas*, 51 (1983), 126–44.

1985
An rí gan choróin: Dónall Ó Conaill sa mbéaloideas (Baile Átha Cliath, 1985).

(In collaboration with with members of staff of the Department of Irish Folklore and RTÉ) *Folkland*: booklet and cassette (Dublin, 1985).

1986
Bláth na nAirní: Vail Ó Flatharta sings traditional Irish songs, LP with notes, transcriptions and translations (Baile Átha Cliath, 1986).

'The praises of Breifne' in Anna Sexton (ed.), *The heart of Breifne: i gceartlár Breifne: traditions, ballads, legends and folklore from mid-Cavan* (Cavan, 1986), pp 26–36.

(In collaboration with Michael Bowles) *An Claisceadal 1 & 2* arising from a series of articles previously published in the *Irish Times* (Dublin, 1986).

1988
'Ceol ón mBlascaod', *Béaloideas*, 56 (1988), 179–219.

(In collaboration with Bairbre Ní Fhloinn) editor of *Sinsear 5* (1988).

1991
'The love songs of Conamara', *Dal gCais* (1991), 111–23.

1992
Beauty an oileáin: music and song from the Blasket Islands, compact disc, booklet, transcription, translation, notes and production (Dublin, 1992).

'The folklore of County Waterford' in William Nolan and Thomas P. Power (eds), *Waterford: history and society* (Dublin, 1992), pp 613–40.

'Ceol na mbó' *Iris na hOidhreachta* 4, *An Sagart* (1992), 103–31.

'Music learned from the fairies', *Béaloideas*, 60/61 (1992–93), 197–214.

1994
(In collaboration with Dáithí Ó hÓgáin and Marion Deasy), *Binneas thar meon* I (Baile Átha Cliath, 1994).

1995
Immortal Dan: Daniel O'Connell in Irish folk tradition (Dublin, 1995). Nominated for the Katherine Briggs Memorial Prize.

'Traditional music and Irish cultural history' in Gerard Gillen and Harry White (eds), *Irish musical studies: music and Irish cultural history*, Irish Music Studies 3 (Dublin, 1995), pp 77–97.

'Gnéithe den cheol i mBarúntacht Mhaigh Fhearta' in Pádraig Ó Fiannachta (ed.), *Eoghan Ó Comhraí. Saol agus saothar* (An Daingean, 1995), pp 59–78.

1996
'Fear ceoil Ghlinsce: Colm Ó Caodháin' in Gerard Moran and Raymond Gillespie (eds), *Galway: history and society* (Dublin, 1996), pp 703–48.

'Colm Ó Caodháin and Séamus Ennis: a Conamara singer and his collector', *Béaloideas*, 64/65 (1996–7), 279–338.

'Proinsias de Búrca', *Béaloideas*, 64/65 (1996–7), 353–5.

(In collaboration with Therese Smith) 'Raca breá mo chin', *Béaloideas*, 64/65 (1996–7), 347–9.

1997
Ireland/Irlande: musiques traditionnelles d'aujourd'hui: traditional musics of today. Compact disc, notes and production (UNESCO /Auvidis 1997).

1998
'Béaloideas 1798 thiar', in Gearóid Ó Tuathaigh (ed.), *Éirí amach 1798 in Éirinn* (Indreabhán, 1998), 137–53.

'Ceol na réabhlóide: 1798', *Comhar* (Baile Átha Cliath, 1998), 23–4.

(In collaboration with Therese Smith) 'Cumhdachaí', *Béaloideas*, 66 (1998), 199–216.

1999
Faoi rothaí na gréine: amhráin as Conamara a bhailigh Máirtín Ó Cadhain (Baile Átha Cliath, 1999). Recipient of research prize by Bord na Gaeilge, An Coláiste Ollscoile, Baile Átha Cliath, 2000.

'"Camden Town go Ros a Mhíl" – athrú ar ghnéithe de thraidisiún amhránaíochta Chonamara' in Fintan Vallely et al. (eds), *Crossbhealach an cheoil, 1996. The Crossroads Conference: tradition and change in Irish traditional music* (Cork, 1999), pp 219–33.

Articles on various aspects of traditional music and song in Fintan Vallely (ed.), *The companion to Irish traditional music* (Cork, 1999).

'Songs of boats and boatmen' in Patricia Lysaght, Séamas Ó Catháin & Dáithí Ó hÓgáin (eds), *Islanders and water-dwellers* (Dublin, 1999), pp 325–36.

'In aghaidh farraige agus feothain: amhráin mholta bád ó Chonamara', *Foinn agus fonnadóirí Léachtaí Cholm Cille* (An Sagart, 1999), pp 37–66.

'Mám as mála na mbailitheoirí – from the field: na baoilligh, na páistí agus Conall', *Béaloideas*, 67 (1999), 183–5.

2000
'Some comments on context, text and subtext in Irish folklore' in Lauri Honko (ed.), *Thick corpus, organic variation and textuality in oral tradition*, Studia Fennica Folkloristica, 7 (Helsinki, 2000), pp 159–80.

'Aspects of change in the Irish-language singing tradition' in Lauri Honko (ed.), *Thick corpus, organic variation and textuality in oral tradition*, Studia Fennica Folkloristica, 7 (Helsinki, 2000), pp 537–56.

'Seán Mac Mathúna (1876–1949): Bailitheoir béaloidis', *Béaloideas*, 68, (2000), 139–59.

2001

Input and output: the process of fieldwork, archiving and research in folklore, edited by Ulrika Wolf-Knuts in collaboration with A. Salomonsson, A.H. Bolstad Skjelbred, Ríonach uí Ógáin (Turku, 2001).

'Scéala aduaidh' in Séamas Ó Catháin (ed.), *Northern lights, following folklore in North Western Europe– essays in honour of Bo Almqvist* (Dublin, 2001), pp 316–29.

'Mám as mála na mbailitheoirí – from the field: *téacsanna gaeilge ó Oirthear Mhaigh Eo* / Irish texts from East Mayo.' *Béaloideas*, 69 (2001), 174–9.

2002

Sorcha: traditional songs from Conamara. Compact disc, notes and production (Baile Átha Cliath, 2002).

(In collaboration with Tom Munnelly) 'The song tradition' in Angela Bourke et al. (eds), *The Field Day anthology of Irish writing Vol. IV, Irish women's writing and traditions* (Cork, 2002), pp 1312–64.

'A tune off the river: the lore of musical instruments in the Irish tradition', *Béaloideas*, 70 (2002), 127–52.

'Bailiú na n-amhrán i gConnachta' in Máirtín Ó Briain and Pádraig Ó Héalaí (eds), *Aistí in omós don Ollamh Breandán Ó Madagáin* (Indreabhán, 2002), pp 521–45.

'"Is í an fhilíocht anam an cheoil": Sorcha Ní Ghuairim, amhránaí Roisín na Mainiach', *Bliainiris 2002* (2002), 84–107.

2003

'Part of the family: correspondence between the folklore collector Seán Mac Mathúna and the Irish Folklore Commission', *The Other Clare* (2003), 63–70.

'John Dunton and Irish folklore: a brief note' in Andrew Carpenter (ed.), *Teague land; or, A merry ramble to the wild Irish (1698)* (Dublin, 2003), pp 21–6.

'Preface' in Caoilte Breatnach, *Memories in time: folklore of Beithe, 1800–2000* (Galway, 2003), [1]–[3].

Bun an bhaile: songs from the Blasket Island. Sleeve-notes to CD (Chorca Dhuibhne, 2003).

Contributions on mythology and folklore in B. Lalor (ed.), *The encyclopedia of Ireland* (Dublin, 2003).

2004
'Mám as mála na mbailitheoirí – from the field: cúrsaí áidh', *Béaloideas*, 72 (2004), 230–2.

2005
'Máire Nic Néill (1904–1987): scoláire béaloidis' *Léachtaí Cholm Cille* (2005), 159–85.

'Tomás Rua i seanchas Béil Uíbh Ráthaigh' in Seán Mac an tSíthigh (ed.), *Amhráin Uíbh Ráthaigh* (Baile Átha Cliath, 2004), pp 3–33.

'Mám as mála na mbailitheoirí – from the field: mná luibheanna', *Béaloideas*, 73 (2005), 161–3.

2006
'The job without a clock: the travel diaries of Séamus Ennis, 1942–1946', *The Journal of Music in Ireland Dublin*, 6:1 (2006), 10–14.

'Micheál Ó Domhnaill: 1952–2006', *Béaloideas*, 74 (2006), 233–5.

'Dónall Ó Conaill sa Traidisiún Béil' in *An Dragún Dian: Éigse na Brídeoige 2005* (Baile Átha Cliath, 2006), pp 33–42.

'A virtual tradition archive: the experience for Irish folklore', *Tautosakos Darbai*, 31 (2006), 40–50.

2007
Mise an fear ceoil: Séamus Ennis dialann taistil, 1942–1946 (Indreabhán, 2007). Buaiteoir Ghradam Uí Shúilleabháin 2007.

'Máirtín Ó Cadhain agus saol an bhéaloidis', *Léachtaí Cholm Cille*, 37 (2007), 131–56.

'Thar farraige anonn: Séamus Mac Aonghusa in Albain 1946–47' in Anne Clune (ed.), *Essays in honour of Tom Munnelly: dear far-voiced veteran* (Miltown Malbay, 2007), pp 361–72.

2008
'In search of music and song: the field diary of Séamus Ennis, 1942–1946', *Ars Lyrica: Journal of the Lyrica Society for World-Music Relations*, 17 (2008), 1–24.

2009

Going to the well for water: the Séamus Ennis fieldwork diaries, 1942–1946 (Cork, 2009).

'"Baineadh ramsach astu" – amhráin agus dánta Pheig Sayers', *Béaloideas*, 77 (2009), 103–21.

2010

'Binneas an tsiansa: an bailiúchán amhrán agus ceoil' in Críostóir Mac Cárthaigh et al., *Seoda as Cnuasach Bhéaloideas Éireann / Treasures of the National Folklore Collection* (Dublin, 2010), pp 143–52.

'Dialann choicíse: turas bailitheoireachta ag Máire Mac Neill' in Munira H. Mutran et al., *A garland of words: for Maureen O'Rourke Murphy* (Sao Paolo, 2010), pp 445–53.

2011

'Foreword' in Seán Ó Súilleabháin (ed.) and William Caulfiel (trans), *Miraculous plenty: Irish religious folktales and legends* (Dublin, 2011), pp xiii–xiv.

'Guí an phobail: amhráin bheannaithe ó Iarthar Chontae na Gaillimhe' in Stiofán Ó Cadhla and Diarmaid Ó Giolláin (eds), *Léann an dúchais: aistí in ómós do Ghearóid Ó Crualaoich* (Cork, 2011), pp 36–49.

2012

(In collaboration with Tom Sherlock), *The Otherworld: music & song from Irish tradition* (Dublin, 2012).

'Per Fionán Mac Coluim' in Ríonach uí Ógáin, William Nolan and Éamonn Ó hÓgáin (eds), *Sean, nua agus síoraíocht: féilscríbinn in ómós do Dháithí Ó hÓgáin* (Baile Átha Cliath, 2012), pp 207–18.

'A small sum of mammon: ceannacht bhailiúchán scéalta Mhichíl uí Thiománaí' in Bo Almqvist et al., *Atlantic currents: essays on lore, literature and language. Essays in honour of Séamas Ó Catháin / Sruthanna an Aigéin Thiar: aistí ar sheanchas, ar litríocht agus ar theanga. Aistí in onóir do Shéamas Ó Catháin* (Dublin, 2012), pp 73–87.

2013

'Irish links and perspectives' in Bob Chambers (ed.), *The carrying stream flows on: celebrating the Diamond Jubilee of the School of Scottish Studies* (Shetland, 2013), pp 177–98.

'Editorial: folklore, song and music of Ireland', *Béaloideas*, 81 (2013), 1–18.

'Defining the present through the past: influences and approaches in ethnographic fieldwork', *Béaloideas*, 81 (2013), 114–30.

'Cnuasach Bhéaloideas Éireann: The National Folklore Collection, University College Dublin', *Oral Tradition*, 28:2 (2013), 317–24.

(In collaboration with Meidhbhín Ní Úrdail and Niamh Ní Shiadhail), *Sealbhú an traidisiúin* (Baile Átha Cliath, 2013).

2014

'Beyond full time collecting: the contribution of one part-time collector to the National Folklore Collection' in Anne Markey and Anne O'Connor (eds), *Folklore and modern Irish writing* (Kildare, 2014), pp 33–47.

2015

'"Cailín Deas Crúite na mBó" and the impact of the folklore collector', *Béaloideas*, 83 (2015), 96–111.

2016

'Bailitheoirí béaloidis sa Rinn', *An Linn Bhuí: Iris Ghaeltacht na nDéise*, 20 (2016), 117–33.

'Deirfiúr Oisín: léamh ar obair bhailitheoireachta Shéamuis Mhic Aonghusa le Síle Mhicí Ní Ghallchóir' in Peadar Mac Gabhann agus Sinéad Coyle (eds), *Guth an Iarthuaiscirt: essays on songs and singing from the North-West of Ireland* (Béal Feirste, 2016), pp 65–75.

'Ethnomusicology and the world of Séamus Ennis', *Béaloideas*, 85 (2017), 195–217.

(In collaboration with Kelly Fitzgerald and Liam Mac Mathúna), 'In retrospect: Séamus Ó Duilearga's *Leabhar Sheáin Í Chonaill* (1948), translated as *Seán Ó Conaill's book* (1981)', *Journal of Folklore Research*, 54:3 (September–December 2017), 285–305.

'Fiachra Mac Gabhann: (1971–2018)', *Béaloideas*, 86 (2018), 103–6.

In addition

Joint reviews editor: Béaloideas: Journal of the Folklore of Ireland Society (1996–7).

Sole reviews editor: Béaloideas: Journal of the Folklore of Ireland Society (1998–2006).

Editor: *Béaloideas: Journal of the Folklore of Ireland Society* (2009–18).

The visual context of tradition: Ríonach uí Ógáin's photographic work

CRÍOSTÓIR MAC CÁRTHAIGH

A survey of the subject matter of Ríonach uí Ógáin's photographs, dating from 1979 when she was appointed Archivist-Collector in the Department of Irish Folklore, UCD, to her retirement in 2015, reflects the broad range of her interests, from Ireland's cultural landscape to traditional singers, musicians and storytellers.

While many counties feature in her work, several regions figure prominently. They include the Conamara Gaeltacht and Corca Baiscinn in west Clare, two districts in which she has family roots, both linked by the Irish language: Ríonach has recorded some of the last surviving native speakers in south-west Clare, while in south Conamara she worked with a number of traditional singers over many years, making field recordings and publishing accounts of the living tradition as well as influential singers of the past, compiling a valuable collection of portraits together with a visual record of the singer's home district.

This fieldwork was deepened by Ríonach's exhaustive re-tracing (in the early 2000s), of the paths followed by Séamus Ennis in the early 1940s as he carefully assembled a precious record of traditional song and music on behalf of the Irish Folklore Commission. Over several years and in the course of numerous interviews with surviving relatives of the singers and musicians recorded by Ennis, she succeeded in amplifying the context of the collector's work, her fieldwork extending from Limerick to Clare, Cavan, Galway, Mayo and Donegal.

Her fieldwork in Conamara extended to the Gaeltacht Láir of Co. Meath where significant numbers of people from Gaeltacht districts such as Conamara were re-settled, offering a rich mix of Irish dialects and tradition bearers for student groups from UCD, led by Ríonach, in which to learn fieldwork methods. The Gaeltacht of Corca Dhuibhne in west Kerry became effectively a second home for Ríonach, and her family, early in her career as a collector. There she established enduring friendships and acquired a deep familiarity with the vibrant music, song and dance tradition of the district. She made a particular effort to seek out surviving Blasket Islanders and their descendants – also making at least one trip to the US to meet Islanders (including Peig Sayers's daughter, Neilí Pheig) who had emigrated there in the 1920s and 1930s. Unsurprisingly, the rich music and song tradition of the Island attracted her interest, and is a subject about which she has written extensively.

While Ríonach's fieldwork is characterized by her interest in music, song and the oral tradition generally, a great many of her field photographs demonstrate a keen eye for vernacular features of the cultural landscape – field systems, dwelling-houses, bridges and fords, water mills, limestone kilns, sweat-houses, and children's burial grounds. Maritime culture also features prominently among her photographs, whether documenting traditional boats and fishing, including local sailing and rowing regattas in Conamara and Corca Dhuibhne, or a street trader in Kilkee selling winkles and duileasc. Representations of intangible culture, in particular festivals, both local and national, are a recurrent element of her photographic work.

One of the earliest of Ríonach's images in the Collection, reproduced here, captures the striking pilgrimage by boat to Oileán Mhic Dara, in Carna, south Conamara, in 1976. She has repeatedly photographed the colourful Dingle Wren festival, held annually on St Stephen's Day, and helped to produce the television documentary *Up Sráid Eoin! – the story of the Dingle wren*, first broadcast by RTÉ on 26 December 1989. In similar fashion, Ríonach has striven to preserve a visual record of performative aspects of festivals such as Hallowe'en and St Patrick's Day.

The image database of the National Folklore Collection in UCD lists some 2000 plus field photographs (mainly 35mm negatives and positives) taken by Ríonach uí Ógáin during her professional career as a folklorist. The following selection of her work is intended to convey the breadth and variety of subject matter documented in the course of her career.

1 A fairy tree and fairy rock, from which music is said to have been heard, next to the home of singer Beairtle Ó Flaitheartaigh, Camas, Co. Galway. (Ríonach uí Ógáin, 1997)

2 The musician Junior Crehan at his home near Miltown Malbay, Co. Clare. (Audio Visual Centre, UCD, 1985)

3 Jack Doyle (Camp) at An Bóthar pub, Corca Dhuibhne, Co. Kerry. (Ríonach uí Ógáin, 1980s)

4 A sweathouse at Drumkeeran, Co. Leitrim. (Ríonach uí Ógáin, 1989)

5 Selling winkles and dillisk in Kilkee, Co. Clare. (Ríonach uí Ógáin, July 2002)

6 John Costelloe and his daughter Norrie, Kilbaha, Co. Clare. (Ríonach uí Ógáin, 1983)

7 Tobar Muire, Roisín na Mainiach, Carna, Feast of the Assumption, 15 August 1986. (Ríonach uí Ógáin)

8 'Lá an Dreoilín' (The Dingle Wren), 26 December 1989, An Daingean, Co. Kerry. (Ríonach uí Ógáin)

9 Former Blasket Islanders Seán and Muiris Ó Guithín and Máire Ní Ghuithín, outside their home in Dún Chaoin, Co. Kerry. (Ríonach uí Ógáin, 1986)

10 Sharpening a scythe, Sherkin Island, Co. Cork, 2002. (Ríonach uí Ógáin)

11 Students of Irish folklore recording the singer Frank Harte in the Folk Music Section of the Department of Irish Folklore, University College Dublin. (Ríonach uí Ógáin, 2002)

12 Bríd Ní Nia and her brother, storyteller Pádraig, Carna, Co. Galway, in 1985. (Ríonach uí Ógáin)

13 Colm (Cóil) de Bhailís, An Diméin, An Cheathrú Rua, Co. Galway, interviewed over several years by Ríonach. (Ríonach uí Ógáin, 1985)

14 Storyteller Michael Mharcais Mac an Iomaire, Coillín, Carna, Co. Galway. (Ríonach uí Ógáin, 2000)

15 Former Blasket islanders Ellen Copley (Neilí Pheig Sayers) and Betty Teahan (Lísín Cearnaigh) in Torrington, Connecticut, with Ríonach uí Ógáin in 1992. (Photograph by Déaglán ó hÓgáin)

16 Sisters, Mrs Maura Carroll and Mrs Jenny Tierney, *née* Callaghan, viewing material they contributed to the Schools' Manuscripts Collection in 1937. (Ríonach uí Ógáin, 1985)

17 Student fieldwork in Ráth Chairn, Co. Meath, in 1992. From left: Anna Bale, Clodagh Doyle, Deirdre Nuttall, Fiachra Mac Gabhann, Seán Ó Conaire and Áine Ní Cheallaigh. (Ríonach uí Ógáin)

18 Mrs Susan Dugdale, accordion player, aged 101, Killallon, Clonmellon, Kells, Co. Meath. (Ríonach uí Ógáin, 2000)

19 Musician and former Blasket islander Muiris Ó Dálaigh, better known as 'Dálaigh', pictured in 1987. (Ríonach uí Ógáin)

20 Musician Áine 'Cheaist' Ní Chatháin (Uí Laoithe) and family at her home in Com an Liaigh, Ceann Trá, Co. Kerry. (Ríonach uí Ógáin, 1990)

21 Singer and musician Cóilín Ó Cualáin (Cóilín Mháirtín Sarah), Maínis, Carna, Co. Galway. (Ríonach uí Ógáin, 1986)

22 Mary Ghriallais (*née* Ní Fhlaitheartaigh), Cill Bhreacáin, Ros Muc, Co. Galway interviewed by Ríonach. (Ríonach uí Ógáin, 1986)

23 The pattern of St Mac Dara, Cruach na Cara, Carna, Co. Galway, 16 July 1976. (Ríonach uí Ógáin)

24 Singer Patrick de Búrca, Aill na Brón, Cill Chiaráin, Co. Galway. (Ríonach uí Ógáin, 1986)

25 Singer Vail Ó Flatharta before a performance at Na Píobairí Uileann, Dublin, in 1984. (Ríonach uí Ógáin)

Alma agus Jeremiah Curtin i gConamara

ANGELA BOURKE

English Summary: Jeremiah Curtin credits six of the twenty-four stories in his *Hero-Tales of Ireland* (1894) to two Connemara storytellers, Seán Ó Briain ('John O'Brien') and Colm Ó Guairim ('Colman Gorm'), but gives no further information about either, or about his own working method. In 1932, Seán Mac Giollarnáth (District Justice Seán Forde) introduced Séamus Ó Duilearga to Ó Briain, then aged eighty. Both collectors published stories recorded from him between then and his death on 1 January 1934, including versions of all four stories attributed to him in *Hero-Tales*, a fact apparently not noted until now. Ó Duilearga also assigns 'Gold Apple, Son of the King of Erin', one of sixteen unattributed tales he reprints in *Irish folktales by Jeremiah Curtin* (1944 [1942]), to Ó Briain. Neither scholar had access to the diaries and letters of Alma Curtin, which are now in the archive of the Milwaukee County Historical Society, in Wisconsin, but remained hidden until the 1980s. Alma was constantly with her husband in Ireland, and kept a detailed personal account of their work here. Supplying information on both storytellers, and on much else, it allows us confidently to attribute 'Gold Apple' to Ó Guairim.

Nuair a tháinig na Meiriceánaigh Jeremiah Curtin (1835–1906) agus a bhean, Alma, i dtír ar chéibh Chill Chiaráin i gConamara ar an Máirt, 16 Lúnasa 1892, ní raibh eolas acu ar an gceantar a raibh siad ag teacht ann ach go ndúradh leo in Árainn go raibh cainteoirí Gaeilge ann.[1] Bhí coicís caite ansin acu, ar easpa compoird, ag tógáil scéalta. Ba de bhunadh Éireannach, Caitliceach, é Jeremiah Curtin, fear a chreid in eolaíocht a linne agus nár chleacht aon chreideamh, ach ba Easpagóideach í Alma, a rugadh agus a tógadh i mbaile beag Protastúnach i sléibhte Vermont. Bhí sí dílis, dícheallach, sásta leis an measarthacht, an-tugtha don léitheoireacht. Gan chlann, shiúil sí an domhan lena fear. Ghlanadh sí a peann ar a sciorta agus í ag scríobh óna dheachtú.[2] Scríobhadh sí freisin ar a shon ó insint scéalta i mBéarla, nó ó chaint na bhfear teanga a d'fhostaigh Jeremiah nuair nach raibh Béarla ag na scéalaithe. Léadh sí os ard dó ar feadh uaireanta an chloig tar éis obair an lae. Thógadh sí grianghrafanna ar phlátaí gloine; réalaíodh agus phriondáladh iad, ag cur fios ar cheimiceáin agus ar pháipéir tríd an bpost. Bhí sí chomh díograiseach sin dá fear agus don obair a bhí leagtha amach aige dó

---

1 Joseph Schafer (ed.), *Memoirs of Jeremiah Curtin* (Milwaukee, 1940), lgh 463–4.　2 Alma Curtin chuig a máthair, 24 Samhain 1892: 'J[eremiah] laughed the other day when I said that I should be sorry to wear a dress that I couldn't wipe my pen on'.

féin nach raibh aon chónaí seasta ná buan ag an lánúin, ach síorthaisteal i bhfad óna muintir féin go dtí áiteanna iargúlta ó phós siad in 1872.

Seo mar a scríobh Alma faoin turas as Árainn ina dialann an tráthnóna sin, í cúig bliana is dhá scór d'aois agus cantal uirthi le tuirse:[3]

> ... the boat came so all was hurry. Got a photograph of the pier in the rain. Had to pay these wretches $21.50 for 2 weeks use of their room and one-and-a-half day's use of team [horses]. Catholics! The most cheating, humbugging class of people in the world. It rained nearly all the way to Kilkerrin, 18 miles by sea from Aranmore. It was very rough where the Atlantic waves struck the little one-horse steamer. I was near being sick. 3 men from Dublin were on board, going to fish somewhere north of here ... . When we got to Kilkerrin we found the pier covered with shiny kelp. A few white houses were to be seen, but no village. The men at the pier could give us no idea about getting lodgings, so I stood by one part of our luggage and Ellen staid by the boxes till J[eremiah] went up & secured a room. I got all out of patience standing in the rain and dust. There were a good many peasants on the pier handling kelp, for some vessels were in to take it away. Then we came to Mrs Cooke's. She has the post office and keeps a shop but her rooms above are very cozy and are what is strange, almost unheard of, in Ireland, clean. And wonder of wonders, there is a W.C. off at one end of the garden. We dined off a leg of mutton which we brought uncooked from the island.[4]

Leabhair is mó a bhí sna boscaí, agus ba bhean óg as Gaeltacht Thír Chonaill a bhí fostaithe ag an lánúin mar chailín aimsire í 'Ellen', a d'fhan ar an gcéibh le hAlma. Ba é seo an dara cuairt ar Éirinn ag Alma agus Jeremiah, costaisí geallta dóibh an turas seo ag Charles Dana, eagarthóir an *Sun*, i Nua Eabhrac, a bhí sásta $500 a íoc as gach deich scéal a chuirfí chuige don nuachtán, agus cead ag Jeremiah iad a chur i leabhar ina dhiaidh sin.[5] Bhí *Myths and Folk Lore of Ireland* i gcló aige ó 1890: an chéad leabhar scéalaíochta faoina ainm, bunaithe ar an

---

3 Tá mé fíorbhuíoch de Kevin Abing, Cartlannaí an Milwaukee County Historical Society i Milwaukee, Wisconsin (MCHS feasta), a bhfuil dialanna agus litreacha Alma Curtin faoina chúram, as cuidiú liom agus cead a thabhairt dom scríobh faoin ábhar seo. Buíochas freisin le Steve Schaffer, Cartlannaí Cúnta, agus le Steve Daily, a bhí i bhfeighil an ábhair chéanna in 2006 agus 2010. Féach Angela Bourke, 'The myth business: Jeremiah and Alma Curtin in Ireland, 1887–1893', *Éire-Ireland*, 44:3–4 (Fall/Winter 2009), 140–70; Angela Bourke, 'Jeremiah Curtin agus Conchúrach Iarthar Luimní', *Béaloideas*, 82 (2014), 132–40. 4 Alma Curtin, dialann, MCHS, 16 Lúnasa 1892. 5 Schafer, *Memoirs*, lch 443. Féach freisin Mrs. Adalbert Harding, 'Irish tales by Jeremiah Curtin in the New York *Sun*, Sunday supplements, 1892–1893', *Béaloideas*, 4:1 (1933), 93–5, agus Séamus Ó Duilearga (eag.), *Irish folk-tales, collected by Jeremiah Curtin, 1835–1906* (Dublin & Cork, 1944) [Séamus Ó Duilearga, 'Supplement: Irish folk-tales', *Béaloideas*, 11:1/2 (1941), 1–84, *Béaloideas*, 12:1/2 (1942), 1–16.]

gcéad chuairt ar Éirinn in 1887, nuair a thóg siad roinnt scéalta ó athair Ellen, Séamus Mac Lochlainn.⁶

Dhá lá i ndiaidh dóibh socrú isteach i dteach na baintrí, Bríd Uí Chuaig, scríobh Alma litir chuig a máthair, Mary Cardell, baintreach eile, i Warren, Vermont. Chuir sí síos ar throscán galánta a gcuid seomraí agus lean ar aghaidh:

> ... Our bedroom is just off the sitting room and is also well furnished, Ellen's room is just beyond. As these are the only rooms up this flight of stairs we are quite by ourselves. Ellen cooks in the kitchen and brings our meals to our sitting room. We pay four dollars a week for the rooms. As we are so comfortably settled, J[eremiah] has determined to settle down for 3 or 4 weeks and do some writing. We have spent to-day translating on Volodyovski (the Polish novel).⁷

Ar deireadh, chaith na Curtánaigh beagnach cúig mhí i gCill Chiaráin, ach ba istigh cois tine a bhí siad an chuid is mó den am, ag ullmhú ábhair don chló. Maíonn réamhráite Jeremiah Curtin gur ag bailiú scéalta béaloidis a chaith sé a chuid ama in Éirinn, agus gurb é féin amháin a bhailigh, agus a chuir in eagar. Ní luaitear Alma sna leabhair scéalaíochta, agus níl ach tagairtí fánacha di sna *Memoirs* a chuir sí féin le chéile in ainm a fir, blianta i ndiaidh a bháis, ag tarraingt as a dialann agus as a cuid litreacha féin. Ghlac scoláirí leis an insint sin go dtí le déanaí, ach léiríonn an dialann agus na litreacha, a choinnigh Alma faoi cheilt go dtí caoga bliain i ndiaidh a báis féin, nach mar sin a bhí.⁸ Ba í Alma féin ba mhó a scríobh na scéalta síos, agus ba ise a chóipeáil arís agus arís iad, agus Jeremiah á gceartú don chló de réir a chéile. Cé go raibh práinn leis na scéalta, agus an chéad cheann i gcló sa *Sun* ón 7 Lúnasa, ba í an fhoinse ba mhó ioncam a bhí ag an lánúin faoin am seo, agus a phost caite san aer ag Jeremiah i mBiúró na hEitneolaíochta sa Smithsonian Institution i Washington DC, aistriúcháin ón bPolainnis.

Tráthnóna samhraidh in 1888, agus é ar a bhealach abhaile ar thram capaill i Washington, thug Jeremiah faoi deara go raibh iris Pholainneach á léamh ag an bhfear in aice leis. Bhí blianta caite sa Rúis agus in oirthear na hEorpa aige, agus bhí an Rúisis ar a thoil aige. Labhair sé leis an léitheoir, a dúirt leis go mbíodh sé ar bís ó mhí go mí ag fanacht leis an iris seo, toisc an scéal fada drámatúil staire le Henryk Sienkiewicz a bheith á fhoilsiú ina ghálaí ann. Fear é Jeremiah a

---

6 Bourke, 'Myth business', 152–5. Tá rún agam tuilleadh a scríobh amach anseo faoin mbailiú a rinne na Curtánaigh i dTír Chonaill.   7 Alma Curtin chuig a máthair, MCHS, 18 Lúnasa 1892.   8 Chuir Joseph Schafer tuairisc scríbhinní Alma lena deirfiúr Jennie Cardell Norton, agus é ag cur eagair ar na *Memoirs*, ach dúradh leis nár mhair siad. Maidir le dialann agus litreacha Alma Curtin a bheith i mbailiúchán an MCHS le tamall beag, ach iad a bheith dúnta go fóill, féach Janet E. Dunleavy & Gareth W. Dunleavy, 'Jeremiah Curtin's working methods: the evidence from the manuscripts', *Éigse*, 18:1 (1980), 67–86, ag 75, n. 19. Cailleadh Alma Curtin i 1938, agus is cosúil gur i 1988 a osclaíodh na foinsí seo.

bhíodh ag alpadh teangacha. Ainneoin nach raibh aige ach breaceolas ar an bPolainnis, chinn sé ar an bpointe an t-úrscéal toirtiúil tríológach seo a léamh. Chuir sé fios air láithreach, agus tháinig trí leabhar déag chuige ón bPolainn: ceithre mhíle leathanach ar fad. Chinn sé Béarla a chur ar an iomlán.[9]

Faoin am ar tháinig Jeremiah agus Alma ar ais go hÉirinn, ag deireadh 1891, bhí an chéad dá imleabhar (as trí cinn) d'aistriúchán Jeremiah i gcló ag Little, Brown, and Company i mBoston: *With Fire and Sword* agus *The Deluge*. Aontaíonn criticeoirí Polainnise nach bhfuil cuma ná caoi ar an aistriúchán céanna, a léiríonn an-aineolas ar dhúchas na teanga sin.[10] Is cinnte gur místuama leadránach an insint í, ach ba é seo an chéad leagan Béarla de shaothar a raibh an-tóir ag imircigh ón bPolainn air. Bhí éileamh as cuimse ar an dá imleabhar, agus an foilsitheoir ag fanacht go cíocrach leis an tríú cuid, *Pan Wolodyjowski*.[11]

John Murray Brown, páirtí le Jeremiah i rang 1863 in Ollscoil Harvard, a bhí i gceannas Little, Brown, and Company. Tharla gur bhuail Jeremiah leis ag cruinniú comórtha cúig bliana fichead na céime in 1888, díreach sular bhuail sé leis an bPolainneach ar an tram. Ní raibh Brown i bhfad i gceannas ar chomhlacht a mhuintire, a bhí imithe i léig roinnt ó bunaíodh é. Bhí sé ag faire amach d'ábhar nua, agus thoiligh sé *Myths and Folk Lore of Ireland* a fhoilsiú. Go gairid ina dhiaidh sin rinne sé conradh le Jeremiah faoi shaothar Henryk Sienkiewicz, agus chuir fortún a chomhlachta ó bhaol: bronnadh duais Nobel sa litríocht ar an bPolainneach i 1905. Ag deireadh mhí Lúnasa 1892, i gCill Chiaráin, scríobh Alma sa dialann, 'Friday 26, Saturday 27, Sunday 28: In bed all these days, suffering terribly with my head ... Brown is in a great hurry for Volodyovski'.

Bhí an chéad bheart deich scéal, a bhí curtha go Nua Eabhrac ag an lánúin i dtús mhí Aibreán as Fionntrá i gCiarraí, á bhfoilsiú ar an *Sun* ó Dhomhnach go Domhnach. Bhí beart eile scéalta leo as Corca Dhuibhne, cinn as Tír Chonaill, agus roinnt scéalta as Árainn, ach bhí ceartú le déanamh orthu, poncaíocht agus leagan amach, sula bhféadfaí iad a chur chun bealaigh, agus bhí Jeremiah agus Alma ar a ndícheall le 'Volodyovski': Jeremiah ag cur Béarla air agus Alma ag luathscríobh uaidh. Shíl sí ar an 21 Lúnasa go mba chrua an lá oibre daichead leathanach, ach faoin 4 Meán Fómhair bhí ceithre leathanach is caoga aistrithe in aghaidh an lae acu le tamall, agus an chéad dréacht déanta.

Ar éigean a d'fhág na Meiriceánaigh Tigh Chuaig go ceann dhá mhí. Chuir Jeremiah fios ar thae ón Rúis, ar chaifé as Corcaigh agus ar bhágún as cathair na Gaillimhe.[12] A luaithe is a chríochnaigh siad an chéad dréacht den aistriúchán ón

---

9 Schafer, *Memoirs*, lch 410. 10 Féach, mar shampla, H.B. Segel, 'Sienkiewicz's first translator, Jeremiah Curtin', *Slavic Review*, 24:2 (Meitheamh 1965), 189–214, agus Michael J. Mikoś, 'New light on the relationship between Henryk Sienkiewicz and Jeremiah Curtin', *Slavic Review*, 50: 2 (Samhradh 1991), 422–32. 11 D'fhoilsigh Little, Brown, an tríú himleabhar den aistriúchán mar *Pan Michael* (Boston, 1893). 12 Alma Curtin chuig a máthair, MCHS, 9 Samhain 1892; cf. Schafer, *Memoirs*, lch 465.

bPolainnis, thosaigh Alma ar chóip ghlan, agus luigh Jeremiah isteach ar scéalta Chiarraí. Tháinig sreangscéal ó Charles Dana ar an 21 Meán Fómhair, le foláireamh nach raibh fágtha aige ach dhá scéal dá nuachtán. Dhá lá ina dhiaidh sin bhí litir eile acu ó John Brown, ag fiafraí i dtaobh 'Volodyovski'. Choinnigh siad orthu ag obair, ach tháinig aimsir bhreá i mí Dheireadh Fómhair agus d'éirigh le hAlma bualadh amach ag tógáil pictiúr. Chuidigh Ellen léi á réalú: 'We washed them in the river', a scríobh Alma sa dialann.

Thug Jeremiah Curtin le fios ina chuid leabhar go raibh Gaeilge aige, agus gur i nGaeilge a thóg sé na scéalta, ach is léir le fada nach mar sin a bhí, cé go raibh spéis aige i struchtúr na teanga agus eolas áirithe aige uirthi.[13] Bhíodh sé ag ceadú foclóra le hEllen, agus d'íocadh sé fear óg de mhuintir Nia as teacht chuige i gCill Chiaráin ag gaeilgeoireacht, ach ní raibh aon líofacht aige, mar a léireoidh scríbhinní Alma anseo thíos. Maidir le hAlma féin, níor léirigh sí spéis riamh sa Ghaeilge, ach ag scríobh ina dialann ar an Satharn, 15 Deireadh Fómhair, 'I am trying to learn Russian. J[eremiah] was talking it to me for a long time after we went to bed last night'.

Chuaigh an dara beart scéalta chun bealaigh as Cill Chiaráin ar an Máirt, 18 Deireadh Fómhair – dhá scéal déag a thabharfadh an tsraith suas go Nollaig – agus thosaigh siad ag cur tuairisc scéalaithe. An Domhnach dar gcionn, scríobh Alma:

> Very bright day. I got wind of an old man who knew stories and this pm we went with a neighbouring man up to the old man's 'hen house', one-and-a-half miles above here. He is 78 and his wife about as old. She sat on the floor by a 'wee' fire, hens, ducks etc. in the house, straw piled up near the bed, the bed just at the fire, a home-made board bed, with only old dirty rags on it. One rush-bottom old chair in the house, a bench, and for the man who was with us, an old broken basket was turned over.[14] The house smelt so of hens that I was almost sick at times. The old people seem well and strong. Said they had a number of children, but only 2 were living, and they were in America and no good to them as they were not helping them – the general complaint of Irish parents. I had such a headache when we got home that I had to go to bed.

Ba é seo Colm Ó Guairim, a bhfuil dhá scéal leis in *Hero-Tales of Ireland*, an leabhar a chuir Jeremiah amach i ndiaidh na cuairte seo ar Éirinn. Tháinig sé go Tigh Chuaig ar an Máirt, 25 Deireadh Fómhair, mar a scríobh Alma ina dialann:

---

13 Douglas Hyde, *Beside the fire: a collection of Irish Gaelic folk stories* (London, 1890), lgh ix–lviii; Seán Mac Giollarnáth, *Loinnir Mac Leabhair agus sgéalta gaisgidh eile* (Baile Átha Cliath, 1936), lch xvi; Pádraig Ó Siochfhradha ('An Seabhac'), 'Notes on some of Jeremiah Curtin's storytellers' in Ó Duilearga, *Irish folk-tales*, lgh 153–7, ag lch 157; Janet E. Dunleavy & Gareth W. Dunleavy, 'Jeremiah Curtin's working methods'.   14 'An old broken basket was turned over': cliabh, is cosúil.

'Old man came and told a story. Very cold. Heavy frost. ... A great storm of wind and rain. We are very busy with Volodyovski'.

Ní luann Alma aon fhear teanga ansin, ná arís ar an Aoine, 28 Deireadh Fómhair, nuair a scríobhann sí:

> Colam Goram told us a fine story. One never saw so ragged a man and dirty as well. Has a great lump on his forehead above his eye: some natural thing like a great red knot. Mrs Cooke says he is a very bad neighbor, but he seemed pleasant enough to us. Anyhow all we care for is to get the story. This evening a young Knee or Neigh [Ó Nia] came up to tell a story. He was up last evening: his stories are too modern but J[eremiah] likes to hear him speak Irish.

Cuireann sí síos ar Cholm Ó Guairim arís i litir chuig a máthair an lá dar gcionn, agus is léir gur i mBéarla a d'inis sé a chuid scéalta dóibh. In *Hero-Tales*, deir Jeremiah Curtin gurb é 'Colman Gorm, Connemara' a d'inis an dá scéal, 'Cahal, Son of King Conor, in Erin, and Bloom of Youth, Daughter of the King of Hathony' (lgh 223–41), agus 'Balor of the Evil Eye and Lui Lavada, his Grandson' (lgh 296–311).[15] Is cosúil gurb é 'Cahal' an 'fine story' a luann Alma, mar foilsíodh ar an *Sun* é mar uimhir 23 den tsraith, ar 1 Eanáir 1893.[16]

Bhí an seanduine isteach is amach chucu le scéalta cúpla uair eile go ceann trí seachtaine, agus Jeremiah ag íoc scillingí leis, ach níl aon tuairisc thairis sin ag Alma orthu. Ar 9 Samhain, deir an dialann, '... A man from 12 miles away came to tell us stories but had only a mixture of Arabian Nights and European tales, so J[eremiah] paid him and sent him off'.

Ach tháinig Colm Ó Guairim ar ais ar an Luan, 21 Samhain: 'Old man here. He went off somewhere and picked up quite a story Saturday. I wrote it down while J[eremiah] continued work on Volodyovski'. Is cosúil gurb é seo 'Balor of the Evil Eye and Lui Lavada'. Scéal an-bhreá é, faoin nGlas Ghabhnach ('Gownach' sa téacs), agus an Gaibhnín Gabha ('Gaivnin Gow'), ach chuirfeadh líon na n-ainmneacha dílse agus mionsonraí éagsúla eile i gceann léitheora go raibh foinse liteartha taobh thiar de. Bhí tobar na scéalta ag dul i ndísc agus scríobh Alma chuig a máthair seachtain ina dhiaidh sin go raibh Jeremiah ag cuimhnú ar aistriú go dtí An Clochán.[17] Mar a tharla, buaileadh tinn í féin le pianta coise agus láimhe, agus d'fhan siad mar a raibh siad go Nollaig 1892, agus ina diaidh. Murach pianta Alma, ní chuirfeadh siad aon aithne ar an sárscéalaí Seán Éadbhaird Ó Briain, a tháinig abhaile ó Shasana aimsir na Nollag, agus a

---

15 Jeremiah Curtin, *Hero-Tales of Ireland* (Boston, 1894), lgh 223–41, 296–311, 549.   16 Is é a chiallódh 'the King of Hathony', Rí na hEadáine, nó na hEadáile/na hIodáile. Féach nóta ag Curtin ar 'Cud, Cad, and Micad', *Hero-Tales*, lch 553: '*Hadone* is said to be Sicily'. Cf. 'Rí na hEadáinne' in 'Cod, Cead agus Mí-chead, Triúr Mac Rí na hOrbhuaidhe' ó Sheán Ó Briain in Mac Giollarnáth, *Loinnir Mac Leabhair*, lgh 120–46, ag lgh 126–7.   17 Alma Curtin chuig a máthair, MCHS, 28 Samhain 1892.

thug ceithre scéal dóibh atá in *Hero-Tales*, in imeacht deich lá: 'We are ready to go to Cork and a grand storyteller turns up', a scríobh Alma chuig a máthair ar an Satharn, 31 Nollaig. 'We mustn't neglect them, for you know J. gets xxx dollars for every letter. You know the amount: I scratched it out for fear the letter might miscarry, or be opened in some Irish post office'. Deir a dialann don lá céanna:

> We worked correcting Irish stories till near noon when O'Brien, a storyteller of repute who has been at work in England until recently came. He could not tell the stories in English so we sent for Green, and got with much work one story.[18] J[eremiah] took it down, about 3 brothers, sons of a farmer & the King of Lochlin. What was never born ... .

Tagairt é seo do 'The Cotter's Son and the Half Slim Champion' (*Hero-Tales*, lgh 356–72), ina bhfuil geasa ar an ngaiscíoch dul ag triall ar 'the birth that has never been born, and that never will be' ('an té nach rugadh a's nach mbéarfar').[19]

Tháinig an scéalaí arís ar an Máirt, 3 Eanáir:

> ... About noon, after we had decided that they were not coming, O'Brien and Green came. Green is a very poor translator, but poor man, he tries hard to do his best. O'Brien is a man about 40; has 7 children, eldest 14.[20]

Ar an gCéadaoin: 'O'Brien told an excellent story to-day. J[eremiah] is much pleased with it'. Bhí stoirm ghaoithe agus sneachta ann ar an Satharn, agus níor tháinig an scéalaí, ach sa dialann don Domhnach, 8 Eanáir, seo mar a scríobhann Alma:

> Stormy, rain and wind. The two men came after mass and told a grand story. Cad & Mecad. I wrote down the story while J[eremiah] listened to the Irish, for O'Brien speaks very clearly. They make very short days, coming about 11 and leaving at 4 or even earlier, but J. pays each two shillings.

18 Tá an 'Green' seo, duine de mhuintir Uaithnín, as Roisín na Mainiach, is cosúil, luaite in áiteanna eile sa dialann; ba í a bhean a chuaigh le teachtaireacht chuig Seán Ó Briain. Cf. Mac Giollarnáth, 'Ní raibh Béarla ag Seán, agus ní raibh Gaedhilg ag an Meireacánach mara raibh corr-fhocal aige. Bhí fear teangadh aige a thug Seán go dtí é. Séamus Ó Laidhe, cléireach an tséipéil, an fear sin' (*Loinnir Mac Leabhair*, lch xvi). 19 Féach leagan Gaeilge den scéal seo ón scéalaí céanna ag Séamus Ó Duilearga, 'Trí sheanscéal', *Béaloideas*, 30 (1962), 121–55, ag 147–54. Tá scéalta béaloidis darb ainm 'An Gaisgidheach leath-chaol cruadhach' (148) agus 'Mac Ríogh hÉireann [sic] agus an Gaisgidheach leath-chaoch ruadh' (149) liostáilte i LS G 247 de chuid Leabharlann Náisiúnta na hÉireann:https://www.celt.dias.ie/publications/online/nli/6/NLI247.html, ceadaithe 22 Meitheamh 2017. 20 Dúirt sé i nDaonáireamh 1911, agus é ina mhaor sa Ghabhlán Thoir, ar an taobh ó thuaidh de Chnoc Mordáin, gur

Tá 'Cod, Cead agus Míchead' in *Hero-Tales* (lgh 198–222). D'inis an scéalaí an scéal céanna thart ar 1932, agus cónaí air an t-am sin in aice na farraige i Loch Conaortha, don bhreitheamh dúiche Seán Mac Giollarnáth. Chuir seisean in eagar in *Loinnir Mac Leabhair* é, mar aon le 'Lán-Dhearg [sic] Mac Rí i nÉirinn', atá ag Curtin mar 'Lawn Darrig, Son of the King of Erin, and the Knight of Terrible Valley' (*Hero-Tales*, lgh 262–82).[21]

Chuir an breitheamh an scéalaí, Seán Ó Briain, in aithne do Shéamus Ó Duilearga, agus chaith seisean roinnt seachtainí leis i Meán Fómhair 1932, ag scríobh scéalta uaidh. Thug sé cuairt eile air i Meitheamh na bliana 1933.[22] I bhfad ina dhiaidh sin a chuir an Duileargach na scéalta sin i gcló: foilsíodh 'Sir Slanders, Mac Rí in Éirinn' i 1960 agus 'Trí Shean-Scéal' i 1962.[23] Bhí 'Sgológ na Féasóige Léithe' ar an gcéad scéal de na trí cinn, a thaifead sé ar an Eideafón, 9 Meitheamh 1933. Deir sé (lch 154) gur leagan é de Aarne-Thompson-Uther 313, ach ní dhíríonn sé aird ar a mhórchosúlacht, ainneoin nach mar a chéile a thosaíonn siad, leis an scéal le Ó Briain a dtugann Jeremiah Curtin 'The King's Son and the White-Bearded Sgolog' air (*Hero-Tales*, lgh 163–81). Mar an gcéanna, is léir gurb é atá sa dara scéal de na trí cinn, 'An Fear a Chuaigh ar Aimsir leis an gCnoc', insint eile ar 'The Cotter's Son', áit a bhfuil an ráiteas dothuigthe seo a leanas faoin bhfear óg, '… on the afternoon of the last day of the year he took service with a hill' (*Hero-Tales*, lgh 356–7). Léiríonn difríochtaí suntasacha idir insintí éagsúla Sheáin Uí Bhriain den dá scéal seo an mháistreacht a bhí aige ar eiliminití a chuid scéalaíochta, cuid den údar, gan dabht, go ndearna Ó Duilearga amach mar gheall air gurbh é an scéalaí ab fhearr é dar casadh riamh leis.[24]

Cuireann Séamus Ó Duilearga scéal amháin eile síos do Sheán Ó Briain: 'Gold Apple, Son of the King of Erin' in *Irish folk-tales* (lgh 64–74, 162; *Sun*, 15 Eanáir 1893). Bunaíonn sé a thuairim ar an bhfoirmle dheiridh, nár chuala sé ag aon scéalaí eile: 'There were seven hundred guests at the short table, eight hundred at the long table, nine hundred at the round table, and a thousand in the grand hall'. Is fíor go mbíodh foirmle cosúil léi seo ag an mBrianach, ach ní féidir gurbh é a d'inis 'Gold Apple', i bhfianaise na ndátaí, agus an scéal i gcló

---

rugadh deichniúr clainne dó féin agus dá bhean, Annie, agus gur mhair naonúr. Thart ar 1900 a rugadh an duine ab óige, Peadar Sheáin Éadbhard, a thug 'Amhrán an Bhacstaí' do Shéamus Ennis ar an 30 Bealtaine 1945 (Ríonach uí Ógáin (eag.), *'Mise an fear ceoil': Séamus Ennis, dialann taistil, 1942–1946* (Indreabhán, 2007), lgh 240, 245, 400–1). Bhí trí bliana déag ag Peadar i 1911, agus aon bhliain amháin i nDaonáireamh 1901.   21 Níl aon tagairt ag Mac Giollarnáth don Bhrianach in 'Tiachóg ó Iorrus Aintheach', *Béaloideas*, 3:4 (1932), 467–501, rud a thugann le tuiscint nach raibh sé tosaithe ag obair leis roimhe sin. Féach Mac Giollarnáth, *Loinnir Mac Leabhair*, lgh xii–xvi, do nóta ar an scéalaí agus grianghraf de; lgh 90–146 do na scéalta seo, agus lgh 1–36 do scéal theideal an leabhair.   22 Féach Ó Duilearga, *Irish folk-tales*, lch xiv, agus Ó Duilearga, 'Trí sheanscéal', 154. Cailleadh Seán Ó Briain ar an 1 Eanáir 1934.   23 Séamus Ó Duilearga, 'Sir Slanders, Mac Rí i nÉirinn', *Béaloideas*, 28 (1960), 65–78, ag 78; 'Trí sheanscéal'.   24 Ó Duilearga, *Irish folk-tales*, lch xiv; Ó Duilearga, 'Trí sheanscéal', 154.

chomh luath is a bhí. Ach tá na focail cheannann chéanna in *Hero-Tales* (lch 241)
ag deireadh an scéil 'Cahal and Bloom of Youth', le Colm Ó Guairim, a bhí dhá
scór bliain ní ba shine ná Seán Ó Briain, rud a thugann le tuiscint gurbh é Ó
Guairim a d'inis 'Gold Apple', agus go bhfuil gach seans gur uaidh a thug an
Brianach leis an fhoirmle.

Tháinig an Brianach ar ais tamall ar an Luan, ach moch maidin Dé Máirt, 10
Eanáir 1893, bhí Alma agus Jeremiah sa charr cliathánach ar an mbóthar go
Gaillimh. Ní raibh sé i ndán dóibh Conamara a fheiceáil arís, ach tháinig an
scoláire béaloidis Stith Thomson, ó Ollscoil Indiana, chomh fada le Tigh Chuaig
i bhfad ina dhiaidh sin in ómós do Jeremiah, agus é aineolach ar fad ar pháirt
Alma sa scéal. Ar an 5 Deireadh Fómhair 1938 scríobh sé i gceann de shraith
altanna faoin mbéaloideas ar an *Irish Independent*:

> Last summer it was of considerable sentimental interest to me to occupy
> Curtin's old room in Kilkieran and to hear in Irish some of the same
> stories which I had long ago read in his collection.

An táilliúireacht trí shúile na bprintíseach: dhá chuntas ón naoú haois déag[1]

SÍLE DE CLÉIR

Is féidir féachaint ar stair na táilliúireachta mar chuid de stair fheisteas na bhfear: sa tslí sin tá an t-ábhar ceangailte le gnó an fhaisin, agus leis na forbairtí nua-aimseartha a bhí ag dul i bhfeidhm ar an ngnó seo ar leibhéal idirnáisiúnta ó dheireadh an ochtú haois déag ar aghaidh. Ach bhí an táilliúireacht mar chuid den gcultúr ábhartha dúchasach chomh maith: ceird a bhí ag feidhmiú i gceantair áitiúla agus a raibh gaol láidir aici le saol sóisialta agus cultúrtha an phobail. Sna háiteanna ina raibh táilliúirí taistil ag obair, ba chuid de shaol cruthaitheach an bhéaloidis é cleachtadh na ceirde. Sa tréimhse a chaitheadh táilliúirí ag obair i dtithe sa phobal, ba mhinic ócáidí áirneáin a bheith mar chuid de phróiseas na táilliúireachta; ócáidí scéalaíochta agus seanchais; ócáidí amhránaíochta, rince agus scléipe. Sna cásanna seo, dob fhéidir a rá go raibh gnó an fheistis leabaithe i bpróiseas sóisialta an phobail, rud a thugann comhthéacs saibhir don táirgeoireacht theicniúil trínar cuireadh éadaí ar fáil dá bhaill. Is fiú cuimhneamh chomh maith ar na coda den mbéaloideas ina bhfuil táilliúirí lárnach agus ar íomhá an táilliúra sna réimsí béaloidis seo.

Mar sin is ábhar ilghnéitheach é stair na táilliúireachta, ábhar nach féidir a chlúdach in aon turas amháin. San aiste seo, déanfar plé ar thréimhse na printíseachta i saol na dtáilliúirí, bunaithe ar dhá chuntas ón naoú haois déag. Is díol suime na cuntais seo, a thugann éachtaint dúinn ar shaol na bprintíseach: déagóirí óga ag foghlaim ceirde agus ag iarraidh a slí a dhéanamh agus a mbeatha a thuilleamh in Éirinn tar éis an Ghorta Mhóir. Cuireann foinsí eitneagrafaíochta mioneolas ar fáil faoi shaol laethúil na bprintíseach agus faoina gcoinníollacha oibre – gnéithe a mbeadh sé deacair teacht orthu in áiteanna eile. Ach ar ndóigh, ba cheird í an táilliúireacht a bhí ceangailte le saol mór an mhargaidh chomh maith, mar sin is fiú cúlra stairiúil an réimse oibre seo a léiriú ar dtús.

Dar le Mairead Dunlevy, bhí ceardchuallacht nó cumann proifisiúnta ag táilliúirí sa Pháil – i mBaile Átha Cliath – chomh fada siar leis an tríú haois déag. Tugadh cairteanna dóibh sa chúigiú haois déag sa chathair sin, agus i gContae na Mí chomh maith.[2] Is léir go raibh eolas ar an téarma 'táilleabhar' i dteanga na Gaeilge ósna Meánaoiseanna, é á úsáid sna Tráchtais Ghramadaí, mar shampla, agus go meafarach sa téacs *Caithréim Thoirdhealbhaigh* ón gceathrú haois déag –

---

1 Tá an aiste seo bunaithe ar sheimineár a tugadh i Seomra na Gaeilge, Ollscoil Luimnigh, ar an 23 Deireadh Fómhair 2017. Táim buíoch d'fhoireann agus do mhic léinn Léann na Gaeilge, Ollscoil Luimnigh, dá dtuairimí agus dá dtacaíocht ar an ócáid sin.   2 Mairead Dunlevy,

rud a thabharfadh le tuiscint, b'fhéidir, go raibh an téarma seanbhunaithe sa teanga faoin am sin.³ Faoin seachtú haois déag, dar le foinse amháin, bhí 45,000 táilliúirí in Éirinn, agus tá roinnt eolais ar fáil ar an gceird ón dtréimhse sin ar aghaidh.⁴ Thart ar an am seo chomh maith, deimhníodh gur réimse oibre na bhfear a bhí i gceist le táilliúireacht, cé gur úsáideadh an téarma ag tagairt do mhná i gcomhthéacs traenála in *Párliament na mBan*, a scríobhadh i dtreo dheireadh na haoise.⁵ Ar leibhéal idirnáisiúnta, deineadh forbairt mhór ar an gceird san ochtú haois déag: léiríonn Daniel Roche an tslí inar tháinig ceirdeanna difriúla a bhain le héadaí difriúla a sholáthar – *doubletiers, gipponiers, chaussetiers* mar shampla – le chéile faoi bhrat na táilliúireachta i rith na haoise sin.⁶ Is ag deireadh an ochtú haois déag a tosnaíodh ar úsáid a bhaint as an téipthomhais – úirlis oibre a cheangail an cheird le saol na huimhríochta agus na litearthachta.⁷ Chuaigh sé seo go mór i bhfeidhm ar chúrsaí tomhaiste agus ghearrtha, agus deineadh dul chun cinn an-mhór sa réimse seo i rith an naoú haois déag. Dar le Jason Maclochlainn, is féidir é seo a fheiscint go háirithe i Sasana agus i Meiriceá, áiteanna ina raibh irisí proifisiúnta agus téacsleabhair tháilliúireachta á bhfoilsiú ó thús na haoise.⁸ Is féidir chomh maith na forbairtí a tháinig ar phróisis thomhaiste agus ghearrtha a fheiscint ag dul i bhfeidhm ar fheisteas na bhfear sa naoú haois déag, a bhí níos sleamhaine, níos múnlaithe don gcorp, agus a raibh struchtúr níos láidre ann ná mar a bhí riamh roimhe sin. Forbairt thábhachtach eile ab ea an meáisín fuála, a tháinig ar an bhfód i Meiriceá i lár an naoú haois déag agus a leathnaigh ar fud na hEorpa idir an t-am sin agus deireadh na haoise.⁹

***

Ní raibh táilliúirí na hÉireann scartha amach ar fad ós na hathruithe idirnáisiúnta seo, cé go raibh difríocht mhór sa mhéid díobh a chuaigh i bhfeidhm ar an gceird ó áit go háit. Sa taighde a dhein Maura Cronin ar shaol na gceardaithe i gcathair Chorcaí sa naoú haois déag, is léir gur ghrúpa líonmhar láidir iad na táilliúirí i saol oibre na cathrach ach gur fhulaing siad na hathruithe móra céanna a d'imigh ar roinnt mhaith slite beatha sa tír le linn na haoise corraithí sin. Tugann Cronin cur síos maith ar stailceanna i measc na dtáilliúirí mar gheall ar na meáisíní fuála a bhí tugtha isteach ag cuid de na máistir-tháilliúirí a raibh gnóthaí móra acu sa chathair sa dara leath den tréimhse.¹⁰ Taispeáineann taighde Cronin líon na

Dress in Ireland: a history (London, 1989), lch 88.   3 Feic *Electronic dictionary of the Irish language* http://dil.ie/ s.v. táilliúr. Táim buíoch den Dr Gordon Ó Riain as a chabhair leis seo.   4 Dunlevy, *Dress in Ireland*, lch 88.   5 Brian Ó Cuív (eag.), *Párliament na mBan* (Baile Átha Cliath, 1952), lch 20.   6 Daniel Roche, *The culture of clothing: dress in the ancien regime* (Cambridge, 1996), lch 273.   7 Jason Maclochlainn, *The Victorian tailor: an introduction to period tailoring* (London, 2011), lch 11.   8 Ibid., lgh 12–17.   9 Christopher Breward, *Fashion (Oxford history of art)* (Oxford, 2003), lgh 54–8.   10 Maura Cronin, *Country, class or craft? The politicization of the skilled artisan in nineteenth-century Cork* (Cork, 1994), lgh 45–7.

dtáilliúirí ag titim ó 748 i nDaonáireamh 1841 go dtí 275 sa bhliain 1901, agus deireann sí féin toisc go gcuimsíonn figiúirí an daonáirimh daoine a thugann táilliúirí orthu féin, ach nach bhfuil ag obair, go bhféadfadh an uimhir a bheith níos lú ná sin fós.[11] Ach is léir go raibh meath ar an gceird trí chéile i dtreo an fichiú haois: dar le Cronin, scriosadh gnóthaí ceithre cinn déag de na tithe móra táilliúireachta sa chathair idir 1890 agus 1912 mar gheall ar na hathruithe a bhain leis an meáisín fuála.[12] I gcás na dtáilliúirí a raibh gnóthaí beaga acu, mar a bheadh i gceist sna ceantair thuaithe, d'fhéadfadh an scéal a bheith beagáinín difriúil.[13] Is cinnte go raibh deacrachtaí acu, ach bhí na táilliúirí tuaithe ag obair ar scála níos lú agus ní bheadh leibhéal na fostaíochta ná na hineistíochta chomh mór sin acu.

Bhí ról tábhachtach ag an táilliúir sa phobal, agus sna ceantair thuaithe mar sin féin. Cuireann foinsí eitneagrafaíochta agus béaloidis eolas luachmhar ar fáil faoi tháilliúirí agus faoin saol a bhí acu. Tá an aiste seo bunaithe ar dhá chuntas ón naoú haois déag, an chéad cheann ó Chontae Mhaigh Eo. Faightear é seo mar chuid de scéal bheatha Dhomhnaill Uí Ghíontaigh, a thug sé don mbailitheoir lánaimseartha, Tomás a' Búrca, a bhí ag obair do Choimisiún Béaloideasa Éireann. Bhailigh an Coimisiún mórán ábhair ón bhfear seo atá le fáil in imleabhair éagsúla an bhailiúcháin. Cuimsíonn scéal a bheatha beagnach sé chéad leathnach d'imleabhar 916. Níl dáta curtha leis an gcáipéis féin, ach tá stampa an Choimisiúin i dtús an imleabhair don 21 Samhain 1942.

Rugadh agus tógadh Ó Gíontaigh i gCnoc Maoilín, Baile Chruaich, agus bhí sé, dar leis féin 'istigh sa naomhadh bliadhain agus ceithre fichid' nuair a thug sé an cuntas seo uaidh.[14] Bheadh sé seo ag teacht le Daonáireamh 1911, áit a luaitear seacht mbliana is caoga le 'Daniel Ginty, Knockmoyleen, Ballycroy North',[15] cé go ndeirtear i nDaonáireamh 1901 go bhfuil cúig bliana is daichead aige.[16] Dealraíonn sé mar sin gur rugadh é i dtreo lár na 1850idí, de réir cosúlachta in 1854, nó b'fhéidir in 1855/6. Thosnaigh Ó Gíontaigh a phrintíseacht nuair a bhí ceithre bliana déag d'aois aige – thart ar 1868, mar sin.

Baineann an dara cuntas san aiste seo le táilliúir a bhfuil cloiste ag níos mó daoine faoi – 'sé sin Tadhg Ó Buachalla, 'an táilliúir', a raibh cónaí air i nGarraí na Píce, Béal Átha an Ghaorthaidh, i gContae Chorcaí. Bhain Tadhg Ó Buachalla agus a bhean, Ainstí, clú agus cáil amach nuair a d'fhoilsigh an scríbhneoir Eric Cross leabhar futhu dar teideal *The Tailor and Ansty* i 1942.[17] Léiríonn an

---

11 Ibid., lgh 20–3.   12 Ibid., lch 47.   13 Léiríonn eolairí gnó an naoú haois déag agus an fichiú haois éagsúlachtaí móra i líon na dtáilliúirí sna bailte móra agus beaga sa tréimhse seo, ach caithfear a thuiscint, leis, sa chás go raibh táille le díol ag an táilliúir as iontráil a fháil in aon eolaire, gur lú fós an seans go luafaí na táilliúirí beaga tuaithe ná na táilliúirí taistil. 14 CBÉ, Iml. 916, lch 1. Táim buíoch do Stiúrthóir Chnuasach Bhéaloideas Éireann, Críostóir Mac Cárthaigh, as cead a thabhairt dom ábhar ón gCnuasach a úsáid san aiste seo, agus as an gcomhairle a thug sé dom ina thaobh.   15 www.census.nationalarchives.ie (ceadaithe 11 Meitheamh 2018).   16 www.census.nationalarchives.ie (ceadaithe 11 Meitheamh 2018). 17 Eric Cross, *The Tailor and Ansty* (Cork, 1964²).

chonspóid a lean foilsiú an leabhair seo mórán faoi chultúr na hÉireann agus faoi thuairimí cultúrtha timpeall ar íomhá an phobail thuaithe ar leibhéal oifigiúil an Stáit nuabhunaithe i rith na tréimhse sin.[18] Tá roinnt eolais shuimiúil faoin táilliúireacht i leabhar Cross, ach chomh maith leis sin, sa bhliain chéanna, thug Tadhg Ó Buachalla – a raibh Gaeilge agus Béarla ar a thoil aige – mórán ábhair do Sheán Ó Cróinín, a bhí mar bhailitheoir ag an gCoimisiún Béaloideasa sa cheantar ag an am. Chuir Aindrias Ó Muimhneacháin an t-ábhar seo in eagar sa leabhar *Seanchas an Táilliúra*, a foilsíodh i 1978. Dar le Daonáireamh 1911, Ciarraíoch a raibh dhá scór bliain aige ab ea 'Timothy Buckley, Garrynapeaka, Bealanagarry' ach dar le hAindrias Ó Muimhneacháin, rugadh é i gCill Gharbháin, ar Lá 'le Stiofán 1863 – dáta a thabharfadh le tuiscint go raibh seacht is daichead éigin bliain aige faoi aimsir an Daonáirimh i 1911. Is cosúil gurbh fhearr an t-eolas a bheadh ag Ó Muimhneacháin sa chás seo: garchomharsa don táilliúir ab ea a athair, Seamus Ó Muimhneacháin. Ina chuntas ar an bprintíseacht, deireann Ó Buachalla gur thosnaigh sé ar an gceird nuair a bhí sé trí bliana déag, in 1877, is dócha, toisc nach mbeadh an breithlá aige go dtí deireadh na bliana.[19]

Sa dá chuntas ar a bhfuil an aiste seo dírithe, tugtar cúiseanna éagsúla ar roghnú na ceirde. Dhein máthair agus gaolta Uí Ghíontaigh an cinneadh é a chur le táilliúireacht, agus dar leis:

> Bhí mé féin lán t-sástaí mar bhí fhios agam nuair nach raibh mórán talaimh ag géilleamhaint dúinn go mba suarach an t-slighe bheatha dom féin agus do mo dhriotháir Seán é agus thuig mé go maith dá óige dá raibh mé go gcaithfinn seiftiú eicínt eile a dhíonamh.[20]

D'fhéadfadh sé a bheith i gceist uaireanta go mbeadh máchail choirp éigin ar an táilliúir, rud a chuirfeadh isteach ar obair fheirme nó obair fharraige a dhéanamh. Insíonn Tadhg Ó Buachalla faoina chás féin. Dhúisigh sé maidin amháin, agus naoi mbliana d'aois aige, gan aon anam ina chos dheas:

> Tháinig dochtúir éigin, agus ní fhéadfadh sé pioc a dhéanamh dom; ní raibh aon ní le déanamh aige. Ach sin é an chúis gur chuas le táilliúireacht. Mura mbeadh san bheadh ceárd éigin eile agam is dócha.[21]

Bhí gné thábhachtach eile ag baint leis an gceird, gné a bheadh tarraingtheach i saol crua an ama:

> Is minic a chonnaic mé táilliúirí ag siúbhal na dtíortha agus bhí fhios agam nó shíl mé go raibh saoghal maith acú thar dhaoine eile. Bhíodh bia ní

---

18 Frank O'Connor, 'Introduction to the 1964 edition' in Cross, *The Tailor and Ansty*, lgh 5–9.
19 Aindrias Ó Muimhneacháin, *Seanchas an táilliúra* (Corcaigh, 1978), lch 23.   20 CBÉ, Iml 916, lch 83.   21 Ó Muimhneacháin, *Seanchas an táilliúra*, lch 23.

> b'fhearr acú ná daoine eile mar nuair a thigeadh siad go teach den tír d'fhéadfadh na daoine sin biadh maith a sholáthar don táilliúir an fhad agus bhíodh sé acú; biadh nach mbíodh acú féin i rith na bliana aríst.[22]

Ach d'aithin an táilliúir luach na ceirde féin chomh maith:

> ... tá sé ráidhte gur fearr lán duirne de cheird ná lán duirne de ór. An té a bhfuil an cheird aige beidh an t-airgead ag dul trí na lámha i gcomhnaidhe agus ní bheadh an t-ór i bhfad ag imtheacht mar bheadh tadai le cur ina chionn.[23]

Deireann an fear céanna go raibh áthas ar a mháthair gur chuaigh sé le táilliúireacht – gur mhór an sólás di a fhios a bheith aici go mbeadh sé slán. Taispeáineann sé seo gur cheird shocair sheasmhach ab ea an táilliúireacht, ina haigne siúd. Caithfí tosnú leis an bprintíseacht, ar ndóigh:

> 'Sé chaoi a raibh sé i mBaile Chruaich insan am sin agus ina lán áiteacha gacha ataobh díom nuair ba mhaith le gasúr a dhul ina phrintíseach le táilliúir chaithfeadh sé cúig bliadhna a chaitheamh leis ag foghluim a cheirde agus gan pingin ruadh aige de bharr a chúig mbliadhan ach an cheird.[24]

Bhí ceithre bliana déag ag Domhnall Ó Gíontaigh nuair a chuaigh sé le táilliúireacht. Bhí Tadhg Ó Buachalla bliain níos óige, agus bhí coinníollacha aige a bhí beagáinín difriúil chomh maith:

> Chuas ag táilliúireacht. Thugas cúig bliana ag printíseacht sa Neidín. Cúig bliana an téarma i gcónaí. Chaithfeá *security* a fháil agus naoi bpúint a dhíol dá dtabharfá suas; d'fhéadfadh an máistir teacht ort. Naoi bpúint an táille a dhíolas ar dtúis. Chaitheas naoi bpúint eile a dhíol as an téarma agus bheith ag obair go cruaidh ina theannta san.[25]

Is léir ón dá chuntas seo go mbíodh éagsúlacht foirmeáltachta ag baint leis an socrú seo, ag brath, b'fhéidir, ar mhéid ghnó an mháistir agus ar an bhforbairt a bhí déanta ar ghnó an fheistis i gcoitinne sa cheantar.

B'é dualgas an mháistir bia agus beatha a sholáthar don táilliúir óg, an fhaid is a bheadh sé ina phrintíseach aige. Ní raibh an socrú seo sásúil i gcónaí don bprintíseach. Deireann Tadhg Ó Buachalla:

22 CBÉ, Iml 916, lch 83; 'ní bhfearr' agus 'd'féadfadh' atá sa lámhscríbhinn. Tá cúpla sampla dá leithéid tugtha chun rialtachta agam, ach ar an iomlán, tá an leagan lámhscríbhinne fágtha mar atá, ar mhaithe le gnéithe canúna áirithe a thaispeáint chomh maith le léargas níos fearr a thabhairt ar phróiseas thrascríofa an bhailitheora.   23 CBÉ, Iml 916, lch 83.   24 Ibid.   25 Ó Muimhneacháin, *Seanchas an táilliúra*, lch 23.

> B'é an scrios é ná faighfeá do dhóthain le n-ithe. Ghearrfadh an mháistreás blúire aráin, agus déanamh leis sin agus leath-chupa tae óna seacht a chlog um thráthnóna go dtí a naoi a chlog maidin amárach. Ghlaofaí ar maidin orm ar a sé a chlog, agus chaithfinn bheith ag obair as san go dtí a naoi gan aon ní le n-ithe ... deirimse leat go mbíodh an bord gann agamsa.²⁶

Deireann Ó Gíontaigh an rud céanna mar gheall ar an gcéad théarma a chaith sé mar phrintíseach: bhí an máistir 'ina chomhnaidhe ina theach féin agus go deimhin tá mé ag innse duit nach mbeadh aon tinneas cinn orm mar nach tae láidir a gheobhainn. Chaithinn déanamh le bia réidh'.²⁷ Bheadh éadaí an phrintísigh mar chuid den margadh chomh maith. Dar le Tadhg Ó Buachalla, chuir sé cúig bliana isteach 'ag obair gan bia gan éadach'²⁸ agus ní mó ná sásta a bhí Domhnall Ó Gíontaigh ach an oiread leis an mbeart a dhein an dara máistir a bhí aige faoin gcuid seo dá dhualgaisí:

> Bhí sé de iallach air a dhul agus éadach maith a choinneáilt orm agus dúbhairt mé leis nach raibh aon éadach orm, nach dtáinig liom a dhul chun aifrinn Dia Domhnaigh ná i dtaobh ar bith eile go raibh mé mar a bheadh mac bacaigh aige indéidh an méid airgid a bhí mé a shaothrú dó agus mé ag déanamh a chuid oibre chomh dóigheamhail agus a thiocfadh leis a iarraidh.²⁹

Bhí an cheist seo ag cur isteach ar Ó Gíontaigh i dtreo dheireadh a théarma printíseachta, toisc nach bhféadfadh sé dul amach ag lorg oibre dó féin gan a bheith gléasta i gceart. Níos luaithe ina théarma, áfach, bhí trioblóidí eile aige:

> Ní raibh fhios agam tadaí faoin obair an uair sin ach chuir sé suas ar bhord mé. Ní raibh fhios agam ar thalamh an domhain cén sórt oibre a bheadh agam agus méaracán agus gach uile sheórt ní ion agus b'éigin dom a dhul suas ar an mbord agus go deimhin ní raibh bróg ná stoca orm agus a dhul suas ar an mbord agus mo chosa a lúbadh fúmhaim ... na cosa a chur siar faoina chéile agus nuair a rinne mé sin bhí faitchíos orm go dtuitfinn siar ar chúl mo chinn agus bhí mé mar sin agus d'at mo chuid rúitíní i ngeall ar mo mheadhchan a bheith ligthe siar orthú agus má fheiceann tú rúitíní táilliúir feicfe tú go bhfuil siad níos atta ná rúitíní duine eile mar tá siad faoi gach uile lá sa bhliadhain agus a mheadhchan orthú.³⁰

Is léir ón cuntas seo go mbíodh an táilliúir ina shuí ar an mbord sa tigh – go minic bheadh sé seo in aice na fuinneoige, agus mar sin bheadh solas ag an táilliúir le fuáil a dhéanamh. In áiteanna eile deireann Ó Gíontaigh go mbíodh sé

---

26 Ibid., lch 23. 27 CBÉ, Iml. 916, lgh 89–90. 28 Ó Muimhneacháin, *Seanchas an táilliúra*, lch 24. 29 CBÉ, Iml. 916, lgh 158–9. 30 Ibid., lch 88.

suite ar shráideog ag doras an tí, nuair nach raibh fuinneog sa tigh. Is féidir na deacrachtaí a bhí ag an mbuachaill óg sa tsuíomh nua seo a bhrath ar an gcuntas thuas. Leanann sé ar aghaidh ag plé na laethanta luaithe aige mar phrintíseach sa chéad shliocht eile:

> Shíl mé annsin nuair a bhí mé seachtmhain ag obair go raibh mé sáthach fada agus gan mé ach ag fuaghál písíní le chéile ach bhí mé ag dul dó no go dtugadh sé ball eile den éadach dom agus nuair a théighinn ar strae insan obair bhuaileadh sé le na méaracán sa chloigeann mé agus go deimhin ní thaithnigheadh sé go maith liom ... is iongantach géar an rud méaracán a thabhairt do dhuine sa chloigeann agus dhearcainn air ach chuirfeadh sé meabhair bheag ionnam agus ba mhó an fonn caointe ná an fonn oibre a bhíodh orm agus bhinn nimhneach. Thugadh sé píosa eile le fuaghál dom agus d'innsigheadh sé dom cé chaoi le na dheanamh agus b'fhéidir go ndéanfainn dó nó trí de ghreamannaí go ndéanfainn i gceart é agus aríst go sáruigheadh sé orm agus thigfeadh sé aríst agus d'innsigheadh sé dom cé chaoi a ndéanfainn é agus béidir gur craigiú eile den mhéaracán a gheobhfainn nuair nach mbinn da dheanamh i gceart.[31]

Tarraingíonn Ó Gíontaigh íomhá chumhachtach anseo den mbuachaill ceithre bliana déag d'aois agus é ag brath go hiomlán ar an máistir dá bhia, dá leaba agus dá chuid oideachais. Níor thaitin an máistir seo leis, ní nach ionadh, agus is léir go raibh sé neamhspleách go leor chun an duine seo a fhágaint agus máistir eile a fháil – rud nach bhféadfadh sé a dhéanamh gan mórchuid airgid a chailliúint dá mbeadh socrú níos foirmeálta eatarthu, mar a bheadh in áiteanna eile sa tír.

Táilliúir taistil a bhí sa dara máistir a bhí ag Ó Gíontaigh, agus tugann sé cuntas fada ar an saol a chaith sé leis, ag dul timpeall go dtí tithe na ndaoine. Is léir, áfach, gur fhás teannas éigin idir Domhnall agus an dara máistir seo, tar éis tamaill. Bhí sé sna déaga déanacha faoin am seo agus é fós ina phrintíseach, ach dar leis féin, bhí leibhéal na scileanna aige chomh hard le scileanna an mháistir féin ag an bpointe seo. Léiríonn an chéad chuid eile dá chuntas go raibh an scéal ag dul in olcas ina dhiaidh sin:

> Nuair a tháinig sé aníos agus an oidhche caithte chois na teine aige dhearc sé ar a chuid oibre agus chonnaic sé go raibh mise réidh le mo chionn féin agus in áit é moladh a thabhairt dom nó buidheachas céard a dhein sé ach iarraidh den mhéaracán a bhathú in mo bhathais agus *by gad* bhain sé braon ón tsúil agam agus níor thaitin liom. Bhí mé féin le mire agus le báinidh, agus bhí mé ag dearcú gacha taobh díom, agus nár aifridh Dia orm, anois agus an uair sin bhí mé ag iarraidh an t-siosúir agus sé an áit a

---

31 Ibid., lgh 88–9.

raibh dúil agam iarraidh den t-siosúr a thabhairt dó ins an bholg, nó i dtaobh ínteacht. Chuir sé oiread mire agus báinidh orm i ndéidh mé a bheith ag déanamh oiread oibre dó. As sin amach, ní bhfuair sé aon lá sásta ionnam.[32]

Ina dhiaidh seo, bheartaigh Ó Gíontaigh ar dhul amach ag obair dó féin chomh luath is a bheadh cóta nua aige óna mháistir. D'éirigh leis é seo a fháil:

Cheannaigh sé cóta dom agus rinne muid é agus nuair a fuair mé an cóta déanta agus bealach agam ar imtheacht d'imthigh mé agus d'fhág mé é agus dubhairt mé leis go raibh m'am istoigh agus nach bhfanfainn aige ní ba mhó agus bhí go leor daoine buidheach go maith díom sin a dheanamh no bhí fhios acú nuair a bheadh an cheird agam go mbeadh siad féin ag tabhairt glaodhach dom aríst. Bhí an-chionn acú orm.[33]

Tá sé suimiúil forbairt an táilliúra óig seo a leanúint, ón gcéad lá a thosnaigh sé ina phrintíseach, nuair a bhí sé, dar leis féin 'i mbród an domhain'[34] go dtí deireadh a théarma printíseachta nuair a bhí sé nimhneach in aghaidh a mháistir. Ní féidir a rá go raibh gach caidreamh idir máistir agus printíseach mar seo, ach is féidir an teannas a thuiscint mar sin féin, nuair a smaoinímid gur oibritheoir saor in aisce a bheadh ag an máistir i dtreo dheireadh an téarma: ghoillfeadh sé seo go mór ar an bprintíseach mar ar ndóigh thuigfeadh sé leibhéal na scileanna aige féin faoin am sin. Ó thaobh an mháistir de, bhí a fhios aige go mbeadh an t-ábhar táilliúra seo i gcomórtas leis féin sar i bhfad, agus sa chomhthéacs seo is féidir iarrachtaí mháistir Dhomhnaill é a choimeád faoi smacht, a thuiscint. Is féidir meon Uí Ghíontaigh a thuiscint níos fearr fós, nuair a deireann sé sa chuntas aige gur fiú tar éis an téarma cúig bliana, nach raibh sé oilte go hiomlán fós:

Bhí margaí déanta agam leis neart éadach a choinneál orm agus an cheird a mhúnú dom idir gearrú agus fuaghál agus bhí na cúig bliadhna suas agus ní raibh an gearrú foghlamtha agam ach bhí mé in dán obair a chur le chéile agus fuaghál le fear ar bith nuair a gheobhainn an t-éadach gearrthaí.[35]

Deireann Ó Gíontaigh go mbíodh na pátrúin á bhfáil ag an máistir seo ó dhearthráir leis i Sasana, agus, mar sin, nach bhféadfadh sé an gearradh a mhúineadh dó. Tá gach seans, áfach, fiú dá mbeadh an gearradh ag an máistir, nach múinfeadh sé don bprintíseach é. Tá cuntas suimiúil ag Tadhg Ó Buachalla ar an ngné seo:

32 Ibid., lch 158.   33 Ibid., lch 159.   34 Ibid., lch 84.   35 Ibid., lch 107.

> Nuair a bhí mo théarma caite agam bhí an scéal go maith agam ach amháin ná raibh an gearradh agam. Ní raibh aon ghearradh ag táilliúirí fadó. An té gur thugas mo théarma aige ní raibh aon ghearradh aige. Bhíodh pátrúin agus rudaí den tsórt san. Bhí an gearradh acu i Sasana agus in áiteannaibh eile sara dtáinig sé go hÉireann, ach ina dhiaidh sin, nuair a tháinig an gearradh isteach, ní bhfaighfeá an gearradh ón té gur thugais do théarma aige. Chaithfeá é fhoghlaim ó tháilliúir eile agus díol go daor as. Nuair a oirfeadh duit an gearradh a bheith agat raghfá go dtí an té go mbeadh sé aige agus sé mhí a thabhairt aige agus beagán a dhíol agus an gearradh a fhoghlaim uaidh.[36]

Deireann Ó Buachalla gur chaith sé tréimhsí i gCill Áirne, i dTrá Lí, i Mala, in Eochaill, i gCorcaigh, in Albain, agus i mBaile Átha Cliath. Is i gCorcaigh a d'fhoghlaim sé an gearradh, ó tháilliúir darbh ainm Sugrue. Bhí socrú foirmeálta aige leis an táilliúir seo, maidir le traenáil:

> Thugas sé mhí ag foghlaim an ghearrtha i gCorcaigh agus thugadh an máistir oiread san sa tseachtain dom, de réir na h-oibre a dheininn. Thugainn dhá uair an chloig gach aon lá ag foghlaim an ghearrtha uaidh. Bhíodh oiread agus a dhíoladh mo lóistín agam uaidh – naoi scillinge sa tseachtain.[37]

Seans gurbh é seo Patrick J. Sugrue, ar cuireadh síos air mar *Mercht Tailor* i nDaonáireamh 1901 agus a bhí ag cur faoi sa tSean-Chill i gcathair Chorcaí ag an am. Ag an am sin, bhí printíseach aige darbh ainm Thomas Sugrue (nár mhac leis é) agus bean fhuála darbh ainm Mary Buckley – deirfiúr dá chéile, agus a fhéadfadh a bheith gaolta le Tadhg Ó Buachalla. Dealraíonn sé gur gnó cuíosach mór a bhí ag an táilliúir seo de réir dhaonáireamh 1901.[38] Deich mbliana ina dhiaidh sin, bhí an t-iarphrintíseach Thomas Sugrue ag obair dó féin i dtigh a thuismitheoirí i Ros Ó gCairbre. Tá an chuma ar an scéal go raibh gnó na táilliúireachta ag muintir Sugrue sa chathair laghdaithe beagáinín faoin am seo: cé go gcuirtear síos fós ar Patrick J. Sugrue mar *Merchant Tailor* ní raibh ag obair sa ghnó ach é féin, agus a bheirt dhéagóir a raibh seacht mbliana déag agus cúig bliana déag acu, sa mheánscoil, agus gan an tslí bheatha chéanna a bheith á leanúint acu.[39]

Bhí an fhadhb chéanna ag Domhnall Ó Gíontaigh, nuair a bhí a chúig bliana tugtha aige, agus bheartaigh sé dul thar n-ais go dtí an chéad mháistir a bhí aige:

---

36 Ó Muimhneacháin, *Seanchas an táilliúra*, lch 24. 37 Ibid., lch 26. 38 www.census.nationalarchives.ie (ceadaithe 25 Meitheamh 2018). 39 www.census.nationalarchives.ie (ceadaithe 25 Meitheamh 2018).

> Ní raibh sé a thabhairt dom ach sé pingne sa lá agus b'fiú coróin sa lá mé, ach gur fhan mé leis an cheird fhághail uaidh. Bhí fhios agam go ndeanfainn airgead san am a bhí le teacht.[40]

Mhúin an chéad mháistir a raibh ar eolas aige do Dhomhnall, ansin mhol sé dó dul go Sasana 'le fearrasbarr ceirde a fhoghluim', dar leis féin, ach chun fáil réidh leis an gcomórtas, dar le Domhnall.[41] Ach chuaigh sé ann mar sin féin, agus is ann a d'fhoghlaim sé an gearradh i gceart.

***

Tá sé suimiúil féachaint ar chúntais Uí Bhuachalla agus Uí Ghíontaigh i gcomhthéacs na dtaithithe a bhí ag oibritheoirí óga eile. Ní léir dúinn aois na dtáilliúirí Éireannacha ar dhein táilliúir Éireannach eile agus a bhean dúshaothrú orthu i Londain de réir chuntas Henry Mayhew sa *Morning Chronicle* in 1849, ach bhí socrú printíseachta eadarthu mar sin féin. Cuireann Mayhew síos ar na coinníollacha oibre agus beatha mar seo:

> For breakfast, half a pint of poor cocoa each, with half a pound of dry bread cut into slices, between the two, no butter. Dinner was swallowed, a few minutes only being allowed for it, between four and five. It was generally a few potatoes and a bit of salt fish, as low priced as could be met with. At seven, each man had half a pint of tea and the same allowance of bread as for breakfast. No supper. They slept three in a bed, in a garret where there was no ventilation whatsoever.[42]

Is léir gur sclábhaíocht í seo, in aghaidh thoil na bhfear féin, mar d'éalaigh siad ón máistir ar deireadh. Leanann an scéal ar aghaidh ansin:

> The sweater traced them to where they had got work again, took with him a policeman, and gave them in charge as runaway apprentices. He could not, however, substantiate the charge at the station-house, and the men were set at liberty.[43]

Tá cosúlachtaí idir é seo agus cuntas Uí Bhuachalla agus Uí Ghíontaigh, go háirithe maidir le cúrsaí bia. Bhí ceangal níos doichte ar Ó Buachalla ná mar a bhí ar Ó Gíontaigh, áfach, toisc airgead a bheith díolta aige i dtús a théarma. Bhí Ó Gíontaigh ábalta an chéad mháistir a fhágaint agus duine nua a fháil – táilliúir taistil a bhí sa dara duine seo, agus bheadh buntáistí móra ag baint leis an socrú seo ó thaobh bhia an phrintísigh de. Pointe eile ná go bhfuil an chuma ar an scéal

---

40 CBÉ, Iml. 916, lch 164.   41 Ibid.   42 Roger Swift (ed.), *Irish migrants in Britain, 1815–1914: a documentary history* (Cork, 2002), lgh 57–8.   43 Ibid.

gur fhir níos sine iad na táilliúirí – tagraítear dóibh mar *men* – a bhí ag obair i Londain agus ceann de na cúiseanna nár cuireadh ar ais go dtí an máistir iad agus go rabhadar ábalta fostaíocht eile, níos fearr, a fháil. Ba léir gur baineadh úsáid as óige na bprintíseach go minic mar leithscéal chun dúshaothrú a bhrú orthu, fiú in earnálacha oibre a bhí níos mó, agus i bhfad níos oifigiúla agus eagraithe. Bhí bia agus lóistín níos fearr ag printísigh shiopa, a bhí i dteideal pá a fháil chomh maith, mar shampla, ach deineadh fíneáil orthu go minic, sa tslí is nárbh fhiú faic an pá ar deireadh.[44] Sna cathracha, chaithfí fostaíocht níos éagsúla agus níos eagraithe i measc na dtáilliúirí sa naoú haois déag a chur i gcoinne na bhfadhbanna agus na dtrioblóidí móra ag eascairt as meicniú na ceirde, agus ar deireadh, an laghdú sa bhfostaíocht a lean é seo i dtreo dheireadh na haoise.[45]

Ar ndóigh, cosúil le gach saghas oibre, fiú sa lá atá inniu ann, bhí baint ag gné an áidh leis an eispéaras a bhí ag oibritheoirí óga chomh maith. Ní raibh ach naoi mbliana d'aois ag Mící Mac Gabhann nuair a chuaigh sé ag obair mar bhuachaill bó i nGleann Bheatha, i dteaghlach ina raibh seanbhean a raibh Gaeilge aici, rud a chuir ar a shuaimhneas laithreach é. Bhí an dream seo cineálta agus flaithiúil go leor leis, de réir an chuntais aige.[46] Sa dara háit oibre aige, ní raibh an bia ró-iontach, ná an tigh ró-chompórdach, ach deineann sé an pointe gurbh í seo an stíl mhaireachtála a bhí ag muintir an tí féin, 'Sam agus Jane' chomh maith.[47] Tá sé seo cosúil le cuntas Uí Ghíontaigh ar an dara máistir a bhí aige, a raibh na coinníollacha bochta céanna maireachtála aige féin agus ag a chlann is a bhí ag an bprintíseach sa tigh, nuair a bhíodar ag obair sa bhaile. Bhí éagsúlacht i saol oibre Pheig Sayers agus í ina déagóir: bhí sí an-mhíshásta sa dara háit ina raibh sí in aimsir, feirm lasmuigh de bhaile an Daingin, mar a raibh ocras uirthi go minic agus obair throm fheirme le déanamh aici.[48] A mhalairt de thaithí a bhí aici sa chéad tigh ina raibh sí, i mbaile an Daingin, áit a raibh caidreamh maith aici leis an tseanbhean sa teaghlach, bean mhór scéalaíochta a raibh Gaeilge aici.[49]

Is mór an tábhacht a bhaineann le gné an chomhluadair in eispéaras Pheig sa Daingean, agus is ceart aird a thabhairt ar an ngné seo trí chéile. Tá fianaise ann gur gearradh fíneáil ar oibritheoirí siopa mar gheall ar a bheith ag labhairt lena chéile,[50] ach ar ndóigh bheadh an-éagsúlacht sa chead cainte – nó le heaspa an cheada seo – ó áit go háit. Léiríonn obair Messenger an tábhacht agus an chruthaitheacht a bhí ag eascairt as an ngné seo fiú sna monarchana móra cathracha sa bhfichiú haois.[51] Ó thaobh na dtáilliúirí de, is léir ó chuntas Dhomhnaill Uí Ghíontaigh gur ghné lárnach í seo de shaol na dtáilliúirí taistil:

---

44 Maria Luddy, *Women in Ireland, 1800–1918: a documentary history* (Cork, 1995), lch 210. **45** Cronin, *Country, class or craft?*, lgh 45–7. **46** Mící Mac Gabhann, *Rotha mór an tsaoil* (Baile Átha Cliath, 1959), lgh 37–9. **47** Ibid., lch 50–3. **48** Máire Ní Chinnéide (eag.), *Peig .i. a scéal féin* (Baile Átha Cliath, 1936), lgh 155–63. **49** Ibid., lgh 78–84. **50** Luddy, *Women in Ireland*, lch 210. **51** Betty Messenger, *Picking up the linen threads: a study in industrial folklore* (Belfast, 1980).

> Bhíodh spórt an domhain agam féin agus mé istoigh sa leabaidh agus mé ag amharc amach as a leabaidh orthu agus mé ag gáirí fúmhtha iad fhéin ag gáirídh agus an táilliúir, bhuaileadh sé corrchraigiú orm féin ach ar deireadh an ama nuair a bhí sé ag drud leis an am ar chóir dom mo am a bheith istoigh agus mé ag imtheacht uaidhe bhí mé ag éirighe feargach go maith leis agus níor mhath liom é bheith go mo ghreadhú ós comhair duine ar bith nó bhí mé féin ábalta dhá oiread oibre a dheanamh agus dheanfadh sé féin.[52]

Léiríonn an píosa seo an caidreamh sóisialta idir na táilliúirí taistil agus an pobal. Faoin am seo, bhí Domhnall féin cairdiúil leis na custaiméirí agus taitneamh mór á bhaint aige as ócáid na táilliúireachta a raibh spraoi, gáire agus gné cheiliúrtha ag baint léi. Léiríonn an píosa thuas an caidreamh idir an máistir agus an printseach á oibriú amach sa chomhthéacs seo chomh maith. Is féidir fás an neamhspleáchais a fheiscint sa táilliúir óg de réir mar a leanann an phrintíseacht ar aghaidh agus an stádas proifisiúnta agus sóisialta aige féin ag dul i méid i measc an phobail.

***

Cé go raibh gné an chomhluadair tábhachtach – bíodh sí ceadaithe nó a mhalairt – sna hearnálacha oibre difriúla go léir, caithfidh gur dhein sí difríocht mhór do na printísigh a bhí ag obair do tháilliúirí taistil, agus sna cásanna seo gur mhaolaigh sí go mór na deacrachtaí a bhí acu ó thaobh bia agus lóistín de. Ní haon ionadh, ach an oiread, gur deineadh forbairt mhór ar an gcruthaitheacht i measc táilliúirí, sa bhreis ar chruthú na n-éadaí féin. Is minic a thagraítear do tháilliúirí – agus do ghuth an táilliúra – i seanfhocail, i bhfinscéalta, agus i seánraí eile na hinste béil.[53] I gcásanna áirithe, ní hamháin gur ábhar seanchais agus scéalaíochta iad na táilliúirí, ach is iad féin a bhí gníomhach i gcruthú, i bhforbairt agus i seachadadh na scéalta agus an traidisiúin. Is samplaí iad Domhnall Ó Gíontaigh agus Tadhg Ó Buachalla den bhfeiniméan cultúrtha seo: iad múnlaithe ar shlite difriúla ag an saol i gcoitinne, ach iad ag feidhmiú agus ag forbairt fós féin i gcomhthéacs cheird na táilliúireachta chomh maith.

---

52 CBÉ, Iml. 916, lgh 108–9. 53 Feic, mar shampla, Lady Gregory, *Visions and beliefs in the west of Ireland* (London, 1920), lgh 191, 224, 225; Nóra Ní Shéaghdha, 'Póstaí agus cleamhnaistí' in Mícheál Ó Ciosáin (eag.), *Céad bliain, 1871–1971* (Baile an Fheirtéaraigh, 1973), lch 217.

An Craoibhín Aoibhinn ina bhailitheoir óg béaloidis: fianaise a nótaí i Lámhscríbhinn G 1070, i Leabharlann Náisiúnta na hÉireann

LIAM MAC MATHÚNA

Saolaíodh Dúbhglas de h-Íde nó an Craoibhín Aoibhinn sa Chaisleán Riabhach, Co. Ros Comáin ar 17 Eanáir 1860. Ba é an tríú duine clainne é ag an Urramach Arthur Hyde agus a bhean chéile Elizabeth Oldfield. Is i gCill Mhic Treana, Co. Shligigh, a chónaigh an teaghlach go dtí gur bhogadar go dtí Teach Ratra, Dún Gar, Co. Ros Comáin, sa bhliain 1867. Níor fhreastail an Craoibhín ar aon scoil, fág trí seachtaine a chaith sé i meánscoil chónaithe i mBaile Átha Cliath. Is amhlaidh a buaileadh breoite ann é, d'fhill ar an mbaile agus d'fhan ansin. Is ag brath ar threoir óna ghaolta agus ar a chuid staidéir féin a bhí sé as sin amach. Bhí cead seilge sna portaigh máguaird bronnta ar a athair ag an Tiarna de Freyne. Thapaigh an leaid óg, ceithre bliana déag d'aois, an deis chun dul ag seilg go minic é féin, ach ní ligfí amach é mura mbeadh Séamas Ó hAirt ina theannta, is é sin an fear a raibh cúram na bportach air, ar eagla go dtitfeadh sé i bpoll móna.[1] Is ó Shéamas is túisce a d'fhoghlaim an Craoibhín a chuid Gaeilge. Maidir le cumas teanga Shéamais, deir sé: 'Bhí Béarla aige go measardha acht b'fhearr go mór a theanga Ghaedhilge, agus do bhíodh sé ag caint liom i gcómhnuidhe'.[2] Ní sa Ghaeilge amháin a chuir de h-Íde spéis, áfach, ach i mbéaloideas na ndaoine chomh maith, mar a mhaíonn Dominic Daly:

> ... it was during these years that he came to know and be known by the country people around his home; it was then that he became aware of the Irish language, met the last generation of native Irish speakers, and began collecting the fragments of oral tradition which he was just in time to rescue from oblivion.[3]

Deir an Craoibhín féin gurbh é Séamas Ó hAirt an chéad fhear a d'inis scéal Gaeilge dó.[4] Ní foláir nó spreag sé seo a spéis i scéalta go ginearálta. Ach bhí suim aige sa bhéaloideas trí chéile: tá amhráin is roinnt ábhair próis a bhailigh sé ó na comharsana agus gan é ach ina dhéagóir nó sna fichidí luatha le fáil i lámhscríbhinn dá chuid, G 1070 i Leabharlann Náisiúnta na hÉireann (LNÉ), mar aon le hábhar eile a d'aimsigh sé níos faide ó bhaile. Is é rud atá sa pháipéar

---

1 Dubhglas de h-Íde, *An sgeuluidhe Gaedhealach (sgéalta as Connachta)* ([Baile Átha Cliath], 1933), lch vii. 2 Ibid. 3 Dominic Daly, *The young Douglas Hyde* (Dublin, 1974), lch xiv. 4 de h-Íde, *An sgeuluidhe Gaedhealach*, lch vii.

seo ná iniúchadh tosaigh ar an lámhscríbhinn seo. Féachtar le cuntas ginearálta a thabhairt ar a leagan amach agus ar an ábhar inti ar dtús agus ansin dírítear ar roinnt de na gnéithe is suaithinsí a bhaineann le raon an bhéaloidis a chuimsítear inti, d'fhonn blaiseadh de réimse agus d'ilghnéitheacht an chnuasaigh a thabhairt.

***

Leabhar nótaí faoi chlúdach crua atá i G 1070, é 18 x 11 cm. Cé go dtéann an t-uimhriú chomh fada le leathanach 190, níl ach 178 leathanach téacs ann, dáiríre, mar tá leathanaigh 132 agus 136 araon bán agus léimeann an t-uimhriú ó leathanach 156 go leathanach 166. Faoi mar a bheadh clár nó innéacs ag deireadh na lámhscríbhinne, tugtar liosta de na príomhphíosaí sa leabhrán ar leathanaigh 187–90, i.e. teideal, nó an chéad líne nó cuid den chéad line. Ochtó mír ar fad atá liostáilte – ceann amháin acu breactha i bpeann luaidhe ag an deireadh ar fad, faoi mar a bheadh mír bhreise ann. Faightear nótaí mínithe foclóra ag bun roinnt de na leathanaigh. Tá an t-iomlán scríofa le dúch tríd síos.

Maidir le hábhar de, amhráin is mó ar fad atá sa lámhscríbhinn féin, a bhformhór as Gaeilge; níl ach seacht gcinn de na teidil as Béarla san innéacs ag a cúl, mar shampla, agus téacs macarónach is ea ceann acu seo, i.e. 'The French are on the saé'. Baintear feidhm as litreacha Gréigise ar uairibh d'fhonn focail agus frásaí tíriúla agus gáirsiúla a cheilt. Ar ndóigh, bheadh go leor díobh seo neafaiseach go maith i súile lucht léite an lae inniu, leithéidí τόιν i gcomhair *tóin*, mar shampla, cé go gcaithfear géilleadh gur comhthéacs gnéasach a bhíonn i gceist leo de ghnáth, ceart go leor.

Baineann formhór na ndréachtaí i G 1070 leis an tréimhse idir 1876 agus 1896. Is le 1883, an bhliain a luaitear go sonrach leis an lámhscríbhinn féin, a bhaineann riar maith acu, áfach. Ach i gcásanna áirithe tá amhráin ann a bhailigh an Craoibhín níos luaithe, agus a thras-scríobh sé isteach inti, ní foláir. Is gnách go mbíonn nóta gearr eolais ag tosach gach míre, nóta i bpeannaireacht bheag ina dtugtar mí an bhailithe chomh maith leis an mbliain go minic. Is gnách go luann sé cár bhailigh sé na dréachtaí, cérbh iad na faisnéiseoirí, agus cárbh as dóibh ó dhúchas. Bhí idir fhir agus mhná mar fhaisnéiseoirí aige. I bhfianaise an dlúthchaidrimh a bhí aige le maor na bportach, Séamas Ó hAirt, tá tábhacht ar leith leis an ábhar a fuair sé uaidhsean. Le himeacht aimsire, de réir mar a leath ainm an Chraoibhín ar fud na tíre agus thar lear, thosaigh daoine ar ábhar a chur ina threo. Dá chomhartha sin, tá dréachtaí a tugadh dó nó a seoladh chuige le fáil sa lámhscríbhinn seo chomh maith.

Ar an gclúdach tosaigh, tá an nóta seo greamaithe: 'Bealoideas – 1877–1896 [*i bpeann luaidhe*] ex acc. 2890' agus ag bun leathanaigh dhaite laistigh den chlúdach, tá 'MS G 1070' stampáilte. Cé go ndeir an Craoibhín ar leathanach 1 den téacs gur i mí Iúil 1883 a thosaigh sé ar an leabhar seo a scríobh, is iomaí dréacht a luann sé dáta níos luaithe leis. Is í an bhliain 1870, nuair nach raibh sé ach deich mbliana d'aois an ceann is túisce orthu seo. Mar sin, dealraíonn sé gur cóip ghlan athscríofa d'ábhar a bhreac sé níos luaithe atá anseo againn i roinnt mhaith de G 1070. Os a choinne seo, tá dréachtaí ann a bhfuil dátaí níos déanaí ná 1883 ag gabháil leo. Tá siad seo le fáil ó lch 111 (1884) ar aghaidh. Fiú i gcás an ábhair a bhaineann leis an mbliain 1883 agus leis an tréimhse ina dhiaidh sin, tá cuma rialta néata ar an bpeannaireacht, í glinn glan ar chaighdeán ard nárbh fhurasta a bhaint amach agus duine ag bailiú béaloidis faoin aer nó i dteach strainséartha.

Ar an gcéad leathanach, ag an mbarr, ar dheis, scríofa go hingearach aníos i bpeann luaidhe faightear dáta scríofa agus deimhniú údarthachta: 'Tosach / Iuil 1883 / scriobh me / an leabhair so'. Leanann amhrán, céad téacs na lámhscríbhinne, an t-eolas seo:

> A lionnduibh na deun dearmad
> Air an dteachtaireacht chuir me leat
> Thart go Bearna Cearbhúile
> Cum an tigh air thaoibh an chnuic.
>
> Aithris do mo Bhalentine
> Go bhfaca tu me aréir ag gol,
> Agus aithris arís dom' Bhalentine
> Go bhfacaidh tu me tinn go bocht.
>
> Má bheir sí cómhrádh taithneamhach
> (A theachtaire áluinn dhuit)
> Leig fead orm a lionnduibh
> 'S air an moimid béidh me amuigh.
>
> A inghin Chaiptín Drúdaigh
> Is tu scrúid mo chroidhe am' lár
> D'fág tu m'inntinn brughta
> Le cumha gach uile lá.[5]

Ag bun an leathanaigh sa chúinne ar clé, faightear dhá nóta théacsúla i bpeannaireacht bheag: 'aithris = innis / cúmha = brón'. Ansin, sa chúinne ar dheis tá nóta leabharlainne i bpeann luaidhe: '(ex acc. 2890)'.

Faightear dhá dhréacht a bhailigh an Craoibhín ó Shéamas Ó hAirt anseo i G 1070, ceann traidisiúnta as Gaeilge agus ceann as Béarla a chum sé féin. Is ar leathanach 45 a thosaíonn an dréacht Gaeilge, ar cumasc é d'ábhar a chuala an

---

5 Fágadh na téacsaí (poncaíocht, ceannlitreacha agus briseadh línte na n-amhrán san áireamh) díreach faoi mar atá siad sna lámhscríbhinní.

Craoibhín ó Shéamas sa bhliain 1874 agus de phíosa eile a fuair sé ó bhean as Sligeach in 1883, faoi mar a scríobh sé ag an mbarr: 'Fuair me cuid de seó o Sheumas O h-Airt ann 1874 b'éidir agus cuid eile de o mhnaoi as Sligeach Iúil 1883'. Seo an t-ábhar atá i gceist, faoi mar a breacadh é i G 1070:

> Anois air theacht an earraigh
> Béidh an lá sínte,
> 'Nois air theacht na Féile Bríghde
>   Eíreóchad mo ghlór;
> O thug me ann mo ceann é
> Ni stopfhaidh me choidhche
> Go seasfuidh me siar
>   A lár Chondáe Mhuigh Eó.
> 'Nois air theacht an earraigh
> Béidh an lá fada síneadh
> 'Nois air theacht na Féil Bríghde
>   'S me thógfas mo cheól,
> Go Coillte-mór a g-Connacht
> Ni racfhaidh me coidhche
> Go seasfaidh me [*os cionn líne i bpeann luaidhe*] siar
>   Annsa g-Condáe Mhuigh Eó.
> Saoghal fad ag Franc Täafe
> 'S é sinnsear na féile
> S é sinnsear na féile
>   Nár choigil ['*(sic)*' *faoin líne*] an fiadhach.

Is suaithinseach an rud é gur bhreac an Craoibhín ábhar béaloidis ó Shéamas chomh luath leis an mbliain seo, 1874, an bhliain chéanna ar thosaigh sé ar Ghaeilge a fhoghlaim agus ar dhialann sa teanga sin a choimeád.[6] Ar leathanach 14, ag barr an leathanaigh, seoltar isteach an píosa nuachumadóireachta Béarla: 'Seó abhrainín beag a rinne Seumas O h-Airt go ndeunfaidh Dia trocaire air, air luach muice duibhe a chaill se':

> I went to the fair like a sporting young buck
>   And I met with a dame
>   Who belonged to the game,
>   And up to me came
> To be sure of her luck.

---

[6] Máire Nic an Bhaird & Liam Mac Mathúna, 'Douglas Hyde (1860–1949): the adolescent behind the diarist' in Rebecca Anne Barr, Sarah-Anne Buckley and Muireann O'Cinneide (eag.), *Literacy, language and reading in nineteenth-century Ireland* (Liverpool, 2019), lgh 28–50; Liam Mac Mathúna, 'An Craoibhín Aoibhinn, 1874–1880: suim phearsanta agus suim phoiblí sa Ghaeilge', *Léann*, 4 (2016), 47–62.

> She tipped me a wink,
> We went in to drink,
> We danced a few reels
> And one double jig,
> But in the fweel-round[7]
> She slipped her hand down
> And robbed me quite bare of
> The price of me pig.

Is díol spéise é gur as Béarla a chum Ó hAirt an dáinín nua seo, rud a léiríonn, ba dhóigh le duine, gur réidhe a tháinig an teanga sin chuige mar mheán cruthaitheach agus gur tríd is éifeachtaí a rachfaí i bhfeidhm ar an bpobal, dar leis. Ar ndóigh, ní deacair a thuiscint a thógtha is a bheadh an Craoibhín le hábhar den sórt seo, agus é ina leaid óg ag teacht in inmhe san am: b'ábhar é a bhí á scaoileadh isteach sna fir, mar a déarfá. Ponc beag eile nach miste a lua ná an iarracht a dhéantar ar fhuaimniú an Bhéarla, faoi mar a bhí sé ag muintir na tuaithe san am, a chur in iúl i gcás an natha 'fweel-round', tréith atá le tabhairt faoi deara i ndréachtaí Béarla eile a breacadh sa leabhar.

***

Ar 29 Nollaig 1875 scríobh an Craoibhín cuntas corraitheach ina dhialann ar an bhfear céanna seo, ar Shéamas Ó hAirt, a cailleadh díreach an lá roimhe sin, an té is mó ar fhoghlaim sé Gaeilge uaidh:

> Cold stormy day. Foor sé Sémuis bás naé. Fear oc a ganool sin oc a fírineach sin oc a munturach sin ni chonairc mé riamh. Bhi sé tin hempul a teachtgin agus neei sin foor se éag. Sémuis bucth rina mé foghlamin gaodoilig uet. Fear lé Gaelic oc a maith sin ni bhi s 'a teis so. Ni higlum daoine a be dhecall feasda atá béid dool agam oc a maith lé hu Shocht seravid leat agus go mae do ainim banni ar neamh anis.[8]

Féadtar an mheabhair thíos a bhaint as an leagan seo:

> Cold stormy day. Fuair sé, Séamus, bás inné. Fear chomh geanúil sin, chomh fírinneach sin, chomh muintearach sin ní chonairc mé riamh. Bhí sé tinn thimpeall an tseachtain agus ina dhiaidh sin fuair sé éag. Séamus bocht, rinne mé foghlaim Gaeilig uait. Fear le Gaeilig chomh maith sin ní bheas i t'éis-se. Ní thig liom daoine ar bith d'fheiceáil feasta (atá) beidh

---

7 Is é sin 'wheel-round'.   8 LNÉ LS G 1036, lch 87. Féach leis Doiminic Ó Dálaigh, 'The young Douglas Hyde', *Studia Hibernica*, 10 (1970), 108–35, ag 113; ní mór *dhecall* agus *béid* an bhunleagain a léamh in áit *dhecáll* agus *béidh* i dtéacs Uí Dhálaigh.

dúil agam chomh maith le thú. Seacht soirbhí leat agus go mbeidh do anam beannaithe ar neamh anois.

Tá sé le tabhairt faoi deara go bhfuil an cuntas seo scríofa le peannaireacht mhór shoiléir fhoirmeálta, agus gan aon Bhéarla measctha tríd. B'fhéidir gurb é an ghné is suaithinsí den sliocht féin ná an tslí a gcasann an Craoibhín ón gcur síos sa tríú pearsa chun labhairt go díreach le Séamas sa dara pearsa, faoi mar a tharlaíonn sa chaoineadh. Dearbhaítear ról Uí Airt mar mhúinteoir agus mar dhlúthchara de chuid de h-Íde trí bliana níos déanaí i gcuntas dialainne eile, ceann a scríobh sé ag deireadh mhí na Nollag 1878:

> Acht do réir mo Ghaedheilge, do thosaigh me beagán de d'fhoglam vivâ voce o Séumas O Hart an fear choimeáda na ppurtuch 7 sul fuair se bás do bhi cuid mhaith agam, acht amháin nach raibh me abalta morán do thuigsint nuair chuala me da labairt é. Gidh go raibh me abalta gac uile focal bunáite do beith teastál uaim do radh, me fein. Acht anuair fuair Seumas bocht bás, fear-tíre is mo measamhlacht 7 cneastacht chonnarcas airiamh, 7 fear da tugas nios mo meas 7 grádh 'na thugas do aon duine-tire go foil 7 'na bhéarfad go deó, ...⁹

Go deimhin, bhí éifeacht ag Ó hAirt ar an gCraoibhín i gcaitheamh a shaoil ar fad, faoi mar a áitíonn muintir Dunleavy ina leabhar beathaisnéise.¹⁰

***

Tá píosa tábhachtach eile eolais le fáil i G 1070 faoin spéis a chuir de h-Íde sna hamhráin ó thosach, mar ní raibh sé ach deich mbliana d'aois nuair a chuir sé de stró air féin leagan den amhrán Béarla, 'The Cailín Bán', a fhoghlaim ó bhuachaill i gCo. Liatroma, buachaill ar chuimhin leis a ainm i gcónaí: 'Dfhóghlaim me an t-abhrán so o ghasún a Liathtruim i. Tomás Céiting ann 1870 no mar sin saoilim' (barr lch 43). Is mar seo a leanas a bhreac sé an t-amhrán:

> In the golden vales of Limerick beside
> the Shannon stréam¹¹
> The maiden dwells that holds me me [*sic*]
> heart and haunts me like a dréam

---

9 LNÉ LS G 1038, lgh [57–8].   10 Féach Janet Egleson Dunleavy & Gareth W. Dunleavy, *Douglas Hyde: a maker of modern Ireland* (Berkeley, Los Angeles & Oxford, 1991), lch 50. 11 Baintear feidhm as an síneadh fada anseo agus i gcás *dréam*, *spéak* agus *créamy*, agus as litriú neamhchaighdeánach i gcás *could* ('cold'), d'fhonn an fuaimniú áitiúil a léiriú.

Her shining showers of golden hair so
    gently round her fall
Her cheeks would make red roses pale
    She's my sweet Caillín Bán.

Although I seldom spéak to her, I think on
    her with pride
For five long years I courted her and hoped
    she'd be me bride
Through dreary times of could neglect
    it's all from her I've drawn
For I am but a labouring boy & she
    the Caillín Bán.

Her hands are whiter than the snow that
    falls on mountain side
And softer than the créamy foam that
    sparkles on the tide.
Her eyes are brighter than the sun that
    shines upon the lawn,
The sunshine of my life is she, my darling
    Caillín Bán.

And the women of Limerick take the sway
    Throughout all Erin's shore,
To fight upon the city walls, as they
    have done of yore
To keep away the enemý[12] from midnight
    until dawn
Most worthy of the title was my
    darling Caillín Bán.

Tá an míniú seo le fáil mar gheall ar amhrán eile a bhailigh sé luath go maith: 'Chualas an t-abhrán a leanas o seanmhnaoi, Bríghid Ní Crumthaigh san g-condae Roscomán Mi Nodhlaig. 1877' (lch [9]). Seo é téacs an amhráin, a bhfuil sé véarsa ann, faoi mar a chuirtear i láthair é sa lámhscríbhinn (lgh [9]–10):

    Mo brón air an bhfairrge!
        Is é tá mór!
    Is é gabhail eadar me
        'S mo mhíle stór;

---

12 Ní foláir nó gur ar mhaithe le béim a léiriú atá an síneadh fada curtha ar an 'y' anseo.

Dfhágadh sa mbaile me
    Deunadh bróin,
Gan aon súil thar sáile liom
    Choidhche no go deó.

Mo leun nach bhfuil misi
    'Gus mo mhúirín [sic] bhán
A g-Cúige Laighin
    No a g-condae 'n Chláir.

Mo bhrón nach bhfuil misi
    'Gus mo mhíle grádh
Air bord loinge
    Triall go hAmericá.

Leabuidh luachra
    Bhi fúm aréir,
Agus chaith me amach é
    Le teas an láe.

Tháinic mo ghrádh-sa
    Le mo tháebh
Guala air ghualain
    A's beul air bheul.[13]

Ar leathanach 24, faightear scéal gearr grinn agus véarsa filíochta mar bhuaicphointe aige:

Sept 1883 on fhallanach [*i bpeann luaidhe agus ceartaithe*]

Bhí an Bárd Mac Cába i dteach Ui Chonchúbhair Bheul-áth-na gcárr, agus nuair choideóladh se i rúma air bith ni leigfeadh se duine air bith asteach ann a ruma-san le na dhuisiughadh dá mbeith se go di lár an láe ann. Máire Ni Ruairc do bhí pósta le sean-Eóghan O Connchúbhair an trá sin, agus tainig fígheadóir éigin ag Cill-na-manach cuici ag iarraidh tuilleadh ollainn le criochnughadh bréidín do bhi se deunadh di. "O," ar sísi tá se san rúma 'nna bhfuil Mac Cába, ni thig leat dul asteach. 'S cuma liom ar se. dfhosgail se 7 dubhairt se.

---

[13] Tá an t-amhrán seo agus cuntas achomair ar an mbean óna bhfuair sé é le fáil in Douglas Hyde, *Abhráin grádh Chúige Connacht or love songs of Connacht* (Baile Átha Cliath, 1893), lgh 28–31.

> Is figheadóir freastal me as baile Phóil Dábhis
> Tháinig deunadh ball magaidh de Cháthal Mac Cába,
> Cáthal Mac Cába do bhi cáil air a bheith suairc
> Acht 's é an sgraiste mi-áthámhuil é do Mhaire Ni Ruairc.

Bíodh is gur 'scéal' a thugann an Craoibhín ar phíosa a bhreac sé sa bhliain 1878 agus é ar cuairt i gCo. Liatroma is i bhfoirm filíochta atá sé seachas i bhfoirm próis (lgh 37–42):

> Chualas an sceul seó o sheanfear ag Maethill san g-condáe Liathdruim. 1878 saoilim. Casadh orm cóip eile a láimhscríbhinn le O Cearnuigh, an fear a cuir amach an dá ceud leabhair de'na oibreachaibh a chlobhuail an 'Comann Oisíneach', annsa Academi rioghamhail Éireannach.

> Bhí duine bocht annsa g-condae Liathruim agus b'ainim do O Cáthan, agus oidhche do bhi se ag céilídheacht chonnairc se na sitheóga air an mbóthair ann aice leis, agus corpán marbh leo, agus dubhairt ceann aca leis,

>> Chonnairc Tómás bocht O Cáthán
>> Dá fhear sa mbeallach
>> Dá fhear sa mbeallach
>>   (is Sitheóga bhi ann agus dubhairt ceann aca leis)
>> Cuir an corpán
>> Agus bheurfad mart duit
>> Bheurfad mart duit.

***

Cuid shuntais ó thaobh an athraithe teanga agus imoibriú an dátheangachais Ghaeilge agus Bhéarla sa naoú haois déag is ea an t-amhrán macarónach (lgh 57–8) a fuair an Craoibhín 'o sheandéirceach, O Flannagáin, air bhruach Roscomáin. 1880 saoilim'. Is leagan é den tSeanbhean Bhocht. Tá cúig véarsa ar fad ann, agus sé líne i ngach véarsa, ar chuma an chéad véarsa:

> The Frinch are on the saé,
>   Ar s an t-Sean-bhean Bhocht, The Frinch are on the saé
> And I hope they'll gain the day
> And *A Thighearna!* that they may,
>   Ars an t-Sean-bhean bhocht.

Arís, tá fuaimniú phobal na tuaithe ar an mBéarla á chur in iúl ag an litriú – *Frinch* (= 'French') agus *saé* (= 'sea'). Tá sé le tabhairt faoi deara go bhfuil roinnt nótaí le malairtí logainmneacha ag bun an dá leathanach, 57–8. Tá déantús macarónach eile i gceist níos faide anonn (lgh 91–2), ceann 29 líne a fuair an Craoibhín 'o sean mnaoi-sniomtha. Lughnas mdccclxxxiii':

> And after you what will I do Or will I live at all!
> Oró mhíle bubberó
> Agus óro mhíle grádh.

Is suaithinseach an rud é gurb é an Béarla an meán teanga in amhrán grinn faoi chúrsaí reiligiúin a bailíodh 'dara mhi fhóghmhair 15 mdccclxxxiii. o Fhallan' (lch 99). Magadh faoi Thomas Wright, Modhach as Ballinderry nó Baile an Doire, toisc nach scaoiltear isteach ar neamh é, atá anseo. Baintear úsáid as an leasainm *swaddler*, a thagraíodh do Mhodhaigh, san amhrán seo (lgh 99–102):

> In the year of our Lord eighteen hundred & nine
> A 'swaddler' left his own country and to heaven did incline,
> …. .

Is cuid shuntais é an leagan scríofa d'amhrán (lgh 77–8) dar tús 'Dá bhfeicfeá-sa an cailleach' (8 véarsa x 4 líne) sa mhéid go mbaintear feidhm ann as litreacha Gréigise chun ábhar gáirsiúil a bhreacadh agus a cheilt in éineacht. Tá an cur chuige céanna le tabhairt faoi deara thall is abhus sa véarsa bríomhar seo a leanas (lch 80), i gcás frásaí a ndéileáiltear leo mar chinn ghraosta. I bhfoirm comhrá idir Seághan O Phíghne agus Nóra Chríona atá an dréacht cumtha – agus dealraíonn sé go bhfuil *feóil* ar aon bhrí le *leathar* sa chiall 'comhriachtain' anseo:

> Korraigh do τhóiv a Nóra Chriona,
> 's geabhfaidh tu feóil air thígheacht na hoidhche.
> An deunfamoid spórt says Nóra Chríona
> M'anam! go ndeunfad says Seághan O Phíghne.
> Cé ndeunfamaoid greann arsa Nóra Chríona
> Annsa λeapan, says Seághan O Phighne.
> Deunfamaoid mac says Nóra Chriona
> 'S fíor duit sin says Seághan O Phíghne.
> Crap thu féin says Seaghan O Phighne
> M'anam go gcrapfad says Nóra Chriona,
> Γραπφaidh me thu says Seaghán O Phíghne,
> Deun do dhíthchioll says Nóra Chriona.
> 'S geabhfaidh tu feóil a Nóra Chríona
> Geabhfaidh tu feóil le tigheacht na hAoine.
>   7c.7c.

Tá greann níos caolchúisí le fáil in ábhar a bailíodh ar 'Sept. 3. 1883. o Fallan.' (lch 90) mar gheall ar bheirt fhear a raibh gean acu ar an gcailín céanna:

> Bhi beirt ag cuairtéuracht caillín. Thigeadh fear aca go h-anamh, acht bhi an maighdeann i ngrádh leis. Thigeadh an fear eile go ro mhinic acht níor mhaith leis an óig-bhean é. D'ól an fear so deoch oirri aon uair amháin ag feusta, agus dfreagair sísi air.
>
> Ólaim do shláinte a Mhinic-a-thig
> Faoi thuairim sláinte a' Mhinic-nach-dtig.
> Is mór é an truagh nach Minic-nach-dtig
> A thigeas cho minic le Minic-a-thig.

***

Gné shuimiúil eile den chnuasach béaloidis seo i lámhscríbhinn G 1070 is ea an líon dréachtaí a bhailigh daoine eile, lucht aitheantais an Chraoibhín, agus a bhronn air iad. Orthu seo tá leagan de 'Cailín deas crúite na mbó' 'Cruinnighthe le Seaghán Giolla Gearailt Mac an Leagha o dhuine as an g-conndáe Chlair' (lgh [121–3], 5 véarsa x 8 líne). Seo mar a thosaíonn sé:

> Do bí mé lá breágh dul go Dúbhros
> Ás casadh orm cailín deas óg
> …

Ar bharr lch [122] tugtar blúire breise eolais: 'Abhrán coitchionn, deir se, i g-Connacht agus i Múmhan'. Ar lgh 125–6, faightear 'Bean an Fhir Ruaidh' (6 véarsa x 4 líne) agus é 'Cruinnighthe le Seaghan Mac Giolla Gearait [sic] Mach an Leagha. (as Gaillimh).' chomh maith:

> Tá siad d'á rádh gur tu sáilín socar i mbróig
> Tá siad d'á rádh gur tu béilín tana na bpóg
> Tá siad d'á radh, a mhile ghrádh gur thug tu dhom cúl
> Cidh go bhfuil fear air fághail 's leis an tailliúr bean an Fhir Ruaidh.

Tá dréachtaí éagsúla eile fós ann a chruinnigh an Mac an Leagha áirithe seo:

> o dhuine san g-Cláir (lgh 127–8; 5 véarsa x 4 líne) dar tús: 'A Bhríghid a stóir na glac cómhairle o áen neach';

> as Condáe Tiobraid Árann (lch 129; 4 véarsa x 4 líne) dar tús 'Ar mhaidin dia Dómhnaigh air gabhail sios an bóthar';

i g-Corcaigh, áit éigin (lch 130; 3 véarsa x 4 líne), amhrán dar teideal 'Peurla an Bhrollaigh Bháin' agus dar tús 'O is ceud míle slán don áit ar chodail me aréir';

i dTiobraid Arann, saoilim (lch 131; 3 véarsa x 4 líne), amhrán dar teideal 'Diarmaid Bacach' agus dar tús 'Is buachail óg ar fán me o d'fhág me mo theurma';

Cruinnighthe le Mac-an-Leagha. Sgriobhtha le Feidhlim Doyle san oileán Garomna, amuigh o Ghaillimh' (lgh 133–5; 7 véarsa x 8 líne), amhrán dar teideal 'An t-Iolar Mór' agus dar tús 'Air éirigh as mo leabuidh dom, air mhaidin mhóch Dia Dómhnuigh / Chuir me orm mo bhróga go dtéidfinn go Tírnígh'.

Faightear dornán véarsaí taitneamhacha ar leathanach 156, ceann coitianta le rangú steiréitíopach ar mhuintir na gcúigí éagsúla ina measc '(Samhan 89. o Mhuirís.)':

> Connachtach lághach,
> Muimhneach spleádhach,
> Laighneach tláith
> Agus Ulltach bradach.

Dréacht gearr eile ar an téad chomparáideach chéanna is ea an píosa seo a leanas faoi urlabhra mhalltriallach na Muimhneach, faoi mar a shamhlaítear do mhuintir Chonnacht í, agus an righneas labhartha á chur in iúl trí bhíthin lánstad a chur idir gach dhá litir chlóbhuailte ar an leathanach (ó 'S. Buais' a fuair an Craoibhín an rá seo):

> Bheidheadh na fataidh againne i g-Connachtaibh bainte, nighte, bruighte, 's ithte chomh fad 's bheidheadh Muimhneach 'rádh "p.r.á.t.a.i.dh. b.e.i.r.i.gh.th.e."

Féach an véarsa eile ón leathanach céanna a bhíonn á aithris go fóill i naíonraí ár linne, véarsa a thug 'Padraíg O Brian' dó:

> Chomh bán le bainne
> Chomh h-árd le balla.
> Chomh dearg le fuil
> Chomh milis le mil.

***

Is léir go raibh ainm an Chraoibhín in airde mar fhear Gaeilge agus mar scoláire um an dtaca seo agus go mbíodh daoine ag triall air le giotaí den teanga a d'airigh siad féin nó duine gar dóibh le linn a n-óige.[14] Is ar an gcuma seo, ní foláir, a fuair sé sliocht (lch 171) 'o Sheaghan Mac Cathmhaol do sgriobh é ó seanmhnaoi i naice le Baile an róba san mbliadhain 1843' dar tús 'Lá breágh do ghabh mé amach ann / A's bhraithnigh mé ar Chúirt Baile-nu'. Is 'o'n gCliabhrach. I gConamara 7 i gCiarruidhe', is é sin an tUrramach Euseby Digby Cleaver (1826–94), a fuair sé paidir dar tús 'Toil Dé go ndeunfamaoid' (lch 169), agus an ceann seo a leanas a fuair sé le linn a chuairte ar Nua Eabhrac agus é ag filleadh ar Éirinn ó New Brunswick, Ceanada, i mí an Mheithimh 1891:

> Húra hára haighre huc
> Cia mhéad adharc air peighre poc.
>> Portláirge. O o Bhirin i nuadh Eabhrach.

Ba as Dún na nGall do Phádraig Ó Beirn, an té atá i gceist.

Féachtar ar an véarsa seo thíos agus an nóta mínithe a ghabhann leis mar shampla d'ainnise na cuimhne ar theanga na nGael a bhí ag mórán daoine bliain roimh bhunú Chonradh na Gaeilge:

> Bú bó
> Chansellum cú có
> Enter the Caroline wanting the tú tó,
> Pócó dem painci pó pó
> Diminnéidh voo say vaw say,
> Ay la buoh agus aw la buoh,
> Leathar a' máilín
> See the black tee
> Waranty thrippenny torum.
>> From Mrs Blake-Burke of Limerick who got it from her nurse, b'éidir ceathrachad bliadhain o soin. chualaidh mise é mi Nodlaig '92.

***

Féadaimid a rá mar sin nach beag an léargas a thugann LNÉ G 1070 ar dhearcadh an Chraoibhín i leith bhailiú an bhéaloidis. Cloch mhíle is ea í, dáiríre.

---

14 Sampla de seo is ea an méid a mhaígh Proinsias Ó Conchubhair ('An Díleachd') i litir dar dáta 'Mí- mheadhon 16- 94' (d'fhéadfadh 16 Meitheamh nó Meán Fómhair 1894 a bheith i gceist) a sheol sé chuig an gCraoibhín ó Theach na mBocht, Baile Átha Luain, á rá gurb amhlaidh a rug de h-Íde an barr ar scoláirí eachtrannacha: 'agus maidir leatsa chuirfainn mo bheatha an aghaidh sé píghinne nach bh-fuil gall sa domhan chómh cliste sa teanga gaedhilge 's táir' (LNÉ G 1071 (1), mír 8).

Mac léinn trí bliana is fiche d'aois i gColáiste na Tríonóide a bhí ann nuair a thiomsaigh sé le chéile formhór an ábhair atá sa lámhscríbhinn seo. Ba dhearbhú é an gníomh seo go raibh sé chun díriú ar ábhar béaloidis a bhailiú, rud a dhein sé go fuinniúil sna blianta 1883 agus 1884. Léiríonn an lámhscríbhinn gur thapaigh sé an deis chun dréachtaí eile a bhí bailithe aige ina óige a athscríobh agus a bhreacadh. Tá sé le tabhairt faoi deara chomh maith gur fhill sé ar lámhscríbhinn G 1070 go tráthrialta chun ábhar nua a bhreacadh ann amach go dtí an bhliain 1896. Ach ó 1890, nó mar sin, ar aghaidh ba mhinic gur ábhar a bhronn daoine eile air a bhí i gceist. Cloch mhíle ba ea lámhscríbhinn G 1070 ar shlí eile, leis, sa mhéid is gur féidir féachaint uirthi mar chnuasach pearsanta lámhscríofa, í leath slí idir dréachtaí aonair a bailíodh ar bhileoga nó i leabhair nótaí níos gairbhe sa ghort agus an eagarthóireacht fhuinte chríochnúil a theastaíonn i saothar clóbhuailte ar nós *Leabhar sgeulaigheachta* (Baile Átha Cliath, 1889) agus *Beside the fire* (London, 1890) a d'fhoilsigh sé dornán blianta níos déanaí. Caitheann raon an ábhair agus an t-imoibriú teangacha atá le fáil i lámhscríbhinn G 1070 solas glinn ar chultúr na Gaeilge agus é faoi bhrú in iarthar na tíre sa dara leath den naoú haois déag. Mar sin, ní haon áibhéil é a rá go bhfuil a ionad fónta féin i gcaomhnú chultúr béaloidis na Gaeilge ag roinnt le saothar an Chraoibhín Aoibhinn i LNÉ G 1070, gur chéim thábhachtach í an lámhscríbhinn seo i dtreo fhoilsiú scolártha bhéaloideas na hÉireann.

Friendship at the core: Ireland, Sweden and the School of Scottish Studies

MARGARET A. MACKAY

The role of Ireland and, through Ireland, Sweden in the creation and formative years of the School of Scottish Studies at the University of Edinburgh, which came into being in the 1950–1 academic session, has been outlined elsewhere.[1] But in the 1930s a flurry of activity took place that acted as a prelude to that story. Events later in that decade and in the next reduced or halted much of this initiative, but following the Second World War some of those involved earlier resumed their work of practical encouragement, providing valuable continuity which was to lead to positive outcomes. This essay offers a snapshot of what was taking place in that decade and who the relevant individuals and organizations were. An important visit helps to set the scene and I am grateful to Mrs Caitríona Delargy Miles for generously allowing me to quote from the journal kept by her parents during their honeymoon visit to Scotland.

FOUR DAYS IN JANUARY 1934

On Wednesday 3 January 1934, following their marriage in Belfast earlier that day, James Hamilton Delargy (1899–1980), hereafter JHD, and his wife Maud McGuigan (1900–65) flew to Abbotsinch Airport near Glasgow. They stayed in that city overnight, attending a pantomime in one of its theatres, and made their way to Edinburgh the next day. Their headquarters for the days that followed was The George Hotel (now The Principal) on George Street, in the heart of Edinburgh's neoclassical New Town. On Friday they received telegrams from friends. Among them was the Swedish folklorist Carl Wilhelm von Sydow (1878–1952). JHD had met Norwegian Reidar Thoralf Christiansen (1886–1971) in Dublin in 1921 and was inspired by him to make folklore his sole academic focus. When in 1927, again in Dublin, Christiansen introduced him to von Sydow, whose interest in Irish and Irish folklore was of long standing, and what transpired in 1928 was a time of life-changing experiences in Sweden and elsewhere in Northern Europe, where he learned from and worked with people

[1] Margaret A. Mackay, 'The first sixty years of the School of Scottish Studies: an overview' in B. Chalmers (ed.), *The carrying stream flows on* (Isle of Lewis, 2013), pp 1–33.

who would become firm friends and colleagues.² Another telegram-sender was the film-maker Robert Joseph Flaherty (1884–1951), with whom JHD was collaborating at the time on *Man of Aran* and *Oidhche Sheanchais*.³

On Saturday and Sunday the honeymoon couple were tourists in Scotland's capital city. Though they encountered 'gusts of wind', they enjoyed visits to Edinburgh Castle and Holyrood Palace, the High Kirk of St Giles and the National Gallery of Scotland. At the Museum of Antiquities they viewed an exhibition of the hoard of Roman-period silver buried in the fifth century AD and discovered in 1919 during an excavation on Traprain Law, to the east of Edinburgh. They made acquaintance with the bookshops, James Thin for new publications and John Grant for second-hand and antiquarian volumes.

The timing of the Delargys' visit coincided with an early phase of Scottish interest in developing a focussed approach to the collection and study of its cultural phenomena, oral and material. JHD had a keen interest in this. Born in Cushendall, County Antrim, he had Scotland both literally and figuratively in his scope of vision from his youth. He had visited the Uists when he was a young man of eighteen and been overwhelmed by the depth, richness and range of its living Gaelic tradition. In 1934, he would be made a Statutory Lecturer in Irish Folklore at University College Dublin. The Folklore of Ireland Society had been established in 1927 and in 1930 the Irish Folklore Institute. The Irish Folklore Commission, with himself at the helm as he was of the Irish Folklore Institute, was soon to commence its systematic work of collecting Ireland's oral heritage. He fervently believed that Scotland should have similar provision. We do not know to what extent he was aware of the thinking and planning that was already underway in Scotland but that week in 1934 was to deepen his commitment considerably.

Maud Delargy knew that the man she had married was energized by his passion for the folklore of Ireland and his determination that Scotland should also benefit from the systematic collecting, archiving, study and publication of its oral heritage. The term 'networking' as we know it had not yet been coined, but for four working days in Edinburgh the Delargys were doing precisely that, being introduced by one person to another who had something to offer to the cause. Mrs Delargy took down her husband's account of the day's activities from his dictation each evening. Words given in single inverted commas here are direct quotations from the journal.

On Monday 8 January, JHD fulfilled a long-held wish and was able to see the bound manuscripts of the collector and polymath John Francis Campbell of Islay

---

2 Séamas Ó Catháin, *Formation of a folklorist*, Scríbhinní Béaloidis / Folklore Studies 18 (Dublin, 2008).   3 *Oidhche Sheanchais* was the first Irish-language film ever created. Comhairle Bhéaloideas Éireann published *Seánín Tom Sheáin: from Árainn to the silver screen*, by Tomás Ó hÍde, in 2019. This publication treats of the making of these films, including the direct engagement of Séamus Ó Duilearga (JHD) with Robert J. Flaherty and others in bringing them to the 'silver screen'.

(1821–85) at the National Library, still housed in the Advocates' Library in Parliament Square before the construction of the building we know today on George IV Bridge, which, though planned in the 1930s, was not built until the 1950s. Mr Marryat Ross Dobie, who had been appointed Keeper of Manuscripts in 1931, gave him assistance and also introduced him to a Dr MacLachlan from Tobermory, Mull, one of the Gaels living in Edinburgh who took a keen interest in Highland matters and were active in bodies such as the Royal Celtic Society. Through him JHD was introduced to Mr Frederick T. MacLeod, a solicitor in the firm of Lindsay & MacLeod at 10A George Street with family roots in Skye. Mr MacLeod was to prove an invaluable contact that week and later.

With Dobie and MacLachlan JHD discussed his hope that the unpublished Campbell of Islay MSS, some of which had been transcribed by the London-based Gaelic scholar John G. McKay (1859–1942), with whom he had been corresponding, could be made available to the wider scholarly world. McKay had made a contribution to volume 3 of *Béaloideas*, the journal of the Folklore of Ireland Society, in the form of a commentary on Scottish parallels with material printed in the first two volumes of the journal, of which JHD was founding editor.

JHD also raised with Dobie and MacLachlan the possibility that various collections of Scottish folk material known to be in private hands be gathered together and made accessible to students. With Frederick MacLeod he discussed adding to these the submissions for Gaelic-speaking prizes awarded by the Royal Celtic Society. The establishment of a Scottish Folklore Institute was highly desirable, as was the creation of a museum illustrating Highland and Lowland life through their material culture. By the end of Monday much that had been on JHD's mind had been aired.

On Tuesday he was again at the National Library of Scotland to examine the Campbell papers and from there he went around the corner to the Royal Museum of Scotland in Chambers Street to meet Robert Kerr, Keeper of Ethnography and Art, reporting in his journal that 'I had no difficulty in interesting Mr Kerr in my project'. They too discussed the possibility of publishing the Campbell MSS and the shape the volumes might take, the creation of a Scottish ethnographical museum and a Scottish Folklore Institute along the lines of the Irish Folklore Institute, with active cooperation between the two. Mr Kerr had clear suggestions on how to proceed, urging that the ideas they had discussed be incorporated into written form, offering an invitation to speak to a specially-convened meeting of interested people, and determining to instigate a programme of collaboration with the Irish Folklore Institute.

The Delargys went on that day to travel across the Firth of Forth to Dunfermline, a medieval place of pilgrimage to the shrine of St Margaret, wife of King Malcolm Canmore, and more recently the birthplace of the Scottish-American philanthropist Andrew Carnegie. With the Secretary to the Carnegie

Trust there, Col. J.M. Mitchell, the possibility of a grant of £300 to help build up a folklore reference collection at University College Dublin was discussed. When he raised the subject of the collecting of oral tradition in Scotland, JHD was advised to contact the Secretary of Education for Scotland, W.W. McKechnie, mentioning Col. Mitchell's name. McKechnie was a member of the Royal Celtic Society and through him telephone contact was made with the Secretary of the Scottish Teachers' Association, T. Henderson, to arrange an appointment.

Meeting with Frederick MacLeod that evening, JHD raised the possibility of identifying someone in Scotland who might be interested in organizing the collection of oral tradition, to be trained in Sweden, as he had been, by Carl Wilhelm von Sydow at the University of Lund. MacLeod suggested James Carmichael Watson, the son of Professor Watson of the University of Edinburgh's Celtic Department, and Ella Carmichael, as a possible candidate.

On Wednesday, a meeting with T. Henderson of the Scottish Teachers' Association found him keen to assist, anticipating that he might get about fifty teachers to collect, with assistance from the Irish Folklore Institute, which Henderson was encouraged to visit. He introduced JHD to Donald A. Mackenzie, a local author on Highland topics and they spent some time together. Later in the evening JHD met James Carmichael Watson (1910–42), who invited the Delargys to visit him and his father the following day. His mother Ella Carmichael, daughter of the collector Alexander Carmichael (1832–1912, best known for his *Carmina Gadelica*) and a Gaelic scholar in her own right, had died six years earlier (1870–1928).

On Thursday, JHD completed his scoping examination of the Campbell MSS and he and Frederick MacLeod met Isabel Frances Grant (1887–1983) in the North British Hotel. She and JHD found that they had a friend in common, Major McClintock of Red House, Ardee, County Louth. She had arranged a temporary exhibition of Highland artefacts in Inverness in 1930, a precursor of her permanent museum, which was based first on the island of Iona, then in Laggan and finally in Kingussie, in central Inverness-shire, now Am Fasgadh, the Highland Folk Museum in Newtonmore.[4] 'She is an important person to know here and one with whom I must correspond.' They discussed the possibility of holding an exhibition of her photographs of Highland farm buildings at the National Museum in Dublin.

With Frederick MacLeod plans regarding the publication of the Campbell MSS were also aired further. He was working with Professor Watson to form a Scottish Gaelic Texts Society and JHD urged that consideration be given to the publication of texts based on oral tradition. 'We part good friends, he anxious that we should correspond on the issues raised'.

4 Isabel Frances Grant, *The making of Am Fasgadh: an account of the origins of the Highland Folk Museum by its founder* (Edinburgh, 2007).

In the early evening the Delargys were entertained in the Watson home at 17 Merchiston Avenue in the Morningside area of Edinburgh. There they saw the unpublished manuscripts of Alexander Carmichael that Professor Watson was preparing for publication and talked over the matters JHD had discussed with others earlier in the week. Watson agreed to select from his students Gaelic speakers who could act in their holidays as collectors for the Irish Folklore Institute. JHD offered to return to Edinburgh before summer to arrange details with the students selected. Watson suggested that secondary schools in Oban, Stornoway and Inverness might also undertake collection if asked. JHD agreed to write to the Secretary of Education for Scotland, mentioning Watson's name, to ask permission to see the manuscript collections in Gaelic, going back to 1918, submitted by students for Lower and Leaving School Certificates, probably preserved in London. He also agreed to write a detailed letter to Watson asking him for his collaboration.

The Delargys' honeymoon trip to Scotland ended the following day, Friday 12 January, when they returned by train to Glasgow. There they were met by Donald MacDonald from Eriskay, who had been engaged by the Irish Folklore Institute to collect in the Outer Hebrides. He was keen to have an Ediphone recorder for the work he was planning to undertake that summer in the northern portion of South Uist. He conducted them to the train for Greenock, from where they sailed for home at seven o'clock that evening, arriving in Dublin at eleven the following morning. On Monday at 4 pm JHD was lecturing at UCD on the Campbell of Islay MSS, less than a week since he had seen the originals in the National Library of Scotland.

THE CONTEXT OF THE DELARGYS' VISIT

Members of two bodies proved useful to JHD during that January week, one established over a century earlier, the other very new but with some overlap in membership. The first was the Royal Celtic Society, created in 1820 by Sir Walter Scott, General David Stewart of Garth and others to foster an interest in the history, music, language and wider culture of the Highlands and Western Isles. It was Edinburgh-based and drew for its membership on professionals and other individuals with connections in the north and west of the country. It played a role in the well-documented orchestration of King George IV's visit to Edinburgh in 1822 and was later granted a royal charter by Queen Victoria. It continues to this day, supporting piping and clarsach instruction, Gaelic language activities and projects and publications associated with these.

The second was the Scottish Anthropological Society,[5] whose genesis can be dated to 15 June 1932, when a meeting took place in the Royal Scottish Museum

---

5 The papers of the Society may be found in the Centre for Research Collections, University of Edinburgh Main Library, GB 237 Coll-262; Gen.34–40; Gen.40*.

in Edinburgh of a group interested in founding a body with a specifically Scottish focus. This followed on from the creation of the Edinburgh and Lothians Branch of the London-based Royal Anthropological Institute ten years earlier and soon replaced it. The membership of the earlier body included Fellows of the Society of Antiquaries of Scotland, retired colonial administrators, staff members of Scottish museums and universities, veterans of denominational mission fields, members of the Folk-Lore Society (founded in London in 1878), and others with interests in, or experience of, cultures outwith [beyond] Scotland. The June meeting was chaired by the Revd Professor Archibald Henry Sayce (1845–1933), who had held the Chair of Assyriology at Oxford but had been resident in Edinburgh since 1901. He was also on the small committee appointed that day to take the idea forward. Another eminent member was Professor J.Y. Simpson, Chair of Natural Science at New College, the Church of Scotland's training institution in Edinburgh. He had been a member of the British Delegation to the Paris Peace Congress of 1919 and was responsible for adjusting the boundaries between Estonia, Latvia and Lithuania.

Others were Mr Robert Kerr, Keeper of Ethnography and Art at the Royal Scottish Museum, mentioned above, Lt-Col. L.M. Davies, Mr George Robert Gair, a Fellow of the Royal Anthropological Institute, Mr J.B.I. Mackay and Mr D.A. Mackenzie, also mentioned above. The Scottish Anthropological Society was constituted on 19 October 1932, with Mr Kerr as provisional Secretary. A provisional Council, with the above composition, met on 8 November, with final approval of a constitution to be sought at an Annual General Meeting on 18 January 1933. The 8 November meeting determined, however, that the aims of the Society should be represented by committees dealing with topics including Scottish Folk-Lore, Dialects, Comparative Religion, General Ethnology and Propaganda (that is, Publicity).

At the meeting on 18 January 1933, Professor H.J. Rose, Chair of Greek at St Andrews University and a past President of the Folk-Lore Society, was elected President, with Vice-Presidents Professor Sayce and William Grant LLD, Editor of the *Scottish dialect dictionary*, to be known later as the *Scottish national dictionary*. The Secretary was Mr Robert Kerr with an Assistant Secretary Mr W. Ian R. Finlay, also of the Royal Scottish Museum and later its Director from 1961 to 1971. The Treasurer was Mr J.B.I. Mackay. Mr G.R. Gair was to be Editor of the Society's publications. Professors Sayce and Simpson both died that year.

It was agreed that a lecture series would be initiated in the autumn of 1933 and that a special annual lecture would be given at the time of the Annual General Meeting in memory of a prominent member of the RAI's Scottish Branch, the administrator and traveller Sir Everard Im Thurn, the first of these to take place on 22 May 1934. Plans for a Folklore and Place-Name Survey, for a Museum dedicated to Folk Life and for a course of study to be offered in an existing institution of higher learning, were set in train. From 1936 the word 'Folklore' was added to the Society's name (hereafter SAS, SA(F)S or SAFS depending on date).

We do not know to what extent JHD was familiar with the activities of the Royal Celtic Society or the aims of the Scottish Anthropological Society before his 1934 Edinburgh visit. He mentions in his journal after meeting Robert Kerr, who was an Honorary Secretary to the latter, that Kerr did not appear to be familiar with the projects he suggested during their meeting, though as Secretary he would have seen several in the Society's minutes by this time. But perhaps Mr Kerr was simply being circumspect about these. He was certainly very encouraging to JHD, as recorded in his journal with gratitude.

WHAT HAPPENED NEXT

The SA(F)S papers for 1934 show that JHD kept in close correspondence with the Society after his return to Dublin and it is possible to see his influence on and participation in its activities throughout the 1930s. This was not only with regard to collaboration with Ireland but also in creating contacts with Sweden and Swedish folklore scholarship, which had had such a profound on him. There was already keen interest from Scandinavian scholars in Scottish and Irish phenomena. Ireland had drawn Celtic linguists and folklorists such as the Norwegians Reidar Thoralf Christiansen (1886–1971), who introduced JHD to Carl Wilhelm von Sydow in Dublin in 1927, and Carl John Sverdrup Marstrander (1883–1965), while von Sydow was followed by the Swedish ethnologist and folklorist Åke Campbell (1891–1957) for a month in 1934 and Albert Eskerod (1904–87) in 1935.

Scotland was equally attractive. The Danish architect, archaeologist and historian Aage Roussell (1901–72) visited the Northern and Western Isles in 1931, publishing his findings in 1934 as *Norse building customs in the Scottish Isles*. He then spent several seasons between 1932 and 1937 working in the Norse settlements in Greenland and revisited Orkney and Shetland briefly in 1939, hoping to bring his experience of buildings in Greenland to bear comparatively on those of the Norse period there. But the outbreak of the Second World War interrupted this plan and he was never in a position to resume his Northern Isles work.[6]

The year 1934 saw a field trip in June to the Outer Hebrides by the Director of the Goteborgs Stadsmuseum Sven T. Kjellberg (1892–1971) and his assistant Olof Hasslöf (1901–95), gathering data in diary, note, drawing and photographic form, as well as objects, on the material culture they encountered from Barra to

---

[6] Steffen Stummann Hansen, 'A Dane in Shetland', *The New Shetlander*, 202 (1997), 30–2; S.S. Hansen, 'Back to Jarlshof: Aage Roussell's return to Shetland in 1939', *The New Shetlander*, 235 (2006), 32–5.

7.1 Åke Campbell and Calum Maclean. n.d. School of Scottish Studies Archives.

Lewis. This trip and its outputs was not in fact fully published until 2012, when edited by Alexander Fenton with the assistance of Mark A. Mulhern as *A Swedish field trip to the Outer Hebrides, 1934* by the European Ethnological Research Centre and the National Museum of Scotland in Edinburgh. Swede Nils Holmer (1904–94) researched the Gaelic dialects of Argyll and its islands, while Norwegian Carl Hjalmar Borgstrøm (1909–86) did the same in Barra, the Outer Isles more widely and Skye and Ross-shire.

The activities of the SA(F)S concentrated on its lecture series and the establishment of its programme of instruction for certificate and diploma-level studies. In 1934, it inaugurated an Institute of Anthropology at the Free Church College on The Mound in Edinburgh, under the direction of a joint committee composed of representatives of the Senatus of the College and the Council of the

Society. Åke Campbell was designated an Honorary Lecturer of the Institute and invited to deliver lectures and inaugurate research work in Celtic folklore according to the Swedish method. His university, Uppsala, offered a student internship for training purposes.

The Institute operated for five years, not without difficulties in student recruitment, staffing and assessment. The Society's papers also refer to hopes for co-operation with the European Dialect Atlas project and a lexical questionnaire was circulated under the guidance of John Orr, Professor of French at the University of Edinburgh and a specialist in linguistic geography. A 'research laboratory' to be called 'The Scottish Archive for Ethnological, Folkloristic and Linguistic Studies' was a high priority.

In July 1937, the Society hosted a congress in Edinburgh of the International Association for European Ethnology and Folklore, which had been formalized two years earlier in Lund. Established and rising scholars took part. Professor Sigurd Erixon of the Nordic Museum in Stockholm delivered the Im Thurn Memorial Lecture on 'Nordic Open-Air Museums and Skansen' and also spoke on 'West European connections and cultural relations'. Von Sydow gave papers on 'Rites' and 'Popular prose traditions and their classification', Åke Campbell spoke on 'The Irish house'. J.C. Catford presented on Scottish dialects and a proposed Linguistic Atlas of Scotland, A.J. Brock and A. MacDonald on Scottish place-names.

Political events in Germany and elsewhere on the European continent began to impinge on efforts to encourage active co-operation in folkloristic and ethnological research in northern Europe[7] and as the outbreak of war in 1939 approached, the Society's activities came to a halt. One project raised during the visit of the Delargys in 1934 was achieved, however, the publication in 1940 of J.F. Campbell's *More West Highland tales*, edited by J.G. McKay, under the auspices of the SAFS. Frederick T. MacLeod was key to this.

In 1948, Angus McIntosh (1914–2005) was appointed to the new Forbes Chair of English Language and General Linguistics at the University of Edinburgh. His friendship with the pioneering independent collectors of Scottish Gaelic song and tales, John Lorne Campbell of Canna (1906–96) and his wife Margaret Fay Shaw Campbell (1903–2004), was a crucial factor in the creation of the School of Scottish Studies. Grandson of a ship's captain from Portmahomack in Easter Ross, he had become acquainted with them in Barra over a decade earlier and had visited the Gaelic-speaking diaspora of Nova Scotia and Cape Breton with them in 1937 while a Commonwealth Fund Fellow at Harvard. At this time JHD had also begun to correspond with and encourage the Campbells, and was to send Séamas Ennis under IFC auspices in 1946–7 to Canna to assist with transcription of their collection. In 1947, J.L. Campbell

---

7 Petra Garberding, '"There are dangers to be faced": cooperation within the International Association of Folklore and Ethnology in 1930s Europe', *Journal of Folklore Research*, 49:1

founded a body called FIOS, The Folklore Institute of Scotland, whose acronym forms the Scottish Gaelic word for 'knowledge', to progress recording work on lines similar to Ireland's and to press for a properly-funded organization, ideally university-based, to carry this out.[8] The resemblance to the name of the Irish Folklore Institute is striking. Both JHD and representatives of the SAFS were present at early meetings of FIOS in Glasgow that year.

Angus McIntosh found an ally in his Principal and Vice-Chancellor, Sir Edward Victor Appleton (1892–1965), who was keen to recruit a new generation of staff who would bring fresh experience to old disciplines or to developing new ones, rebuilding scholarly networks and harnessing war-time technologies such as the portable tape-recorder to scholarly undertakings. He supported McIntosh in acquiring staff and equipment for field-recordings and sound laboratories. A Linguistic Survey of Scots and Gaelic was established and after a visit by McIntosh to JHD and the Irish Folklore Commission, instigated by the Campbells (an experience that he declared inspirational), he shepherded into being the School of Scottish Studies in 1950–1. He and JHD were to form a firm and life-long friendship.

The School's first full-time collector was Calum Maclean, from the Island of Raasay, who had come into the ambit of the Commission as a postgraduate student in Dublin. He was trained by JHD and colleagues and sent to record in his native island and elsewhere in the Hebrides in the 1940s. He arrived in Edinburgh in January 1951 to begin his work and with the University of Edinburgh's blessing was sent to Sweden in 1952–3 for six months of further training with Åke Campbell, with whom he had conducted field work in Scotland in 1948.

It was clearly an auspicious time for the birth of the School. Although the SAFS continued in being into the 1950s and was addressed by staff of the new body, its activities ended in that decade. The Im Thurn Memorial Lecture was given to the School to administer and still continues. The Society's library was given to the School as well. Equally, the development of anthropology as a departmental subject at the University of Edinburgh enabled that remit of the Society to be fulfilled. The role of FIOS in the critical post-war period leading up to the creation of the School, highlighting from within Scotland its rich oral heritage for decision-makers of the time, must be acknowledged with gratitude.

THE SCHOOL OF SCOTTISH STUDIES TAKES SHAPE

Certain continuities between the 1934 visit of the Delargys, the later 1930s and the events of the 1950s can be discerned. The Campbells' connection with both

(2012), 25–71. 8 Hugh Cheape, '"Tha Feum Air Cabhaig": the initiative of the Folklore Institute of Scotland', *Scottish Studies*, 37 (2014), 53–62.

7.2 School of Scottish Studies staff. *Back row, l to r*: Hamish Henderson, Donald Archie MacDonald, W.F.H. (Bill) Nicolaisen, Fred Kent, Iain Crawford, B.R.S. (Basil) Megaw; *Middle row, l to r*: Robert Kerr, John Sinclair (Servitor), Vic Borland, Ohna Campbell, Ann Ross, Thorkild Knudsen; *Front row, l to r*: Catherine Greig, Lisa Sinclair, Gillian Johnson, Anna Belfourd, Mary MacDonald, Joyce MacCrimmon. School of Scottish Studies Archives.

JHD and Angus McIntosh is one of these. Åke Campbell continued as a friend of Scottish ethnology and folklore, helping to train Calum Maclean and coming as the first 'Northern Scholar' to the University of Edinburgh in a scheme established by the School in 1956 and advising on its development. As in 1934, the Carnegie Trust was approached and gave helpful support for the School in its early days.

Two people have a special place in this continuity and in the history of the School of Scottish Studies and its Archives. One is James Hamilton Delargy, the other is Robert Kerr (1890–1967). He was, like JHD, 'there from the start', as secretary to the committee that created the Scottish Anthropological (and Folklore) Society, which he continued to serve in this capacity. From the time of their meetings in 1934 he remained in touch with developments in Scotland towards a School of Scottish Studies. Twenty years later, in 1954, on his retirement from his official duties as Keeper of the Royal Scottish Museum's

Department of Art and Ethnology, he offered his services in a voluntary capacity to develop the Central Index for the young School, where the establishment of archives and a library were foundational aims and an index to the collections and their contents – sound, manuscript, library and photographic – essential. He was given the title of Honorary Research Fellow and would almost certainly have been in the McEwan Hall when JHD received his honorary degree of LLD from the University of Edinburgh in 1961. Every user of the School of Scottish Studies Archives to this day has reason to be grateful to Robert Kerr. On his death the School's Director Basil R.S. Megaw wrote in *Scottish Studies*:

> Unfailingly each morning at nine o'clock he was at his desk in the School's library, while his afternoons were regularly spent working, as Honorary Curator, on the coin collections in the National Museum of Antiquities. Thus he continued a full day's work right up to his last illness. No one sought his help in vain, and he was respected and loved by all of us who had the good fortune to work with him. Above all else the development of the School's Central Card-Index, for which he accepted responsibility as co-ordinator and one of the principal contributors, testifies to his competence and zeal.[9]

Folklore archives and studies would not exist without the contributions made by volunteers and by those who gave beyond the call of duty in their work. In the first instance are all the women and men who gave and give, generously and willingly, of their own knowledge to field-workers, collectors and researchers in order to build the archival resources which are the beating heart of the National Folklore Collection at the Delargy Centre in University College Dublin, Ireland, the School of Scottish Studies Archives and the Swedish Archives of Dialects and Folklore.[10] Along with them are all those who through their unstinting efforts as archive helpers, indexers, transcribers, digitizers and technicians have ensured

---

9 Basil S.S. Megaw, 'Robert Kerr', *Scottish Studies*, 11:2 (1967), 251.   **10** Note that many other references could be cited in this field of investigation, as for example, the following: Nils-Arvid Bringeus, *Åke Campbell som etnolog*, Acta Academiae Regiae Gustavi Adolphi 103 (Uppsala, 2008); Nils-Arvid Bringeus, *Carl Wilhelm von Sydow: a Swedish pioneer in folklore*, Folklore Fellows Communications 298 (Helsinki, 2009); Mícheál Briody, *The Irish Folklore Commission, 1935–1970: history, ideology, methodology* (Helsinki, 2007); Hugh Cheape, 'Dr I.F. Grant (1887–1983): the Highland Folk Museum and a bibliography of her written works', *Review of Scottish Culture* 2 (1986), 113–25; Matts Hellspong and Fredrik Skott (eds), *Svenska etnologer och folklorister*, Acta Academiae Regiae Gustavi Adolphi 109 (Uppsala, 2010); Margaret A. Mackay and Alexander Fenton, 'A history of ethnology in Scotland' in Mackay and Fenton (eds), *An introduction to Scottish ethnology* (Edinburgh, 2013), pp 49–70, volume 1 of 14 volumes of *Scottish life and society: a compendium of Scottish ethnology*. Patricia Lysaght, 'Swedish ethnological surveys in the Western Isles of Scotland, 1939, 1948: some data from Ireland', *Review of Scottish Culture*, 6 (1990), 27–51; Patricia Lysaght, 'Swedish ethnological surveys in Ireland 1934–5 and their aftermath' in Hugh Cheape (ed.), *Tools and traditions:*

that these archive materials can be used by all with an interest in the rich heritage of our communities. We who benefit from their gifts of memory, knowledge, interest and time must never cease to salute them.

ACKNOWLEDGMENTS

Several individuals and institutions have assisted me in the preparation of this chapter in connection with access to papers, photographic requirements and identification of people referred to in the sources. Above all, my warmest thanks go to Mrs Caitríona Delargy Miles, for her friendship, her generosity in sharing with me the journal kept by her parents on their honeymoon in 1934 and our enjoyable conversations.

Staff of the University of Edinburgh Centre for Research Collections and of the School of Scottish Studies Archives and Library; Ross Anderson, Hugh Cheape, Ian Fraser, William Gillies, Anette Hagan, Daphne Hamilton, Morag MacLeod, Colin Morrison, Priscilla Scott, Geoffrey N. Swinney.

studies in European ethnology presented to Alexander Fenton (Edinburgh, 1993), pp 22–31; Ray Perman, *The man who gave away his island: a life of John Lorne Campbell of Canna* (Edinburgh, 2010); Bjarne Rogan, 'The troubled past of European ethnology: SIEF and international cooperation from Prague to Derry', *Ethnologia Europaea*, 38:1 (2008), 66–75; Ríonach uí Ógáin, 'Irish links and prespectives' in B. Chalmers (ed.), *The carrying stream flows on* (Isle of Lewis, 2013), pp 177–98.

Neilí O'Brien and the Gaelic League*

MAUREEN MURPHY

On 26 December 1864, Stephen Edmond Spring-Rice[1] wrote a sonnet titled 'The Baby on the Rug' to his granddaughter, Ellen Lucy, who would be called Nelly or Neilí. Thinking of her sweet, untroubled nature, Spring-Rice prophesied that Neilí would retain her 'sweeter smile' and her 'angelic nature' though bowed 'in grief and pain'.[2] Neilí would indeed face grief, loss and discouragement in her life, but her spirit would triumph as she served Ireland in the ways that distinguished the O'Briens. In Neilí's case, her service was to the Irish language. She founded Coláiste Eoghain Uí Chomhraidhe (the Eugene O'Curry Irish College) in Carrigaholt, Co. Clare, she travelled to America as a Gaelic League (Conradh na Gaeilge) delegate, and she worked to create an ecumenical vision for the Gaelic League that embraced the common Patrician roots of the Celtic Christianity of the Church of Ireland and of the Roman Catholic Church.

Eldest child of Edward William O'Brien and Mary Spring Rice, Neilí was born on 4 June 1864 at her father's home at Cahirmoyle near Ardagh, Co. Limerick.[3] The O'Brien children descended from the Clare O'Briens who traced their origin to Brian Boru, and from the Jacobite Spring-Rice family of Co. Limerick. Neilí's grandfather on her father's side was William Smith O'Brien who was transported to Van Diemen's Land for his part in the 1848 Rising; her maternal grandfather was Thomas Spring-Rice, 1st Baron Monteagle, MP for Limerick and Chancellor of the Exchequer.[4] Neilí united her family lands by identifying herself with Thomond, the Gaelic kingdom that embraced Cos. Clare and Limerick as well as parts of Co. Tipperary. Neilí's first loss came with the death of her mother in 1868. She was raised by her aunt, Charlotte Grace O'Brien, until she went to boarding school. Then, Charlotte Grace went to Ardanoir, her home along the Shannon at Foynes.

Neilí studied painting at the Slade School of Fine Art in London.[5] She and her brother Dermod may have inherited their painter and sculptor mother's artistic ability. Like Neilí, Dermod also attended the Slade in 1894, but he went

---

* The choice of topic for this essay was informed by two factors: Ríonach uí Ógáin's interest in and support of the traditional music of Clare and Limerick, and her family's connection with Carrigaholt, Co. Clare.   1 Irish philanthropist and civil servant, of Mount Trenchard House, Co. Limerick.   2 National Library of Ireland (NLI), MSS Collection, List No. 64, papers of the family of O'Brien of Cahirmoyle, Co. Limerick. MS 36, 810: poem by Stephen Edmond Spring-Rice on the birth of his granddaughter, Ellen (Lucy) O'Brien, 26 December 1864.   3 Dermod followed in 1865 and Mary in 1866.   4 Edward Mac Lysaght, *Irish families: their names, arms and origins* (New York, 1972), p. 257.   5 Neilí did not stay to complete a

to London after he studied in Antwerp and Paris. Dermod returned to Ireland from London in 1901 and, through Dermod, Neilí met Dublin's finest portrait painter, Walter Frederick Osborne. Neilí regarded Osborne as her fiancé, but he died of pneumonia at the age of 43 in 1903, and she never married. Osborne painted her twice. In an 1887 portrait, Neilí looks directly at the painter. Her brown eyes, dark hair and full lips are set off with a black blouse, a brown jacket and a choker of silver and perhaps topaz or amber stones. Osborne's later pastel portrait is a three-quarter length study of an older Neilí seated in an armchair with her hands folded wearing a long-sleeved dress with a lace collar, a black bodice with what appears to be a brooch, and a green cloak (see plate 8.1). The portrait hangs in Dublin City Gallery, The Hugh Lane.

Neilí was a miniaturist and landscape artist. Her brother, Dermod, who also painted landscapes, was a portrait painter; however, he was better known perhaps as President of the Royal Hibernian Academy, a position he held from 1910 till his death in 1945. Neilí exhibited 'Sketches near Malahide' at the Royal Hibernian Academy show in 1896; 'A Garden in Limerick' and 'A Hill in Connemara' followed in 1898 when she also exhibited a case of miniatures.[6]

Neilí was an Irish speaker and an early member of the Gaelic League. She was present at the first Oireachtas (Gaelic League festival) in 1897, an event planned 'to stimulate public interest in the Irish language movement and to encourage the cultivation of modern Irish'.[7] Her meeting with Hyde on that occasion was a transforming experience. It was the beginning of a friendship that lasted a lifetime and provided Hyde with loyal support in his role as President of the Gaelic League. Neilí's interest in Irish reflected the family interest in the Irish language. Her grandfather, William Smith O'Brien, chagrined by his own ignorance of Irish, attended classes in the spring of 1845.[8] As a member of the Young Irelanders, O'Brien pressed the government to support the language, and when he returned to Ireland after his exile in Van Diemen's Land, he continued to champion the Irish language as essential to Irish identity. He left his collection of Irish manuscripts to the Royal Irish Academy for others to study.[9]

Charlotte Grace, Neilí's aunt, started to study the language as early as 1863 when her brother wrote to her, 'So you are learning Irish. I wish I had your joy of it, for it is a most difficult language'.[10] After she retired from her work on

---

degree. She is not listed among the alumni of the Slade School. The year after Neilí left for school in England, her father married Julia Marshall of Yorkshire. They had two sons and two daughters.   6 'Dermod O'Brien', 'Nelly O'Brien' in Theo Snoddy, *Dictionary of Irish artists: 20th century* (Dublin, 1996), pp 349–61 [353]. Neilí continued to exhibit until 1922 (see Ann M. Stewart, *Royal Hibernian Academy of Arts: index of exhibitors and their works, 1826–1979*, iii [Dublin 1987], p. 26).   7 Gareth and Janet Dunleavy, *Douglas Hyde: a maker of modern Ireland* (Berkeley, 1991), p. 202.   8 Robert Sloan, *William Smith O'Brien and the Young Ireland Rebellion of 1848* (Dublin, 2000), p. 125.   9 Richard Davis, *Revolutionary imperialist: William Smith O'Brien, 1803–1864* (Dublin, 1998), pp 175, 388–9.   10 NLI MSS Collection, List No. 64, papers of the family of O'Brien of Cahirmoyle, Co. Limerick, MS 36, 750/1.

behalf of Irish immigrants, she turned to the Irish language and to the cooperative movement.[11] The Irish language was a special bond between Charlotte Grace and Neilí. While her aunt would have approved of Neilí's immersion into the Irish language, her brother Dermod, who had no interest in Irish, was impatient with her devotion to Hyde.[12]

When Charlotte Grace died in 1909, she left Ardanoir and her books and papers to Neilí. Ardanoir would be a catalyst for her work for the Irish language in Thomond. When Stephen Gwynn wrote the preface to *Charlotte Grace O'Brien: selections from her writings and correspondence, with a memoir by Stephen Gwynn* in 1909, he acknowledged the help provided by '... Nelly O'Brien, the eldest of two nieces who almost stood in the relationship of daughters to Charlotte Grace O'Brien'.[13] Neilí kept a flat in Dublin, but Ardanoir was home. The 1911 census, completed in Irish, lists Neilí living at Ardanoir with her Wicklow-born servant Bridget McArdle. With a base at Foynes, Neilí was ready to expand her vocation to the Irish language and to her neighbours along the Shannon. An Irish-language summer school for Thomond was her first project.

As early as 1901, the League proposed to adopt a system of summer schools in Irish-speaking districts that would bring students to the areas in the summer or early autumn for classes and social activities.[14] The League believed that summer schools had a special mission to prepare teachers, but they emphasized that the schools were not limited to teachers, and all interested people were invited to enjoy an intense immersion in the *Gaeltacht*, the classes and the *céilís* (dances, gatherings). While summer schools were established by 1911, Neilí believed that Thomond was underserved so she founded, with Seán Toibín and the local Gaelic League, the Coláiste Eoghain Uí Chomhraidhe in Carrigaholt, Co. Clare, in 1912.[15] She became its chief patron.

The College opened on 8 July 1912 and had some 130 students on the books during the two months of the first session, a number that was judged to be a 'good beginning'. Coláiste Uí Chomhraidhe was modelled on the established Irish colleges, but the founders hoped that the College would have a wider function.[16] A full-page advertisement for the College with an illustration of the site, the old Coast Guard Station facing the Shannon at Kilcredaun Point, announced that the College would be open year-round for guests who knew Irish or who were interested in learning the language. There was another full-page

---

11 Stephen Gwynn, *Charlotte Grace O'Brien: selections from her writings and correspondence, with a memoir by Stephen Gwynn* (Dublin, 1909), p. 104. Like many of her generation, Charlotte Grace became disenchanted with Irish nationalist politics after the Parnell debacle. 12 Lennox Robinson, *Palette and plough: a pen-and-ink drawing of Dermod O'Brien, PRHA* (Dublin, 1948), p. 83. 13 Gwynn, *Charlotte Grace O'Brien* (1909), p. 2. 14 'Summer schools', *An Claidheamh Soluis*, 15 Meitheamh 1901. 15 Carrigaholt was considered to be part of the West Clare *Gaeltacht* until 1956. 16 NLI Ephemera Collection, EPH C283: leaflet referring to the creation of an Irish College in Carrigaholt, Co. Clare, named after Eugene O'Curry and decided upon by a committee, n.d., *c*.1912.

advertisement for the College, with an illustration of the site and with a listing of the amenities, which mentioned that Neilí O'Brien was in permanent residence to facilitate accommodations.[17]

The following year, on 31 May 1913, the *Clare Champion* reported that Neilí O'Brien had given a talk about the success of the College at the Thomond *feis* (cultural festival). She paid tribute to her colleague Geraldine Griffin and to the cooperation of the local clergy and the bishops of Killaloe and of Limerick, and she spoke of the inspiration of O'Curry:

> In deciding to call the College after the great name of Eugene O'Curry whose birthplace is close to the neighbouring village of Doonaha, we felt that we had struck a note that would find a response in the heart of not only every Clareman but of every lover of Gaelic literature and antiquities. It is on record that O'Curry and his companions, at a time when learning was at a low ebb and school masters scarce, formed a sort of school at Carrigaholt, meeting by night in each other's houses. It is our particular ambition to make the Coláiste Uí Chomhraidhe a centre of attraction to men of learning and culture, and the Loophead peninsula is especially rich in Gaelic lore and tradition.

Neilí paid special tribute to the fellowship of the Gaelic League in transforming an idea into the reality of an Irish summer school for Thomond: 'What we could not spare is the fellowship which comes to us Gaelic Leaguers, through being workers together in a cause which has claimed the whole allegiance of our hearts'.[18]

The Coláiste benefited from the generous contributions of friends, including a gift from the New York Claremen, and from the careful management of their funds. Since the organizers bought the old Coast Guard Station, they were not limited to temporary buildings and could use their money instead for additional space. Concerned with the aesthetics of the Coláiste, Neilí commissioned the artist Sadhbh Trench to produce a pageant and to execute two murals for the school. Describing the Carrigaholt murals, Trench's biographer Hilary Pyle wrote, '… the use of symbolic images of her friends on the old wall of the Carrigaholt coastguard station expressed her personal notion of a neo Celtic civilization, and the second theme of the murals, the tableau of pageant characters, identified this new civilization's roots in heroic history'.[19]

17 Trinity College Dublin (TCD) MS 5924: press cuttings collected by Nelly O'Brien and letters by her, also accounts, mainly about the Gaelic League and O'Curry College, Carrigaholt, Co. Clare, *c.*1912–17 (lent by Mrs H.V. O'Brien, Monare, Foynes), p. 13. A notice in the O'Brien scrapbook, also with the O'Brien papers at TCD, indicated that Ardanoir was available for lease 'for a year or longer term if desired'. Neilí's uncle, the land and estate agent Richard Donagh O'Brien, of 16 Upper Mallow Street, Limerick, was the agent.   18 *The Clare Champion*, 31 May 1913.   19 Hilary Pyle, *Cesca's diary, 1913–1916: where art and*

While the Coláiste followed the Gaelic League recommendation that classes be held out of doors whenever possible, the Coláiste Uí Chomhraidhe committee planned to build additional classrooms.[20] As with the other summer schools, the Coláiste hosted programmes of storytelling, songs, dances and recitations after their daily six hours of classes. A feature of the Coláiste Uí Chomhraidhe was its 'Court of Justice' that tried students for 'offenses against Ireland'. Conscientious about praising other Irish colleges and of drawing on common experiences, Neilí said, 'Indeed the most attractive thing about the Gaelic colleges is that the work and play are so happily intermingled in them that you can hardly tell which is which'.[21]

Since Coláiste Uí Chomhraidhe proposed to be open all year, the challenge was how best to use the college buildings after the summer school closed. Neilí's solution was to offer a course to train Irish-speaking girls for domestic service who would be sent to teach the language to children in Irish-speaking households. The scheme would offer young women from Irish-speaking districts an alternative to emigration. Neilí's plan was probably influenced by her aunt's work with immigrant girls, many of whom left Irish-speaking districts to work in domestic service in America. Charlotte Grace certainly would have approved.

After Neilí's letter, 'Theory and practice in domestic economy and other sciences', appeared in the *Irish Homestead* on 30 November 1912, she raised the idea of the *cailín aimsire* in a notice in the 14 December 1912 issue of *An Claidheamh Soluis*. She followed a few weeks later with her letter in the 4 January 1913 issue of the same newspaper, 'Irish speaking girls for domestic service'. Her letter, 'The Irish language movement', in the *Clare Champion* on 13 February 1913, was an eloquent plea for an Irish-speaking home, a plea that echoed Eoin MacNeill's opinion that while he was working to make Irish an approved subject in the school curriculum, Irish-speaking homes would make their difference: 'Irish would take hold if it were the language of Irish households'.[22] The Coláiste offered the new domestic service course in the spring of 1913, a course that the *Clare Champion*, on 18 March 1913, highlighted in the story 'Easter at the O'Curry College. O'Curry College and domestic service'. Neilí described the domestic service programme and its initial success to a wider readership in her long letter to the *Freeman's Journal* on 16 June 1913.

In anticipation of the Coláiste's first 1913 summer session that began on 21 July, the *Clare Champion*, on 15 July 1913, described preparations in Carrigaholt

---

nationalism meet (Dublin, 2005), pp 242–3. The Sadhbh Trinseach (Sadhbh Trench) murals for the Céilí Hall were restored in 1930 by Liam MacGiollabríde who was staying at the Coláiste when Trench painted the murals. There were subsequent restorations in 1940 and 1982. The 1982 restoration was done by Carrigaholt resident Diarmuid Ó hÉadtromáin (*The Clare Champion*, 4 June 1982). 20 *An Claidheamh Soluis*, 15 Meitheamh 1901. 21 *Clare Champion*, 31 May 1913. 22 University College Dublin (UCD) Archives, MacNeill Papers, 1A 1/E69, letter from John [sic] MacNeill to the National Teachers' Congress, 15 January 1894.

for the visitors and reported Neilí's opening talk to the Co. Clare *feis* and industrial exhibition in Kilrush that was organized by the Gaelic League in West Clare. 'The ceremony of the opening was performed by Miss Nellie O'Brien whose whole-hearted interest and enthusiasm in the cause of such as the great even represented, has added another to the enduring ties with her association with west Clare, indeed Clare in general and its people'. Neilí's reputation as a language advocate informed the report a day later in the *Cork Examiner*, on 16 July 1913, that identified her as the granddaughter of William Smith O'Brien and a person who encouraged the use of Irish as the language of the household in her advice to children to persuade their parents to speak Irish.

Having founded Coláiste Uí Chomhraidhe and seen it through its first years, Neilí was confident about leaving it and taking on another task for the League. As for the Coláiste, its centenary in 2012, celebrated by the then Minister of State for the Gaeltacht, Dinny McGinley TD, is a tribute to Neilí's work as a Coláiste founder.

The success of the Gaelic League, particularly its scheme of hiring *múinteoirí taistil* (travelling teachers), strained the League finances. Money was a problem for the Gaelic League as early as 1903. In addition to the organization's running expenses, they needed to pay their teachers, to fund their weekly paper and to subsidize publications: their instructional booklets and readers. An infusion of money from Irish America was the answer. Here, Neilí made her second contribution to the Gaelic League. She travelled to the United States in 1914–15 with Fionán Mac Coluim, Anna Cassidy, Teresa Halpin and Eithne Kelly to collect money and to promote Irish art and industries.

Neilí and her companions sailed from Queenstown on the White Star's *Baltic II*. The *Gaelic American* wrote on 4 April 1914 that the exhibition brought by the Gaelic League delegates would '… represent in miniature what Ireland and other Celtic nations are doing in painting, music, literature, art, metal work and decorative wood work, laces and embroidery work and similar arts and crafts'. Conditions in Ireland and in Europe had changed in the spring of 1914. The Dublin lock-out, the creation of the Irish Citizen Army and of the Irish Volunteers – which had attracted many Gaelic League members – changed Irish politics. Hyde tried to hold the League to its non-political course but the cultural nationalists were being pressured to embrace a more militant nationalism.

From the beginning, the American press, particularly the Irish-American press like the *Gaelic American*, established Neilí's nationalist credentials not only as a Gaelic Leaguer but as William Smith O'Brien's granddaughter. At an early *feis* in the Mechanics' Hall in Worcester, Massachusetts, Neilí spoke of the importance of the work of the Gaelic League in a speech that began with the goal of the League:

> The Gaelic League is a movement for humanity and no generous mind can, I think, be insensible to the moving and inspiring spectacle which we

have now before our eyes in Ireland of a whole nation setting itself with joyous and hopeful determination to restore its buried past and to infuse new life is its present.[23]

When the exhibition opened at McCreery's store in Pittsburgh in the fall of 1914, it coincided with the visit of the Irish poet, Padraic Colum, and his acerbic wife, the critic Molly, to the city. Molly left these impressions of Neilí and her party in *Life and the Dream*:

> We were not the only ones connected with Irish movements to appear in Pittsburgh at the time; there passed through and spent some days in the city a delegation of the Gaelic League, headed by Nelly O'Brien and Fionan MacCullum [*sic*]. The Gaelic League was half in and half out of the literary revival just as the Sinn Fein group was; they didn't altogether approve of each other, but in America they all seemed to be the same.[24]

Colum thought the American interest in titles was fatuous.

> The interviews in the newspapers showed what seemed to me an undue interest in the social and family connections of the group. Lady Gregory's title was played up; Nelly O'Brien was featured as a granddaughter of Lord Inchiquin which she was and a lineal descendent of the O'Briens, kings of Thomond, which she was also.[25]

Molly Colum was critical of Neilí's embroidered dress and cloak, but, in fact, Molly Colum often wore a dress embroidered by Lily Yeats.[26] Colum saved her scorn for the Gaelic League concert:

> But I must say that I was unfavorably struck by the sort of thing the Gaelic League thought suitable pabulum for American audiences. Nelly O'Brien's fellow organizer was a patient, hardworking, scholarly man [Fionán Mac Coluim] who knew every phase of native Irish culture, but his idea of entertaining or informing a mixed American audience was to streamline singing, dancing, storytelling and history into a half-hour's entertainment.[27]

Colum's criticism of Mac Coluim was not unfounded. He had not changed his 'one-man show' that had produced the same laughter during his unsuccessful 1910 tour.[28]

23 TCD MS 5924: press cuttings collected by Nelly O'Brien and letters by her, also accounts, mainly about the Gaelic League and O'Curry College, Carrigaholt, Co. Clare, *c*.1912–17 (lent by Mrs H.V. O'Brien, Monare, Foynes).   24 Mary Colum, *Life and the dream* (New York, 1947), p. 204.   25 Ibid.   26 TCD MS 4045: Papers of Nellie O'Brien, mostly correspondence with Irish scholars, 4045/2.17. Colum, *Life and the dream*, p. 228. Lily Yeats was a sister of W.B. Yeats and Jack B. Yeats.   27 Colum, *Life and the dream*, p. 205.   28 Dunleavy, *Douglas Hyde*, p. 318.

The response to the young women who travelled with the League was more positive as they watched Teresa Halpin 'dance the steps they had not seen since their childhood' and heard Anna Cassidy 'sing the ballads popular in her neighborhood'.[29] Teresa Halpin, the daughter of the Limerick dance master Joseph Halpin, was also celebrated as an accomplished fiddler who appears on an album titled *Past masters of Irish fiddle music*.[30] Her 'An buachaill caol dubh', praised for its 'beautiful phrasing and strong tone', is one of the recordings available in the Irish Traditional Music Archive in Dublin.[31]

The exhibition at the Saint Paul Institute in Minnesota in early November 1914 had a special significance for Neilí because of the welcome they received from Archbishop John Ireland. When John Ireland was bishop of Saint Paul, he helped Charlotte Grace O'Brien to realize her plan to establish the Mission of Our Lady of the Rosary for the Protection of Irish Immigrant Girls. Charlotte Grace stayed with Bishop Ireland's sister, Mother Seraphine, superior of the Sisters of St Joseph of Carondelet, while she was in Saint Paul.

The Gaelic Leaguers continued to bring their programme to American cities, and Neilí continued to represent the League as a force for Irish Ireland, a force that was neither sectarian nor political; however, in the spring of 1915, with pressure on the Americans to join the Allies in Europe, the threat of conscription in Ireland, and the League moving into the hands of militant nationalists, fundraising failed to meet the expectation of the hard-pressed League.

Atlantic travel was dangerous; however, despite their concern about safety, Neilí, Teresa Halpin and Anna Cassidy arrived safely at Liverpool on 20 June 1915. Meanwhile the League was being pressured by its militant members to become more political. Pádraig Pearse, who had edited *An Claidheamh Soluis*, delivered the graveside oration at the funeral of the Fenian leader, Jeremiah O'Donovan Rossa, on 1 August 1915. The next day, at the League *feis* at Dundalk, Hyde's chair was empty, and Pádraig Ó Dálaigh, General Secretary of the League, read his letter of resignation. Writing about that moment, Eoin MacNeill later reflected that those who left were correct and that the politicizing of the Gaelic League was 'a complete departure from its principles and policy'.[32]

In 1916, Neilí was living at 10 College Park Chambers (10 Nassau Street). She had exhibited a number of portraits, perhaps miniatures, of Douglas Hyde, William Smith O'Brien, the naturalist Miss M.C. Knowles, The O'Malley, and

29 TCD MS 4045/2. 30 Topic TSCD065, 2001. 31 When Séamus Ennis visited Limerick in 1945, Fionán Mac Coluim urged Ennis to call on Joseph Halpin for information about traditional dancing during the early days of the Gaelic League (Ríonach uí Ógáin (ed.), *Going to the well for water: the Séamus Ennis field diary, 1942–1946* (Cork, 2009), p. 318). 'Teresa Halpin's Reel' appears in volume 1 of Francis Roche's *Collection of Irish airs, marches and dance tunes* (Dublin, 1912). Halpin appeared on the Gaelic League circuit of concerts in the Limerick area in the first decade of the twentieth century (Tes Slominski, '"Pretty young artistes" and "The queen of Irish fiddlers": intelligibility, gender and the Irish nationalist imagination', *Ethnomusicology Ireland*, 2/3 (July 2013), 1–21). 32 UCD Archives, MacNeill

her grandmother, Lucy Smith O'Brien, at the Royal Hibernian Academy.[33] At home when the Easter Rising began on 24 April 1916, she recalled: 'I didn't stir outside the house for the first days. I had plenty to do inside and indeed I thought as the members of the Coisde Gnotha had been mentioned in the secret order from the Castle as being under suspicion that it might be wiser to lie low'.[34] During Easter week, Neilí's flat was destroyed by gunfire.

On Wednesday, Douglas Hyde and his daughters rescued Neilí and brought her to their home at 1 Earlsfort Place. When they met the artist Sarah Purser and told her they were rescuing Neilí, she sniffed and said, 'That's always the way with the granddaughters of heroes'.[35] Later, Neilí learned that her maid's brother, a boy of fourteen, had been shot dead during the night while giving water to a wounded soldier.[36] On Friday, Neilí went searching for news of her cousin Dora's husband, George Knox, who had been shot in the shoulder on Monday in St Stephen's Green. Dora was also a keen Gaelic Leaguer.[37]

Neilí knew and admired some who were executed for their roles in the Rising. She had worked with Seán Mac Diarmada and '… she could not talk highly enough of his virtues. He just killed himself with overwork and was as courteous, retiring and unobtrusive as possible, she said. She conceived the very highest opinion of him and always wished to secure him for the Gaelic League, but he became an organizer for the Irish Volunteers'.[38]

The executions politicized Neilí who joined the opposition to conscription. At a mass meeting of women chaired by Countess Markievicz at the Mansion House on 27 April 1918, Neilí headed the Protestant protest.[39] A Treaty supporter, in July 1922 she met a fellow Free Stater, Louise Gavan Duffy, founder of Scoil Bhríde in Dublin, in order to offer her services: 'anything in the way of distributing leaflets or helping to provide food for the sentries at the barrier'.[40]

Neilí spoke about her trip to America when she was invited to give a talk to the Gaelic Society at Trinity College Dublin on 4 February 1925. It was her last public appearance. She died on 1 April 1925, while visiting her brother Dermod in London. She is buried in the family plot in Cahirmoyle, Co. Limerick.

Neilí strongly supported William Cosgrave's first Free State government, a government that supported an all-Ireland ethos, and she hoped that an aspect of that ethos would be the use of Irish as an ecumenical language. Writing to his

Papers, MacNeill memoir (typescript), p. 56.   33 Stewart, *Royal Hibernian Academy of Arts: index of exhibitors* (1987), p. 26.   34 TCD MS 10343/1: Neilí's memoir of Easter Week. 35 TCD MS 10343/7.   36 Joe Duffy, *Children of the rising: the untold story of the young lives lost during Easter 1916* (Dublin, 2015), p. 58. Joe Duffy identified the boy as either Christopher Andrews of Lower Mount Street, or William Lionel Sweny, the son of the chemist, Frederick Sweny, of Lincoln Place – the shop where Leopold Bloom buys a bar of lemon soap for Molly on Bloomsday, 1904. Both boys were shot on Mount Street Bridge.   37 TCD MS 10343/1.   38 TCD MS 10343/7.   39 Jacqueline Van Voris, *Constance de Markievicz in the cause of Ireland* (Amherst, 1967), p. 243.   40 TCD MS 10343.

wife in 1911, Dermod O'Brien said, 'Nell is going to open her campaign for the Thomond Irish College and is full of keenness about this and about the possibility of a National Church with Irish words which all good Gaels R.C. and Prot. Alike can join in. More power to her'.[41] When the *Church of Ireland Gazette* criticized Hyde and the Gaelic League for activities hostile to the interests of Irish Protestants, Neilí wrote a letter defending Hyde and the Gaelic League.[42]

As she hoped that the Gaelic League would be inclusive, Neilí hoped that the Free State would realize the same aspiration. She concentrated on the language and its place in the Church of Ireland. As a founder of Cumann Gaelach na hEaglaise (the Irish Guild of the Church), Neilí launched the *Gaelic Churchman* as its official publication in 1919. Her article 'A Plea for the Irish Services' encouraged Irish-language services in Protestant churches.

Risteárd Ó Glaisne's two-part appreciation of Neilí for *Feasta* in 1979 included his account of his introduction to Neilí in the dedication of the 1931 *Leabhar na h-urnaighe*, the Church of Ireland prayer book:

I ndíl-chuimhne do
NEILÍ NÍ BHRIAIN
Do rinne saothar mór
ar son na Gaedhilge go coitcheann
agus
ar son na Seirbhís nGaedhealach go
sonnradhach.[43]

Molann an obair an bhean.

---

41 Robinson, *Palette and plough*, p. 137.   42 Dunleavy, *Douglas Hyde*, p. 251. Poet and critic T.W. Rolleston, who served as Honorary Secretary of the Arts and Crafts Society of Ireland, contributed 'Irish Protestantism and the Gaelic League' to the Gazette for 17 November 1905. At one point he favoured a separate Protestant Gaelic League, a position which would have been an anathema to Neilí (William Murphy, 'Thomas William Rolleston' in James McGuire & James Quinn (eds), *Dictionary of Irish biography under the auspices of the Royal Irish Academy*, 9 vols (Cambridge, 2009), viii, pp 595–7).   43 Risteárd Ó Glaisne, 'Neilí Ní Bhriain', *Feasta*, 32:8 (Lúnasa 1979), 20–3 (Meán Fomhair 1979), 13–18.

Deascán ó Chorca Dhuibhne agus ó Chairbre i mbailiúchán lámhscríbhinní an Fheiritéaraigh

MEIDHBHÍN NÍ ÚRDAIL

I measc na mbailiúchán lámhscríbhinní Gaeilge atá ar buanchoimeád sa Choláiste Ollscoile, Baile Átha Cliath, tá naoi gcinn déag ar fhichid a bhí tráth dá raibh i seilbh Phádraig Feiritéar, *alias* 'An Síogaidhe Infhiúchtach'.[1] Rugadh ár bPádraig ar an mBaile Uachtarach i gCorca Dhuibhne ar 10 Márta 1856, chuaigh sé ar imirce go Meirice i dtreo dheireadh Eanair 1895 agus cailleadh i Chicago é ar 21 Iúil 1924.[2] Thug sé leis ó Éirinn a raibh de lámhscríbhinní cheana féin aige agus chuir sé leis an méid sin thall, ag leanúint air de bheith ag breacadh lámhscríbhinní agus ag bailiú breis eile fós díobh ó imircigh éagsúla a thug an cuan amach leo iad go dtí an Domhan Nua. Sarar cailleadh é, shocraigh sé go mbronnfaí a raibh ina sheilbh ar Ollscoil na hÉireann mar chomhartha buíochais agus ómóis as cinneadh Sheanad na hOllscoile go mbeadh an Ghaeilge éigeantach sa Mháithreánach – stádas a tugadh di i mbliain a 1913.[3] Tharla sé sin a bhuí le Dubhghlas de hÍde, Ollamh le Teanga agus le Litríocht na Nua-Ghaeilge (1909–32) sa Choláiste Ollscoile, Baile Átha Cliath, a chuir rún fé bhráid an tSeanaid á mholadh san. Bhí sé mar choinníoll ag fear Iarthar Duibhneach, dá réir, gurbh i gColáiste Bhaile Átha Cliath a bheadh a chuid lámhscríbhinní ar sábháil.[4]

Obair an Fheiritéaraigh atá in aon fhoinse amháin is fiche, i.e. LSÍ 1–19, LS 35 agus LS 39, a bhreac sé sna blianta 1889–1923 in Éirinn (i dTrá Lí agus sa Daingean), i Massachusetts (Boston, Chelsea, agus Quincy) agus i Nua Eabhrac.[5] Idir 1802–3 agus 1899 a cuireadh an chuid sin den mbailiúchán le chéile nach ó láimh an fhir féin í, i.e. LSÍ 20–34 agus LSÍ 36–8.[6] In Éirinn a scríobhadh a bhformhór seo – i gcontaetha Chiarraí, Chorcaí, na Mí agus Ros Comáin – ach

---

[1] Tá an t-ainm cleite seo in ócáid aige i dteannta an tsínithe 'An S. I.' i LS 8 (ar leathanach scaoilte marcáilte '5'). [2] Mar le scéal a bheatha, feic Seán Ó Sé, 'Pádraig Feiritéar (1856–1924): a shaol agus a shaothar', *Journal of the Kerry Archaeological and Historical Society*, 3 (1970), 116–30. Tá breis curtha leis an méid sin in Meidhbhín Ní Úrdail, 'Athfhéachaint ar bhailiúchán lámhscríbhinní an Fheiritéaraigh', *Éigse*, 40 (2019), 185–205. [3] Adrian Kelly, *Compulsory Irish: language and education in Ireland 1870s–1970s* (Dublin, 2002), lch 74. [4] Ní Úrdail, 'Athfhéachaint ar bhailiúchán lámhscríbhinní an Fheiritéaraigh', 186–7. [5] Tá gearrliosta seiceála na lámhscríbhinní ar fad sa bhailiúchán curtha ar fáil ag an údar seo ag http://www.ucd.ie/specialcollections/archives/patrickferriter/; feic, leis, Ní Úrdail, 'Athfhéachaint ar bhailiúchán lámhscríbhinní an Fheiritéaraigh', aguisín, agus Meidhbhín Ní Úrdail, *Seoda scripte: a glimpse into Ireland's manuscript heritage* (Dublin, 2018), lgh 12–13. [6] Tá Feiritéar 36 á áireamh anseo toisc gurbh é Tomás Mac Muircheartaigh ón mBaile Uachtarach (a luafar thíos) an príomhscríobhaí agus gan ach an-bheagán sa lámhscríbhinn seo

cuireadh ceithre cinn acu le chéile sna Stáit Aontaithe. Díol ar leith spéise is ea LS 27, mar shampla, mar a bhfuil saothar beirte ó Chorca Dhuibhne. Bhreac Thomas Fitzgerald, 'Gurtadoes', a chuid féin den obair i bhFeabhra na bliana 1849 sarar thug sé aghaidh ar Mheirice agus i dtráthaibh an ama chéanna a bhí Tomás Mac Muircheartaigh, *alias* Thomas Moriarty, 'on mBaile Uachtarac[h]' ag saothrú.[7] Urnaithe roimh Aifreann agus blúire de dhán teagascach dar tús *A dhuine, cuímhnigh ar do chríochaibh déidheancha*[8] atá sa lámhscríbhinn seo mar aon le dánta le Piaras Mac Gearailt (1709–*c*.1791) agus le hEoghan Rua Ó Súilleabháin (1748–84). Ní heol dom aon fhoinse eile ó láimh an Ghearaltaigh seo na nGort Dubh, ach tá ar a laghad dhá fhoinse eile fós tagtha anuas i mbailiúchán an Fheiritéaraigh, i.e. LSÍ 32 agus 36, a chuir Tomás Mac Muircheartaigh le chéile nuair a bhain sé amach an Domhan Nua, ní foláir. Bailiúchán de laoithe fiannaíochta is ábhar do LS 32 a bhreac sé idir Eanair agus Feabhra 'an sa mbleighinn Daois an Tighearna 1856' (lch 248). Cóip neamhiomlán den téacs apacailipteach *An Teanga Bhithnuadh* (athleagan 3) atá breactha i LS 36 agus 'an seachtmadh lá deag do *June* an sa mblíadhain daois an Tighearna 1857' (lch 24) curtha mar dháta leis an méid sin aige.[9]

Bhí suim ar leith ag Pádraig Feiritéar i dtraidisiún liteartha agus i dtraidisiún béil a chontae dhúchais – ar bhain le hIarthar Duibhneach go háirithe dhe – agus spreag sé sin é chun scéalta, filíocht agus traidisiúin na sinsear a bhailiú. Tá fianaise na suime seo tagtha anuas inniu in uimhreacha 1, 5, 11, 16 agus 19 ina bhailiúchán lámhscríbhinní. Ina theannta san, tá seanchas filíochta a bhaineann le Cairbre tabhartha le chéile i Feiritéar 11 chomh maith aige. An t-ábhar seo as dhá líomatáiste éagsúla is gnó anseo dhúinn, mar sin, in ómós dá bhfuil curtha ar fáil cheana féin de sheanchas astu ag an Ollamh Ríonach uí Ógáin.

***

Isteach is amach le naoi gcéad leathanach atá i Feiritéar 1, an fhoinse is toirtiúla ar fad i mbailiúchán an Fheiritéaraigh. Tá inti seo cnósach substaintiúil scéalta, amhrán agus filíochta a fuair ár bPádraig óna mhuintir féin agus ó chainteoirí eile Gaeilge a cheantair dhúchais in Éirinn agus i Meirice idir Meán Fómhair 1889 agus Aibreán 1913. Is sa lámhscríbhinn seo, leis, a chuir sé liosta breá de 279 seanráite ar fáil sna blianta 1893–8.[10] I measc na ndánta anseo, tá an dara leagan de *Caoineadh Airt Uí Laoghaire* a thug Nóra Ní Shíndile uaithi, téacs a chóipeáil

---

a bheith breactha ag Pádraig Feiritéar (n. 9 thíos). 7 Feiritéar 27, lch 18 agus lch 34, fá seach. 8 Meidhbhín Ní Úrdail, 'Dán teagascach dar tús *A dhuine, cuimhnigh ar do chríochaibh déanacha*' in Stephen Newman, Breandán Ó Cróinín & Liam Ó Paircín (eag.), *Saoi na féile: aistí ar litríocht an ochtú haois déag in onóir d'Úna Nic Éinrí* (Baile Átha Cliath, 2018), lgh 69–118. 9 Ó láimh Pádraig Feiritéar atá téacs neamhiomlán den dán dar tús *Dia do chruthaigh grianbhrugh nimhe* i Feiritéar 36 (lgh 26–7) chomh maith le blúire dar teideal *Bealltuine* (lch 32); níl aon log ná dáta scríbhte curtha leis an obair chóipeála seo. 10 Meidhbhín Ní Úrdail, 'Cnósach luachmhar seanráite as Lámhscríbhinn Feiritéar 1', *Béaloideas*, 85 (2017), 62–121.

an Feiritéarach ó lámhscríbhinn le Domhnall Mac Cáib (1818–1903) ón mBántír, Co. Chorcaí. Chríochnaigh sé a chuid cóipeála ar 1 Aibreán 1894 agus chuir sé ranna breise leis an téacs seo a fuair sé i Meán Fómhair na bliana 1893 óna bhean ghaoil, Máraed Ní Fhionnagáin, i mBaile an Chalaidh (paróiste Dhún Úrlann) 'taebh shiar do Dhaingan-Uí-Chúise'.[11] Foilsíodh é seo go léir i dteannta nótaí téacsúla i dtrí imleabhar de *An Gaodhal* (Meitheamh–Lúnasa 1899).[12] Cé nár chuir an Feiritéarach a ainm leis an ábhar clóite féin, ní foláir nó chuir sé é seo i gcrích don iris, go háirithe agus scéalta eile Gaeilge a bheith foilsithe in *An Gaodhal* aige i dtráthaibh an ama chéanna (Meitheamh–Iúil 1899).[13]

Ar na hamhráin atá bailithe le chéile i Feiritéar 1, tá *An Mairnéalach Loinge* a breacadh síos i Lúnasa na bliana 1894.[14] Bíodh is go bhfuil éagsúlacht mhór i leaganacha an amhráin ghrá seo i gceantair éagsúla in Éirinn, tá an-chosúlacht, ní nach ionadh, idir théacs na lámhscríbhinne seo agus téacs ocht véarsaí a bailíodh i scoil an Bhlascaoid Mhóir mar chuid de Bhailiúchán na Scol (1937–9).[15] Deirtear sa bhfotheideal a cuireadh le leagan an Bhlascaoid nach 'fios cé chum é seo, ach is fada i gCorca Dhuibhne é ag na sean-daoine'. Seo mar atá an leagan i Feiritéar 1:

I

Raghadsa ar an aonach is díolfaidh mé bó,
agus raghad ar an tarna haonach is díolfad dhá bhó,
raghadsa ar an tríú haonach go slánód mo stór,
agus preabfaidh mé 'on loíng is ní fhíllfead go deo.

II

A ógánaigh mharaigh fan farainn go lá,[16]
tá an leann anso im' aice is bean a' tí im láimh,
tá coróin gheal im phóca is a leor uíbhe[17] le fáil,
tá an *jug* ar a' mbórd is nach cóir é bheith lán.

---

11 Feiritéar 1, lgh 298–305.   12 Tá an leagan seo de *Caoineadh Airt Uí Laoghaire* foilsithe ó shin arís i dteannta aistriúcháin Bhéarla ag Angela Bourke, 'Eibhlín Dubh Ní Chonaill (*c.*1743–*c.*1800)' in Angela Bourke, Siobhán Kifeather et al. (eag.), *The Field Day anthology of Irish writing. Volume IV. Irish women's writing and traditions* (Cork, 2002), lgh 1372–84.   13 Ní Úrdail, 'Athfhéachaint ar bhailiúchán lámhscríbhinní an Fheiritéaraigh', 192.   14 'Críochnaighthe tar éis a h-aen a chlog air madain Déi Domhanaig an 25.8.1894. Patric Ferritér', colafan (Feiritéar 1, lch 380).   15 Feic https://www.duchas.ie/ga/cbes/4678382/4674149/4687778 (ceadaithe 18 Deireadh Fómhair 2017). Maidir le leaganacha eile, ina measc ceann a bhailigh Séamas Ennis sa Chlár i mbliain a 1945, feic Marion Gunn, *A chomharsain éistigí agus amhráin eile as Co. an Chláir* (Baile Átha Cliath, 1984), lgh 36–7. Táim buíoch den Dr Lillis Ó Laoire as an méid seo a phlé liom.   16 Chuir an Feiritéarach nóta bun leathanaigh leis an líne seo, i.e. '*Cos air dush* [leg. *ar do*] *chois*' a deir a thuille ann-so; cf. *Cos ar do chois is fan faram go lá* atá mar mhalairt ar an líne seo i leagan an Bhlascaoid Mhóir.   17 LS *leoraidhe*; taispeáineann an líne fé anseo gur dócha go raibh amhras ar bhFeiritéarach ina thaoibh. Fabht

III

Na mná so a bhíonn pósta ní ólann siad lionn,[18]
ní smeártha[19]' bhíonn a mbróga is bíonn a gcomharthaí bun ós cionn,[20]
grá mo chroí an óige is í an tseoid í dar liom,[21]
is gur cuma léi cá ngeobhaidh sí an uair ' thógann sí a ceann.

IV

Is máirnéalach loinge mé a shiúlaigh a lán,
agus deir siad gur stróire[22] mé a mheallfadh na mná,
níor stracas do chlóca is níor leónas[23] do lámh,
is níor luíos leat ar leaba acht an t-aon oíche amháin.

VI

Ní phósfad bean gan clóca is níl[24] gnó aici bheith im dhiaidh,[25]
is ní lú tá ioná ag aon stróinse de chrónchaile riabhach,
mar táimse ar na móidibh ag mo stórchroí le bliain,
is go siúlóinn Clár Fódhla gan bhrógaibh ina diaidh.

VII

Tá oileáinín ar m'eolas go bhfuil fir óga ann ag triall,
is tá maighre de chailín óg ann nár láimhsíodh fós riamh,
má fhanann sí gan pósadh go slánód mo bhliain,
is buachaillín óg me a bheidh fós ann mar chliamhain.

VIII

An é a chífeadh mo spéirbhean lá gréine ina suí,
fáinne óir ar gach méir léi is í ag réiteach a cinn?
Gurb é a dúirt an Captaein liom is an *mate* a bhí ar an luing,
go mb'fhearr leo acu féin í ioná Éire gan chíos.

sa traidisiún seachadta is cúis leis seo, ní foláir. *Tá an choróinn gheal im' phóicín go dtí aon fheóirling amháin* atá i leagan an Bhlascaoid Mhóir agus *Tá giní i mo phóca agus coróin in mo láimh* atá i leagan ó Cho. an Chláir (Gunn, *A chomharsain éistigí*, lch 37).   18 LS *lenn* agus *liúnn* lena ais. Guta dar fuaim *ú* a déarfaí pé scéal é ar son na comhfhuaime is gá i ndeiríocha na línte sa véarsa seo ach go mbriseann *ceann* sa líne dheiridh an pátrún seo, dar ndóigh. 19 LS *smertha*.   20 LS *bun-os-cenn* agus *ciúnn* lena ais; guta dar fuaim *ú* ar son na comhfhuaime is gá anseo arís.   21 LS *liúm*; sa chás seo arís an guta dar fuaim *ú* de ghrá na comhfhuaime.   22 LS *Agus cé* [*go n-* os a chionn, leasú le dúch gorm a deineadh níos déanaí ar an téacs] *deir siad gur stróire*; cf. 'a good-for-nothing, a spend-thrift, a boaster, a vagrant, a comical fellow' in Patrick S. Dinneen, *Foclóir Gaedhilge agus Béarla. An Irish-English dictionary* (Dublin, 1927), s.v. *stródhaire*.   23 LS *leonas*.   24 LS *Ní phósfad ben* [*cailín* os a chionn, leasú le dúch gorm a deineadh níos déanaí ar an téacs] *a's* [ciorcalaithe i ndúch gorm] *ní fhuil*.   25 Tá nóta bun leathanaigh curtha ag an bhFeiritéarach leis an líne seo, i.e. *'cailín*

IX

Cara geal mo chroí istigh mo chaoinchailín mná,
mo dhá láimh 'na timpeall gach oíche agus lá,
do shiúlóinn na tíortha mórdtimpeall lem ghrá,
is nach damanta an ní é is gan í agam dá bhárr.

X

Is aoibhinn dosna héinínibh ' éiríonn go hárd,
agus ' luíonn lena chéile ar aon chraoibhín amháin;
ní mar sin dom féin is dom chéad míle grá,
acht comh fada óna chéile is 'tá an réaltann ón mbán.[26]

Chuir an Feiritéarach leagan eile sé véarsa ar fáil níos sia ar aghaidh sa lámhscríbhinn (lch 486). Tá cosúlacht áirithe idir an ceann san agus a bhfuil thuas, i.e. is ionann an chéad agus an treas véarsa sa dá chás, is é véarsa a deich thuas véarsa a ceathair sa dara leagan agus is ionann véarsa a seacht thuas agus an séú véarsa sa dara leagan. Ní thugann sé ach blúire de chéad líne an amhráin sna cásanna seo agus stiúraíonn sé an léitheoir go dtí na leathanaigh chuí sa lámhscríbhinn ar a bhfuil an téacs thuas breactha aige. Seo mar atá véarsa a dó agus a cúig i leagan a dó:

Éirigh id shuí a Neillí is gléas ort chuin siúil,
raghaimíd go Corcaigh is tógfaimíd long,
ardóimíd ár seolta agus ragham seal anonn
ag ól fíonta cois fallaí lem chailín deas fionn.

An uair ' luím ar mo leaba is im osna mo dheoir,
is an uair ' éirím ar maidin is í mo phaidir m'ochón,
mo ghruaig-se an uair ' chíoraim imíonn sí ina ceo,
mar gheall ar an stuaire úd nach feicfead go deo.

Sa cholafan a ghabhann leis an dara leagan aige deirtear: 'Ath-sgríbhte in so (ó an sgríobh a thógas síos Diei [*leg.* Dé] h-Aoine an 1.3.1895 air bhórd an *Cephalonia* ó bhél-rádh Uí Shéghdhaó') agam-sa, Patric Ferritér an 6.2.1896'.[27] Stímeir ab ea an *Cephalonia* a thóg comhlacht an *Cunard* chun imircigh a iompar ó Learpholl agus ó Chóbh Chorcaí – *Queenstown* san am úd, gan dabht – go Boston.[28] Dá réir sin, is léir gur lean ár bPádraig de bheith ag breacadh síos ábhair ar bord an árthaigh a bhí á iompar trasna an Atlantaigh siar ó Éirinn.

***

gan clóca ní'l 7c.'.   **26** Feiritéar 1, lgh 379–80. Tá an litriú tabhartha chun slachta áirithe anseo agus sna sleachta téacsúla a leanann thíos, agus is uaimse an phoncaíocht agus a bhfuil idir lúibíní cearnacha.   **27** Feiritéar 1, lch 486.   **28** William H. Bunting, *Portrait of a port:*

Ní miste Feiritéar 5 agus Feiritéar 19 a phlé le chéile toisc trasnaíol áirithe a bheith san ábhar iontu araon. Focail agus amhráin in Iarthar Duibhneach atá tagtha anuas chugainn i LS 5. Cé nár chuir an Feiritéarach a ainm le haon chuid dá chuid oibre anseo, is léir ón dáta '26.10.1890' (lch 41) gurbh i gCorca Dhuibhne a chuir sé i gcrích í. Is inti seo, leis, atá nótaí ginealaigh ar theaghlaigh an Bhaile Uachtaraigh agus Bhaile an Fheirtéaraigh.

Liosta de bhailte fearainn ar chóngar Chnoc Bhréanainn is ábhar do Feiritéar 19 a cuireadh le chéile idir Iúil agus Nollaig na bliana 1892 nuair a bhí ár bPádraig fós lonnaithe in Iarthar Duibhneach. I gcás fhormhór na logainmneacha, áfach, is mar cheannfhocail atáid breactha aige ar bharraí leathanach. Ón uair gur fhág sé an chuid eile bán, is dócha go raibh sé i gceist aige filleadh ar a chuid oibre agus pé eolas breise cuí a sholáthar ansan. Baineann sé seo leis na bailte fearainn Cathair Deargáin, Cathair Scoilbín, An Clochán Dubh, Leataoibh Mór agus Leataoibh Meánach (paróiste dlí Chill Maoilchéadair). Mar cheannteidil chomh maith atá Eaglais (paróiste dlí na Mine Airde) agus láthair eaglasta an Teampaill Léith (paróiste dlí Chinn Aird). Dá laghad é an soláthar eolais i gcásanna eile, ní lúide a luach é sin. Luann sé Gort an Screathain, Log na nGallán, Log an Chairn agus Púicín an Chairn, mar shampla, le baile fearainn Arda Mór (i bparóiste dlí Chill Maoilchéadair).[29] Is í Cillín na Lasrach 'an chuid is sia soir desna dúntaibh taobh shiar de uachtar na Mínairde'.[30] An Baile Loiscthe (paróiste dlí Chill Maoilchéadair) a tugadh ar 'Gardha Mór', toisc gurbh ansan a deintí loiscreán na háite.[31] Maidir le Cill Chúile (paróiste dlí Chill Maoilchéadair), '[t]á ar an mbaile so gort shoirseas [*leg.* thoir theas] ar na tithibh ar a nglaotar an Chatha[i]r agus fana bhun thoir thuaidh tá Gort na gClochán. Ar thaobh an Bhaile Loiscthe den bhaile tá Clochán Mhóire'.[32] Agus seo mar atá a chuntas ar an gCarraig (paróiste dlí Chill Maoilchéadair):

> Is anuas ar a' gCarraig ós cionn na dtithe .i. Carraig an Dúin do bhí na tithe anallód is muintir Uadaraic [*sic*] a chónaigh ann. Is ar a' gCarraig a bhí tigh aifrinn na Cille is na Cúile gur tógadh an tigh aifrinn nua ar an mbóthar buí leis an Athair Pádraig Ó Muirgeáin isan mbliain 1869 is ar éag do san an 8.1.70 ní raibh an obair críochnaithe agus is é an tAthair Uilliam Mac Aodhagáin a chríochnaigh í in san mbliain 1870.[33]

***

Seanchas filíochta a breacadh i mí Lúnasa na bliana 1911 atá tagtha anuas i Feiritéar 11. Ón bhfile Domhnall Ó Muircheartaigh, *alias* 'An Mitín', a fuair an Feiritéarach cuid de seo in Iúil na bliana 1903.[34]

Boston, 1852–1914 (Harvard, 1971), lch 402.   **29** Feiritéar 19, lch 33.   **30** Feiritéar 19, lch 37. **31** Feiritéar 19, lch 8.   **32** Feiritéar 19, lch 9.   **33** Feiritéar 19, lch 7.   **34** Colafain: '7.18.1903–7.26.1903' (Feiritéar 11, lch 255); '(Ó an Mhitín 7.18.1903). P. Ferritéar. 7.26.1903'

1. 'Domhnall na nGeimhleach agus an Bhean Trá':

   Domhnall:
   Aithris d[u]inn a chaoinbhean bhéasach
   cad é an talamh nó an tír 'na mbíonn do ghaolta?
   Gur casadh im dhíon tu líonta id aonar
   'deir chaladh is taoide beir choíche ar tréanmhuir.

   Síle:
   Imeodsa' dtaoibh³⁵ le dlí ceart Gaeilge
   ó chuiris i bhfís é le pointí géara,
   gur desna farairí groí mé ' néadh tíos is saothar,
   go mbíodh seinm gach cinn agus fíonta dá réir ann.

   Domhnall:
   Dá mbeadh éinne beo taoibh liom a fhéadfadh a dhéanamh:
   seanchas cruinn nó aor deas déanta,
   gur desna farairí groí tu ' néadh tíos is saothar,
   do phreabfainn gan mhoill go tír Loch Léin leat.

   Síle:
   Ní chreidfeadsa arís do laoithe éithigh!
   Do chuiris chugam dís ban sí ar gach taobh díot
   i gcoite bheag íseal chuin a bheith choíche ar tréanmhuir
   is is é an machaire ciardhubh³⁶ do thoghais chuin aeir dom.
   (Nó is an tú Domhnall na nGeimhleach ó thír Loch Léin teas.)

   Domhnall:
   Is minic a bhíos-sa i dtír Loch Léin teas
   ag reacaireacht grinn is ag rince le caoil-each,
   i gcathanna claímh ná i mbruín níor staonas
   nó gur casadh orm Síle chuin dlí³⁷ do glaodh mé.³⁸

2. 'Domhnall mac Seáin mhic Dhomhnaill mhic Thaidhg Uí Mhuircheartaigh':

   (i)

   Tá screallach ag tigh Jácam comh gránna is 'tá in Éirinn,
   tá clocha³⁹ is cnapáin ann a ghearrfadh cosa éinne,

(Feiritéar 11, lch 259); 'Ó an Mitín 7.18.1903, 7 scríobhta ann-so 8.18.1911' (Feiritéar 11, lch 260); 'Ó an Mitín 7.18.1903 agus scríobhtha annso Déardaoin 8.24.1911' (Feiritéar 11, lch 261). Tá sé inspéise gurb é an nós Meiriceánach atá ag an bhFeiritéarach agus na dátaí seo á lua lena chuid oibre aige. **35** LS *duíbh*. **36** LS *cíordhubh*. **37** LS *dlighidh*. **38** Feiritéar 11, lch 255. **39** Breactha ós cionn an fhocail *gleannt'* atá cealaithe sa lámhscríbhinn.

níl tabhairt práta bháin ann is níl gráin[n]' in aon léis ann
ní cluain bó chum dártha é 's ní fhásfadh ann aon rud.[40]

(ii)

Is aoibhin[n] do na caoiribh úd luíos ar an bhfoithir,
is aoibhin[n] do na buaibh bhíos ar íochtar an chorraigh,
is aoibhin[n] do na gamhna óga bhíos timpeall na dtithe.[41]

(iii)

'Do Sheán Ó Duin[n]eacha'
Greadadh chugat mar bhríste cad í an íde[42] seo a thug Seán ort,
Gr[e]im díot ' scaoileadh is dhá ghr[e]im díot gan fáscadh,
tá táil[l]iúirí na tíre ag síorfhua go sásta,
'gus moladh mór le hÍosa nach i dtaoibh le Seán atáimíd!

Dá ndéanfaí mo chomhairle do dhéanfaimís uaigh do,
do chuirfí síos i gcómhra é agus mórán cloc[h] anuas air
ar eagal an mhí-áidh is go n-éireodh Seán in uachtar,
go suífeadh sé ar cheann cláir agus nár bhfearrde[43] an fua é.[44]

3. 'Cearbhall agus an Bhean Sí':

Cearbhall:
Is fada mo ghléas tréitheach i dtír le seal,
is go dtairriceoin le téad aon ribe míle breac,
do ghlacfainn dom féin daorphota fíon' im ghlaic,
is mo chara-sa an té do réidhfeadh gan mhoill mo thart.

An Bhean Sí:
Ná mol féin do ghléas tréitheach is ná maímh a mhaith,
is ná tagair liomsa é is gan é sin in' fhuílleach ban,
' fharair' éadtroim éascaí na ndlaoithe ar fad,
cad do meastar duit féin do dhéanamh sin mar ' ghníos gach fear.

Cearbhall:
Margadh déanaim leat féin anois a bhean,
dul ar leaba linn féin in éineacht 'san oíche ag teacht,
druím mo ghéag ngléigheal síos do shínfeadh leat,
agus beidh ' fhios againn araon ce[45] 'gainn caoilshearrach sí na n-each.

40 Feiritéar 11, lch 256. 41 Ibid. 42 LS *aoide*. 43 LS *bhfearrdidh*'. 44 Feiritéar 11, lch 256. 45 LS *beith ' fhios; ceo*.

An Bhean [Sí]:
Tá an margadh déanta agus téanam 'ár luí gan stad
ar leaba linn féin in éineacht 'san oíche ag teacht;
má mheathann do ghléas tréitheach d'éis tu á mhaíomh gur mhaith,
ar maidin an lae sin do dhéanfad-sa ' scríobh leat pas.

Cearbhall:
Tóg uaim do chuacha is do chúl buí cas!
Tóg uaim do chruaidh-labhairt chéille cheart!
Tóg uaim do b[h]éal stuama is do ráite maith!
Tóg uaim tu níor luadh mé le haon mhnaoi dár mhair!

Tóg uaim do chuacha is do chúl buí sleamhain!
Tóg uaim do chruaidh-labhairt ghránna teann!
Tóg uaim do bhéal uaibhreach na ráite cam!
Tóg uaim – níor luadh mé le haon mhnaoi ded amhail![46]

4. 'Domhnall Ó Muircheartaigh .i. An Mitín cct. do Phaddy Bheag':

Go feasach don bhrútach nach stróinséir san tír mé,
's tá mo mhairbh go flúirseach ag siúlóid na hoíche,
do rugadh mac óg do a fuair *fairy-stroke* ósna daoine,
's go feasach dosna comhairsain tá file óg is paistíocha ann.

'Sé an Connallach an *Presbytérian* 's *ambassador* bréagach an ríocaigh
a tháinig chugam uaidh le b[h]éarsa ná raibh aon chuid den tsníomh air;
challenge is ea í is dócha is ní fheadar fós cad is brí leis
acht má chuirim-se Muirn i mbun mo thúirne[47] ní cúncas go dtí é![48]

5. 'An Lóchar':

Dá mb' aon ní im dhorn nó im phóca é,
do dhéanfainn mo Lóchar suas,
sara bhfuil de bhádaibh déanta san deoiseas
chuin imeacht fé sheol trí chuan,
mar tá tosach is deireadh uirthi[49] a dóthain
agus leathadh 'na húrlár mór.
A sál [*an chuid eile in easnamh*].[50]

---

46 Feiritéar 11, lch 259.   47 LS *Mairin: thúrna*.   48 Feiritéar 11, lch 260, agus an méid sin a fuair an Feiritéarach ó 'Dhuinneacha i Lawrence'.   49 LS *airthe*.   50 Feiritéar 11, lch 260, agus 'Seághan Ó Lachtnáin, Longshoreman [= loingseoir nó farraigeoir?], Máire Thomáis Ferritéar, Máire Ní Chonbhaigh near Brooklyn Bridge' mar cheannteideal os a chionn.

Cuid de dhán is ea é seo a bhí coitianta i seanchas Chorca Dhuibhne. Bailíodh, mar shampla, naoi véarsaí le 'file dárb 'ainm do Dómhnall Mac Dómhnaill, a mhair i bParróisde an Fhirtearaig [sic]' i scoil an Bhlascaoid Mhóir agus tá sé iontsuimithe go bhfuil macalla an véarsa thuas le fáil i véarsa deiridh leagan an Bhlascaoid:

> Beirim buadh agus barra do'n Lóchar ná feaca riamh fós le luach,
> mar ní rithfheadh léi an lóndubh ná an smólach, an fiolar, an seabhac, ná 'n chuach,
> bhí tosach is deire uirthi a dóithin, is í leathan 'na drom anuas
> sál ó thalamh go gleóidhte, agus a cille breágh nua fé suas.[51]

6. Blúire 'ón Mitín':

> Cúpla oíche roimh lá 'le[52] Bríde
> 's mé ag féachain síos ar an mBealach Mór,
> do chonac an rí bhean ba bhreátha mhílse,
> 's do bhí sí aoibhinn deas álainn óg;
> is í do mhill mé 's do lagaigh m'intinn,
> 's oileán na bhFionn so ní leighisfeadh mé
> mar go bhfuil mo chroí 'stigh 'na chúig chéad píosa
> 'nuair ná faighim cead sínte le grá mo chléibh.
>
> Ní ar an gcnoc is airde do bhíonn mo mhaoin-se,[53]
> acht ar lantán íseal cois iomaill[54] trá
> mar a labhrann an chuach ann dhá uair san oíche;
> bíonn cruithneacht chraoireac[55] ann is coirce bán,
> bíonn ba, bíonn laoigh ann, bíonn muilt 'na saíll ann
> is an eala mhín tais ar loch ag snámh,
> an bheach mhór chiardhubh 's a háras líonta,[56]
> 's í ag muirnéis timpeall mo chailín[57] bán.[58]

***

Ó Mhícheál Ó Séaghdha (1817–1901), *alias* Michael (Callanan) O'Shea, ó Chairbre a tháinig na blúiríocha eile seanchais i Feiritéar 11. Gáirneoir agus ball de Bhráithreachas na bhFíníní ab ea é seo a bhí lonnaithe i Meirice ón mbliain 1837 agus a bhí, leis, ar dhuine de bhunaitheoirí an Philo-Celtic Society i

---

51 Feic https://www.duchas.ie/ga/cbes/4678382/4674224/4687882 (ceadaithe 5 Feabhra 2018).   52 LS *lé*.   53 LS *mhaon so*.   54 LS *iomail*.   55 LS *chraeireac*, litriú a chuireann in úil gur guta dar fuaim í is gá sa chéad shiolla *metri causa*.   56 Líne fén dá fhocal dhéanacha seo agus *h-ál 'na tíompall* ar dheis uaidh.   57 Líne fén bhfocal seo sa lámhscríbhinn agus *mhúirnín* ar dheis uaidh.   58 Feiritéar 11, lch 261. Tá an nóta seo a leanas le peann luaidhe

mBoston i mbliain a 1873.⁵⁹ Mac iníne ab ea é do Dhonnchadh (an Dochtúra) Ó Callanáin, file a bhí suas i gCairbre sa dara leath den ochtú céad déag a bhfuil dornán dánta dá chuid tagtha anuas chugainn.⁶⁰ Mar gheall ar a sheanathair is mó atá na blúirí seanchais a d'aithris an Séaghdhach in Iúil na bliana 1898 do Phádraig Feiritéar.⁶¹

1. 'Stróire dea-labhartha agus Donnchadh an Dochtúra':

    S. Scríobadh lathaí ar bóthar is suarach an fáltas é!
    D. Tamall ag déanamh an tsóirt seo agus tamall ag tuilleamh na réal.

    S. Cár mhiste dhuit mé ' sheoladh chum doirn d'ógshlataibh réidhchais?⁶²
    D. Níl aon choill ar m'eolas nach bhfuil a fios fá dhó agat féinig!

    S. Do bhéarfainn duit mar chomhairle gan bheith róthógtha id scéalta.
    D. Duine comh gasta comhairle ba chóir go ndéanfadh a ghnó do féinig!⁶³

2. Ní heol cathain go díreach a cailleadh Donnchadh Ó Callanáin, ach ar fhianaise an dara blúire seanchais thíos bhíothas fós á chaoineadh i gCairbre anuas go dtí an naoú céad déag. 'Cormac Bricléith, nó Ó Bricshléibhe' atá luaite leis an téacs, file de chuid an ochtú céad déag a tháinig ó chomharsanacht Chloich na Coillte:

    Do chuala olthairt go doilbh bocht scíosmhar,
    fuaim na marbh dob fhada fá líoga,
    ag caoineadh Dhonnchadha i soc[h]raid sí-bhan,
    do shil mo dhearca mar chasadh na taoide.

    Eoghan agus Eoin ba cheolmhar laoithe,
    de phór na leon ba mhór le hinnsint,
    do leaghadar súd mar chubhar na taoide,
    is do bhuadar Gallaphoic ceannas Béil Inse.⁶⁴

---

thíos faoi 'Domhnall mac Taidhg 1 Seagan. 2 Padraig, 3 Donnchadh'. **59** William Mahon, 'Ar thóir na Gaeilge: tionscadal lámhscríbhinní an Philo-Celtic Society (Bostún) 1873–1893' in Ríona Nic Congáil, Máirín Nic Eoin et al. (eag.), *Litríocht na Gaeilge ar fud an domhain: cruthú, caomhnu agus athbheochan* (Baile Átha Cliath, 2015), lgh 155–89, ag lgh 158–60, 185. **60** Bláthnaid Uí Chatháin, *Éigse Chairbre: filíocht ó Chairbreacha i gCo. Chorcaí agus ón gceantar máguaird 1700–1850* (Baile Átha Cliath, 2006), lgh 37–8, 111–20, 125–6; cf. 'Mac do Neillí inghín Dhonnchadha an Dhochtúra b'eadh Mícheál Ó Séaghdha féin' (nóta i Feiritéar 1, lch 860). **61** Na colafain: 'ó Mhícheál Ó Séaghdha i m-Boston, an 15.7.1898, is scríobhtha annso 27.8.1911'; '15.7.1898 ó Mhicheal Ó Séaghdha scríobhtha annso 27.8.1911'; 'ó M. Ó S. scríobhtha annso 27.8.1911' (Feiritéar 11, lch 263). **62** .i. *cailíní óga soi-mheallta* curtha mar ghluais ag an bhFeiritéarach leis seo. **63** Feiritéar 11, lch 262. **64** Ibid.; cf. Uí Chatháin,

Ainm eile ar Oileán Dairbhe, Co. Chiarraí, is ea Béal Inse sa líne dheiridh, an ball a baineadh de Chloinn Charthaigh in aimsir Chromail.⁶⁵ Teist an léinn agus an leighis a thugann an dara rann trí chéile le fios, rud a bhí, gan dabht, ar mhuintir Challanáin le sinsearacht i gCairbre. Bhíodar ina lianna sa Mheánaois, mar shampla, ag Mac Carthaigh Riabhach i gCill Bhriotáin mar ar chuir Eoin Ó Callanáin tús le haistriúchán Gaeilge de *Specularium* le Arnaldus de Villa Nova (*ob*. 1311), saothar a chríochnaigh sé i Ros Ó gCairbre ar 15 Bealtaine, 1414, do Dhomhnall Riabhach Mac Carthaigh.⁶⁶ Bhí, leis, aistriúchán Gaeilge a deineadh ar *materia medica* i lámhscríbhinn meamraim ó thús an chúigiú céad déag ina dhiaidh sin 'a seilbh Eoin Uí Challanáin .i. an liaigh san mbliadhain 1692'.⁶⁷ Agus, ball eile fós den teaghlach seo, ní foláir, ab ea Eoin Ó Callanáin, file agus dochtúir i gCairbre a mhair i gcéad leath an ochtú céad déag.⁶⁸

3. 'File éigin ag caoineadh Dhiarmada mic Eoghain':

> Tá an Airgidín dar liom i léan 's i mbuairt,
> a samhailt í le mnaoi bheadh tréimhse in uacht,
> a droichid 's a coillte gur stríocadh léi-se anuas,
> ón Chill Mhín go tíos Mhic S[h]éartha an Chuain:
> liaigh agus leon ar feo i ndaingean tráthbhuain,
> is é Diarmuid Óg mac Eoghain Uí Challanáin tsuairc.⁶⁹

Sníonn abha an Airgidín ón Tulaigh i bparóiste Chill Macaibí i gCairbrigh Thoir (an Roinn Thiar) go dtéann sí i bhfarraige i gcuan Chúirt Mhic Shéafraidh – 'Séartha an Chuain' (l. 4 thuas) – i mbarúntacht Uí Bhána agus Barraigh Rua. Baile agus paróiste is ea Cill Mhín i mbarúntacht Chairbreach Thoir (an Roinn Thiar) / Uí Bhána agus Barraigh Rua. Tá macalla i línte 1–4 anseo ó thuireamh ar an Athair Seán Paor (*ob*. 1831) a chum Donncha Ó Súilleabháin a saolaíodh i nDraighneach i gCairbrigh Thiar, i.e. 'an Airgidín ar gach inse a' sceádh amach, / ó shleasaibh Chill Mhín go tíos Mhic Shéathra'.⁷⁰ Is é 'tíos' atá i gceist anseo ná Cúirt Mhic Shéafraidh, a ainmníodh tar éis Geoffrey fitz Odo, sinsear mhuintir Hodnett, de dhealramh.⁷¹

4. Tugann an chéad dá phíosa eile seanchais le fios go raibh greann in Donnchadh an Dochtúra agus go mbíodh coidreamh spórtúil aige ar fhilí a cheantair dhúchais:

Éigse Chairbre, lch 38.   **65** Uí Chatháin, *Éigse Chairbre*, lch 475, s.n. Béal Inse.   **66** Pádraig Ó Fiannachta, 'An O'Donovan source', *Irish Ecclesiastical Record*, 105 (1966), 127–8, ag 128; Meidhbhín Ní Úrdail, 'Oidhreacht na lámhscríbhinní Gaeilge: roinnt seod ó Ollscoil Mhá Nuad', *Léachtaí Cholm Cille*, 48 (2018), 67–93, ag 73–4.   **67** Meidhbhín Ní Úrdail, *The scribe in eighteenth- and nineteenth-century Ireland: motivations and milieu* (Münster, 2000), lch 176.   **68** Thomas F. O'Rahilly, *Búrdúin bheaga: pithy Irish quatrains* (Dublin, 1925), lgh 31, 54.   **69** Feiritéar 11, lgh 262–3.   **70** Uí Chatháin, *Éigse Chairbre*, lgh 48–9, 186.   **71** Ibid., lch 322; cf. Edward MacLysaght, *Irish families: their names, arms and origins* (Dublin, 1985), lch 17.

(i)

Donnchadh an Dochtúra a chum *Labour in vain*, d'áiribh:
Once I was a doctor to physic and bleed,
to blister and plaster when there was a need;
my fees not sufficient my charge to maintain,
I found all my time was but labour in vain.

Dúirt file eile ag a fhreagra:
If from a few vices you would but refrain,
no longer your time would be labour in vain.[72]

(ii)

'Bean éigin ón Gharraí[73] agus Donnchadh'
An bhean: Cogar a dhochtúir, cad 'na thaobh go bhfuil teanga in san
 bp[is] is ná labharann sí?
Donnchadh: Ceist a chuir ainnir i ngreann orm:
Cad do bheir teanga in san bp[is] is ná labharann sí?
Is aici féin do bhí a fhios is a freagra:
Mar is fadó ' chuir na magarlaí an leabhar uirthi![74]

5. Leithinis Bhéarra is bunús don gcéad phíosa eile seanchais:

Faicim ón áit ina bhfuilim Cnoc Uara is Daod,
Cnocán Cille Umaire 's an Chuailleach réidh,
Mioscais na gCumar mar a gcruinníthear fuacht is gaoth,
is an triopall inar cuireadh an dá Phillip chum suain aréir.[75]

Sléibhte i mBéarra is ea Cnoc Uara ('uara' nó 'uartha' sa chaint), Daod agus Mioscais.[76] Uaigh an dá Philib atá suite soir ó dheas ósna hAoraí, idir na hAoraí agus Baile Chaisleáin Bhéarra, a tugtaí ar an mball inar cuireadh an dá Philib. Beirt ab ea iad seo (de mhuintir Shúilleabháin, is cosúil) a cuireadh taobh le taobh i dtriopall luachra tar éis bruíne a tharla eatarthu. Ón gCuailligh 'réidh' (l. 2 thuas), baile fearainn i bparóiste Chill Chaitiairn, do dhuine acu agus bhí sé i mbéaloideas Bhéarra gurbh óna mháthair siúd a tháinig an rann féin ag caoineadh a bháis.[77] Bhí sé sa bhéaloideas ansan, leis, gurbh í an bhanfhile Muirn

72 Feiritéar 11, lch 263; cf. Uí Chatháin, *Éigse Chairbre*, lch 37. 73 LS *Ghardha*, i.e. an Garraí nó Garraí Chairbre, ainm a tugtaí ar Mhiodhros; cf. Uí Chatháin, *Éigse Chairbre*, lch 497. 74 Feiritéar 11, lch 263. 75 Feiritéar 11, lch 263; cf. Máirtín Verling, *Mioscais na gCumar. Béaloideas agus seanchas ó Bhéarra* (An Daingean, 2010), lch 357. 76 Mícheál Mac Cárthaigh, 'Placenames of the parish of Killaconenagh', *Dinnseanchas*, 6 (1972), 124–48, ag 143, 145–6. 77 Verling, *Mioscais na gCumar*, lch 357. Táim buíoch de m'athair, an Dr Roibeárd Ó hUrdail, as a chuid eolais ar an gcuid seo de sheanchas Bhéarra a dhúchais a

Ní Shúilleabháin, máthair altrama Mhoirtí Óig Uí Shúilleabháin a cailleadh i mbliain a 1754, a chum i gcéaduair é.[78] 'Cnocán na Deirge Mire agus an Chuailleach réidh' a bhíodh coitianta sa dara líne i mBéarra – an deargmhire ag tagairt don mball inar bhataráil an dá Philib a chéile. Tá 'Cnocán Cille Umaire' (l. 2 thuas) éagsúil murab é 'cnocán coille an Iomaire' (*the woody hillock of Ummera*) atá i gceist, b'fhéidir. Baile fearainn is ea An tIomaire i bparóiste Thigh Molaige i mbarúntacht Uí Bhána agus Barraigh Rua agus tá, leis, an dara Iomaire ann, baile fearainn i bparóiste Achadh Fhíonach i Múscraí Thoir.

6. 'An Seanduine' is teideal don gcéad phíosa eile 'i ndiaidh Mhichíl Uí Shéaghdha', leagan den amhrán coitianta seo a bhíodh suas i gCairbre:

> Idir shagart is mhuintir do stríocas cum pósta
> le seanduine míl[l]te nár chuí dham mar nóchar,
> ba chas is ba chríon d'fhéach sé istoíche ar an gcóisir,
> is dá óige mo chroí bhí sé cloíte gan dóchas,
> Óró a sheanduine leatsa ní gheobhadsa.

> 'N uair a bhuail mo mhaimí umam maidean lae an phósta
> is ea dúirt sí '*good morrow to ye*[79] a Chattee na ndrólan[n].
> A inghean an anama conas ' thaitníonn an gnó leat?'
> 'Ó bhéarfainnse an leabhar gur maighdean ghlan fós mé'.

> 'A inghean an anama 's a Chattee na ndrólan[n],
> ná cloiseadh do dhaidí ná aon eile beo thu,
> bhí dríodar na meisce 's an codladh rómhór air,
> clúdaigh a c[h]osa 's anocht do chorróidh sé'.

> D'fhanamar mar sin go dtáinig an oíche,
> chlúdaíos a chosa agus d'fháisceas lem chroí é,
> acht 'n uair ná fuaireas aon tapa ná brí ann,
> do chuimileas ionga dá lorgain go nímhneach.

> Má phósfaidh [*sic*] tú seanduine pósfaidh tú cladhaire,
> caithfidh sé a bhalcaisí romhat ar an staighre,
> gr[e]im ní íosfaidh sé ar leaba ní raghaidh sé,
> acht ag seoladh na ngiorraithe amach faoi na coílltibh.[80]

roinnt liom.   78 Mac Cárthaigh, 'Placenames of the parish of Killaconenagh', 143. Mar le Muirn Ní Shúilleabháin ó Oileán Baoi agus an fhilíocht atá curtha ina leith, feic Pádraig A. Breatnach, *Téamaí taighde Nua-Ghaeilge* (Maigh Nuad, 1997), lgh 166, 178–9, 183–95, 215, 222–3. Ar Mhoirtí Óg féin, feic Roibeárd Ó hÚrdail, 'An pleaintéir agus an Gael díshealbhaithe: Seán Pocslí agus Moirtí Óg Ó Súilleabháin etc.' in Pádraigín Riggs, Breandán Ó Conchúir, Seán Ó Coileáin (eag.), *Saoi na héigse: aistí in ómós do Sheán Ó Tuama* (Baile Átha Cliath, 2000), lgh 105–51; Gerard J. Lyne, *Murtaí Óg (c.1710–54): a life contextualized* (Dublin, 2017).   79 LS *morte* [cealaithe] *mortí*.   80 Feiritéar 11, lch 264.

Ar chúis éigin, d'fhág Pádraig Feiritéar an chéad chúig véarsa eile ar lár cé gur fhág sé slí chun a scríbhte sa lámhscríbhinn – rud a thugann le fios gur dócha go raibh sé i gceist aige filleadh ar a chuid oibre agus an *lacuna* seo a líonadh isteach ar ball. Bhreac sé rann deiridh an amhráin i ndeireadh an leathanaigh:

> A chailíní deasa ná déanaíg-se géilleadh,
> chum seanduine ' phósadh níl ann acht díchéille,
> aithreachas fada gan tairbhe is cás díbh,[81]
> le trua as an saol so go mbéarfaidh an bás sibh.[82]

Sholáthraigh sé téacs Béarla trasna ón gceann Gaeilge sa lámhscríbhinn agus ní hamháin go bhfuil na cúig véarsaí easnamhacha curtha ar fáil ansúd, ach láimhseáil ann féin atá anseo seachas aistriúchán díreach ón nGaeilge:

> By the roadside to me council prevailing,
> the road of a priest gave to wed this old grayling,
> what cared he while fed well for very light labours,
> if I for my joys should depend on the neighbours.
>
> By parents and priest I was sadly illmated,
> and forced to consent to a union I hated,
> at our wedding feast he looked languid and weary
> and my poor young heart felt dismal and dreary.
> Old man I will with thee surely not stay long,
> a few deadly pangs to thee 'long with thy ailing,
> the sod o'er thy head would soon silence my wailing.
>
> When my mother visited me the day after,
> she asked how I liked wedded joys with some laughter,
> I frowning said 'mother with sorrow I'm laden,
> the old fellow sleeps and I yet am a maiden'.
>
> 'Oh hush, dearest girl, and be not heartbroken,
> to father or friend let thy tale not be spoken,
> thy husband was boozey [*sic*], tonight close embrace him,
> and he'll be astir and you need not disgrace him'.
>
> I waited till night, then with some expectation,
> I fondly caressed but at length in vexation,
> when nought for my kisses I found he would pay me,
> I scratched his sore skin with a vengeance who'd blame me!

81 LS *duíbh*. 82 Feiritéar 11, lch 266.

Marry an old man you'll marry a schemer
who'll fling his old duds at your head as a tamer,
will pout at his dinner be up out of season
and act like a fox just on purpose to tease one.

O'er twenty one miles of dark moon to Kilferry
I sent him to friends just to kill him and bury,
but though with teeth broken and limbs sore indented,
he came back alive and I still am tormented.

Should he in a bog hole but be suffocated,
a crack in his back and his leg dislocated,
at home I would wake and most gaily resign him,
and kiss the young lads who to earth would resign him.

In hopes of his death I to Innis quite heedful
for coffin and pipes and tobacco so needful,
I hurried and home came the last time to view him,
but curse him he's friskier than ever I knew him.

If I take an innocent gambol or sprightly
should seem among bachelors strong, young and sightly,
the old fellow starts from his corner so warm
and kicks the gray dust from his wig in a storm.

Or if I attire with gay ribbons my tresses
and put on the best of my Sunday silk dresses,
'extravagent slut' is my title outspoken
and scolding ne'er ends till my heart is nigh broken.

Then maidens let no friends forever you sentence
to wed with old age or you're sure of repentance
which coming too late is of no use to free you
from anguish till death comes in pity to see you.[83]

Cáiseamh cruaidh na mná óige agus í míshásta lena pósadh is bunús leis an dá théacs thuas, dar ndóigh, agus samplaí maithe dá réir is ea iad den *chanson de la malmariée*.[84]

---

[83] Feiritéar 11, lgh 265, 267. [84] Feic Seán Ó Tuama, *An grá in amhráin na ndaoine* (Baile Átha Cliath, 1960), lgh 30–47; cf. Meidhbhín Ní Úrdail, 'The representation of the feminine: some evidence from Irish-language sources', *Eighteenth-century Ireland. Iris an dá Chultúr*, 22 (2007), 133–50.

7. Rann a dúirt file éigin ar ghréasaí óltach ó Chloich na Coillte 'de mhuintir Chúisín' an píosa deiridh seanchais a bhailigh an Feiritéarach ó Mhícheál Ó Séaghdha:

> Triúr do chuaigh ag iomaidh:
> an crúiscín an Cúisíneach 's an ghloine,
> 's ní lia ' líonfadh an crúiscín an ghloine
> ioná d'ólfadh an Cúisíneach a thuilleadh.[85]

Is mar seo a aistrím an rann féin:

> A threesome vying with one another:
> the jug Cussen and the glass,
> and no more often would the jug fill the glass
> than Cussen would drink more.

***

Ábhar ilghnéitheach ó Iarthar Duibhneach atá i Feiritéar 16 a chuir Pádraig Feiritéar le chéile i dTrá Lí agus sa Daingean, 1894–5, agus ina dhiaidh sin sna blianta 1897–9 agus 1911 nuair a bhí sé lonnaithe i Nua Eabhrac. I mbliain a 1894, chuir sé eolas luachmhar ar fáil sa lámhscríbhinn seo ar chraobh choibhneasa Fheiritéaraigh an Bhaile Uachtaraigh ar chuaigh cuid díobh ar imirce go Springfield agus go Indianapolis Mheirice.[86] I dtaobh a athar féin, mar shampla, Muiris Sheáin Mhuiris Sheáin Lúcáis 'na srianta' Feiritéar, deir sé gur rugadh é i dTíorabháin (paróiste Dhún Úrlann), gur mhair sé ar 'na Gortaibh Dubhaibh' go dtí 1849, go raibh sé lonnaithe ansan ar an mBaile Uachtarach go dtí 1887 agus fén mbliain 1894 bhí sé aistrithe go Baile an Chalaidh. I mbliain a 1834 a rugadh a chéile, Neil Mhichíl Dhomhnaill *Flutter* Uí Mhainín na nGort Dubh, agus ochtar muirir a bhí orthu: Seán, Micil, Eoghan, ár bPádraig, Máire, Siobhán, Cáit agus Neil. Bhí Seán pósta le Máire Sheáin Dhonnchadha Mhichíl Dhomhnaill Uí Mhainín ó Thíorabháin mar ar chuireadar fúthu go dtí gur díshealbhaíodh an lánúin i mbliain a 1887. Fé 1894, bhíodar lonnaithe i mBaile an Chalaidh. Naonúr clainne a saolaíodh dóibh.[87] Bhí Micil pósta le Máire Phádraig Mhic Gearailt 'ó Bhaile na hAbhan[n] na Cúlach Thuaidhe' agus ochtar muirir a bhí orthu súd.[88] Fén mbliain chéanna seo, bhí a dheartháir Eoghan 'i St. Louis' lena chéile Máire (*née* Ní Leidhin). Níl aon taifead anseo ar mhuirear a bheith orthu beirt. Chuaigh Máire Feiritéar go 'h-America' i dteannta a céile, Eoghan Mhurchadh Uí Fhlaithbheartaigh ó bhaile fearainn

---

[85] Feiritéar 11, lch 268. [86] Feiritéar 16, lgh 37–44. [87] Muiris, Seán, Micil, Séamas, Máire, Neil, Siobhán, Cáit agus Bríd. [88] Seán, Pádraig, Eoghan, Muiris, Micil, Séamas, Siobhán agus Máire.

Chloichir, 'ach ní mhair[e]ann anois [1894] ag Máire acht 1, Diarmaid atá pósta ag [bán] ingh[e]an [bán] Uí Chathaill 7 2, [an chuid eile bán]'. Deichniúr clainne a bhí ag Siobhán Feiritéar agus a céile, Domhnall Phádraig Sheáin Phádraig Uí Dhubháin, i bhFearann Leataoibh.[89] Astu san, cailleadh Séamas 'in san ngalarlann i Melbourne, Australia' agus 'thug na Búlaeraig[h] leo go St. James i roilig ar adhlaic[e]adar é'. Le hais ainm Neil, tá ainm a céile, Donnchadh Ó Súilleabháin, curtha síos le peann luaidhe – an méid sin níos déanaí ní foláir.

Foinse thábhachtach ar Ghaeilge Chorca Dhuibhne is ea Feiritéar 16 chomh maith, rud a léirigh Duibhneach eile, an scoláire Séamus Caomhánach / Ó Caomhánaigh (1900–89), sna nótaí luachmhara teangan a chuir sé leis an dá scéal *An Bhreasaíl* agus *Séipéilín Ghallarais* a d'fhoilsigh sé ón lámhscríbhinn seo.[90] Tá sé scéal eile fós a bhaineann le Corca Dhuibhne sa bhfoinse chéanna a chuir an Feiritéarach i dtoll a chéile idir Iúil agus Samhain na bliana 1894, mar atá: (i) *Milleadh Mháire Ní Chíobháin ar Chruach Mhárthain* – fé bhean óg a fuair bás leis an bhfuacht ar fhilleadh abhaile di ó 'thaobh Sgraige Chruaiche Mhárthan' mar ar chan sí 'An Droimeann Donn Óg';[91] (ii) *Eachtra ar Theampall an Daingin* – eachtra mná óige ar tháinig a deartháir thar n-ais ón mbás chuici chun impí uirthi glacadh lena bhás agus leis an mbrón a lean é; (iii) *Eachtra Shéafra Chriomhthainn* – fé chliamhain Fheiritéarach Ghleann Stuinge an Bhaile Uachtaraigh a bhuail le taibhse mná agus é ag gabháil tré Mhám Clasach ar a shlí abhaile ón Daingean; (iv) *Eachtra Mháire Ní Churnáin* – fé bhean ar tháinig a fear thar n-ais ón saol eile maidin lae a sochraide agus, le cabhair thriúir eile, a d'iompar a cómhra ó thigh a muintire i mBaile na nGall chun a uaighe féin in Ard na Caithne chun go mbeidís 'cré le cré i bhfar[r]adh a chéile ar deireadh in ainneoin Gael agus carad'; (v) *Eachtra Mhéarais Feiritéar* – fé bhean óg álainn ón mBaile Uachtarach ar mharaigh camfheothan fraochmhar í; (vi) *Eachtra Shíle Ní Fhuadraigh* – fé chailín aimsire a chaith oíche teanntaithe i ndraip i bhfaill na Binne Báine tar éis di teitheadh ó dhá fhiach a bhí sa tóir uirthi.[92] Agus ansan, tar éis dó clabhsúr a chur ar an scéal deiridh anseo, chuir Pádraig Feiritéar an t-eireaball seo a leanas lena chuid oibre:

> Is gnáthach le searrachaibh bheith ag súgradh is ag damhas um a chéile nó um[93] ainmhí eile; is bíonn nead ag an bhfiach dubh i ladhar carraige slinneáin[94] thoir thuaidh na Binne Báine. Is éan cuthaigh an fiach an fhaid do bhíonn sé ag tabhairt aire dá ghearrcachaibh, is é sin ó fhéil' Pádraig go Bealtaine, is cuireann sé cath go buille ar aon ainmhí a thagann timpeall a

---

89 Pádraig, Séamas, Seán, Micil, Domhnall, Eoghan, Muiris, Neil, Máire agus Cáit.
90 Séamus Ó Caomhánaigh, 'An Bhreasaíl', *Lia Fáil*, 3 (1930), 127–38; Séamus Ó Caomhánaigh, 'Séipéilín Ghallarais', *Lia Fáil*, 4 (1932) 188–94.   91 Is dócha gurb é 'An Droimeann Donn Dílis' atá i gceist anseo, amhrán ar tugadh 'An Droimeann Dubh Ó' agus 'An Caol-Druimean Óg' chomh maith air; cf. Tomás Ó Concheanainn (eag.), *Nua-dhuanaire cuid III* (Baile Átha Cliath, 1978), lgh 4, 70–1. Táim buíoch de Pheadar Ó Ceannabháin as é seo a phlé liom.   92 Feiritéar 16, lgh 70–91.   93 LS *imb a chéile nó imb*.   94 LS *laghar*

nide. Do thugas-sa uair tamall de ló ag crústach cloch isteach ar na gearrcachaibh in san nead so na Binne Báine ón bhfód glas ar a dtagtar aniar siar is ó dheas ar an nid, is ní raibh aon lá as san amach gur léim na gearrcaigh ná go mbíodh an dá fhiach im[95] choinne is iad ag baint préach as talamh comh luath agus ' thagainn ina radharc ar sheoladh na mba tar bharr na bPáirceanna Árda suas. Dar liomsa is sid iad na fiaigh a bhí ag gabháil do Shíle Ní Fhuadraigh,[96] óir is ionann biaiste na n-uan is nide an fhiaigh.

Patric Ferritér Dia Céadaoin 21.11.1894[97]

Vignette luachmhar dírbheathaisnéise is ea an méid sin mar nach nós leis an bhFeiritéarach trácht air féin ná ar a iomthúsa ina chuid lámhscríbhinní. Is móide fós a luach an léargas a thugann sé ar a thuiscint nádúrtha ar shaosúir – sa chás seo saosúr na n-uan agus nead an fhiaigh dhuibh.

***

Timpeall le dhá mhí tar éis dó an nóta thuas a bhreacadh, bheadh slán á fhágaint go deo aige ag Corca Dhuibhne a dhúchais chun tabhairt fé shaol nua eile ar fad i Meirice – i gcatharacha Quincy agus Chelsea Massachusetts ar dtúis agus, ó 1904 ar aghaidh, i mórchathair Nua Eabhrac.[98] Ní heol dúinn conas a chuaigh an t-athrú saoil sin i bhfeidhm i dtosach air, ach i bhfianaise a nóta thuas ar laethanta aoibhne a chaitheadh sé amuigh fén spéir ar fhaill na Binne Báine, is é is dóichí ná a chéile gur dócha gur bhain timpeallacht dheoranta na cathrach siar go mór as. Cuimhním sa treo san ar imirceach eile fós ó Chorca Dhuibhne, Tomás Ó Cinnéide (*ob.* 1992), nuair a bhain sé siúd lán a dhá shúl as Nua Eabhrac i gcéad uair:

> Chuir sí scanradh agus sceimhleadh i mo chroí, gan aon ní ach na foirgnimh agus iad ag éirí in airde sa spéir. B'ait liom, agus mé ag caint liom féin, conas a bhí sé de mheabhair ag aon duine dul chomh hard. Is í sin an mhíorúilt. Tóg an Empire State Building, dá mbeifeá faoina bun, go gcaithfeá iompó ar do dhrom chun a barr a fheiscint.[99]

Níor thaise do Phádraig Feiritéar ina lá féin é, ní foláir.

---

caraige slinnáin. **95** LS *iumsh.* **96** LS *Shighile Nígh Fhuadaraic.* **97** Feiritéar 16, lch 91. **98** Ní Úrdail, 'Athfhéachaint ar bhailiúchán lámhscríbhinní an Fheiritéaraigh', 185. **99** Tomás Ó Cinnéide, *Ar seachrán* (Maigh Nuad, 1981), lgh 113–14.

9.1 Pádraig Feiritéar (1856–1926), 'An Síogaidhe Infhiúchtach' (le caoinchead Rannóg na Sainchnuasach, Leabharlann James Joyce, An Coláiste Ollscoile, Baile Átha Cliath).

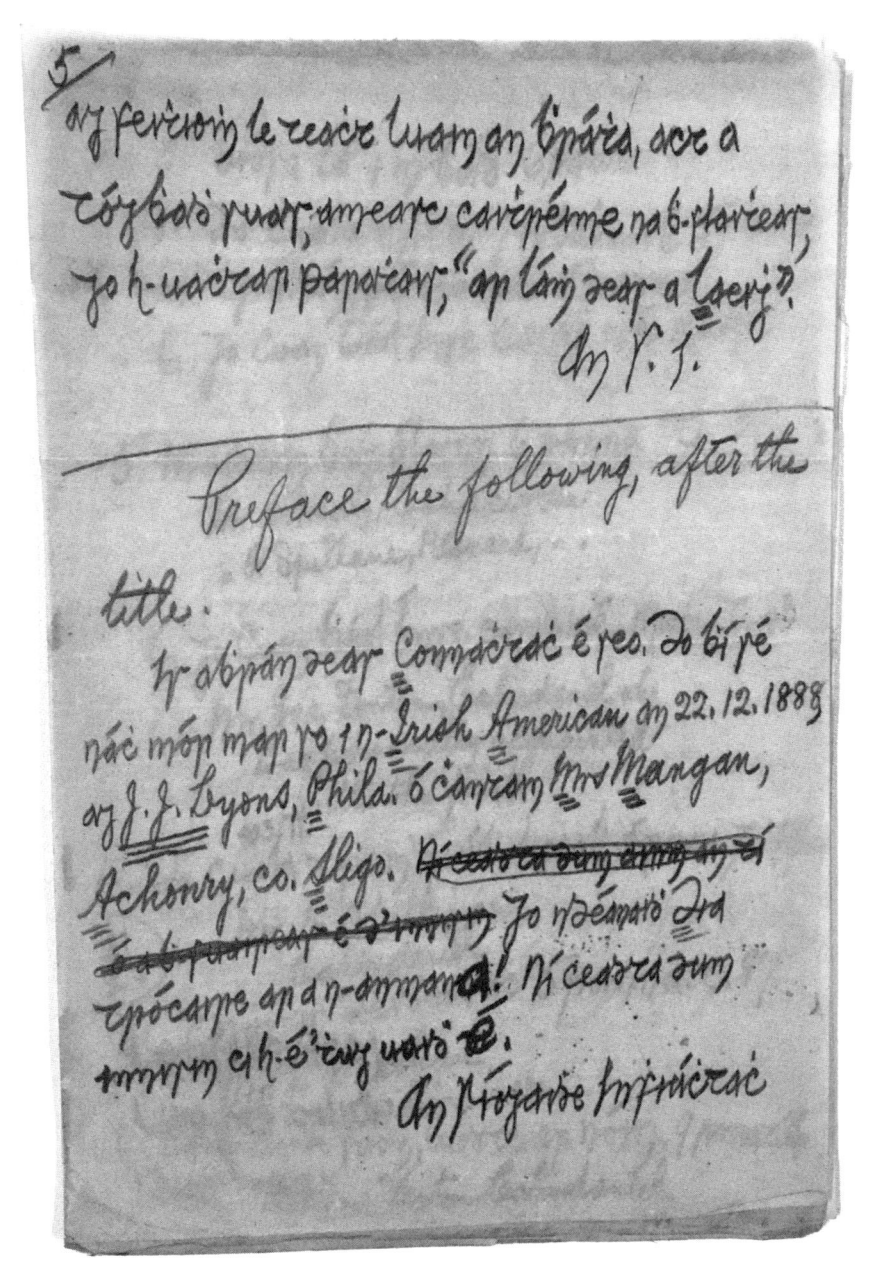

9.2 Feiritéar 8, leathanach scaoilte marcáilte '5' (le caoinchead Rannóg na Sainchnuasach, Leabharlann James Joyce, An Coláiste Ollscoile, Baile Átha Cliath).

9.3 Plaic chuimhneacháin an tí inar rugadh Pádraig Feiritéar ar an mBaile Uachtarach (Grianghraf: Ríonach uí Ógáin, Meitheamh 2018).

9.4 Feiritéar 1, colafan ar lch 486 (le caoinchead Rannóg na Sainchnuasach, Leabharlann James Joyce, An Coláiste Ollscoile, Baile Átha Cliath).

Moladh aráin Thaidhg Uí Choileáin*

ÉAMONN Ó hÓGÁIN

Dán é seo ina molann an file, Eoghan Caomhánach, an t-arán atá á bhácáil ag Tadhg Ó Coileáin i mBaile Hiobaird, Co. Luimnigh. Níl aon eolas aimsithe ar an gCoileánach. Tá fianaise inmheánach sa dán a thabharfadh le fios go bhféadfaí gur ceapadh é ar a dhéanaí sa bhliain 1810.[1]

File, máistir scoile, scríobhaí lámhscríbhinní Gaeilge agus aistritheoir ba ea Eoghan Caomhánach.[2] De réir a chuntais féin i lámhscríbhinn dá chuid is ar an aonú lá déag de Lúnasa sa bhliain 1784 a saolaíodh é san Ospidéal, in oirthear Cho. Luimnigh. D'fhan sé in áiteanna éagsúla ina cheantar féin in oirthear Cho. Luimnigh anuas go dtí timpeall na bliana 1817. Thug sé a aghaidh sa bhliain sin ar Cho. Thiobraid Árann thoir theas.[3] Ina dhiaidh sin, lean sé air ag múineadh scoile in áiteanna éagsúla i gcontaetha Luimnigh, Thiobraid Árann, Phort Láirge, Loch Garman agus i mBaile Átha Cliath, ag scríobh lámhscríbhinní agus ag aistriú ábhair go Gaeilge go bhfuair sé bás i mBaile Átha Cliath ar 3 Eanáir 1849.[4] Ós rud é go raibh sé ag cur faoi ina dhúiche féin fós san am a chum sé an dán, bheadh tuiscint mhaith aige ar staid shóisialta, eacnamaíochta agus polaitíochta an cheantair sa ré sin.

Rud neamhchoitianta sa Ghaeilge sa ré sin, nó i ré ar bith eile, go gcumfaí moladh ar earra bia chomh gnáthúil comónta leis an arán. Tá roinnt gnéithe sa mholadh a dheineann an file ar arán Thaidhg, mar atá: (i) gur fearr é ná arán atá á scaipeadh ó chathair Luimnigh, go bhfuil plúr agus giosta fónta ann, go bhfuil slacht ar an mbácús ina ndeintear é agus gur scoth báicéara é Tadhg; (ii) go mbíonn arán Thaidhg ar bord ag maithe agus móruaisle na dúiche agus ag muintir na mbailte móra – gnásanna molta ar earraí atá coitianta ag lucht fógraíochta riamh. I gcúinsí na haimsire úd, áfach, ina bhfuil an moladh seo á dhéanamh is spéisiúil iad na daoine a ainmníonn an Caomhánach mar dhaoine a mheas sé a bhí faiseanta ardnósach sa dúiche an tráth úd agus gurbh fhiú a n-ainmneacha a lua le hearra chun daoine eile a spreagadh chun é a cheannach. Bheadh sé intuigthe gur dhaoine iad na pearsana a luann sé a bhí oiriúnach chun go ndéanfaí aithris orthu. Ach ba dheacair d'fhormhór de mhuintir na Gaeilge san am a bheith ábalta ar shampla na ndaoine measúla a luann sé a leanúint – lucht an Chinsil.

* Do Ríonach, scoláire clúiteach agus cara geanúil síorchabhrach. Gura fada buan í. 1 Féach thíos an nóta ar líne 27. 2 Breandán Ó Madagáin, *An Ghaeilge i Luimneach, 1700–1900* (Baile Átha Cliath, 1974), lgh 42–4, 64, 86–7, n. 256. Michael F. O'Sullivan, *A history of Hospital and its environs* (Luimneach, 1995), lgh 101–3. 3 ARÉ LS 23 C 21, lch 259. 4 Máire Ní Mhurchú & Diarmuid Breathnach, *1782–1881 beathaisnéis* (Baile Átha Cliath, 1999), lgh 25–6.

Pé léamh atá le déanamh ar an moladh ar an arán, is deacair gan a cheapadh sa deireadh thiar ná gur mar mhagadh ar chúis éigin nach bhfuil ar eolas a bhí an moladh go léir á dhéanamh ag an gCaomhánach ar arán Thaidhg Uí Choileáin.

FOINSE

BL Add. LS 27,946, fóilió 36 *recto* (*c*.1825).[5] Ba é Eoghan Caomhánach a scríobh an lámhscríbhinn sin. Dá bhrí sin, is i lámh an údair féin atá téacs an dáin.

MEADARACHT AGUS EAGARTHÓIREACHT

1–22, 30–6   (–) (–) | x – (–) | x – (–)(–) | x – (–) | é –

23   – | x – – | x – – | x – – | au – –

24, 25–8, 39–44 (–) (–) | x – (–) | x – (–) (–) | x – (–) | í –

37, 38   (–) (–) | x – – (–) | x – | x – | ú –

Trí aiceann, áfach, atá i líne 29:

– – | x – – – | x – | é –

San eagarthóireacht ar an dán, tugadh litriú na lámhscríbhinne chun rialtachta áirithe de réir ghnás ortagrafaíochta agus poncaíochta na haimsire seo ach gan focal ná an chomhréir a athrú. I gcás amhrais nó sainiúlacht foirme, tugadh léamh na lámhscríbhinne i mbun an dáin. Is uaimse an phoncaíocht, scaoileadh na nod agus a bhfuil idir lúibíní cearnacha i líne 31.

AN TÉACS

An Caomhánach ag moladh aráin Thaidhg Uí Choileáin

    Tá siosma cruaidh is buairt re tréimse
    idir saoithibh ársa i gClár geal Éibhir,
    i gCill tSíle thárla cás na pléide
    de dheasca aráin ' chuir gráin ar Éire.

---

[5] Standish H. O'Grady & Robin Flower, *Catalogue of Irish manuscripts in the British Library [formerly British Museum]*, 2 iml. (Londain, 1926; athchló Baile Átha Cliath, 1992), i, lgh 664–706. Ó scannánchóipeanna i Leabharlann Acadamh Ríoga na hÉireann agus i Leabharlann Scoil an Léinn Cheiltigh, Institiúid Ardléinn Bhaile Átha Cliath. Táim an-bhuíoch d'fhoireann na n-ionad sin as a gcaoinchabhair.

Arán tar lear le seal do séideadh, 5
scuabadh muilinn nó broscar gan éifeacht,
iarmhar stairse nó dramhaíleach éigin
do rith ó Luimneach de uireasbadh éilimh.

Ní mar sin atá gan cháim dá dhéanadh
le giosta cúrtha is plúr na déise, 10
i mBaile Hiobaird in áras néata
ag Ó Coileáin ceann árd na céirde.

Dá dhearbhadh dhíbh gur fíor an mhéid sin,
níl uachtrán ceannasach ná eagailseach naofa
in chúig chóige árda barrghlas Éireann, 15
nach tug dá bharr go bráth an chraobh dho.

Níorbh iongnadh dhóibh dhom dhóigh níorbh fhéidir
plúr 'ná giost' 'na clisdeastacht déanta,
glinneacht, galántacht ná macántacht céirde,
níorbh fhearr 'ná é d'fháil in aon arán san tsaol so. 20

'S é bhíonn ar bórd ag *Croker* an *Major*
is ag Éadbhard Óg ba chróga ar chaol-each,
ag Staindis ón mBóinn Bhriste mó gur mar santar san,
is ag Staindis Óg ó bhórd Chamhaoireach.

Ag an mBarún árd Ó Gráda bhíonn sé, 25
ag an gCúrsach uasal uaibhreach íogair,
ag Ó hIfearnáin i nDeirc álainn aoibhinn,
Archdeacon Wall, Gabhán is Bíbhín.

Go Ó Mórdha go Cnoc Órdan téann sé,
i dTiobraid Árann tá 'n trácht go léir as, 30
i gCuillinn 's an Dún tá an dúiche ag glaoch [air],
is Mainistir Uaithne is mór de ' théann ann.

Go Caisleán Uí Chonaill curthar é ar saothar,
's an Caisleán Nua ní leófadh staonadh,
Luimneach thíos is fíor go nglaonn air, 35
is Tiobraid Phádraig is gáifeach dá éagmais.

Cromadh 's an Bhrogh níor ob a dhiúltadh,
ná Cill Mhocheallóg na mbarróg múinte,
Oispidéal Mháire ghrámhar dílis,
Cnoc geal Áine is árd Chille tSíle. 40

Moladh aráin Thaidhg Uí Choileáin   103

'S feasach go folláin nach le hearráid do mhaímse:
an tEaspag nuair tarla 'na dháil gur suíodh é,
nach feaca is nach tástáil in aon áit sa tír-se
samhail an aráin sin Uí Choileáin an chaoinris.

LÉAMHA NA LÁMHSCRÍBHINNE

Ceannscríbhinn An Caomhanaig a moll*ad*h Arain*n* Tadg ui Cuilleaghain

1. Ta siosma*d*h; treimsi. 2. a cclár. 3. a Gcill tsíl*ead*h thárrla. 4. dheasga; chur; air. 5. séideagh. 6. sguaba muilin*n* no brosgur; éife*acht*. 7. íarmhar; dramhaoíleach. 8 o luimneac. 9. muir sin; chaim da dhéana. 10 geasda cúbhartha. 11. a *m*bailehiobaird an árus niata. 12. aig o cuilleagháin*n*. 14. úachdrán cean*na*sach na; naomhta. 15. an Chuig Choige arda; barglas Eirion*n*. 16. dbharr. 17. Níor bhion*n*gnadh; dham dhóit níor bhféidir. 18. 'na giosd, na clisdeasdea*cht* déunta. 19. glion*n*acht galánta*cht*, na macánta*cht*. 20. níbhfear; e dfhága*i*l an aon árán san tsaogh*a*l. 21. bhion*n*. 22. aig éattbhard; bu*d*h cródha; caoleach. 23. aig; on mboin*n* brisde mo gur mar sabhnd*a*r. 24. aig; og o; chaomaoirchach. 25. ard o; bhion se. 26. gcúrsac uasl úaibhr*ea*c. 27. o hiffearnáin a ndeirc aluin*n* aoibhin. 28. Gabhan; Béibhín. 29. Cnocórdan téig*eann*. 30. a TTiob*r*uid arán; tra*cht*. 31. a Gcuillin, san dun, ta; dúithche glaod*ach*. 32. main*n*istir; mo*r*; theigh*ean*. 33. Caisleagh*an* ui Ch*o*na*i*ll; *air*. 34 san Caisleagh*an* nuadh; leómhtha*ch* staon*ad*h. 35. liumneach shíos; nglaodhan *air*. 36. tiobruid Phádra*ig*; gaibtha*ch*; éagmuis. 37. Crom*ad*h; bhrogh nior; dhiúlta. 38. na Cill mhochollóg; *m*borog. 39. oisbidéal; ghrádhmar dilis. 40 Ain*n*e; ard chille Tsile. 41. feas*ach*; fullain; lé harráid do mhuighimse. 42. teasb*ag* nuar; na dhaill g*ur* suigh*ead*h e. 43. feac*ad*h; thásdail an aon ait; tírsi. 44. Árain*n*; chuill*eaghain*.

NÓTAÍ

2 *Clár (geal) Éibhir*: Éire.

3 *i gCill tSíle*: paróiste dlí, barúntacht na Tulaí Íochtaraí, Co. an Chláir. Sa lámhscríbhinn tá *a Gcill tsíleadh* (leg. *i gCill tSíle*); cf. *ard chille Tsile* (leg. *árd Chille tSíle*) i líne 40 sa lámhscríbhinn. Ar a shon sin, dob fhéidir gurbh é Cill Tíle a bhí i gceist anseo ag an scríobhaí, i.e. sráidbhaile i mbarúntacht Ó gCuanach in oirthear Cho. Luimnigh.

8 *Luimneach*: cathair Luimnigh. Trí shiolla atá anseo; féach an cuntas ar an meadaracht thuas.

10 *giosta cúrtha*: giosta (ina laibhín) a thugann ar an taos ardú sa bhácáil + rangabháil chaite < *cúradh*, coipeadh.
plúr na déise: plúr ó dhias na cruithneachta.

11 *Baile Hiobaird*: sráidbhaile in oirthear Luimnigh.

12 *ceann árd na céirde*: scothmháistir cheard na bácála.

14 *uachtrán*: tugann an léamh *úachdrán* le fios go mb'fhéidir gurbh fhocal déshiollach é i gcaint an scríobhaí. D'oirfeadh ar a shon sin an fhoirm thréshiollach *uachtarán* anseo chomh maith; féach an cuntas ar an meadaracht thuas.

15 *in chúig chóige ... Éireann*: An Mhumhain, Connachta, Ulaidh, Laighin agus Midhe. Cé gur consan lom a leanann *in* (m.sh. 'In p'róiste na R-inne', Michael Sheehan, *Sean-Chaint na nDéise* (Baile Átha Cliath, 1944), lch 28; '*iasgaire maith a bhí in Seán*', Tomás de Bhaldraithe, *Gaeilge Chois Fhairrge. An Deilbhíocht* (Baile Átha Cliath, 1953), lch 226), is gnáthaí séimhiú ar *chúig* nuair is aidiacht é; cf. Seán Ua Súilleabháin, 'Gaeilge na Mumhan' in Kim McCone et al., *Stair na Gaeilge in ómós do P[h]ádraig Ó Fiannachta* (Maigh Nuad, 1994), lgh 479–538, ag lch 512.

18 *clisdeastacht*: comhfhocal < *cleas* + *deastacht*, oilte ar dheasú ar bhia.

19 *glinneacht*: a bhfuil tathag folláin ann.
galántacht: críochnúlacht ealaíonta; tá an t-aiceann anseo ar an gcéad shiolla; féach an cuntas ar an meadaracht thuas.
macántacht céirde: oilteacht ghairmiúil, agus an t-aiceann arís ar an gcéad shiolla in *macántacht*.

20 *'ná*: faoi mar atá sa lámhscríbhinn = *ioná*. In áiteanna eile '*na* nó *na* = *ná* a breacadh; feic línte 14, 18, 19 agus 38 sna léamha thuas.
arán: tá an t-aiceann ar an gcéad shiolla arís anseo.

21 *Croker an Major*: Henry Croker (1758–1836), ceathrú mac John Croker (1730–95), Baile na gCeard, Baile an Fhaoitigh, Co. Luimnigh. Sa bhliain 1786 phós sé Harriet Jane, iníon agus banoidhre Arthur Dillon, Baile na Ceathrú, Mainistir na Móna, i gcóngar Mhala, Co. Chorcaí. Bhí sé ina Mhaor Briogáide Gíománra ar Chorcaigh sa tréimhse ó 1798 go 1828. I mBaile na Ceathrú a fuair sé bás.[6]

22 *Éadbhard Óg*: bhí triúr de mhuintir Chrócair de theaghlach Bhaile na gCeard, mar atá (i) *Edward Croker I* (1739–1808), Grange Hill, deartháir John Croker

---

6 http://members.iinet.net.au/~nickred/croker_research/The_Irish_CROKER.pdf, lch 87, ceadaithe 15 Nollaig 2016; https://nickreddan.net/newspaper/np_abst21.htm, ceadaithe 29 Márta 2015.

(nóta 21 thuas) agus mac Edward Croker (1704–81); (ii) *Edward Croker II* († 1820), Grange Hill, mac Edward Croker I; (iii) *Edward Croker III* (a phós sa bhliain 1825), mac Edward Croker II.[7] Seans gurbh é Edward Croker II an tÉadbhard Óg '*ba chróga ar chaol-each*' atá i gceist anseo, an té a bhí i gceist sa chuntas seo a leanas ón mbliain 1807: 'Limerick March, 21, Yesterday, the castle chase mentioned in our chronicle of Saturday last was run for from Rathmore Castle to the Baroo Field of Kilpeacon, the horses were rode by Edward CROKER Esq of Grange Hill and Edward CRISPS Esq of Edward's town, the latter gentleman's horse was crossed by a dog, he was thrown, by which his wrist was sprained, the betts which were considerable were won by Mr CROKER'.[8] Foilsíodh fógra a bháis sa bhliain 1820: 'On the 22nd inst, at Grange Hill, co. Limerick, Edward Croker Esq'.[9] Tugtar 'Loughgur House', An Ghráinsigh, Loch Goir, Co. Luimnigh, ar 'Grange Hill' inniu.[10]
ba chróga: leasú ar *budh cródha* na lámhscríbhinne, 'will be brave'. I bhfianaise an eolais thuas, áfach, is fearr a oireann an aimsir chaite anseo.

23 *Staindis ón mBóinn Bhriste*: Standish O'Grady a bhí gaolmhar le Gerald De Courcy O'Grady (nóta 26 thíos), ceann fine Mhuintir Ghráda, Coill Bhaile Eoghain, Cnoc Áine, Co. Luimnigh. Bhí teach mór aige, 'The Grange', i Scamhall, Feadamair, Co. Luimnigh, cóngarach do bhruach thuaidh abhainn na Camóige. Bhí sé ina chónaí ann sa bhliain 1786 agus fuair sé bás ann sa bhliain 1816.[11] Thugtaí Droichead B(h)óinn Bhriste [*Sixmilebridge*] ar an droichead agus ar an mbaile beag, *The Hamlet* inniu, atá ar bhruach theas na Camóige sa bhall sin, i mbaile fearainn na Gráinsí Íochtaraí, paróiste an Bhrú. Cf. '… o Dhroithea[d] Bónbhriste a bparóiste an Bhrógh no na Gráinsaoi' (Má Nuad LS C 50, lch 106); agus 'Grange, Droichead Bhóinn Bhriste'.[12]
mó gur mar santar san: tá a bhfuil luaite sa véarsa féin cíocrach chuig an arán. In ainneoin a dhoiléire is atá deireadh na líne sa lámhscríbhinn, *sabhndar san* an léamh atá anseo, is dóigh liom, i.e. briathar saor *santar* < *santaigh*.

24 *Staindis Óg*: Standish 'the Younger' (mar a thugtaí air) Grady († 1812), a raibh teach mór agus eastát aige in Eiltiún, cois abhainn na Camhaoireach, i gcóngar Chnoc Áine agus an Ospidéil, Co. Luimnigh (nótaí 39, 40 thíos). Bhí gaol aige le Gerald De Courcy O'Grady (nóta 26 thíos).[13]
ó bhórd Chamhaoireach: < An Chamhaoir; leasaíodh *chaomaoirchach* na lámhscríbhinne anseo.

7 http://members.iinet.net.au/~nickred/croker_research/The_Irish_CROKER.pdf, lgh 53–4, 56, ceadaithe 15 Nollaig 2016. 8 https://nickreddan.net/newspaper/np_abst22.htm, ceadaithe 29 Márta 2015. 9 https://nickreddan.net/newspaper/np_abst22.htm, ceadaithe 29 Márta 2017. 10 www.buildingsofireland.ie/niah/search.jsp, loughgur house, ceadaithe 29 Márta 2015. 11 http://landedestates.nuigalway.ie/LandedEstates/jsp/estate-show.jsp?id =2260, ceadaithe 29 Márta 2015; https://nickreddan.net/newspaper/np_abst22.htm, ceadaithe 29 Márta 2015. 12 Ó Madagáin, *An Ghaeilge i Luimneach*, lch 71. 13 http://landedestates.nuigalway.ie/LandedEstates/jsp/family-show.jsp?id=2263, ceadaithe 29 Márta

25 *(ag an) mBarún árd Ó Gráda*: Standish O'Grady (1766–1840), 'Lord Chief Baron of the Irish Exchequer' agus 'Attorney General' na Corónach in Éirinn. Bhí teach mór aige i gCathair an Ghiolla Mhóir, paróiste an Bhrú, Co. Luimnigh. Ba chol seisir dó Gerald De Courcy O'Grady (nóta 26 thíos). Ba é a bhí ina phríomhchúisitheoir ag an gCoróin i dtriail Robert Emmet. Giúistís na Fola (The Bloody Judge) a thugtaí air. Titeann an t-aiceann ar chéad shiolla an chéad fhocail anseo.

26 *an Cúrsach*: Gerald De Courcy O'Grady († 1812), ceann fine Mhuintir Ghráda, Coill Bhaile Eoghain, Cnoc Áine, Co. Luimnigh.[14]

27 *Ó hIfearnáin i nDeirc*: William Heffernan (1726–1810), tiarna talún, a chónaigh i dteach mór ar leirg an chnoic i nDeirc, An Conaicéar, Pailís Ghréine, Co. Luimnigh. Bhí sé ina fho-thionónta ar timpeall 1,000 acra talún i bparóiste Imligh, Co. Thiobraid Árann. Ós rud é go bhfuair seisean bás sa bhliain 1810, d'fhágfadh sin gur ceapadh an dán sa bhliain úd 1810 ar a dhéanaí.[15]

28 *Archdeacon Wall*: bhí 'the Rev. Garrett Wall' (1760–1820) ina Ard-deagánach de chuid Eaglais na hÉireann ar dheoise Imligh agus ina Reachtaire ar pharóistí Theampall Uí Bhrídeáin agus na Pailíse Gréine).[16] Bhain paróistí i gCo. Thiobraid Árann agus i gCo. Luimnigh ar dhá thaobh na teorann eatarthu le deoise Imligh.

Gabhán: leasú ar *Gabhan* na lámhscríbhinne; *Gabhán* a éilíonn an t-amas anseo (: *Wall*). Dhealródh sé gur Ghabhánach tábhachtach áirithe a bhí i gceist, duine a bhí suas san am a cumadh an dán (féach nóta 27 thuas). D'oirfeadh Michael Gavin (1779–1850) ar deineadh an cur síos seo air i bhfógra a bháis: 'Monday night, at his house, Pery-square [cathair Luimnigh], in the 82nd year of his age, Michael Gavin, Esq. Magistrate of this City, Commissioner of St. Michael's and Limerick Docks';[17] nó (ii) 'Michael Gavin Limerick' (a bhí pósta le Margaret O'Halloran), athair Major O'Halloran Gavin (1808–1880), Kilpeacon House, Feadamair, Co. Luimnigh.[18]

Bíbhín: ní thagann *Béibhín* sa lámhscríbhinn le *í* – i dtroigh dheiridh na líne seo; feic an mheadaracht thuas. Ba é 'Beevin' an leagan a bhíodh ar an sloinne sa Bhéarla go dtí gur athraíodh foirm an tsloinne go Bevan san ochtú haois déag; is é 'Beevin' an leagan atá fós i gcaint na ndaoine i ndúiche an Bhrú i gCo. Luimnigh. Bhí duine tábhachtach den sloinne sin i gCo. Luimnigh i ndeireadh

2017; http://humphrysfamilytree.com/Fitzgerald/ogrady.standish.cappercullen. html, ceadaithe 29 Marta 2017. **14** www.the peerage.com; John Burke, *A genealogical and heraldic history of Great Britain and Ireland*, 3 iml. (London, 1833–5), ii, lch 605. **15** http://landedestates.nuigalway.ie/LandedEstates/jsp/estate-show.jsp?id=2149, ceadaithe 29 Márta 2015. Chris Ryan, 'The Considines at Derk', *Gréan*, 2011, 56–7. **16** www.limerickcity.ie/media/11%2008%2020.pdf, ceadaithe 10 Aibreán 2015. **17** http://www.limerickcity.ie/media/02%2006%2050.pdf, ceadaithe 3 Márta 2015. **18** http://landedestates.nuigalway.ie/LandedEstates/jsp/family-show.jsp?id=2443, ceadaithe 31 Márta 2015.

an ochtú haois déag agus i dtosach an naoú haois déag – 'Henry Bevan (†1826) … He lived at Camass House, Bruff, County Limerick. He held the office of High Sheriff [of Co. Limerick] in 1796'. Tá tagairt eile don fhear céanna, dhealródh sé, sa bhliain 1811, agus é ina Ghiúistís – 'Committed, yesterday by Henry Bevan, Esq. to the county jail, Mary Garbey, charged with picking the pockets of Michael Regan of a large sum of money, at the fair of Bruff'.[19]

29 *Ó Mórdha*: Maurice Crosbie Moore, Mooresfort (Clais na Móna), Laitean, Co. Thiobraid Árann. Sa bhliain 1804, cruthaíodh uacht a athar, Edward Moore, Mooresfort. Saolaíodh iníon dó, Emily Moore, timpeall na bliana 1808. Fuair sé bás níos déanaí ná 1837. Bhí teach mór aige agus fearann talún i gClais na Móna.[20]

Cnoc Órdan: baile fearainn i bparóiste dlí Laitean, Co. Thiobraid Árann is ea Cnoc Ordan. Bhíodh aonach ann ar an gceathrú lá de Shamhain.[21]

30 *i dTiobraid Árann*: an baile mór féin atá i gceist anseo, ní foláir.

31 *i gCuillinn*: paróiste dlí siar ó Mhala i mbarúntacht Dhúiche Ealla, Co. Chorcaí, is ea *Cuillinn*. Tá an siolla deiridh caol sa lámhscríbhinn ach dob fhéidir gur *Cuilleann* atá i gceist, sráidbhaile i mbarúntacht Chlann Liam, in iarthar Cho. Thiobraid Árann, cóngarach do theorainn Cho. Luimnigh.

An Dún: Dún Bleisce, sráidbhaile i gCo. Luimnigh, cóngarach do theorainn Cho. Thiobraid Árann. Tá An Dún leis ann, dhá bhaile fearainn i dTiobraid Árainn, ceann acu ó thuaidh ó Chluain Meala, i mbarúntacht Uíbh Eoghain agus an Fhathaigh Thoir, agus an ceann eile siar ó dheas ón gCaisleán Nua, i mbarúntacht Uíbh Eoghain agus an Fhathaigh Thiar.

glaoch [*air*]: tá an chuid eile den líne ar iarraidh sa lámhscríbhinn, ach d'oirfeadh *air* sa chomhthéacs anseo.

32 *Mainistir Uaithne*: sráidbhaile agus paróiste, cuid de i gCo. Luimnigh agus cuid de i gCo. Thiobraid Árann.

mór: défhoghar dar fuaim /ua/ atá anseo ar mhaithe leis an amas (: *Uaithne*).

33 *Caisleán Uí Chonaill*: baile i mbarúntacht Chlann Liam, Co. Luimnigh, soir ó thuaidh ó chathair Luimnigh.

Curthar: cuirtear.

34 *An Caisleán Nua*: baile mór i lár Cho. Luimnigh nó baile fearainn i mbarúntacht Chlann Liam sa chontae céanna.

ní leófadh: ní bheadh sé de mhisneach (ag muintir an bhaile).

---

19 http://www.thepeerage.com/pd759.htm; https://nickreddan.net/newspaper/np_abst07.htm, ceadaithe 1 Márta 2018; Brian de Breffny, 'Bevan of Co. Limerick', *The Irish Ancestor*, 6 (1974), 1–5. 20 Blennerhassett-Geocities.ws; www.geocities.ws/layedwyer/oconnor.htm, ceadaithe 31 Márta 2015. 21 Samuel Lewis, *Topographical dictionary of Ireland*, 2 iml. (Londain, 1837), ii, lch 246.

35 *Luimneach thíos*: cathair Luimnigh atá ó thuaidh ón áit a bhfuil an file nó ó Bhaile Hiobaird.

36 *Tiobraid Phádraig*: Tobar Phádraig, baile mór siar ó dheas ó chathair Luimnigh.
gáifeach: suaite / cráite.

37 *Cromadh*: baile i mbarúntacht Chois Máighe, Co. Luimnigh.
an Bhrogh: i mbarúntacht Chois Máighe, Co. Luimnigh, díol spéise gur baininscneach atá foirm an logainm seo sa lámhscríbhinn.
níor ob a dhiúltadh: níor shéan diúltú dó.

38 *Cill Mhocheallóg*: baile mór agus barúntacht in oirdheisceart Cho. Luimnigh.
(na) mbarróg: ar an gcéad shiolla a thiteann an t-aiceann anseo; féach an mheadaracht thuas.

39 *Oispidéal Mháire*: ag tagairt don Ospidéal i mbarúntacht na Déise Bige, Co. Luimnigh, baile dúchais an scríobhaí Eoghan Caomhánach; cf. 'Eoghan Caomhanach on Osbidél Mare' (ARÉ LS 23 A 44, fóilió 144 *verso*). Tá an t-aiceann ar an gcéad shiolla in *Oispidéal* anseo; féach thuas an cuntas ar an meadaracht.

40 *Cnoc geal Áine is árd Chille tSíle*: tá Cnoc Áine i mbarúntacht na Déise Bige, Co. Luimnigh; mar le Cill tSíle, féach nóta 3 thuas.

41 *feasach ... folláin ... hearráid*: titeann an t-aiceann ar an gcéad shiolla i ngach cás anseo; féach an mheadaracht thuas.

42 *An tEaspag*: ós rud é go bhfuil paróiste an Ospidéil agus Bhaile Hiobaird i nDeoise Chaisil agus Imligh, d'fhéadfadh ceachtar den bheirt seo a bheith i gceist: (i) Thomas Bray a bhí ina Ard-Easpag Caitliceach ar Chaiseal agus Imleach sna blianta 1792–1820; (ii) Charles Brodrick a bhí ina Ard-Easpag ar Chaiseal [agus Imleach] de chuid Eaglais na hÉireann sna blianta 1801–20.[22]
'na dháil gur suíodh é: gur cuireadh / leagadh é [= an t-arán] faoina bhráid.

43 *nach feaca*: nach bhfaca;
nach tástáil: Ar an gcéad shiolla atá an t-aiceann; féach an mheadaracht thuas.

44 *samhail*: an focal déshiollach anseo, i.e. /savəl'/; féach an mheadaracht thuas.
(Uí Choileáin) an chaoinris: a bhfuil an caoinreas / an cineáltas ag gabháil leis.

---

[22] http://www.catholic-hierarchy.org/diocese/dcash.html, ceadaithe 31 Márta 2015; https:books.google.ie/books?id=t8UAQAAMAAJ, ceadaithe 31 Márta 2015.

The feast days of the Blessed Virgin: Séamas Mac Cuarta's forgotten 'decade'

SEOSAMH WATSON

The dedication of An Dall Mac Cuarta (d. 1733) to the genre *trí rainn agus amhrán* (3R+A) is unquestionable: his last editor, as well as more recent scholars,[1] who have studied the work of this south-east Ulster poet believe that it was he who brought the form to maturity as a literary genre. Born (*c*.1650) just as a new order was rising from the old, Mac Cuarta seems to have practised loose syllabic meters by preference, since it is in these that he laments his deceased siblings as well as composing his important devotional works. In an era of change, 3R+A appears to have offered an attractive steppingstone to the world of the all-pervasive stressed metres. Another example of this transition was the same poet's long devotional work composed of alternating syllabic and stressed quatrains and called, allegedly on account of its patterned appearance on the manuscript page, *An Dán Breac* ('The Speckled Poem').[2] While experimentation of this latter type would have been fairly limited, 3R+A offered greater scope for development and Mac Cuarta undoubtedly realized this when he composed a series of eleven devotional poems in the genre on a single theme. This was, indeed, a signal undertaking and the fact that Séamas Dall's achievement has not received more attention is indeed puzzling. The sequence as we know it was originally edited by Énrí Ó Muirgheasa[3] and his efforts on its behalf do not seem to have drawn much attention. The fact that its reappearance in a critical edition by Colm Ó Baoill and Cathair Ó Dochartaigh[4] has also generally been ignored until now is a source of further disappointment: the indebtedness of the present article to those editors' painstakingly thorough work is obvious. Despite the facts that religious verse has fallen into disfavour in recent times and that some of the poetry in question is not comparable with Mac Cuarta's best work, the cycle of eleven poems retains great importance as a unique work and a deal of research requires to be undertaken in order that we may understand the objectives the poet had in mind in undertaking it and also the context in which it came to be made. As a small initial step in this direction, therefore, I offer here some observations of my own and, in the hope of raising the profile of this fascinating group of poems, my own, fairly free, translation in

---

1 Seán Ó Gallchóir (ed.), *Séamas Dall Mac Cuarta: dánta* (Baile Átha Cliath, 1971); Cathair Ó Baoill & Colm Ó Dochartaigh (eds), *Trí rainn agus amhrán* (Béal Feirste, 1996), pp 40–51, 55–7, 59.   2 Ó Gallchóir, *Séamas Dall Mac Cuarta*, pp 59–62.   3 Énrí Ó Muirgheasa (ed.), *Dánta diadha Uladh* (Baile Átha Cliath, 1936), pp 103–15.   4 Ó Baoill & Ó Dochartaigh, *Trí rainn agus amhrán*, pp 40–50; Cathair Ó Baoill & Colm Ó Dochartaigh, *Trí rainn agus amhrán*.

English alongside the Irish originals. The Irish texts, unless otherwise stated, derive from Ó Baoill agus Ó Dochartaigh's edition

Although a poet of some versatility, Séamas Dall is arguably most celebrated as a religious poet,[5] Ulster's unacknowledged equivalent of Tadhg Gaelach Ó Súilleabháin (d. 1795). It is no surprise then to find him composing substantial works of Catholic devotion. But why a sequence of poems in an unusual genre, and why dedicated to the Virgin Mary? Research[6] has shown the cycle to have been ascribed to Séamas Dall in a manuscript dating from his own lifetime (RIA 23 D 13 written by Seón Mac Solaidh, 1713), although such titles as *Na (chúig) féilte Muire* ('The (five) feast days of Mary') or *Fáilte et moladh Muire* ('Mary's welcome and praise') appear only in manuscripts a century or more younger. We know from other works by Mac Cuarta, such as *Cúirt na féile* ('The court of hospitality'), that, as well as devotional works, he concerned himself with matters of religious doctrine, such as Indulgences and the validity of the Mass.[7] We know moreover, that he was a familiar of some of the Old English families and scribal circles of Leinster that had ongoing contact with the clerical and learned circles of Dublin in his day.[8] Via such channels he was undoubtedly exposed to Counter-Reformation material circulating in Ireland at this time. He attempts, for example, to marshal scriptural support for the doctrine of Indulgences: *insa gcúigeamh caibidil ag Naomh Séam*, a misquotation, in reality, of Jas 2: 22–6, and there are clues too in his language, as when, as if from some catechism, he addresses the Creator as *A shealbhadóir neamh is na néal, a dhealbhadóir farraige is minéisc*[9] or in his elegy on Somhairle Mac Dónaill who fell in the battle of Aughrim (1691) where the loanwords 'throne' and 'devotion' occur and he refers to the Apostle as *Pítear*,[10] though naming him quite naturally elsewhere, alongside *Eoin*, as *Peadar*.[11]

These channels too, I believe, were the source of Mac Cuarta's particular attachment to 3R+ A, a genre that had been especially cultivated among the learned Gaelic circle in Dublin. There is good evidence of the same genre having been adapted to serve as a 'native' sonnet[12] and the clerical and other learned classes in Gaelic Ireland would have been familiar with the prominence of the sonnet, as well as of sonnet cycles, in the Catholic devotional literature of other languages, such as those by the Italian Vittoria Colonna D'Avalos (1492–1547) or the later French poetess, Anne de Marquets (d. 1588), whose *Sonets Spirituels*

CD ROM (Perthshire, 2005).   5 Seán Ó Gallchóir, 'Filíocht an Daill Mhic Cuarta', *Journal of the County Louth Archaeological and Historical Society*, 17:4 (1972), 201–14, at 202–6. 6 Ó Baoill & Ó Dochartaigh, *Trí rainn agus amhrán. CD ROM*, note 25.   7 Eamonn Ó Tuathail (ed.), *Rainn agus amhráin* (Baile Átha Cliath, 1925), pp 6–9; Ó Gallchóir, *Filíocht an Daill*, 205–6; Seosamh Watson, 'Short and (bitter) sweet – an 18th century Irish poetic genre in action', lecture presented at the *Fifteenth International Congress of Celtic Studies*, University of Glasgow, 13 July 2015.   8 Ó Baoill & Ó Dochartaigh, *Trí rainn agus amhrán*, p. 14.   9 Ó Gallchóir, *Séamas Dall Mac Cuarta*, p. 25, ll. 101–2.   10 Ibid., p. 64, ll. 167, 136 and 45, respectively.   11 Ibid., p. 50, l. 3.   12 Ó Baoill & Ó Dochartaigh, *Trí rainn agus*

The feast days of the Blessed Virgin

(*Spiritual Sonnets*, 1605) contains hundreds of religious sonnets, including no less than eighty-two on feasts associated with the Virgin. Closer to home we note that the sonnet sequence as a form may have been introduced into English by a follower of John Knox (d. 1572), namely Ann Vaughan Lok (d. after 1590), and was followed subsequently by numerous religious sonnet cycles in English, both Catholic and Protestant in character.[13] It has been noted in this connection that, while:

> [t]he dominant modes of spiritual verse in post-Reformation England were inspired by the Psalms ... [i]t has also been argued that the sonnet with its formal containment is well suited to the rigorous Catholic tradition on visualized scenes from the life of Christ as encouraged by the founder of the Jesuits, Ignatius Loyola.[14]

The choice of Mary as a theme for a major work was entirely in keeping with Séamas Dall's other efforts on behalf of Catholicism in Ireland since Devotion to Mary and promotion of her cause were a major item on the Counter-Reformation agenda – especially so after the Christian victory over the Ottomans at Lepanto (1571) – and it is clear from particular references in Séamas Dall's poem cycle that this was an area of Catholic doctrine currently under attack in Ireland. The fact that Mac Cuarta chose to compose a sequence of works in the 3R+A genre is also, as I have suggested, attributable to his familiarity – even at second hand – via the channels mentioned, with Marian devotional literature, particularly on the Continent where such devotional series were well known, including, as has been noted, cycles celebrating the Virgin's feast days. In one manuscript copy of Mac Cuarta's poems, unidentified by Ó Muirgheasa, the series (which is also recorded as dedicated to the Nine Orders) is indeed entitled the Virgin's feast days: *Moladh Mhuire ann a dtrí rann agus abhrán, naoi n-uaire in onóireachus na naoi n-órd atá i bhflaitheamhnas dá ngoirtear na Féilte Muire* ('Eulogy to Mary in three verses and quatrain nine times in honour of the Nine Orders that are in Heaven entitled The Feasts of Mary').[15] This latter title has proved something of a stumbling block to previous editors who were able to recognize only four of five major Marian feasts.[16] This I feel, however, need not be a cause of concern, as it seems clear that two of the sequence[17] can be taken as referring to the hitherto-unnoticed Feast of the Immaculate Conception, an identification the editors had failed to make. The initial work in the cycle of eleven poems is a general encomium on the Virgin and I would regard this as an

---

amhrán, p. 14.   13 Helen Wilcox, 'Sacred desire, forms of belief: the religious sonnet in early modern Britain' in A.D. Cousins & Peter Howarth (eds), *A Cambridge companion to the sonnet* (Cambridge, 2011), pp 145–65, at pp 146–7.   14 Ibid., p. 153.   15 Ó Muirgheasa, *Dánta diadha*, p. 115.   16 Ó Baoill & Ó Dochartaigh, *Trí rainn agus amhrán. CD ROM*, notes to no. 24.   17 Ó Baoill & Ó Dochartaigh, *Trí rainn agus amhrán*, pp 41 and 44, respectively.

introduction, or preamble, to the series as a whole. But we still have to reconcile the remaining ten poems with the plan of having nine poems on the Nine Orders. I see no solution to this particular question, except to suggest that Mac Cuarta's note above may perhaps have been made before the final poem in the sequence had been composed – or perhaps received in scribal circles.

There seems no doubt that Séamas Dall aimed to celebrate the actual feast days as sacred events through his poems, since to denote such festivals he appears to have pressed into service the term *cuirm* 'feast, banquet' (nos. *III, V, VI, VII*); cf. '*cuirm* ... anniversary (*cuirm an dóú lá fichead de mhí na Nodhlag*, the anniversary of 22 December)'.[18] This is spelt cuinim in manuscripts and its significance has apparently eluded editors since Ó Muirgheasa. It will be noted, however, from a close reading of the original texts, that sections of the verse have something of an extempore feel to them and it seems likely that Mac Cuarta had no detailed plan in their execution. Moreover, in view of this vernacular tone which the verse exhibits (especially the *amhráin* in nos. *IV* and *X* below), it would seem to me not unlikely that the project began in something of an informal way but that, once the number of poems composed had attained a decade (excluding the initial item), the cycle would have achieved a particular spiritual significance and, therefore, a natural conclusion. As the language of the poem cycle is both plain and direct it is likely that the poet had as a further objective the composition of oral devotional equivalents of visual foci such as the altars and statues set up throughout the country during this time, particularly by the Franciscans, 'small, well-hidden chapels or oratories where a hundred people at most could gather'.[19] Significantly, perhaps, a house in which the poet is believed to have lived is situated beside the megalithic tomb of Poll a Bhuidhe above Omeath, a location at which Mass was celebrated in penal days.[20] We are aware, too, from the folk tradition that at least one of Séamas Dall's poems was being recited into the twentieth century in south-east Ulster.[21] The devotional work in question, *An Dán Breac*,[22] appears to have been composed specifically with the aim of facilitating its commitment to memory by the common folk, as indicated by the fact that between each quatrain and its accompanying stanza, as likewise between each stanza and a succeeding quatrain, there is either incremental repetition or simply the echoing of a word or word pair. Instances of this from the present cycle are to be found in nos. *III, VII* and *X*. A technique

18 Heinrich Wagner, *Gaeilge Theilinn* (Baile Átha Cliath, 1959), p. 52. 19 Patrick Conlan, *Franciscan Ireland* (Mullingar, 1988), p. 51; see also the notes to no. *V* below. 20 Tony Nugent, *'Were you at the rock?': the history of Mass rocks in Ireland* (Dublin, 2013), p. 185. 21 Lorcán Ua Muireadhaigh, *Amhrain Shéamuis Mhic Chuarta* (Dún Dealgan, 1925), p. 27, discussed by Pádraigín Ní Uallachain, *A hidden Ulster: people, songs and traditions of Oriel* (Dublin, 2003), p. 343. On the basis of the connection with folk tradition I offer this paper in tribute to An tOllamh Ríonach uí Ógáin, formerly Director of the Cnuasach Bhéaloideas Éireann, friend and longstanding colleague, ever generous and genial, in the late Faculty of Celtic Studies, and thereafter, at University College Dublin. 22 See n. 2 above.

The feast days of the Blessed Virgin 113

of repetition, though in this case of line-initial words, is likewise employed in another didactic devotional work, *Páis Chríost* ('The Passion of Christ'),[23] composed in a loose form (*óglachas*) of *rannaigheacht mhór* with an envoi in *amhrán* metre. In view of the importance in Catholic devotion, as just noted, which was accorded visualized scenes from the life of Christ – and this is exactly what is presented by way of inspiration to the believer in the latter poem – it is likely that what we are dealing with here is another instance of the influence of the Continental Catholic devotional tradition.

THEMES

The cycle as we have it displays a number of major and minor – sometimes interrelated – themes running across a number of the poems. Some of these are, not unexpectedly, expositions of contemporary Catholic belief, as has previously been demonstrated.[24] A major one is Mary Ever-Virgin (*VI*), the **immaculacy** of whose conception enabled that of the Saviour, Christ. In this capacity she undid the guilt occasioned by Eve's theft of the **apple** in Eden (*II*), and her portrayal as an apple tree in one poem (*I*) is, therefore, of particular significance, as also her designation as divine vineyard (*Preamble*). Her appearance in this condition also ended the state of 'war' between God and humanity (*II, V*) which had been precipitated by the theft of the apple in Eden. Another main focus is that of her standing as the **Mother** of God which leads naturally to two further themes: one that she possesses **dwellings** – and attendant maids (*Preamble*) – in Heaven and is a Divine Queen. Mary's own personal celestial mansions / palace (*Preamble, I, II, IX*), therefore, provide a **portal** for the believers' sure entry to paradise (*I, II, V*). **Queen** of saints and angels, the Virgin is also called Queen of the **Nine Orders** and also their 'Lustrous Lamp' (*I, II*). Ultimately deriving from the sixth-century mystic Pseudo-Dionysius the Areopagite,[25] these are understood as the Nine Orders or Choirs of intercessory Angels, an idea which finds regular mention in Irish sources from the thirteenth century onwards.[26] Mary is also claimed as 'saving many orders' (*VI*). These orders still must have had a deal of importance in Mac Cuarta's era for they are mentioned throughout the cycle (*I, IX*). Indeed, as noted by one scribe, the series itself was held by some to have been dedicated to these orders. As Queen of **clerics** (*X*), she is referred to more than once as the one to whom **popes** address entreaties (*II, III*): how much more, therefore, the generality of believers who are exhorted

---

23 Ó Gallchóir, *Séamas Dall Mac Cuarta*, pp 49–50.   **24** See n. 5 above.   **25** Whitley Stokes, 'The Evernew Tongue', *Ériu*, 2 (1905), 96–162, at 162.   **26** References in Meidhbhín Ní Úrdail, 'Dán teagascach dar tús *A dhuine cuimhnigh ar do chríochaibh déidheancha*' in Stiofán Newman, Breandán Ó Cróinín and Liam Ó Páircín (eds), *Saoi na féile: aistí ar litríocht an ochtú haois déag in onóir d'Úna Nic Éinrí* (Dublin, 2018), pp 105–6.

throughout the cycle to '**follow**' her (*IV, IX, X*). Mentions of her 'followers' (*IV*) and to Orders under her rule may refer to contemporary church organization in the country. As **Queen of the universe** she reigns, under God's dominion, over all things. Presumably since Heaven 'of the clouds' (*VIII*) is pictured as being in the skies, the Virgin is at one point named 'Queen of the heaven-dwelling birds' (*X*). Interestingly, in one poem she is specifically mentioned as being worshipped by the **animal** kingdom (*V*). Mary's overwhelming **radiance** is continuously referred to (*Preamble, I*). She is called 'Queen of moon and stars' (*IX*), as also of the **sun** (*III*), to which she is constantly compared (*V*), and said vastly to outshine in brilliance (*Preamble, I, VI, IX*). In the same context, the Virgin is said to come 'with the candle of grace' (*II*). Outshining the stars also (*I, III*), she herself receives the appellation '**star**' from time to time (*VI, IX*); on one occasion she is called 'morning star' (*III*).

NOTES ON METRES

The quatrains of each poem in the series are composed in a loose variety (*óglácbas*) of the *dán díreach* metre known as *rannaigheacht mhór*, while nos. *IV* and *V*, two of the three on the Feast of the Nativity, are in *óglácbas* of *rannaigheacht bheag*, and *I* is in *óglácbas* of *séadna*. Many of the lines are hypermetric, with not a few hypometric lines also. The decorative devices *aicill* and *comhardadh* can often only be given effect to by applying a dialectal pronunciation to one word of the pair; indications of this are given in the notes to a particular poem where such features are present. None of the final stressed verses in the poems of the cycle exhibits any of the more recondite meters such as *snéadhbhairdne* which, as we know from his encomium on Pádraig Mac a Liondain (d. 1733),[27] Séamas Dall was capable of deploying. This, to my mind, is a further indication that the series was composed very much with the common folk in mind.

THE FEAST DAYS OF THE BLESSED VIRGIN

PREAMBLE

O Garland of the Patriarchs and daughter too,
o Saintly Mother who promises true,
but one shaft of your brilliant light
would outshine all suns forever!

---

27 Ó Dochartaigh & Ó Baoill, *Trí rainn agus amhráin*, p. 59.

The feast days of the Blessed Virgin

O Sweet Mary, O Joachim's Child,
choicest vine of God's own planting,
unnumbered hosts of maidens holy
stand in your citadel to serve.

Each one a queen, in your honour
crowned, everlastingly they offer
glory, day and night
to God's Mother.

O Highest Virgin, sweet Queen of all Saints
whose aspect far surpasses human ken;
o Mary, who angels fostered in your beauty bright,
hold grace for us, Mary, and pardon in your gift!

A Bhláth na bPatriarc is a iníon,
  a Mháthair na Naomh nach ngeallann bréag,
is go dtiúrfadh aon dealramh amháin ded thaobhsa
  soilse shíoraí do dhá ghréin!

A iníon Jáchim, a Mháire aoibhinn,
  a ghairdín fiona i bplandú Dé,
is go bhfuil naoi gcéad milliún míle
  de mhaighdeanaibh naofa i do chathair féin.

Coróin ghlórmhar ar gach ríoghain
  acu bhíos i d'onóir féin,
is gach iníon óg díobh de ló is d'oíche
  ag tabhairt glóir shíoraí do Mháthair Dé.

A Mhaighdean is airde, a Bhanríon mhilis na Naomh,
  agus moladh do bhláth go bráth nach dtuigeann an saol;
a loinnir na háille, ó táirse i do bhuime na n-aingeal,
  a Mhuire, faigh grása agus pardún dúinne i do líon!

NOTES

This introductory poem appears not to be connected with any specific feast day but is, rather, a general paean of praise, with an emphasis on the Virgin's exalted status, a depiction of her shining brightness, and an assurance of the reliability of her devotion. An interesting reference makes her God's own 'choicest vine', which calls to mind the parable of the Lord of the Vineyard and his son (Mt 20: 1–16), and signifies how Mary will bring forth the true wine in the shape of her Son. The poem concludes with a general appeal on behalf of believers. *Bláth na bPatriarc* may derive from a folk litany.[28]

1c *thaobhsa* (: *síoraí*).
2a *aoibhinn* (: *míle*).
4c *n-aingeal* (: *naomh, saol, líon*) indicate a monosyllabic pronunciation *iol*.

I. IMMACULATE CONCEPTION (8 December)

Welcome, Mary, on your patron day,
Queen of many mansions, sun's outshining,
dearest Maid immaculate,
she with burden from God – a Son within.

O portal open to celestial home,
effulgence brighter than every star,
of Heaven's Orders Nine the Queen
and everlasting mirror to humanity.

Bounty you were granted over all women,
a fosterling divine, a Son from the Most High.
Ponder we on that same tender maid,
God's own mother she in Heaven above.

High the price paid, O Mary, for your Son's release:
from sainted home to spars condemned he saved us;
o apple tree of nobility whose every wish Christ hears,
we both are human: gladly, then, raise up with you my soul!

Fáilte do phátrún an lae inniu,
  do bhanríon na mbrugh a neartaigh an ghrian,
an mhaighdean mhuirneach nár thuill guth
  is d'iompair ina hucht Mac ó Dhia.

Doras foscailte an tí aird,
  soilse is áille ná gach réalt,
Banríon ar Neamh na Naoi nGrádh
  agus scáthán Pharthais thoir is thiar.

28 Ó Baoill & Ó Dochartaigh, *Trí rainn agus amhrán*. *CD ROM*; cf. Ó Muirgheasa, *Dánta diadha*, pp 255–6 (e).

The feast days of the Blessed Virgin

> Do fuair Muire tíolacadh thar mhnáibh,
>   dalta as Parthas, Mac ón Triath.
> Cuimhnigh an mhaighdean mhuirneach bhláith
>   gurb í is máthair ar Neamh do Dhia
>
> A Mhuire thug fuascailt chrua as aitribh na Naomh,
>   do Mhac a dhul uait faoi chuaisne ar bhearaibh dár ndíol;
> a abhaill na huaisle fuair gach achainí ó Chríost,
>   beir m'anamsa suas gan ghruaim ós leat atá ár ngaol!

NOTES

Contrary to the views of previous editors I take the strong statement in the first quatrain *nár thuill guth* as an indication that this work is intended to celebrate the Feast of the Immaculate Conception. The Virgin, she of brightest countenance, is here lauded as God's mother, exalted above all women, 'of Heaven's Orders Nine', and depicted as the 'everlasting mirror' of Paradise. She is, significantly, described as *abhall na huaisle*, 'apple tree of nobility', in itself a reference to her instrumentality in undoing the guilt associated with the apple in Eden. Mary's own sacrifice in giving up her Son to his Passion is spoken of and she is presented as a portal to Heaven. The usual appeal in the concluding stanza is here a personal one and based on the common humanity of the Virgin and the poet.
2b *réalt* (: *thiar*).
4a *Naomh*, 4d *ngaol* (: *ndíol*, *Chríost*).

II. IMMACULATE CONCEPTION

> O Nine Orders' lustrous Lamp,
> o Maid, who purged old apple's guilt,
> o celestial wisdom's Queen divine!
> Deep in your debt the seed of Eve.
>
> Adam's Offspring richly served
> when the son of graces in peace drew nigh:
> to carry Earth, Heaven and man's Ransom,
> no small cargo in a woman's womb.
>
> She on whom call meek and mighty,
> she to whom pray priest and people,
> besought by bishops high in estate,
> she our surety on Day of Doom.

O Sweet Queen with Heaven's candle come,
o Mother of the Angels whose altar all new-fledged Popes adore,
if we weigh aught with you to our Father pray –
for your Babe's sake – our ticket to Paradise take.

A Lóchrann soilse na Naoi nOrd,
  a Bhanríon eolais Flaithis Dé,
a Mhaighdean do scaoil peaca an úill!
  Is mór do chúnamh do Shíol Éabh'.

Cúnamh saibhris do Shíol Ádhaimh
  mac na ngrás do theacht le síth:
Neamh is Talamh is Ceannaí cáich,
  is mór an lán ina hucht ag mnaoi.

Bean ar a nguíonn an trua is an tréan,
  bean ar a ngoilid cléir is tuath,
bean ar a n-éann na heaspaig árd',
  bean le mbiam slán Dé Luain.

A Bhanríon mhilis fuair coinneal na ngrás anuas,
  a Mháthair na nAingeal ar a ngoileann gach Pápa nua,
más áil leat sinne, déana guidhe ar an Athair gach uair
  is ar ghrá do Linbh glac bille go Parthas uainn.

NOTES

The Virgin is here described as the 'lustrious Lamp' of the Nine Orders, and 'celestial wisdom's Queen divine'. Her part in undoing the original sin of the apple, *a Mhaighdean do scaoil peaca an úill!*, is accorded some prominence and it is for this reason I ascribe the poem in question to the Feast of the Immaculate Conception also. The importance of Mary's womb's great cargo (*an lán ina hucht*) is stressed and the importance of her status underlined – for the sake of those inclined to doubt – by the fact that she receives entreaties from the lowly and the high (including, significantly, from 'all new-fledged Popes). The Virgin is pictured as descending from on high with a candle of grace and she is named as a surety for believers on Judgement Day. The concluding appeal is, curiously, depicted in the form of a 'ticket' (*bille*) offered for her presentation on their behalf.

1d *Éabh'* (: *Dé*).
3c *árd'* (after Ó Muirgheasa, *Dánta diadha*, p. 107) (: *slán*).
4b *n-aingeal* (: *ngoileann*), indicating dissyllabic as against poem X, 4c.
4c *guidhe*: (: *sinne*), with the same indication.

The feast days of the Blessed Virgin

III. MARY'S NATIVITY (8 September)

Today's feast, good our share,
God's Kingdom to us drew near:
a girl did Anne to Joachim bear
as lustrous as any star.

As morning star true token gives
that the bright sun draws near,
so Mary, ever maid, appeared,
in God's sight golden virgin.

Of three realms Christ souls redeems,
our King, our Judge, our kind's Creator:
the Virgin Mary's Son is such,
none ever of womankind her match.

Among women never more be sought her peer:
to her Rome's mightiest Pope appeals,
beseeching she confer celestial grace on them,
may the heavenly Queen implore that glory us enfold!

Cuirm an lae inniu, maith an roinn,
  do dhruid linn Ríocht Dé:
do rug Anna do Jáchim iníon
  is samhailtear í leis an réilt.

Réalt na maidne mar do ghní
  theacht le fírinne roimh an ghréin,
do tháinig Muire is í ina hóigh,
  ina maighdin órga i gcoinne Dé.

Ceannaí anmann na dtrí saol,
  Breitheamh, Rí is Cruthaitheoir cáich:
cibé maighdean ag a bhfuil mar Mhac,
  is mairg a shamhail Muire le mnáibh.

Muire le mnáibh ná gnáthaítear a samhail níos mó:
  is go ngoileann go hard uirthi an Pápa is treise sa Róimh,
á guidhe chun grása ón Athair do sheachadadh dóibh
  is le aon achainí amháin gheibh Bánríon Neamha dúinn glóir!

NOTES

This constitutes one of the three poems in the cycle dedicated to the Feast of the Blessed Virgin's Birth, with the term *cuirm* being used specifically in this one. Mary's shining radiance is accorded prominence in the work: she is a golden virgin in God's sight, and is given the likeness of a star. Further, the Virgin is specifically identified with the morning star whose appearance truly heralds the sun's coming. The 'volta', as it were, comes with l. 12 , and is fully developed in the closing stanza with a warning not to compare her to other women. She is, we are told, besought in prayer by those in high places, including Rome's mightiest Pope. In place of a concluding appeal we are reminded that the Virgin's prayer is able to secure Heaven for believers.

1a *Cuirm* (after Ó Muirgheasa, *Dánta diadha*, p. 106).
4c *Athair* [= *á'ir*] (: *grása*).
4d *Bánríon* (: *amháin*).

IV. MARY'S NATIVITY

On this tide a maid was born
earth's souls from pain to free;
now she reigns celestial queen:
in her the Christ child dwelt.

Of all who to her paid devotion
never one did she overlook:
nor any soul of them dismissed
to dwell with Devils low.

Vain to seek the woman ever
with this Virgin to compare:
all earthly sovereigns far eclipsing,
most mighty one of womankind!

O woman who openly her name disown
ponder how Mary nurtured God's own Son;
foolish wench! if you had fostered a son,
not idly would he falsehood hear of you!

Do rugadh maighean faoin am-sa
   chum fuascailt na n-anmann as piantaibh;
'tá inniu i bhFlaitheas 'na banríon:
   is is aici do chónaigh Críosta.

The feast days of the Blessed Virgin 121

> *Aon duine riamh dá leanmhantaigh*
> *ní dhearna dearmad díofa:*
> *níor lig a n-anam a dhamnú*
> *le spioradibh deamhnaí an íochtair.*
>
> *A mhaireann de mhnáibh ar talmhain*
> *níorbh fhiú a samhlú don inín-se:*
> *is gur treise maighdean dá bantracht*
> *ná na céadta banríon shaolta!*
>
> *A bhean do ghní an tréas agus thréigeas Muire os árd*
> *is gur dise do ghéill Mac Dé ina buime is 'na máthair;*
> *dá mbíodh dalta agat féin, 'rú, a chéirseach amaideach mhná,*
> *níor charaid dó an té a dhéanfadh éagóir ortsa ina láthair.*

NOTES

The initial quatrain of this piece on the Virgin's Birthday has something of the flavour of a Christmas carol. We are reminded in the poem of her shining brightness and that, inasmuch as she was the vessel which held Christ, she was instrumental in man's salvation. An interesting term appears in the opening line of the second stanza where Mary's followers (*leanmhantaigh*) are referred to, indicating, perhaps, that believers in Ireland had some form of (semi-)organized attachment to her devotion during this period. We are assured that she will never despise such people nor abandon them to perdition. The Virgin, it is said, far eclipses all other women and is exalted above earthly kings. The closing stanza is undoubtedly the most interesting section of the poem in that it illustrates a contemporary situation where individuals were clearly disparaging Mary in public. The verse takes the form of an attack *ad feminam* – though it does not name the woman – on one such detractor and threatens retribution for the Virgin's sake by her Son. The customary final appeal is here replaced with the warning.
1c *banríon* (: *aici*).
4b *máthair*, 4d *láthair* (: *ard, mhná*).

V. MARY'S NATIVITY

> On today's feast St Anne did bear
> to Joachim husband Virgin Blest,
> that Queen in greatest splendour:
> to Paradise our portal, she.

A maiden fair and sunlit,
celestial, generous, undefiled,
lustrous, illumined and divine
who for our souls God's grace did win.

O radiant beauty, deny us not
your help that from the dead we rise!
Dumb creatures all do worship you
for love of your own Son.

Four thousand years on man God warred
for apple's sinning – sad rift of Adam made –
till God through his Word made this son for Passion,
borne by our lustrous Lady, from sin's stain freed.

Cuirm an lae-sa rug Anna
　an mhaighdean bheannaithe do Jáchim,
an ríon a d'iompair gach solas:
　is fuair dúinne an doras go Parthas.

Óg-Iníon dhealbhach, ghrianmhar
　mharthanach, fhialmhar, gheanmnaí,
shoilseach, dhealrach, dhiaga
　gheibh carthanacht Dhia dár n-anmain.

A áille an tsolais, ná diultsa
　cuidiú ár múscladh ó mharbhaibh!
Is ar ghrá do Mhic go ndéanaid umhlacht
　duitse na dúile balbha.

Ceithre míle bliain bhí an Tiarna i gcogadh le cách
fá abhail an Triatha – mo chian gur briseadh le hÁdhamh –
nó gur ghin Dia le briathraibh an Mac-sa fuair páis,
is gur iompair ar siar, an ghrian gan pheaca gan smál.

NOTES

This final poem on the Feast of the Virgin's Birthday, which likewise employs the term *cuirm*, stresses in exuberant language reminiscent of a love poem the great brilliance of her countenance, with the term *grianmhar* employed. Mary is again referred to as undefiled, a portal to Paradise, and we are told that she won grace for mankind. Her immaculacy is called to mind and also how this condition, added to her having borne a divine Son destined for Passion, brought to an end the Almighty's warfare with humanity, occasioned by the original sin with the apple. A most interesting feature of the poem – and possibly an indication of Franciscan influence – is the reference to dumb beasts which, through the agency of her Son, worship the Virgin: *ar ghrá do Mhic go ndéanaid umhlacht / duitse na dúile balbha*.

1a *Cuirm* (after Ó Muirgheasa, *Dánta diadha*, p. 113).
1d *Parthas* (: *Jáchim*).
2b *gheanmnaí* (: *n-anmain*), 3b *mharbhaibh* (: *balbha*). In accordance with the metric requirements of *rannaigheacht bheag* these svarabhakti forms require to be treated as dissyllables.

VI. ANNUNCIATION (25 March)

Heartfelt joy let us utter now
at Christ's appearing in Mary's womb:
on today's feast the angel came
a maid to greet, both blest and great.

Words of the Father come to pass,
by angelic child fulfilled:
our souls he ransomed, not with gold
but Heaven-spilt blessed blood.

Most sovereign Maid immaculate,
Queen, beyond reproach of any,
by God above His vessel chosen,
beyond womankind, pure radiant star.

Star of radiant crystal, suns outshining,
angelic star of virtue stainless,
brilliant, clearest star of God's own making:
Mary, our own star, all orders frees from pain.

Déanamaois gairdeachas ar mhian
  le teacht Íosa in ucht na hóigh':
cuirm an lae inniu tháinig an t-aingeal
  ag fáiltiú don inín bheannaithe mhóir.

Briathra an Athar ag teacht chun crích',
  dalta na n-aingeal a cheartaigh an riail:
ceannaí ár n-anmann, is ní le hór
  ach fuil bheannaithe a dhóirt ó Dhia.

Maighdean, Banríon, bean gan mhairg,
  Ríon nár thuill meirg ó chách:
is aici ó Neamh do chónaigh Dia
  mar fuair an réalt glan thar mhnáibh.

Réalt is glaine ná an criostal fá dhó is an ghrian,
réalt na nAingeal nár milleadh a hóighe riamh,
réalt is gile is is finne dár chóirigh Dia:
is í an réaltsa, Muire, gheibh iomad na n-ord as pian.

NOTES

This, the first of two poems for the Feast of the Annunciation and referred to once again here as *cuirm*, calls for general rejoicing. Man has been ransomed not by gold but blood, spilt at God's command. The Virgin was God's chosen vessel because she was immaculate. The final stanza speaks again of her radiant light: all four lines call her a star, and she is lauded in a manner reminiscent of the traditional love song: *réalt is gile is is finne*. In place of the customary final appeal we have the statement that she will deliver all orders from damnation.
1a *Déanamaois*: 1 pl. imperative (after Ó Muirgheasa, *Dánta diadha*, p. 108) makes better sense here than indicative *Déanaimid* (Ó Baoill & Ó Dochartaigh, *Trí rainn agus amhrán*, p. 45).
1c *cuirm* (after Ó Muirgheasa, *Dánta diadha*, p. 108).
1c *aingeal* (: *inín*).
3d *réalt* (: *Dia*).
3d *thar mhnáibh*: (after Ó Muirgheasa, *Dánta diadha*, p. 108).
4b *n-aingeal* (: *glaine, gile, Muire*).

VII. ANNUNCIATION

Today's feast, mankind's redemption,
when Heaven's noble Son descended;
with Mary, ever Virgin, come to dwell,
parting never more till Passion Day.

Salvation to all nations bearing,
hateful Hell she did cast down;
to every prophet brought redemption,
she who Heaven and earth made glad.

To you I pray, o youthful girl,
placing my whole trust in you:
that I may not to Hades hie
where reign regret full sore and searing fire.

There scorching heat and longing unrelieved,
with constant mournful sighs past death enduring,
where fierce flails scourge by Lucifer's command:
from all their great clamour, meekest Queen, my soul protect!

Cuirm an lae-sa tháinig anuas,
 Mac na huaisle a cheannach cháich;
ag Muire Óigh do rinne cuairt,
 níor scar sí uaidh go bhfaca an Pháis.

Bean thug sábháil do gach slua,
 rug buaidh ar Ifreann dhaor;
bean thug fuascailt do gach fáidh,
 bean ler sásaíodh Neamh is an saol.

Guím thusa, a iníon óg,
 ós diot do ghním dóigh, a shiúr:
ná lig mé go hIfreann leo
 mar a mbíonn dóghadh, loscadh is tnúth.

Le loscadh, le tnúth gan súil re sochar go bráth,
ach ag osna go dlúth faoi smúid is gan chabhair ón mbás,
faoi chogadh na súistí is Lucifer á mbrostadh go hard:
a Bhanríon na humhlaíochta, cumhdaigh m'anamsa ón ngáir!

NOTES

In this second poem of the pair celebrating the Annunciation, and the last of those which refers to the Feast Day as *cuirm*, we are reminded of how the Blessed Virgin was in constant communion with Christ up until his Passion. Mary, we are told, saved all peoples, conquered hell and freed every prophet, satisfying both Heaven and Earth. The final appeal – here a personal one – normally found in the last stanza is made in quatrain 3, and then repeated in the final verse in *amhrán*. Both set forth the pains of Hell from which the poet entreats deliverance. These include the onslaught of demons with flails.

1a *Cuirm* (after Ó Muirgheasa, *Dánta diadha*, p. 112).
3d *dóghadh* (after ibid.)

VIII. PURIFICATION (2 February)

With forty days now past
the Queen of cloud-borne Heaven went
to make offering to the Father
into temple with the Son of God.

There stood the sightless Simeon,
venerable seer, old in years,
of whom the prophets had foretold
he would meet Christ before death came.

Jesus he took in both his hands
from the breast of the Queen of Heaven of the saints:
'o Light of the World, since we were fated
in this life to meet, end now my pain!'

O Virgin most cherished who bore both God and Child,
o Queen whose glance outshines over-reaches the sun,
o Queen of all Orders following your rule,
o Supplicants' Mother, seek succour for my soul!

Ag seo ceann an daichead lá
  a chuaigh Banríon Neamh na néal
a dhéanamh íobartha don Athair
  isteach don teampall le Mac Dé.

Do bhí Simeon, fear gan treoir
  ina sheanduine phróimhidh, is é in aois,
is iad na fáithe do thairgir dó
  go mbeadh beo go bhfaicfeadh Críost.

Beireas ar Íosa ina dhá láimh
  as ucht Banríon Neamh na naomh:
'a Shoilse an tSaoil, ós domh a bhí i ndán
  d'fheicsin slán, lig mé as pian!'

A Mhaighdean is muirní d'iompair Mac agus Dia,
a Ríon is cuimsí, shoilsí amharc ná an ghrian,
a Bhanríon os cionn gach oird dá leanann do riail,
a Mháthair na hurnaí, coimrí m'anam-sa iarr!

The feast days of the Blessed Virgin

NOTES

This poem, the only one celebrating the Purification, opens with a mention of the passage of forty days and the three quatrains are taken up with recounting the meeting between Simeon and the Virgin and Child. The final stanza speaks of Mary carrying a Son who was Divine in nature and, at the same time, the poet praises her brilliant radiance which outshines the sun, referring to her as the Queen of all Orders that follow her rule. There is a clear parallel between Séamas Dall's appeal in the last line for Mary to seek his soul's succour and that of Simeon to the Christ Child that he release the old seer from pain.

3b *naomh* (: *pian*), indicating pronunciation *í*.

4b *is cuimsí, soilsí* rather than *shoilsigh* (Ó Baoill & Ó Dochartaigh, *Trí rainn agus amhrán*, p. 48).

4c *oird* (: *muirní, shoilsí, coimrí*), indicating pronunciation *ï*.

4d *coimrí m'anama-sa iarr!* rather than *coimrí m'anama, is iarr* (Ó Baoill & Ó Dochartaigh, *Trí rainn agus amhrán*, p. 48). *Coimrí* is here taken as a substantive with the meaning 'protection'; cf. Patrick Dinneen, *Foclóir Gaedhilge agus Béarla. An Irish-English dictionary* (Dublin & Cork, 1927), *coimirce* s.v.

IX. ASSUMPTION (15 August)

The Father's welcome to you first,
o tender maid whose child was God;
nine Orders then their welcome add
on this day of your ascension.

What other maid who bore a son
then rose, still virgin, to the skies?
Save only Mary, no-one ever
in soul and body borne above.

All transcending, praise we Mary,
she who bore Creation's King!
For her lay open door to Heaven,
by way of grace, repentance shown.

Mary, our queen, who bore and nurtured God,
arrayed in beauty, peerless radiant star,
the Father beg, whose mansion high you share:
to pain at demons' hands He call me not!

Fáilte an Athar duit ar tús,
  a Mhaighdean mhúinte darb oighre Dia;
fáilte ó na Naoi nOird faoi seach
  ós inniu atá ar Neamh do thriall.

Cé hí an mhaighdean do rug mac
  agus tógadh suas ar Neamh ina hóigh?
ach amháin Muire ní dheachaigh bean
  idir chorp is anam isteach sa ghlóir.

Cár bheag an moladh do Mhuire amháin
  í a bheith ina máthair ag Rí na nDúl!
Gur di a foscladh doras Phárthais,
  fuair slí na ngrás chun aithrí dúinn.

A Mhuire is a Bhánrion, a Mháthair is a bhanaltra Dé,
is a loinnir na háille dheálraios solas na réalt,
guigh thusa ar an Athair thug pálás Neamha duit féin
gan mise a bheith gártha i láimh na ndeamhan ná i bpéin!

NOTES

In this, the first, of two poems on the Feast of the Assumption, Mary is welcomed by God as well as by the Nine Orders. Believers are reminded that she is the only Virgin who bore a child and was then transported both physically and spiritually to Heaven, an act which has opened the way to grace and repentance. Her great radiance is once again praised, as is her celestial mansion, and the piece concludes with a personal appeal by the poet that she help him escape the clutches of Hell's Demons.
3c *Phárthais* (: *ngrás*).
4a *bhánríon* (: *mháthair*).
4b *dheálraíos* (: *áille*).
4c *Athair* (: *pálás*).
4d *láimh*: (after Ó Muirgheasa, *Dánta diadha*, p. 106).

X. ASSUMPTION

O Virgin in our shape created
in Heaven's mansions all divine,
blest you are above all women,
your only son too blest in his abode.

The feast days of the Blessed Virgin

To Godhead glory: Spirit and Father!
To them praise forever be!
Blest the Virgin to them ascending,
fain we'd follow her on high!

Leave to follow her I'd seek,
the Queen, best nurturer of saints;
proudly tread we in your path,
heaven and earth you worship owe.

Of heaven-dwelling birds and saints' quarters Queen,
Queen, too, of sun, stars, moon and universe,
Church's Queen, Fosterling of the angels,
and Son of God's own Mother o'er Protestants supreme.

A Mhaighdean do fuair cré dár ngaol
  leat go naofa ar Neamh na néal,
is beannaithe thusa thar gach mnaoi,
  is is beannaithe d'Aon-Mhac ina chathraigh féin.

Glóir don Athair is don Spiorad Naomh!
  Is moladh araon leo gach uair!
Is beannaithe an Mhaighdean do chuaigh ina ndáil
  is is doiligh do chách gan a leanúin suas

Leanfainn féin dá bhfaighinn a cead,
  an Ríon do ghní leas na naomh;
is neamhnáir dúinne triall ina déidh,
  bean dá ngéilleann Neamh is an saol.

Banríon ar éanlaithibh an aeir is ar Fhlaitheas na Naomh,
Banríon na gréine, réalta agus gealaí gach taobh,
Banríon na cléire – is léithe Dalta na n-aingeal,
agus Máthair Mhic Dé nach bhféadann na Sasanaigh a cloí.

NOTES

This second poem for the Feast of the Assumption opens with a metrical version of the Ave Maria, followed by a similar treatment of the beginning of the Doxology. The poet longs to follow the Virgin on her journey heavenward, she who is the Nurturer of Saints, Mother of God in the form of His Son, Queen of Heaven's saints and bird flocks. As Queen of the Universe, the faithful are assured, Protestants (*na Sasanaigh*) will never succeed in overthrowing her – this final line indicative, surely, of the same type of doctrinal dissension we are made aware of in the debate constituting another of the poet's works, *Cúirt na Féile*.[29]

1d *aonmhac* (: *mnaoi*).

4c *n-aingeal* (: *naomh, taobh, cloí*), indicates a monosyllabic pronunciation *íol*.

---

[29] See n. 7 above.

'An unique and very curious book': Irish song manuscript RIA 23 F 22

NICHOLAS CAROLAN

What may well be the first collection of Irish-language traditional songs to include the music as well as the words of such songs is in an unsigned manuscript held in the Library of the Royal Irish Academy (RIA) in Dublin.[1] It is catalogued by the Library as manuscript 23 F 22.[2] Given that most collectors of songs in Irish, almost to the present day, have recorded only the words of their acquisitions, and that those few collectors who were focused on melody typically neglected to preserve the song words, the marriage of melody and words this early collection contains gives it a special value. Compiled about the beginning of the nineteenth century, it would attract the attention of the major Irish traditional music collectors of the later century and they would copy from it. For the interest of Ríonach uí Ógáin, a friend and colleague whose lifework has included important contributions to the study of Irish traditional song in Irish, the collection and its history are described here in outline.

Manuscript 23 F 22, a hardbound folio paper volume of 248 pages, contains a miscellany of 122 unsourced songs and poems written, with one exception, in a single hand.[3] The paper of the manuscript is of the same type throughout. The majority of the verse texts have titles and are recorded with their music (58 staff notations), or are accompanied by a direction that they are to be sung to the preceding staff notation (16) or to a melody indicated by title only (23).[4] Two songs have blank staves with no music written; music presumably existed for them. At least ninety-nine items of the collection are therefore songs rather than poems. The music, which comes before the words, is clearly and more-or-less accurately written on hand-drawn staves with the words of initial verses underlaid. There is not however an exact note-to-syllable correspondence in the presentation; a certain amount of creative adjustment of words to music was expected of the reader. The verse texts are in an idiosyncratic and crabbed Gaelic script with an occasional word in Roman longhand and a few verses translated into English; the orthography is often poor.

---

1 It is necessary to be tentative since Irish-language manuscripts have yet to be comprehensively catalogued, especially those of the National Library of Ireland (NLI). 2 Thomas F. O'Rahilly et al., *Catalogue of Irish manuscripts in the Royal Irish Academy* I–XXVIII (Dublin, 1926–70), xvi–xx, pp 2092–9. 3 The exception is a poem by Tadhg Ó Neachtain in a second anonymous hand (p. 130). The songs and poems occupy 109 pages of the manuscript; most pages are blank. The first nineteen items are unnumbered; the remainder are numbered continuously from 19 [*sic*] to 119 and are followed by two

The collection comprises an essentially eighteenth-century repertory, created mainly by unidentified songmakers but including some who are named. Those identified are the famous Connacht-based harper-composer Turlough Carolan (1670–1738), Eoghan an Mhéirín Mac Cárthaigh (1691–1756) of Cork, 'An Mangaire Súgach' (Andrias Mac Craith, c.1709–c.1794) of Limerick (with the most attributions), Richard Barrett (c.1739–1819) of Mayo, and the lesser known Uilliam an Drawer Ó Meachair of Tipperary, Philip Gibbons of Kilkenny, Muiris Ó Gríobhtha of Limerick, the 'Bromach' Murray of possibly Tipperary, and Domhnall Faraire Ó Gormáin of possibly Clare.[5] Nine-tenths of the songs carry no attribution. It cannot be said that these are necessarily older than those ascribed to individuals, but they must tend to be: their creators have been forgotten. They include early versions of songs still sung, such as 'Caitlín Triall', 'Péarla an bhrollaigh bháin', 'An binsín luachra', 'Seán Ó Duibhir an ghleanna', and 'An páistín fionn'. Although no melody is attributed to a composer, the understanding doubtless is that the melodies of those songs attributed to Carolan were composed by him.

The manuscript is undated by hand but a watermark of 1808, appearing several times throughout, provides a starting date for its compilation in this form. It does not give the impression of having been written piecemeal, rather of being the result of consistent effort. It is likely therefore to be a fair copy, made, in the common manner of music manuscripts, from earlier transcriptions. Internal references to 'Miss Brooke' and 'bolg a tsoillear. uimhir a haon' may indicate the 1790s as the period of the scribe's earlier interest in this material: Charlotte Brooke's pioneering Irish-language collection *Reliques of Irish poetry* was published in Dublin in 1789 and *Bolg an tsolair*, a Gaelic magazine of United Irishmen sympathies, was published in Belfast in 1795.

Given the directions to named but unwritten melodies that were obviously known to the compiler of the manuscript, the collection is doubtless a private one, made for the compiler's own purposes. As a collection of popular songs in circulation in the years around 1800, it naturally contains versions of lyrics and melodies of songs recorded elsewhere, but it is an original collection, seemingly drawn for the most part from oral tradition.[6] Many of its songs are not found otherwise and, as far as can be established, the manuscript is not a copy of another manuscript nor has it been copied from print.[7] The compiler's interests

---

unnumbered items. The manuscript also contains a contents list and some stray notes written by a later owner, James Hardiman (see below).   **4** Melodies are written in undemanding keys with from none to three sharps or none to two flats.   **5** James Hardiman attributes the song 'Domhnall na gréine' to a Duffy of Mayo in a note (p. 102).   **6** The poems as distinct from the songs are more likely to have come from manuscript sources. They may have been – as the probable scribe, Edward O'Reilly (see below), says about the first manuscript he ever wrote – 'faithfully copied from such books as then came my way', rather than written directly from oral tradition (RIA 23 H 1, 174). By 'books' O'Reilly meant manuscripts.   **7** See Aloys Fleischmann et al., *Sources of Irish traditional music, c.1600–1855*, 1–2 (New York, 1998); O'Rahilly et al.,

12.1 'Bacach i lár Aonaigh', RIA MS 23 F 22 (by permission of the Royal Irish Academy © RIA).

are recreational: men's love songs form the largest content category by far, with a sprinkling of women's love songs. There are songs praising geographically scattered places and people, a number about drinking and the wandering life, a handful of comic songs and laments, and an occasional work song. Only three or four are political.

The first person known to have been associated with the collection is Edward O'Reilly (Éadbhard Ó Raghallaigh, 1765–1830), a Dublin apothecary with Meath and Cavan connections, who was the assistant secretary of an antiquarian grouping which formed the Iberno-Celtic Society in Dublin in 1818.[8] This society had among its stated objects 'collecting, transcribing, illustrating, and publishing the numerous fragments of the laws, history, topography, poetry and music of ancient Ireland'.[9] An avid collector from the 1790s of Irish historical and literary manuscripts, most of them written in the Irish language, O'Reilly had learned to read and write Irish and had become an active and painstaking scribe, although he was not, reputedly, fluent in the spoken language. His substantial and important accumulation of manuscripts was the source-bed for his several publications of 1817–20: an Irish-English dictionary, an Irish grammar and a descriptive catalogue of writers in Irish. He was also musical: his anonymous obituarist says that 'Mr O'Reilly added a considerable skill in music to his other self-acquired attainments'.[10] At his death his collection included 'a well toned German flute', a 'set of bagpipes', and a printed and manuscript music collection of flute, pianoforte and vocal music.[11]

On the face of it, O'Reilly is the prime candidate for being the anonymous scribe who compiled 23 F 22. George Petrie (1790–1866), a fellow member of the Iberno-Celtic Society who would become the doyen of nineteenth-century collectors of the music, referred to him as the scribe and Petrie's personal witness

---

Catalogue of Irish manuscripts in the Royal Irish Academy; Standish H. O'Grady, Robin Flower, *Catalogue of Irish manuscripts in the British Library [formerly British Museum]* 1–3 (Dublin, 1992 reprint of London, 1926–53); and other similar catalogues. The melodies of the manuscript which are closest to those found in print are naturally of strong melodies resistant to variation, such as 'Eibhlín a rún', 'An chúileann', 'Tiarna Mhaigh Eo', and 'An seanduine críona'.   8 Recent (summary) biographies of O'Reilly are by Lesa Ní Mhunghaile in the online *Dictionary of Irish biography* (dib.cambridge.org) and by Diarmuid Breathnach and Máire Ní Mhurchú in the online Irish-language biographical database ainm.ie. See both resources for similar biographical entries by other writers on many of the individuals referred to below.   9 Séamus Ua Casaide, 'Patrick Lynch, secretary to the Gaelic Society of Dublin', *Journal of the Waterford & South-East of Ireland Archaeological Society*, 15 (1912), 58.   10 *The National Magazine*, 1:4 (Dublin, Oct. 1830), 477.   11 *Catalogue of the library of the late Edward O'Reilly, Esq. of Harold's Cross ... to be sold at auction ... 33 Anglesea St ... 30 Nov. 1830 and following days ....* Charles Sharpe, auctioneer, lots 1002–3 and 1011–14. A pencil annotation in the RIA copy of the catalogue formerly owned by William Elliott Hudson (for whom see below) shows that the manuscript was sold for '0–9–6' (RIA MR/14/AC/640). A manuscript 'second edition' of the printed catalogue was prepared in 1847 in Dublin by John O'Daly (1800–78), the well-known bookseller and publisher of Irish-language song, but he adds nothing to the original sale catalogue entry (RIA 24 M 13).

may be relied upon. He had, he says, copied in about 1838 or 1839 the melody called 'The old coulin' from 'a folio manuscript volume of Irish songs and tunes written by Edward O'Reilly, the Irish lexicographer'.[12] This is the first melody in 23 F 22. An untitled tune in Petrie's own manuscripts is ascribed 'From E. O'Reilly's M.S.'.[13] This is 'An tsean bhean camhgrach/criona' in 23 F 22, differently barred.[14] Petrie also states that the O'Reilly manuscript from which he had copied the first tune had 'passed into the hands of the late James Hardiman, and thence to the library of the Royal Irish Academy, in which it is now preserved'.[15] This too indicates 23 F 22.

Another of his contemporaries also explicitly connects Edward O'Reilly with the compilation of music in manuscript, and with a collection which was in existence in the 1810s. Writing in 1841, Henry Hudson (1798–1889), a Dublin dentist who was a collector and editor of Irish traditional music, says about a melody that he is publishing:

> This is drawn from a MSS. book compiled years ago, which we shall call the 'Farmer and O'Reilly collection'. Edward Farmer was a country schoolmaster who settled in Dublin ... and taught (among other things) the Irish language. About the year 1817, he reckoned among his pupils, some, who, desirous to acquire a knowledge of the language, were no less anxious about the music of their country ... he did not neglect to stimulate them to purchase the ... Irish-English Dictionary ... then recently published by Edward O'Reilly. O'Reilly was found in a small house at Harold's Cross: he, in addition to the copy of his dictionary, communicated a collection of native airs. From this, and from others handed by Farmer, the collection in question [Hudson's] was made up, with the addition of several airs noted down at the time, as sung by people in the country. Both these men have long since paid the debt of nature. They lived and died in want and neglect.[16]

From this it is clear that there was not an original single 'Farmer and O'Reilly collection' but that it was a name given by Hudson to an early personal manuscript collection of melodies made by him from both men separately and

12 Letter of 1 June 1863 from Petrie to the music collector James Goodman, quoted in William Stokes, *The life and labours in art and archaeology of George Petrie LLD, MRIA* (London, 1868), p. 350.   13 NLI MS 9280, 483.   14 p. 94. Petrie may also have copied the music of 'A fuisce mhuirnin se mo ghradh fein thu' from 23 F 22, 90, although he does not say so. If he did, it was the source for its publication by Francis Hoffman (ed.), *Ancient music of Ireland from the Petrie collection* (Dublin, 1877), p. 121. The second set of 'The song of Una, very ancient' in Petrie's manuscripts (NLI MS 9279, tune 39) came to Petrie from Hardiman ('From an old MS given me by J. Hardiman') but it is not in 23 F 22.   15 As note 12.   16 *Citizen; or Dublin Monthly Magazine*, 3 (Jan. 1841), 63. For Henry Hudson, his brother William Elliot Hudson, and others of their circle, see James O'Brien Moran, 'Paddy Conneely – the Galway piper: the legacy of a pre-Famine folk musician' (PhD, University of Limerick, 2006).

with additions noted from singers by himself. O'Reilly is the one with a music collection and Farmer the source only of some individual melodies. By 1841, Henry Hudson seemed confused about the date of copying. Into one of his own music manuscripts, written about that same year, he fair-copied seventy-eight airs which were 'taken down accurately (errors included) from O'Reilly's MSS collection by H.H. – 1812'.[17] Hudson makes no other mention of Farmer here or elsewhere in his music manuscripts or published writings on music, but he does frequently refer in the *Citizen* to O'Reilly and his music collection. The airs copied by Henry Hudson from O'Reilly's collection in the 1810s are not those of 23 F 22.[18] But they may be from another music manuscript which O'Reilly owned: notes in 23 F 22 by the original scribe refer the reader to a 'musick book marked A'.[19] This is not known to survive.

Edward O'Reilly certainly owned 23 F 22. It appears as entry 196 in his March 1825 catalogue of his manuscripts, described (although not by him) as 'A collection of Irish songs, principally by Carolan, a considerable number of them set to music – selected by Mr Edward O'Reilly'.[20] The handwriting of the verse texts in the manuscript resembles that of O'Reilly as it is found in other verse manuscripts signed by him.[21] If he is its compiler, the collection would probably belong in its origins to the years before 1800 when he had developed some competency as a scribe.

After O'Reilly's death and doubtless purchased at the sale of his library in November 1830, manuscript 23 F 22 came into the possession of James Hardiman (Séamas Ó hArgadáin, 1782–1855), the Mayo-born archivist, historian, solicitor and librarian.[22] Hardiman had also been a member of the

---

17 NLI MS 7259, after tune 78. The date of 1812 is not a slip of the pen for the 1817 of the *Citizen* extract as Hudson writes it more than once in his manuscripts. Possibly 1812 was a date given by O'Reilly himself in his collection. But 1817 was the year in which he published his *Sanas Gaoidhilge-Sagsbhearla. An Irish-English dictionary* in Dublin and it was therefore the year of Hudson's access as he describes it.   18 The two sets of tunes have some few versions in common, but only one tune, 'Péarla deas an tsléibh bháin', is next to identical in both.   19 pp 51, 100.   20 RIA 23 H 1, 306. This entry, on the last page of the catalogue, was added by a third party when a printed catalogue was being prepared for the sale of the collection in 1830. It is duplicated there with the addition only of 'MS'. Contrary to the entry, the songs are not principally by Carolan, but his was a well known name which would have added to the sale value of the manuscript.   21 RIA 23 I 2 and 23 Q 2. But Lilian Duncan, the author of the RIA catalogue entry on 23 F 22 (note 2 above), considered it 'scribe unknown'. Two of O'Reilly's sons, Patrick and Miles, both of whom predeceased him, were Irish-language scribes but neither dealt with verse material (RIA 23 H 1, 134). Pádraig Ó Néill in Kilkenny and James Cody in Belfast, two contemporary Irish-language scribes who could also write music in staff notation, and whose main music manuscripts are held in the NLI and the Library of Queen's University Belfast respectively, can be eliminated on grounds of handwriting.   22 See Críostóir Túinléigh, 'Séamas Ó hArgadáin (1782–1835)', *Galvia. Irisleabhar Chumann Seandáluíochta is Staire na Gaillimhe*, 3 (1956), 47–61; Marie Boran, 'James Hardiman: book collector' in Elizabethanne Boran (ed.), *Book collecting in Ireland and Britain, 1650–1850* (Dublin, 2018), pp 104–15. Some of O'Reilly's manuscripts were purchased by the RIA in 1830, but not 23 F 22.

Iberno-Celtic Society. Ironically, O'Reilly had regarded him as an enemy.[23] In the field of Irish traditional song, James Hardiman is best known for his ambitious landmark 1831 publication *Irish minstrelsy*, a collection of the words of some seventy Irish-language poems and songs of the seventeenth and eighteenth centuries, with an extensive introduction and notes by Hardiman and versified translations into English by others.[24] Less well known are other important contributions made by the affluent Hardiman in Irish traditional music: his collecting of song words and song information, his collecting and preserving of song manuscripts, his financing of field-collectors of song and of scribes and bookbinders in the making of song manuscripts, and his patronage of musicians. Manuscript 23 F 22, mirroring the nature of the *Minstrelsy* and adding substantially to the contents of his other song manuscripts, fitted into his interests and had the unique dimension in his collection of notated song melodies. Although it was in his possession by the time of the appearance of the *Minstrelsy* in 1831, he did not draw on it for the publication, the main part of which was already passing through the press in London as early as July 1827.[25]

But in his personal manuscript catalogue of 1832 Hardiman is seen as putting a particular value on his new O'Reilly acquisition. It is item 41 of the 142 volumes he describes and is among the earliest of his song manuscripts listed there:

> A folio containing transcripts of 122 Irish songs, mostly set to music, in the original words. – This is an unique and very curious book & includes the most ancient and popular songs of Ireland. – 131 written pages – Irish.[26]

Hardiman soon reserved the manuscript for particular treatment. When he was forced in mid-1832, for financial reasons, to sell his manuscript collection to the British Museum, he held back from the sale only three of the manuscripts in his catalogue. One of them was 23 F 22, his item 41.[27]

---

23 'Hardiman, you know, is an enemy of mine ...': letter of 7 Apr. 1830 from him to the collector Myles John O'Reilly, quoted in Art Ó Maolfabhail, 'Éadbhard Ó Raghallaigh, Seán Ó Donabháin agus an tSuirbhéireacht Ordanáis 1830–4', *Proceedings of the Royal Irish Academy*, 91C (1991), 76.   24 *Irish minstrelsy, or bardic remains of Ireland; with English poetical translations. Collected and edited, with notes and illustrations by James Hardiman*, 1–2 (London, 1831).   25 Printing difficulties delayed progress; after Hardiman had provided copy for an introduction and notes in the intervening years, the volumes finally appeared in Sept.1831 (RIA 12.N.21/243–253: letters from Joseph L. Robins, London, to Hardiman, 1827–31). 26 RIA 12 M 1. Hardiman's total of 131 written pages includes several written by himself rather than by the original scribe and also several blank pages. He says nothing about the provenance of the manuscript and nothing else about it. But, unlike the compiler of the O'Reilly sale catalogue, he does not make unwarranted claims for its Carolan content. 27 RIA 12.N.20/63: letter from J. Forshall, British Museum, 16 July 1832, offering £460 for the collection, with the noted exceptions. Given that several of the other song manuscripts listed in the catalogue were acquired by the RIA at the sale of Hardiman's library after his death in 1855, it is clear that the British Museum did not acquire them in 1832.

After the publication of the *Minstrelsy*, Hardiman had told the Young Irelander Thomas Davis (1814–45) that he intended to publish more songs, and Davis had urged on him the importance of publishing the music of songs with their words:

> You say you are going to publish more songs. Why not with the music? I am sure Hudson would delight to arrange the airs for you and one song with music is a better apostle of Irish than 20 without.[28]

A Hardiman portfolio of papers relating to the published *Minstrelsy* and a projected further series contains a sheet with a 'List of poems and songs prepared ... List 29' and dated 'Sept 32'.[29] The O'Reilly manuscript was clearly central to his plans for the new publication. He drew up a contents list, calling the new manuscript volume D. Probably not earlier than 1834 he set an unknown single scribe to faircopy the words it contains into a manuscript bound as E, and translations of the words into English prose were eventually written by various hands into a manuscript bound as G.[30] There is no evidence however that he planned to follow Davis's advice and publish the music. Work on the new *Minstrelsy* proceeded slowly: Hardiman had other extensive publications in hand as well as his professional obligations as a solicitor and his interactions with other scholars. After the publication of his 1846 edition of *A chorographical description of west or h-Iar Connacht* and now living in Galway, he seems to have turned again to the work of song publication. In 1847, he is trying to persuade the Revd Edward Groves, a literary friend in Dublin, to versify for publication items 'of our native minstrelsy', and through Groves he is trying to acquire the music and song manuscripts of the collector Edward Bunting, who had died in 1843, from Bunting's family in Drogheda.[31] The Hardiman *Minstrelsy* portfolio has a last reference by him to manuscript 23 F 22: 'To be done 14th Sept. 1847 – 1. Copies to be finished from D. and translated – 2. The translations from D of those formerly copied ...'. He had got as far as envisaging the title page of the intended publication: 'Irish Minstrelsy/ or/ Bardic Remains of Ireland/ (Second Series)/ i Sentimental Song and Jacobite Relics/ continued/ ii Additional Lyrics

---

28 RIA 12.N.20/51: undated letter from 67 Baggot Street, Dublin. 'Hudson' is doubtless Davis's friend and colleague, William Elliot Hudson (see below). **29** RIA 24 Q 6, [144]. 'Prepared' probably means that they had been selected by title from his manuscripts. **30** Neither process was completed. E is now RIA 23 E 1, the dating established by RIA cataloguers from its watermarks. G is now RIA 23 G 15. Other verse texts from 23 F 22 were copied into Hardiman's RIA 23 H 32; into RIA 23 O 45 after 1839 by Pól Ó Longáin, possibly for William Elliot Hudson; and into RIA 23 E 12 which was owned by Hudson. **31** Neither effort was successful. Groves declined the invitation, pleading lack of ability (RIA 12.N.20/87), and Bunting's son Anthony eventually refused Hardiman's request through Groves: 'as my Mother with whom I fully concur does not think it prudent at present to part with the materials for his work that Mr Hardiman wishes for' (RIA 12.N.20/7).

of Carolan/ iii Poems and Songs by three recent/ Connaught Bards, Barret, Mac/ Sweeney and Rafferty/ and other Miscellaneous Poems/ iv Odes, Elegies, ancient and modern/ Collected and Edited/ with notes & illustrations,/ By/ J – – H m.r.i.a.'.[32]

But the projected second series of the *Irish minstrelsy* was never completed, doubtless because of the pressure of other work. In 1849, Hardiman, having turned down the offer of the professorship of Irish in the new Queen's College at Galway, became librarian and law officer there. He died suddenly in November 1855, leaving his son as his heir. His library of books and manuscripts was auctioned in Dublin in March 1856 and many items were purchased by the RIA.[33] Manuscript 23 F 22, laconically described in the sales catalogue as 'Irish songs (D) with music, 122 pieces, folio, 131 p.', came to its present home.[34]

The importance of 23 F 22 was recognized by other collectors of Irish music who were contemporaries of Hardiman, and his reputation for generosity is borne out by his making the contents of the manuscript freely available to many of them. Their interest was in the melodies rather than the verse texts; most had little competence in the Irish language. George Petrie's copying from it in the late 1830s, after Hardiman's acquisition of the manuscript, has been noted. Excepting Petrie's reference to Edward O'Reilly, the other collectors, most of them members of Thomas Davis' Young Irelander circle, invariably refer to it as a Hardiman manuscript, and Petrie would eventually refer to it in the same way. By 1841, Henry Hudson, former copyist in the 1810s of tunes from the O'Reilly manuscript collection, had written fifty-seven melodies from 23 F 22, ascribing them to 'Hardiman's MSS song collection'.[35] His barrister brother William Elliot Hudson (1796–1853), also a collector of Irish traditional music, was seemingly the copyist in the early 1840s of almost all the melodies from the manuscript with the words of only the first verses.[36] Probably about the same

---

[32] RIA 24 Q 6, inside cover. There is no mention of music. It may be speculated that Hardiman was leaving the publication of the melodies of songs to John O'Daly, who was then preparing in Dublin the first edition of his 1849 landmark volume, *Poets and poetry of Munster*. This would contain the melodies in staff notation with the words of Irish-language songs, the melodies edited by John Edward Pigot. There is no evidence however that Pigot drew on 23 F 22 for the publication.   [33] *Catalogue of the library of the late James Hardiman, Esq. ... to be sold by auction, by John F. Jones ... 8, D'Olier Street .... March 26th and the following days ... Dublin, 1856*; *Proceedings of the Royal Irish Academy*, 6 (1858), Appendix 5, 70–1. The Academy paid Jones £35 for books and £72 for manuscripts. Some Hardiman manuscripts were bought for resale by John O'Daly (*Catalogue of a rare and curious collection of new and second-hand books and manuscripts, chiefly purchased at the sale of the late James Hardiman's library, and now offered at the low prices affixed ... by John O'Daly ... Dublin ... May, 1856*) but none are of musical relevance.   [34] Strangely, both Séamus Ó Casaide ('The Farmer and O'Reilly collection of Irish music', *Irish Book Lover*, 28 (Sept. 1941), 62–6) and Donal O'Sullivan (*Carolan: the life, times and music of an Irish harper* (London, 1958), pp 1, 27) knew of the existence of 23 F 22 from O'Reilly's sale catalogue, but they were unable to find the manuscript in the RIA when publishing.   [35] NLI MS 7257, tunes 732–86.   [36] RIA 23 H 27. No ascription is made but the order of the copies and the page references given prove that they

12.2 'Eamonn de Búrc', RIA MS 23 F22 (by permission of the Royal Irish Academy © RIA).

time as the Hudsons and possibly in association with them, the music collector John Edward Pigot (1822–71) of Dublin copied fifty-seven of the tunes with a few verses, ascribing them to the 'Hardiman MS collection'.[37] He then shared some of them with fellow collectors, making it clear that they had come from this collection. The Cork collector William Forde (c.1795–1850) received thirty-eight melodies. His 1840s source annotations vary but are typically 'Mr Pigott from Hardiman'.[38] George Petrie was supplied with at least three of the melodies by Pigot, probably in the 1850s when they were president and joint secretary respectively in Dublin of the Society for the Preservation and Publication of the

came from the manuscript held by Hardiman. The copies are undated, but other items in the manuscript belong to the early 1840s. [37] RIA 24 O 20, unnumbered page giving sources. [38] Ibid., passim.

Melodies of Ireland. Petrie's source annotation for these tunes also varies; most fully it is 'copied by Mr Pigot, from a manuscript of Irish tunes belonging to Mr Hardiman'.[39] In 1862, the Kerry music collector, the Revd James Goodman (1828–96), copied eleven of Pigot's Hardiman copyings into his own manuscript collection, acknowledging them as such.[40] Finally, adding complexity to complexity, Patrick Weston Joyce (1827–1914), the last of the great nineteenth-century collectors of Irish traditional music, came into possession before 1910 of the manuscripts of both Forde and Pigot, and gained research access to Goodman's manuscripts in the Library of Trinity College Dublin. He copied 23 F 22 tunes from all three collections.[41]

Some few items from 23 F 22 have appeared in print. Melodies were published by George Petrie in Dublin in 1855 and posthumously there in 1882, by Charles Villiers Stanford in London in 1902–5, and by Patrick Weston Joyce in Dublin in 1909.[42] All credited them to Hardiman. The verse texts were seemingly passed over by song editors working on RIA manuscripts, such as Tomás Ó Máille and Róis Ní Ógáin, until 1971 when the editors of the *Nua-Dhuanaire* series of anthologies made some slight use of them.[43] Most recently, in 2013, four of the melodies were published in Dublin by Hugh and Lisa Shields, some two hundred years after their preservation by (surely) Edward O'Reilly.[44]

With thanks to the staffs of the Library of the Royal Irish Academy and the Irish Traditional Music Archive.

---

39 George Petrie (ed.), *The Petrie Collection of the ancient music of Ireland*, 1 (Dublin, 1855), 152; see also Marion Deasy, 'Airs and tunes from the music manuscripts of George Petrie LL.D., and a survey of his work in the field of Irish folk music' (PhD, University College Dublin, 1979).   **40** Trinity College Dublin MS 3195, 140–3. I am obliged to Lisa Shields, editor with Hugh Shields of *Tunes of the Munster pipers* (see below), for bringing these to my attention.   **41** NLI MS 2983, 152, 188, 189. See Nicholas Carolan, 'The Forde-Pigot collection of Irish traditional music' in Bernadette Cunningham & Siobhán Fitzpatrick (eds), *Treasures of the Royal Irish Academy library* (Dublin, 2009), pp 256–66.   **42** Petrie (ed.), *The Petrie collection* (1855), pp 152, 174 (both from Pigot); George Petrie (ed.), *The ancient music of Ireland* (Dublin, 1882), p. 15 ('given to me many years since by my friend, Mr James Hardiman'), p. 30 (from Pigot); Charles Villiers Stanford (ed.), *The complete collection of Irish music as noted by George Petrie* (London, 1902–5), tunes 198, 551, 182–5; Patrick Weston Joyce (ed.), *Old Irish folk music and song* (Dublin, 1909), nos. 678, 752–67. These music publications have been variously republished.   **43** Pádraig de Brún, Breandán Ó Buachalla, Tomás Ó Concheanainn (eds), *Nua-Dhuanaire 1* (Dublin, 1971), pp 83, 113; Tomás Ó Concheanainn (ed.), *Nua-Dhuanaire 3* (Dublin, 1981), pp 57–8, 99.   **44** Hugh & Lisa Shields (eds), *Tunes of the Munster pipers: Irish traditional music from the James Goodman manuscripts*, 2 (Dublin, 2013), tunes 648–51.

Róisín Dubh: athchuairt

CATHAL GOAN

Tá fáil ar leaganacha den amhrán *Róisín Dubh* i bhfoilseacháin le Ríonach uí Ógáin[1] agus tá tagairtí go leor don amhrán céanna i saothair eile dá cuid[2] mar a bheifí ag súil leis i gcás amhráin atá i mbéal an phobail fud fad na hÉireann. Le barr measa ar chuid scoláireachta Ríonach agus le cion agus cairdeas na mblianta a chuirim an píosa eile seo faoin amhrán áirithe sin ina láthair. An ceoltóir, Mícheál Ó Domhnaill (1951–2006), deartháir mo chéile, a bhailigh an leagan seo den amhrán ó aintín leis féin, Neilí Ní Dhomhnaill (1906–84), i Rann na Feirste, Co. Dhún na nGall, mí Bealtaine 1974, tráth a bhí sé ag obair faoi scéim phíolótach le Breandán Breathnach i gCartlann an Cheoil, Roinn Bhéaloideas Éireann, Coláiste na hOllscoile, Baile Átha Cliath.[3] Agus é i mbun na hoibre seo, tosaíonn cín lae Mhíchíl Uí Dhomhnaill ar 14 Aibreán 1974 agus tagann deireadh leis ar 20 Lúnasa 1974. Sa tréimhse idir an dá dháta sin, rinne sé taifeadadh agus trascríobh ar chorradh agus céad go leith píosaí idir amhráin, rannta agus phortaíocht ó bhéalaithris Neilí, bailiúchán atá anois ar buanchoimeád mar chuid de Chnuasach Bhéaloideas Éireann.

I litir dár dáta 14 Bealtaine 1974 chuig Breandán Breathnach, deir Ó Domhnaill: 'Ba mhaith liom go mór dá n-éisteofá le "Róisín Dubh" (D. na nGall, Téip 7) – tá sé ar amhrán chomh cumhúil agus ' chluinfeá choíche. Níl a fhios agam an bhfuil an leagan seo le fáil in áit ar bith eile fán tír?' Seo thíos trascríobh idir cheol agus fhocail ar an taifeadadh a bhfuil tagairt déanta dó ag Mícheál sa litir sin. Is é Jackie Small a rinne an clóchur agus trascríobh den cheol agus tá mé faoi chomaoin mhór aige as a chuidiú agus a chomhairle. Mé féin atá freagrach as trascríobh na bhfocal nach bhfuil ag teacht go hiomlán lenar scríobh an bailitheoir ar chúiseanna a léireofar ar ball.

I

Ó 's a Róise ná bí[odh] brón ort fár éirigh duit,
Tá na bráithre ' teacht thar sáile is iad a' triall ar muir.
Gheobhaidh tú párdún ón Phápa 'gus ón Róim anoir
Is ní spárlár fíon Spáinneach ar mo Róisín Dubh.

---

1 Ríonach uí Ógáin & Seosamh Ó Cadhain (eag.), *Faoi rothaí na gréine: amhráin as Conamara a bhailigh Máirtín Ó Cadhain* (Baile Átha Cliath, 1999), agus an dlúthdhiosca agus leabhrán *Sorcha: amhráin Shorcha Ní Ghuairim. Traditional songs from Conamara* (Gael Linn, CEFCD 182, 2002). 2 Ríonach Ní Fhlathartaigh, *Clár amhrán Bhaile na hInse* (Baile Átha Cliath, 1976); Ríonach uí Ógáin, *Mise an fear ceoil: Séamus Ennis – dialann taistil, 1942–1947* (Conamara, 2007). 3 Féach Breandán Breathnach, 'The foundering of a National Archive

Róisín Dubh

Go mall agus le rithim nádúrtha gan srian

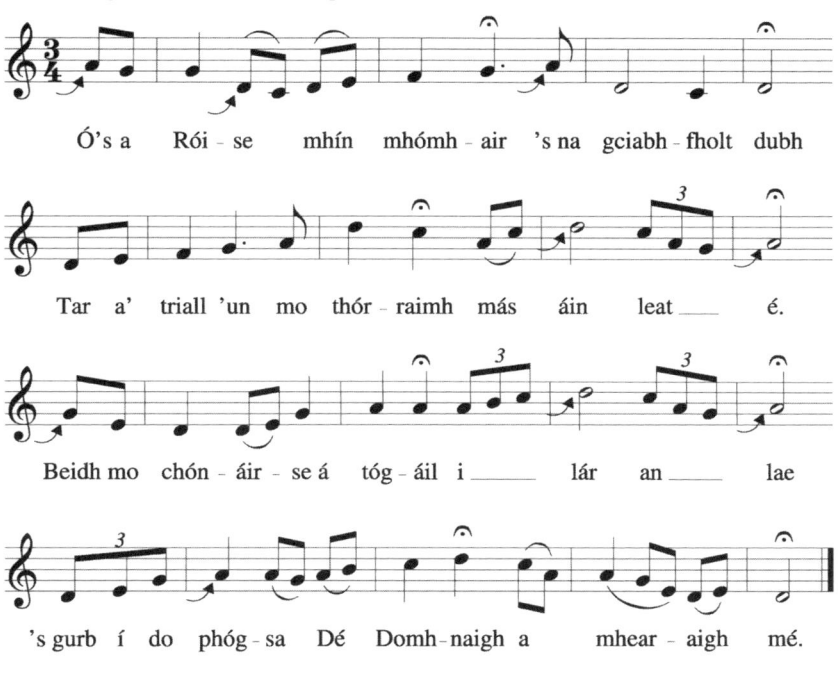

Ó's a Rói - se mhín mhómh - air 's na gciabh - fholt dubh
Tar a' triall 'un mo thór - raimh más áin leat é.
Beidh mo chón - áir - se á tóg - áil i lár an lae
's gurb í do phóg - sa Dé Domh - naigh a mhear - aigh mé.

13.1 Róisín Dubh.

II

Ó 's a Róise dá mba 'r liom tú nárbh aoibhinn duit, 5
Nach deas a chealgfainn do leanbán dá mbíodh sé ' gol
'gus in Albain dá gcasfaí sinn inné nó inniu
Scéal cinntidh a ghrá nach bpillfeadh sinn ar aon gan guth.

III

Ó mharaigh tú mé ' bhradaí 'gus nár ba fearrde duit
Is go bhfuil m'anam istoigh i ngean ort 's chan inné nó inniu. 10
Ó d'fhág tú lag anbhann mé i ngné is i gcruth
Ná feall orm agus mé i ngean ort a Róisín Dubh.

of Irish Folk Music', *Ceol*, 4:4 (1981), 98–101; Críostóir Mac Cárthaigh, Ríonach uí Ógáin & Seosamh Watson (eag.), *Seoda as Cnuasach Bhéaloideas Éireann* (Baile Átha Cliath, 2010).

IV

Ó 's a Róise mhín mhómhair 's na gciabhfholt dubh
Tar a' triall 'un mo thórraimh más áin leat é.
Beidh mo chónáirse á tógáil i lár an lae   15
's gurb í do phógsa Dé Domhnaigh a mhearaigh mé.

V

Dá bhfeicfeá Róise Dé Domhnaigh is í 'g éirí 'mach
's crios a' Phroinnsis uirthi timpeall fá lár a coirp.
Tháinig an t-am uirthi le gur shantaigh sí an t-óigfhear deas
Is mur' dtéidh bang uirthi ná go millfidh sí 'n t-ord ar fad.   20

VI

Tá réalta insna spéarthaí in imeall an cheo,
Is ní raibh a leithéid i nGleann Éinní 'gus ní bheidh go deo.
Gaoth na hÉirne go dtugais léim léi cé gur mhór an sruth,
Is mar gha gréine ar malaidh shléibhe bhí mo Róisín Dubh.

VII

Beidh an Éirne 'na tuilí tréana agus réabfar croic,   25
Beidh an fharraige 'na tonnaí dearga agus doirtfear fuil,
Beidh gach gleann sléibhe 'r fud Éireann agus móinte ar crith,
Lá éigin sul má n-éagfaidh mo Róisín Dubh.

VIII

Ó 's nach aerach a théadh sí 'n aonaigh ina cóta cuilt
Is gan aici maoin shaolta nó bólacht croic   30
Ach an aon ghiní déag a bhí aici ' gcórtha glais
'S nach sid a' féirín le gur bhréag mé mo Róisín Dubh.[4]

---

4 Cartlann an Cheoil Cnuasach Bhéaloideas Éireann (CBÉ): Mícheál Ó Domhnaill Téip 7, amhrán 4, mar aon le comhfhreagras sa chomhad céanna. Thaifead Séamus Mac Mathúna ó Chomhaltas Ceoltóirí Éireann gabháil eile den amhrán ó Neilí an bhliain roimhe. Cúig véarsa a fhreagraíonn do I, II, IV, V, VI anseo atá sa taifeadadh sin. Tá mé buíoch de Shiobhán Ní Chonaráin, Comhaltas Ceoltóirí Éireann, as cóip den taifeadadh sin a chur chugam; féach http://archive.comhaltas.ie recording_id:386. De réir cosúlachta, níl fáil ar cheathrú VIII anseo ach i leaganacha Rann na Feirste. *Petticoat* is ciall le 'cóta cuilt' sa chéad líne, dar le Anne O'Dowd; ball éadaigh a shíltear a bheith i bhfaisean go coitianta ag druidim i dtreo dheireadh an ochtú haois déag agus tús an naoú haois déag. Tá mé buíoch d'Anne O'Dowd as a cuid saineolais a roinnt liom. Féach an t-alt s'aici san fhéilscríbhinn seo.

I nóta ag bun an leathanaigh leis an trascríobh a rinne sé féin ar an amhrán, deir Mícheál Ó Domhnaill: 'Máire John agus Róise Eoinín a thug seo do Neilí'. Aintíní le máthair Neilí a bhí sa bheirt bhan seo, Máire bean Uí Dhubhthaigh, *née* Nic Ghairbheith (*c.*1858–1943), agus Róise Ní Dhuibheannaigh (*c.*1845– 1935). Bhí cáil an cheoil orthu beirt, mar a bhí chomh maith céanna ar mháthair Neilí, Maggie Chonaill Eoinín Ní Dhuibheannaigh (1882–1968).[5]

I dtaca le trascríobh na bhfocal anseo de, féachadh le cloí leis an litriú caighdeánach ach amháin nuair a measadh go raibh gá le tréithe canúna a léiriú (m.sh. l. 4, *spárlár* in áit *spárálfar*; l. 8, *cinntidh* in áit *cinnte*; l. 15 *cónáir* in áit *cónair*; l. 20 *dtéidh* in áit *dté*). Is fiú a lua chomh maith go bhfuil roinnt bheag focal sa ghabháil seo den amhrán nach bhfuil ag teacht leis an fhoghraíocht a mbeifí ag súil léi sa chanúint seo. I gcás trí shampla den bhriathar saor (l. 7 *(dá) gcasfaí*; l. 25, *réabfar*; l. 26, *doirtfear*), /f/ a chluintear go soiléir san áit a mbíonn /h/ de ghnáth i dTír Chonaill. Ní féidir a bheith cinnte cé acu foghraíocht ársa chalcaithe atá anseo a coinníodh de thairbhe comhthéacs an cheoil nó sin rian na scolaíochta agus an oideachais fhoirmiúil ar Neilí. Is fiú a lua chomh maith gur cosúil ón fhuaim ar an téiptaifeadadh go raibh stop sa taifeadadh i ndiaidh véarsa VII agus ansin gur tosaíodh arís ar véarsa VIII.

Nuair a bhí Aodh Ó Domhnaill, athair Mhíchíl, ag obair do Choimisiún Bhéaloideas Éireann i 1936–7, bhreac sé ábhar go leor óna dheirfiúr, idir amhráin agus sheanchas.[6] Níor aimsíodh aon tagairt don amhrán seo sa bhailiúchán sin. Is léir ó ábhar eile a bhailigh Mícheál óna aintín, gur bhean í Neilí a raibh toil ar leith aici do na scéalta a bhí mar chúlra do na hamhráin a bhí aici – 'údar an amhráin'. Sa chás seo, ámh, níl míniú ar bith breise le cois a bhfuil nótáilte thuas. Is eol dúinn dhá leagan eile den amhrán seo a bailíodh i Rann na Feirste: ceann acu gan ceol a breacadh síos ó bhéalaithris an fhile Seán Bán Mac Grianna[7] agus an ceann eile atá foilsithe ag an Athair Lorcán Ó Muireadhaigh mar chuid den leagan cumaisc den amhrán in *Amhráin Chúige Uladh*.[8] Ó fhoinsí i dTír Chonaill, Ard Mhacha agus i gCo. Lú a cuireadh an leagan cumaisc seo le chéile. Méabha Tharlaigh Mhóir (*c.*1845–1935) atá luaite mar fhoinse ag an Athair Ó Muireadhaigh do na véarsaí as Rann na Feirste. Mar an gcéanna le gabháil Neilí, ocht gceathrúna atá i gceist leis an dá fhoinse eile seo de chuid Rann na Feirste agus iad beirt ag teacht mórán leis na véarsaí thuas ach nach dtugtar san ord céanna iad agus go bhfuil malartaithe áirithe ó leathrann go leathrann i gceist.

---

5 Tá mé faoi chomaoin ag Ultan Ó Raghallaigh as a chuid saineolais faoi ghinealach a mhuintire a roinnt chomh fial sin liom. Ní féidir a bheith cinnte faoi dháta breithe na mban a rugadh roimh 1864. Tá tuilleadh eolais i dtaobh Mháire John, Róise Eoinín agus Méabha Tharlaigh Mhóir in Pádraig Ó Baoighill (eag.), *Amhráin Hiúdaí Fheilimí* (Muineachán, 2001); féach fosta Seán O'Boyle, *The Irish song tradition* (Dublin, 1976). 6 CBÉ iml. 210, lgh 210–24; CBÉ iml. 322, lgh 287–9; CBÉ iml. 338, lgh 114–35; CBÉ iml. 409, lgh 92–166; CBÉ iml. 439, lgh 11–178. 7 CBÉ iml. 55, lch 313. 8 Lorcán Ó Muireadhaigh (eag.), *Amhráin Chúige Uladh* (Dún Dealgan, 1927); athleagan le Colm Ó Baoill, *Amhráin Chúige Uladh. Muireadhach Méith* (Baile Átha Cliath, 1977).

Foilsíodh leagan eile den amhrán gan ceol faoin teideal *Róise Dhubh* ar dóiche gurbh i Rosa Thír Chonaill a fuarthas é.[9] Trí véarsa dhéag atá sa leagan seo agus gach véarsa dá bhfuil anseo ann ach amháin véarsa VIII anseo. Fuair Seán Ó hEochaidh trí ceathrúna de *Róisín Dubh* ag Róise Uí Ghrianna in Árainn Mhór i 1953 agus iad ag freagairt, mórán, do II, V agus VII anseo agus thaifead Proinsias Ó Conluain an bhean chéanna i mbun a gceolta an bhliain chéanna do Radio Éireann.[10] Níl an fonn a bhí ag Róise Uí Ghrianna ar an aon dul le ceol Neilí anseo. Mhaígh an tAthair Ó Muireadhaigh go raibh an fonn a bhí ag Méabha Tharlaigh Mhóir easnamhach ach go raibh sé ag teacht leis an cheol a nótáladh don amhrán in Ómeith, Co. Lú. Níl an fonn sin ag teacht le gabháil Neilí ach oiread.[11]

'I dTír Chonaill cuirtear na smaointe san amhrán i leith Aodha Ruaidh Uí Dhomhnaill, an uair a bhí sé ag imeacht thar sáile le cuidiú a iarraidh ar Rí na Spáinne' a thuairiscigh an tAthair Ó Muireadhaigh[12] agus d'inis Róise Uí Ghrianna do Sheán Ó hEochaidh gur dhóigh léi gur ainm eile ar Éirinn a bhí san ainm *Róisín Dubh*. Tá macalla sa dá chuntas seo ó Thír Chonaill den mhéid a bhí le rá ag James Hardiman agus é ag tagairt don chéad leagan de *Róisín Dubh* a foilsíodh sa leabhar s'aige *Irish Minstrelsy*: 'It was composed in the reign of Elizabeth of England, to celebrate our Irish hero, *Hugh Ruadh O'Donnell*, of Tyrconnell. By *Róisín Dubh*, supposed to be a beloved female, is meant Ireland'.[13] Mar atá ríofa go minic ó shin, lean conspóid de thuairim Uí Argadáin agus lucht a leanúna – O'Daly, Mangan agus Walsh go háirithe – a mhaireann go dtí'n lá atá inniu ann. Ar mhalairt intinne bhí Samuel Ferguson, George Petrie agus P.W. Joyce a mhaígh gur amhrán grá a bhí i gceist leis na véarsaí seo.[14] Le bunú an tSaorstáit agus le hiolrú na dtéacsleabhar scoile Gaeilge, is minic an t-amhrán i gcló mar eiseamlár den amhrán tírghrách a bhfuil tábhacht mheafarach le hainm

---

9 Donnchadh Ó Searcaigh, *An uiseog: dornán amhrán ó Chúige Uladh* (Baile Átha Cliath, 1905), lgh 5–7. Tá mé buíoch de Lillis Ó Laoire as mé a threorú chuig an nasc san Acadamh Ríoga a bhfuil cóip den leabhrán ar fáil ann ag http://corpas.ria.ie/index.php?fsg_function=3&fsg_id=4103 (rochtain 14 Deireadh Fómhair 2017). Foilsíodh dhá véarsa dhéag de *Róise Dhubh* in *The Shan Van Vocht*, 1:12, (1896) lch 235 a bhfuil an chuma orthu gur ón fhoinse chéanna iad agus véarsaí Uí Shearcaigh.   10 Cathal Goan (eag.), *Róise na n-amhrán: songs of a Donegal woman* (Dublin, 1994); dlúthdhiosca agus leabhrán (RTÉ CD176), lch 26, lch 45.   11 Tá an chuma ar an scéal gurbh é Nioclás Ó Cearnaigh a chum cuid éigin de na véarsaí breise ag an Athair Ó Muireadhaigh a bhfuil fo-bhrí pholaitiúil leo. Féach Diarmaid Ó Doibhlin (eag.), *Nioclás Ó Cearnaigh: beatha agus Saothar* (Baile Átha Cliath, 1989), lgh 102–3, 128 agus Pádraigín Ní Uallacháin, *A hidden Ulster: people, songs and traditions of Oriel* (Dublin, 2003), lgh 164–8. Tá lorg na láimhe céanna ar véarsaí sa leagan atá ar fáil in Seán Óg Ó Tuama, *An chóisír cheoil*, iml.10 (Baile Átha Cliath, 1963), lch 7.   12 Ó Muireadhaigh (eag.), *Amhráin Chúige Uladh*, lgh 82–4, agus tuilleadh ar lch 156.   13 James Hardiman, *Irish minstrelsy, or, bardic remains of Ireland*, 2 iml. (London, 1831), i, lch 351; cf. fosta 'Ceaptar gurab é Aodh Rua Ó Domhnaill a rinne an t-amhrán seo tuairim is 1602' (Pádraig Ó Domhnalláin *Tacar amhrán* (Baile Átha Cliath, 1925), lch 62).   14 Tá achoimre fhiúntach ar fhás na conspóide in Dónal O'Sullivan & Mícheál Ó Súilleabháin, *Bunting's ancient music of Ireland: edited from the original manuscripts* (Dublin & Cork, 1981), lgh 27–33.

8.1 Nellie O'Brien, painted by Walter Frederick Osborne, Reg. 1002.
© Hugh Lane Gallery, Dublin, by kind permission of the Gallery.

51

Nº 25. Cailín deas ruaḋ. * ✱ For a good sett of the Music of this and the 3 following numbers see Music Book marked A.

[musical notation — three staves]

Trialal, trialal a inġe ni pósta ṫú tarrm ṁu trāiġ, ıs ṭo ṡeıl mo

ċroıḋe, ṫú fial ḟīrm y ċaın na a bras. ıs ıoırliġt mo ċroıḋe ṭo

ṁbeıṫ ṫo ṫo beın ṡıṫeır fan rāıs, mo trıesṫın a eıġ ṭıs a taıḋeırne faıı Cailín deas ṝ.

2
Aı'slınġ bláṫ bruġaċ a ṡuıṫeıb a réır ḋam ıs me ın mo ḟuan.
ṫo pob aġaın ıs eersob ı e'ōıb ḣom ya fḟır anfanraını
ṫo pob aġaın ıs spoırt ṭ ceol du ṟeaıu lem ċluas
ıs eıġ Guinea or a bṟaca an Cailín deas ruaḋ.

3
Ta blíṫ ı paíste laım le brımıġt ruaın
Ta blíṫ ı paíste crıṡṭriġ na cetan
Ta mnaıb ı paíste an ġae ıṡt ṭo ṫım ṟēl ı eríṡ
ıs anoıṡ a tṟeıġan na mnaıb ṫon paıṡ teḋın on tıríṡt

4
Nı faḋa ḣom ṟan ṭo nḋeıon an caıleaċ ṭo tġa.
y ḟba ċbrım enn ṡıne feıḋır ḣom caḋla ṭo ṟāın
ṫo Caṡṡol na teıḋım nı broṭal ṭo tıríḣa ṭo braċ
ıs braḋ ġa ċeıle ṭı feırla an bṟollaıġ ṡıl baın.

5

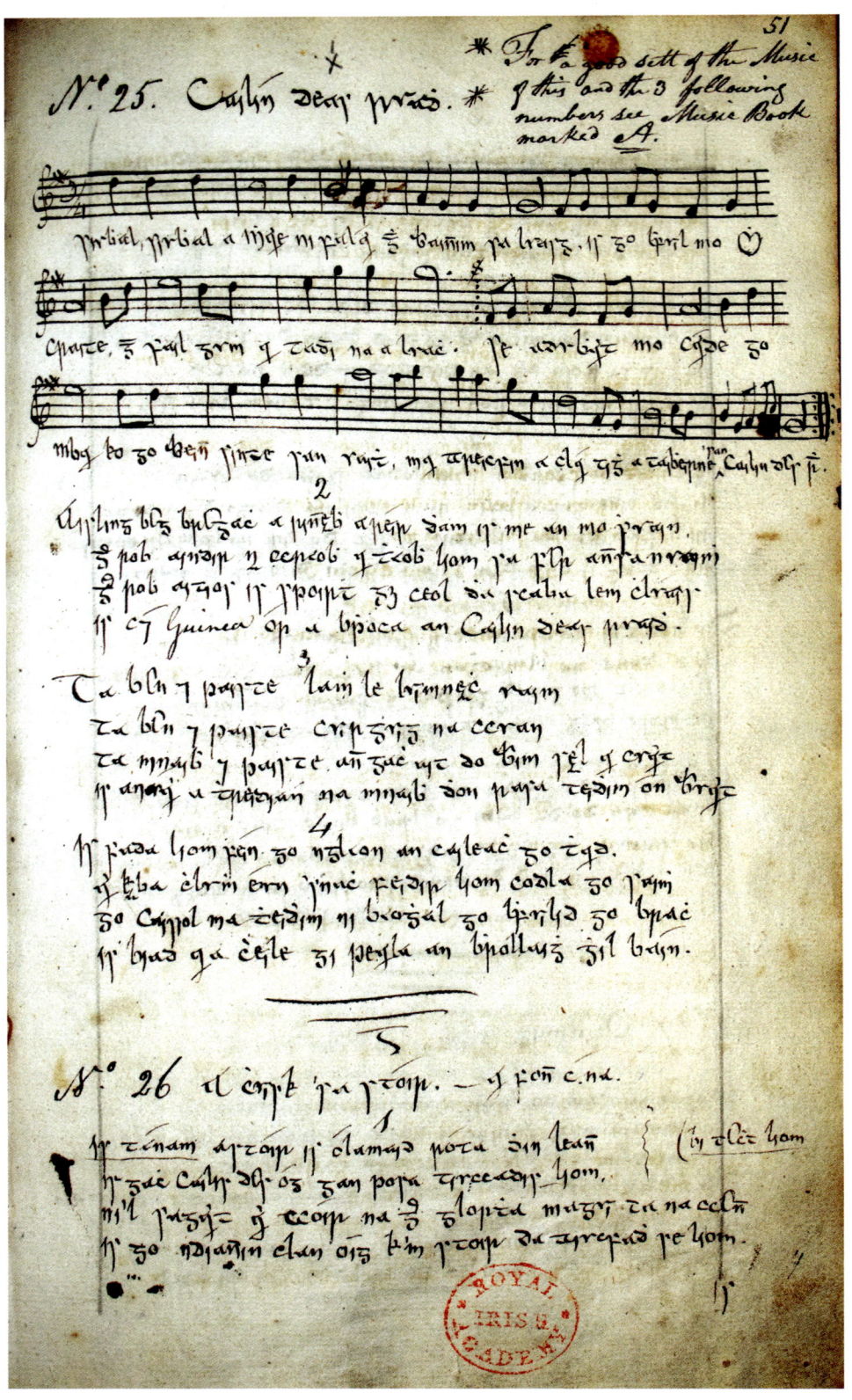

Nº 26 A ċaırt ṡa rṫoır. – y ṡōn c.na.
1
ıs tenam aṟtoır ıs olamaṟo roıu ḋın leaı   (ıs ṫleıt ḣom
nı ṫae Caṡır ḋer oṭ ṭan roṣa tırceaḋıṡ ḣom.
nıl faṡrıṡ ġ ceoır na ṭ ṫloırıu maṟıı ṫa na celıı
ıs ṭo nḋıarṡın elan oıṡ tım rṫoır da tırceḋaḋ re ḣom.

12.1 'Cailín Deas Rua', RIA MS 23 F 22 (by permission of the Royal Irish Academy © RIA).

15.1 Teach Pheigí Ní Ghadhra inniu. Pic. Liam Dolan. Le caoinchead.

19.1 Publicity notice for events organized to celebrate 'Women's Little Christmas', 2019, at the Vienna Woods Hotel, Glanmire, Co. Cork. Reproduced here by kind permission of the management of the Vienna Woods Hotel.

21.1 A section of Daniel MacDonald's *The discovery of the potato blight*. The importance of the colour red is seen in the clothing of the main characters including the young child and the toddler on the left who has a red cloth wrapped around its middle. National Folklore Collection, University College Dublin.

Sketched on the road to Maam
Joyce Country
Septem 14 1876
a stocking girl of Cornamona
Mary Lynch.

24.1 Máire Ní Ghaoithín, iar-Bhlascaodach, Barr an Bhóthair, Dún Chaoin, Co. Chiarraí. (Ríonach uí Ógáin, 1986). National Folklore Collection.

21.2 (*opposite*) William Bourke Kirwan, *A stocking girl of Connemara, Mary Lynch*', sketched on the road to Maam in Connemara on 14 September 1842, National Library of Ireland.

27.1 Famine sod from Tarmon, Co. Leitrim (2015) by Miriam de Búrca. Ink on man-made vellum. Private collection. © Miriam de Búrca.

na mná ann, agus cuireadh go mór le stádas náisiúnta ar leith do leagan amháin ceoil le cóiriú Sheáin Uí Riada fá choinne an scannáin *Mise Éire* (1959).[15] San athchló ar *Irish Minstrelsy*, nocht Máire Mhac an tSaoi an tuairim gur dóichí '[*Róisín Dubh*] lends itself far more to Ferguson's acute interpretation that it is the complaint of a clerical lover awaiting release from his vow of celibacy, than to that pious gloss which makes it the hermetic expression of a proscribed patriotism under which guise it has been immortalized by Mangan'.[16]

'Is léir, dar liom, gurbh amhrán grá a bhí ann i dtosach' a scríobh Seán Ó Tuama.[17] Faoin bhliain 1981 agus é ag scríobh faoi leagan eile den amhrán, ba mar seo a mhaígh sé: 'Sa seanamhrán ba *Róisín Dubh* ainm rúin na mná; anseo, ar ndóigh, is é an tír féin atá i gceist. Tá cneastacht agus tíriúlacht an bhunamhráin ghrá le fáil san amhrán polaitíochta'.[18] D'áirigh Breandán Ó Buachalla *Róisín Dubh* i measc na n-amhrán a bhain le 'cuid den chumadóireacht dhí-ainm pholaitiúil ba mhó le rá ón seachtú is ón ochtú haois déag'.[19] Os a choinne sin, ba é tuairim Thomáis Uí Choncheanainn agus é ag tagairt do shaothar Uí Thuama gur meafair fhíortha a bhí sa véarsa a fhreagraíonn do cheathrú VII anseo a bhain le 'feiniméin dhochreidte lena dtráchtann an fear leis an ógbhean ar an ngrá buanseasmhach atá aige di' agus gur chuidigh 'an chaint seo, nó an mhíthuiscint a baineadh aisti, leis an tuairim gur brí fháithchiallach thírghrách atá le *Róisín Dubh*'.[20]

Chomh fada agus is féidir a dhéanamh amach ba é Hardiman a chéadthug seasamh polaitiúil don amhrán seo agus ' cheal fianaise ó aon láimhscríbhinní ná ó fhoinsí eile go dtí seo ní féidir an tuairim chéanna a rianú níos faide siar. Tá treise na tuairime sin ag brath cuid mhaith ar cheathrú VII faoi mar atá sé anseo agus, faoi mar a tharlaíonn, mar atá ag Hardiman chomh maith. Is minic ionannú déanta idir íomhánna an uafáis sa véarsa seo agus cogadh fuilteach ar son saoirse. Is iad na focail *tuilí, croic, farraige, fuil* agus (ginideach) *sléibhe* sa véarsa áirithe anseo a thug ar Thomás Ó Concheanainn *Róisín Dubh* a chur i gcomórtas le véarsaí as *An Caisideach Bán* agus *Ros a' Mhíl* chun ceist na bhfeiniméan

---

15 Féach Deirdre Ní Chonghaile, '*Róisín Dubh*: mar a chruthaigh Seán Ó Riada aintiún an éirí amach', comhartaighde.ie/eagrain/1/nichonghaile (rochtain 20 Mean Fómhair 2017). Tá cur síos an-spéisiúil ag Liam Mac Con Iomaire, *Seosamh Ó hÉanaí: nár fhágha mé bás choíche* (Conamara, 2007), lgh 499–504 ar 'leagan na scoile' agus é i gcoibhneas leis an leagan a d'fhoghlaim Ó hÉanaí sa bhaile. Féach fosta aiste Nicholas Carolan san fhéilscríbhinn seo. **16** James Hardiman, *Irish minstrelsy, or, bardic remains of Ireland. 2 Volumes. 1831. Facsimile reprint with introduction by Máire Mhac an tSaoi* (Shannon, 1971), i, lch xi. **17** Seán Ó Tuama, *An grá in amhráin na ndaoine* (Baile Átha Cliath, 1960), lch 149. **18** Seán Ó Tuama & Thomas Kinsella (eag.), *An duanaire, 1600–1900: poems of the dispossessed* (Portlaoise, 1981), lch 308, lch 310. Bhí téacs an leagain áirithe seo de *Róisín Dubh* bunaithe ar an téacs in Pádraig de Brún et al. (eag.), *Nua-dhuanaire cuid i* (Baile Átha Cliath, 1971), lch 61, atá féin bunaithe ar thrí lámhscríbhinn in Acadamh Ríoga na hÉireann as measc na naoi gcinn de lámhscríbhinní sa leabharlann ansin a bhfuil leagan den amhrán cláraithe iontu. Baineann siad uilig leis an naoú haois déag. **19** Breandán Ó Buachalla, *Aisling Ghéar: na Stíobhartaigh agus an t-aos léinn, 1603–1788* (Baile Átha Cliath, 1996), lch 605. **20** Tomás Ó Concheanainn, 'Véarsa as "Róisín Dubh"', *Éigse*, 12 (1967), 69; Ó Tuama, *An grá in amhráin na ndaoine*, lgh 131–6.

dochreidte a chaibidil i gcomhthéacs an phlé a bhí déanta ag an Tuamach ar dhílseacht ghrá.[21]

Ceadaíodh corradh agus scór leaganacha éagsúla den amhrán seo atá foilsithe, nó a bhfuil teacht orthu i gCnuasach Bhéaloideas Éireann don aiste seo, agus is féidir a rá go bhfuil ceathrú atá ag freagairt don véarsa áirithe seo le fáil in dhá dtrian de na samplaí sin.[22] Tá sé le sonrú i gcás formhór na leaganacha a bhfuil an cheathrú seo iontu fosta gur mar véarsa deiridh a thugtar dúinn é. Ach cad faoin 'clerical lover' a dtráchtann Samuel Ferguson agus Máire Mhac an tSaoi air? Is cinnte gur féidir lorg eaglasta a fháil ar an chéad véarsa anseo ag Neilí a bhfuil caint ann ar *párdún*, *bráithre* agus *Pápa* agus tá an cheathrú seo nó a macasamhail ar an véarsa is mó dá bhfuil teacht air sna leaganacha uile atá scrúdaithe agus é mar inspioráid chomh maith d'oscailt *bravura* Mangan dá dhán siúd *Dark Rosaleen*.

Diomaite den véarsa seo agus de thagairt amháin sa leagan a d'fhoilsigh Edward Walsh, 'Nó as baoghal duit an Cléireach / Do'n Rós gheal dubh!',[23] níor éirigh liom aon tagairt dhíreach eile don chléir a aimsiú in aon leagan den amhrán as cúige Mumhan a ceadaíodh.[24] I gConnachta agus in Ultaibh, ámh, tá dhá véarsa ar féidir a rá ina dtaobh gur soiléire go mór an ceangal cléiriúil iontu. Ar cheann acu, tá na téacsanna a fhreagraíonn do l. 20 anseo ag Neilí, áit a gcastar an rábhadh orainn 'go millfidh sí an t-ord ar fad'; 'sula ndamnóidh sí na hoird uilig'; 'nó damnóidh sí na hoird uilig'.[25] 'Crios Naomh Prionnsías', 'Gréasán Proinsias', 'Crios an phrionsa' atá thart uirthi 'fáiscthe faoi lár a coim'.[26] Mar is léir ó uí Ógáin agus ó Mhac Con Iomaire, bhí sé sa tseanchas i

---

21 Ibid. 22 Chomh maith leis na foinsí atá luaite cheana, is iad seo a leanas na foinsí i gCnuasach Bhéaloideas Éireann: iml. 26, lch 254; iml. 90, lgh 472–3; iml. 231, lgh 539–42; iml. 443, lgh 50–1; iml. 695, lgh 230–1; iml. 775, lgh 563–4; iml. 1280, lgh 329–30. Is iad na taifeadtaí eile atá ceadaithe: Seosamh Ó hÉanaí; Sorcha Ní Ghuairim; Vail Ó Flaithearta; Pádraig Ó Cearbhaill. Ar na foinsí eile cló tá: John O'Daly, *The poets and poetry of Munster* (Dublin, 1850); Edward Walsh, *Irish popular songs*, second edition (Dublin, 1883); David Cooper (eag.), *The Petrie collection of the ancient music of Ireland* (Cork, 2002); Patrick Weston Joyce, *Irish music and song* (Dublin, 1888); anaithnid, '*Róise Dhubh*: leagan úr d'aithriseadh ag Feis Bhéal Feirsde', *An Claidheamh Soluis*, 17 Feabhra 1912; Pádraig Breathnach, *Ár gceol féinig* (Baile Átha Cliath, 1920); Róis Ní Ógáin, *Duanaire Gaeilge I* (Baile Átha Cliath, 1921), lch 55; Pádraig Ó Domhnalláin, *Tacar amhrán* (Baile Átha Cliath, 1925), lgh 55–6; Máighréad Ní Annagáin & Séamus de Chlanndiolúin, '*Londubh an Chairn*' being songs of the Irish Gaels (Dublin, 1927); Dónal O'Sullivan, *Songs of the Irish* (Dublin & Cork, 1981); Brian O'Rourke, 'Róisín Dubh' in Mícheál Ó Conghaile et al., *Leabhar mór na n-amhrán* (Indreabhán, 2012), lch 529, lch 819. 23 Walsh, *Irish popular songs*, lch 62. 24 O'Daly, *The poets and poetry of Munster*, lgh 210–16; Cooper (eag.), *The Petrie collection*, lgh 125–8; Joyce, *Irish music and song*, lgh 13–14; Breathnach, *Ár gceol féinig*, lgh 12–13; Ní Annagáin & de Chlanndiolúin, '*Londubh an Chairn*', uimh. 25, uimh. 49; O'Sullivan, *Songs of the Irish*, lgh 132–3; Pádraig Ó Cearbhaill, *Amhrán na Séad* (Cill Mhantáin, 2006), dlúthdhiosca agus leabhrán, amhrán 4. 25 Seosamh Ó hÉanaí, *Ó mo dhúchas* (Gael Linn CEFCD 051, 1976); uí Ógáin & Ó Cadhain (eag.), *Faoi rothaí na gréine*, lch 68; Ó Baoill, *Amhráin Chúige Uladh*, lch 82. 26 Ó Baoill, *Amhráin Chúige Uladh*, lch 82; Goan, *Róise na n-amhrán*, lch 26; O'Rourke, 'Róisín Dubh', lch 529.

gConamara gur bean rialta a bhí i Róisín agus deir Mac Con Iomaire: 'i leagan Thír Chonaill den amhrán tugtar le tuiscint gur bean rialta in ord San Proinsias í Róisín, nó Róise, an amhráin'.[27] Tugtar ll. 17–18 mar fhianaise air sin ach gur le 'San Proinnsias' mar mhalairt ar a bhfuil thuas atá an crios. Is iomaí sin brí is féidir a bhaint as caint mheafarach na n-amhrán agus ní taise do *Róisín Dubh* é. Dá mba bean rialta de chuid Ord San Proinsias í bean óg an amhráin seo, nó dá mba ball de thríú hord an naoimh sin í, nó go deimhin dá mbeadh sí ina *cordbearer* de chuid an oird, tuigtear dúinn go bhfuil contúirt nó toirmeasc éigin ag baint lena caidreamh leis an 'óigfhear deas'.[28]

Is dóiche gurb é guth an óigfhir chéanna atá le cluinstin sa véarsa úd ag Hardiman:

> Dá m-biadh seisreach agam do threabhfainn a n-aghaidh na g-cnoc,
> A's dhéanfainn soiscéal ann lár an aithfrinn do'm Róisín Dubh,
> Bhéurfainn póg do'n g-cailín n-óg do bhéurfadh a h-óige dhamh,
> A's dhéanfainn cleas ar chúil an leasa le'm Róisín Dubh.[29]

Ní raibh an cheathrú seo ag Neilí, is cósúil, ná ag Méabha Tharlaigh Mhóir ná Seán Bán Mac Grianna. B'amhlaidh an scéal ag Róise Uí Ghrianna é ach amháin go raibh leagan den líne dheiridh thuas 'cleas ar bhruach an leasa' aici mar líne dheiridh den chéad véarsa s'aici: 'Ó 's a Róise, da mba liom tú nárbh aoibhinn duit'. Ach bhí leagan den véarsa seo ag Ó Searcaigh[30] agus tá fianaise eile ann go raibh leaganacha den véarsa ar eolas in áiteacha eile i gcúige Uladh fosta, bíodh is gur i gcúige Chonnacht is líonmhaire atá fianaise ann dó.[31] Tá idir naofacht agus shaoltacht le braith sa chodarsnocht idir 'soiscéal i lár an aifrinn' agus 'cleas ar chúil an leasa' sa véarsa seo a chuireann leis an bhrath gur grá toirmeasctha atá ag crá an óigfhir, is é sin gur sagart atá san óigfhear. Measadh gur 'caint mheafarach ag tagairt do chúrsaí grá' a bhí sa chéad dá line den véarsa seo, ach gur 'truailliú atá [ann] ar chaint éigin mar "is dhéanfainn fios scéal i lár an fhiorthainn do mo Róisín Dubh".[32] D'fhéadfaí glacadh leis gurb amhlaidh an scéal ach gur gá gurbh í an tuiscint 'thruaillithe' chéanna a bhí ag gach uile fhonnadóir leis na glúnta, óir, is beagnach mar a chéile an líne seo ag gach faisnéiseoir nó foinse a ceadaíodh a raibh an cheathrú seo acu. Ar an láimh eile

---

27 uí Ógáin & Ó Cadhain, *Faoi rothaí na gréine*, lch 68 tógtha ó CBÉ 231, lgh 539–43. Mac Con Iomaire, *Seosamh Ó hÉanaí*, lch 500. 'A nun – her brother a friar' atá mar ghluais leis an leagan de fhonn an amhráin a thug an píobaire Paddy Conneely do Henry Hudson sna 1840í. Féach James O'Brien Moran, 'Paddy Conneely – the Gaway piper', 2 iml. (PhD, Ollscoil Luimnigh, 2006), ii, lch 472.   28 Féach Patrick Conlan OFM, 'The secular Francisans' in Edel Bhreathnach, Joseph MacMahon & John McCafferty (eag.), *The Irish Franciscans, 1534–1990* (Dublin, 2009), lgh 260–70, ag lch 261.   29 Hardiman, *Irish minstrelsy*, i, lch 256.   30 Ó Searcaigh, *An uiseog*, lch 7.   31 '[L]eagan úr d'aithriseadh ag Feis Bhéal Feirste' (anaithnid, '*Róise Dhubh*' (1912)); Ó Baoill, *Amhráin Chúige Uladh*, lch 83, véarsa VIII.   32 de Brún et al., *Nua-dhuanaire*, lch 134.

de, má ghlactar leis gur téama an ghrá thoirmeasctha idir sagart agus bean óg atá i gceist, níl iachall ar bith orainn 'truailliú' a chur san áireamh.

Ní scéal an aon amhráin amháin é agus téacsanna eile a bhfuil an sagart nó an 'sagairtín' agus a ghrá geal ina lár.³³ Bhí dhá amhrán eile, ar a laghad, a raibh grá an tsagairt do bhean óg mar théama acu i stór amhrán Neilí Ní Dhomhnaill (*Pill, pill a rúin ó* agus *Fóill, fóill a shagairt*)³⁴ atá anois i gCnuasach Bhéaloideas Éireann agus tá tuilleadh lena gcois sin go fóill i mbéal an phobail thiar. Sa chás gurb é an cumann crosta seo idir sagart agus bean óg is bun le *Róisín Dubh*, thiocfadh dó go bhfuil léamh eile ar an cheathrú dheireannach sin (véarsa VII anseo) a bhféadfaí é a chur i gcodarsnacht go coinníollach le téama tírghrách Hardiman agus le míniú Uí Choncheanainn.

I *Seanfhocla Uladh* a chastar an tré orainn:

> Triúr nach bhfeiceann solas na bhflaitheas choíche:
> Aingeal an uabhair
> Leanbh gan baiste
> Agus céile shagairt.³⁵

Ba i bhFearnmhaigh, Co. Mhuineacháin a bhailigh Énrí Ó Muirgheasa an seanfhocal seo ag deireadh an naoú céad déag agus is léiriú é, dar le Anne O'Connor, ar eachtarthacht na neach atá luaite ann:

> According to Irish religious tradition, they are not alone. Until relatively recently, burial in consecrated ground was forbidden by the Roman Catholic Church also to people who died by suicide, murderers or the dead whose bodies were washed ashore'.³⁶

Tá fianaise bhreise ann faoi dhearcadh áirithe ar thromchúis pheaca chéile an tsagairt. Áitíonn James Stewart go bhfaigheann bean an tsagairt bás agus ní féidir le haon dream cónair s'aici a thógáil chun na huaighe nó go n-éiríonn le beirt eile céilí sagairt an beart a dhéanamh: 'adhón dá diabul do breith áendiabail leó'.³⁷

---

33 Maighréad Nic Philibín, *Na Caisidigh agus a gcuid filíochta* (Baile Átha Cliath, 1938), lch 53; Lillis Ó Laoire, 'An t-amhrán céanna, ach scéal eile ar fad', *Comhar*, 77:5 (2017), lgh 12–15.   34 Cartlann an Cheoil Cnuasach Bhéaloideas Éireann: Mícheál Ó Domhnaill Téip 1, amhrán 3, agus Mícheál Ó Domhnaill Téip 13, amhrán 2.   35 Énrí Ó Muirgheasa, *Seanfhocla Uladh* (Baile Átha Cliath, 1936), lch 7; Anne O'Connor, *Child murderess and dead children traditions: a comparative study*, Folklore Fellows Communications Series, 249 (Helsinki, 1991).   36 Anne O'Connor, 'Perspectives on death from Irish folklore' in Salvador Ryan (ed.), *Death and the Irish: a miscellany* (Dublin, 2016), lgh 179–82, ag lch 181.   37 James Stewart, 'The burial of the priest's concubine', *Journal of Scandanavian Folklore*, 23 (1967), 137–42, agus é ag baint feidhme as *Sgel ann so ar mnai tsagairt ar fagail bais di* a d'fhoilsigh Kuno Meyer in Osborn Bergin et al. (eag.), *Anecdota from Irish manuscripts*, 5 iml. (Halle, 1907–13), iii, lch 9. I lámhscríbhinn 72.1.26 (fó. 2v) i Leabharlann Náisiúnta na hAlban atá an buntéacs Gaeilge.

Tugtar le fios gur de thairbhe nadúr do-mhaite a peaca siúd mar nuachar sagairt nach bhféadfadh aon duine ach peacach den déanamh céanna meáchan s'aici a iompar. I dtuile agus i dtrá an traidisiúin, aimsítear eiseamláir de thionchar theagasc an Fhrith-Reifirméisin ar chreideamh na ndaoine, a áitíonn O'Connor, agus is mar ghné den chlaochló sin, dar léi, is fearr an dearcadh áirithe seo i leith na heachtarthachta a rianú agus a mheas: 'that Irish religious folklore has been profoundly affected by post-Tridentine Counter Reformation doctrine, tradition and teaching'.[38]

Sa chomhthéacs sin, ní miste na tagairtí do *tuilí, cruic, farraige, fuil* (ginideach) *sléibhe* sa véarsa seo (VII) a chur i gcoibhneas le Apacailipsis Eoin 8:6–11:

> [6] Agus do ullmhuígheadar na seachd naingil agá rabhadar na seachd stuic iad féin chuin na (stoc) a shéideadh. [7] Agus do shéid an céud-aingeal a (stoc), 7 tárrla cloichshneachta 7 teine ann ar gcumasg sé fuil, 7 do teilgeadh iad fán dtalamh: agus do dóigheadh an treas cuid do na crannaibh 7 do dóigheadh an féur glas uile. [8] Agus do shéid an dara haingeal a (stoc), 7 do teilgeadh cosamhlachd sléibhe móir tré theinidh fán bhfairrge: 7 do rinneadh fuil don treas cuid don fhairrge; [9] Agus fuáir an treas cuid do na creatúiribh do bhí sa bhfairrge, ann a raibh anam, bás; 7 do haidhmilleadh an treas cuid do na longuibh. [10] Agus do shéid an treas aingeal (a stoc), 7 do thuit réult mór ó neamh, ar dearglasadh mar lóchrann sholasta, 7 do thuit sé sa treas cuid do na haibhnibh, 7 sna tirbruidibh duisge; [11] Agus a sé ainm ghoirthear don réult sin Mormónta: 7 do hiompoigheadh an treas cuid do na huisgidhibh a mormónta; agus fúaradar morán bás ó ná huisgidhibh, tré go rabhadar searbh.[39]

Is fiú a thuairimiú, dar liom, go raibh an té a chum ceathrú VII faoi anáil an téacs bhíoblúil agus, sa chomhthéacs sin, is díol suntais an chosúlacht idir ainm na réalta 'Mormónta' agus 'móinte ar crith' na ceathrún céanna.[40] Thabharfadh an léamh seo le fios go raibh léann áirithe eaglasta ar an té a chum an véarsa agus go raibh an dearcadh atá faoi chaibidil ag O'Connor[41] mar thaca le samhlacha na

---

[38] Anne O'Connor, 'To hell or to purgatory? Irish folk religion and post-tridentine counter-reformation Catholic teachings', *Béaloideas*, 80 (2012) 115–41, ag 135. Tá mé fíor-bhuíoch d'Anne O'Connor as gnéithe den alt seo a phlé liom. Mar an gcéanna, tá mé faoi chomaoin ag Seán Goan, Paddy Glackin agus Nicholas Carolan as tuairimí a roinnt liom. [39] Uilliam Ó Domhnuill, *An Tiomna Nuadh ar dTighearna agus ar Slanuightheora Iosa Criosd, ar na tarraing gu fírinneach as Gréigis gu gáoidheilg* (Baile Átha Cliath, 1602). [40] Maidir le Apac 6:11, *Absinthius* atá sa Vulgáid agus sa Ghréigis; *Mormónta* atá in *An Bíobla Naofa* (Maigh Nuad, 1981) agus in Ó Domhnuill *An Tiomna Nuadh; Wormwood* i *King James* an Bhéarla. Mheabhródh an léamh seo ar bhrí na ceathrún go raibh teacht ag duine a cumtha ar leagan Uí Dhomhnuill den Tiomna Nua agus nár tuigeadh an focal seo 'mormónta' i gceart agus / nó spreag fuaim an fhocail an file chun samhail na 'móinte' a chruthú. Féach Nicholas Williams, *I bprionta i leabhair* (Baile Átha Cliath, 1986), lgh 27–42. [41] O'Connor, 'To hell or to purgatory'.

ceathrún céanna. Ar ndóigh, níl an léamh seo gan deacracht óir ní heol dom sampla ar bith eile de thionchar follasach díreach an Tiomna Nua ar théacs amhráin.

Má bhaineann seintimintí na ceathrún seo agus véarsa V agus an tagairt úd do *Gheobhaidh tú párdún* (l. 3) le dearcadh a tháinig chun cinn sa seachtú céad déag gurb í an bhean an peacach (agus a bhfuil tuilleadh fianaise ann dó mar dhearcadh sa seanfhocal agus san *exemplum* thuas), ní amhlaidh an tuairim a léiritear san amhrán *An Caisdeach Bán* áit ar mó peaca an tsagairt féin 'ná leath Chruach Phádhraic'. Is leis an ochtú haois déag a bhaineann an t-amhrán sin agus bheadh tuilleadh mionchíoradh ar théacsanna na n-amhrán de dhíth le scagadh mar is ceart a dhéanamh ar inathraitheacht mheon an phobail i leith chúrsaí grá i gcoitinne agus grá toirmeasctha go háirithe.

Is cinnte go bhfuil an léamh tírghrách ar an seanamhrán seo chomh seanphréamhaithe anois agus gur cuma do dhuine tuairim eile faoina bhunús a bheith aige nó aici. Thar aon ní, is amhrán é a bhláthaigh ar bhéal na ndaoine, is cosúil, go dtí deireadh an ochtú céad déag. Tháinig sé anuas chugainn ó bhéalaithris agus trí mheán an chló ar aon ó thús an naoú céad déag. Tá iarrracht déanta anseo ar léiriú áirithe a thabhairt ar an dá ghné sin de cheolré an dúchais trí spléachadh beag a thabhairt ar ghabháil aoibhinn cheolmhar Neilí Ní Dhomhnaill a chuala sí ag a sinsear féin roimpi agus a thug sí ar aghaidh go fonnmhar don chéad ghlúin eile dá muintir.[42]

---

[42] Thaifead Maighread Ní Dhomhnaill, mo chéile, leagan ciorraithe de ghabháil Neilí de *Róisín Dubh* ar an cheirnín *Mairéad Ní Dhomhnaill* (Gael Linn CEFCD055, 1976).

Mórsheisear scéilíní faoi chúrsaí ceoil

SÉAMAS Ó CATHÁIN

1.1 NA DOCHARTAIGH

Micí

I samhradh na bliana 1963 bhronn Comhaltas Uladh scoláireacht Ghaeltachta orm féin agus ar thriúr eile a raibh dubh-spéis acu sa Ghaeilge chun go bhféadfadh sinn seal a chaitheamh ar Na Cruacha i nDún na nGall ag cur barr feabhais uirthi mar Ghaeilge. Ba shean-pháirtí ranga liom ó Mheánscoil na mBráthar ar an Ómaigh, Peadar Ó Duibheannaigh, agus péire ábhar sagairt, fear ó Dhún na nGall agus fear ó Chontae Lú (a ndearnadh easbog de ina dhiaidh sin) an triúr eile a bhí ann.

Fuarthas lóistín dúinn sna tithe ar Na Cruacha agus cuireadh de dhualgas ar mháistreas Scoil na gCruach, Máire Bean Uí Cheallaigh (Mary Amrais) ceachtanna Gaeilge a chur ar fáil dúinn le linn na tréimhse a chaith muid ann. Bean de chuid na gCruach, bean chliste agus múinteoir maith a bhí inti, agus d'fhoghlaim muid a lán Éireann uaithi faoin Ghaeilge agus faoi chanúint ársa na gCruach go speisialta.

Ba san am sin a casadh fear de mhuintir Dhochartaigh (fidléirí cáiliúla Dhún na nGall) orm, Micí Simie agus a bhean Mary Rua. Chasfaí a dheartháir, John Simie, orm ina dhiaidh sin ar Na Cruacha fosta. Bhí fearadh na fáilte rompu uilig i dtithe na gCruach agus sa cheantar maguaird. Bhí Micí agus Mary ag fanacht ag Fanny McGinley ar an Chlochar, pánaí mná a raibh an-rith cainte aici agus dúil mhór sa chuideachta agus sa cheol aice.

Sheinn Micí mórán cineálacha port dúinn cois teallaigh i dteach Fanny an mhaidin sin agus ina measc siúd bhí fonn mall an-deas a thaitin go mór liom. '*Going to Mass last Sunday*', a duirt Micí an t-ainm a bhí air.

John

Bhí dúil mhillteanach ag bunadh na gCruach i gceol agus amhráin (nó *music* agus ceol mar a déarfadh siadsan) agus bhí fearadh na fáilte acu roimh dhuine ar bith a raibh cumas ann nó inti port a bhualadh nó amhrán a rá. Bhí na gártha fáilte roimh éinne de na Dochartaigh a tháinig an bealach go háirid nuair a d'fhanadh siad seal laethanta nó seachtain sna tithe. Ba ghnách le John fanacht i dteach Bhunadh Eoghan Mhicheáil ar Na Cruacha agus casadh orm ansin é agus mé ar cuairt ann am amháin. Sheinn sé cúpla port ar an fhidil agus thug cead dom iad a thaifeadadh. Bhí fonn mall a raibh mé sa tóir air le fada ar cheann acu seo, amhrán de chuid Pheadair Bhreathnaigh, fear d'Fhilí Ghleann Fhinne, a raibh na focla agam ach nár chuala mé é á rá nó á sheinm riamh.

Bhí Gaeilge ag John (agus ag an deartháir, Micí) agus bhí an blas dúchasach ceart aige ach labhradh sé í go han-staidéartha. Bhí a fhios aige go rí-mhaith nach raibh Béarla ar bith ag cuid de bhunadh an tí a raibh sé ina aoi ann agus bhí sé de chúirtéis aige gan Béarla a bhrú orthu. Ach bhí a fhios go maith aige go raibh neart Béarla agamsa agus nuair d'iarr mé 'Tá muiltín beag agam ar téad' air, thiontaigh sé orm agus dúirt sa stíl dheas réidh chainte sin a bhí aige: '*I'll do that for you surely, Mr Kane*'. Agus rinne.

Simie
Ní sean-Simie a bhí anseo, ar ndóighe, ach Simie eile de ghlúin eile níos óige ná sin. Sa bhliain 1972, tháinig Lennart Sohlman, Sualannach a raibh aithne agam féin agus ag mo bhean air (agus fear a sheinn ceol de chuid na Sualainne agus na hÉireann ag bainis s'againne i Stocalm an bhliain roimhe), ar cuairt chugainn. Sa bhaile s'agamsa i dTír Eoghain a bhí muid nuair a chuaigh muid amach ag tiomáint thart tráthnóna amháin ag iarraidh ceoil. Chuaigh muid isteach i dteach tábhairne trasna na teorann uainn ag an Chroisbhealach in aice le Cúil a' Ghoiridín i nDún na Gall agus ní raibh muid i bhfad inár suí ann nuair a chuala muid ceol fidile an-bhinn ón bheár istigh. Simie Doherty a bhí ann a dúirt an buachaill taobh thiar den chabhantar liom agus 'fan go bhfeicfidh sibh an bogha atá aige!', a dúirt sé. Bogha déanta sa bhaile a bhí ann gan aon agó mar nach raibh ann, mar a dúirt Simie linn ina dhiaidh sin, ach '*an oul' lump of a bush*'.

Ní raibh aon lucht éisteachta ann ach muid féin nuair a bhuail muid isteach chuige. Bhí a fhios aige go raibh spéis againn ann agus tháinig sé anall chugainn leis an bhogha agus an fhidil a bhí aige a thaispeáint dúinn. Fidil stáin a bhí inti agus déanamh galánta uirthi. Tugadh cead do Lennart port a bhualadh uirthi agus rinne sé sin go dóighiúil. Ba mhaith a thuig Simie gur fear lán chomh sciliúil leis féin a bhí ann nuair a rug sé ar an fhidil arís agus bhuail cúpla ceann de na poirt ab fhearr a bhí aige. Ansin thiontaigh sé ar Lennart agus shín chuige an fhidil arís. '*Now, boy, you and me till it*', a dúirt sé. Bhí Béarla maith ag Lennart ach níor thuig sé cad é a bhí i gceist ag Simie gur mhínigh mise dó é – 'Anois, a bhuachaill, tusa agus mise ina cheann!' Bhí oíche ar dóigh againn ina dhiaidh sin gan aon tsúil ar bith againn lena leithéid ar chor ar bith.

1.2 '*AN CLISEADH*'

Faoi Nollaig, i dtús na 1980í, thug mé cuairt ar theach Eoghain Phádraig i gceart lár na gCruach. Bhí mé ag fanacht ag mo mhuintir i nDroim Caoin i dTír Eoghain agus thoiligh mo dheartháir, Declan, mé a thiomáint ann mar go raibh rún agam cúpla deoch na Nollag a ól leis an triúr seanóirí, Máire, Conall agus Pádraig 'ac a' Luain. Bhí leathphionta fuisce thíos i mo phóca agam, an taifeadán faoi m'ascaill, agus an fhidil ag Declan. Bhí an triúr acu ina suí thart fá chraosthine ar leic an teallaigh faoin poll dheataigh nuair a tháinig muid isteach agus tugadh cuireadh dúinn suí isteach agus buidéal nó dhó den stór pórtair a bhí ceannaithe acu don Nollaig a ól. Ó b'annamh leo a leithéid a bheith sa teach acu, níor bhac mé le deoch as an bhuidéal fuisce a thairiscint dófa. Agus d'fhan muid inár suí ansin ag comhrá agus ag seinm go dtí a haon déag a chlog nó mar sin. D'fhág muid slán agus beannacht acu ansin agus tharraing ar an charr a bhí fágtha ar an bhóthar againn ag barr an chabhsa.

Baineadh siar go mór asainn nuair a thuig muid go raibh cadhnra an chairr ídithe mar go raibh sé ag sioc go crua ag teacht dúinn agus gur fágadh an téiteoir leictreach san fhuinneog chúil ar siúl de thaisme. Ba charr le tras-seoladh uathoibríoch é agus, dá thairbhe sin, ní fhéadfaí an t-inneall a chur a dh'obair le brú agus d'fhág sin go raibh muid ar an trá thirim i gceartlár na gcnoc. Ní raibh de rogha againn ach tabhairt do na boinn ag tarraingt ar an chéad teach eile, teach Eoghan Mhícheáil píosa soir an bealach mór. Bhí oíche spéirghealaí ann, an spéir breac le réaltaí agus droim na sléibhte arda thart orainn imlínithe go géar in éadan na spéire. Ní raibh puth gaoithe ann agus siocán crua. Bhí sé in am bearnú ar an leathphionta. Ba é Joe Beag 'ac a' Luain an duine deiridh den líon tí sin agus é ina chónaí ansin leis féin agus bhí a fhios agam go raibh seans maith againn breith air ag baile. Bhí súil agam go mbeadh sé sásta sinn a thiomáint síos chuig Droichead an Rithleann áit a raibh bocsa telefóin óna bhféadfainn glaoch a chur ar mo mhuintir i nDroim Caoin ag iarraidh cabhrach.

Bhí Joe bocht breá sásta sin a dhéanamh agus níorbh fhada gur bhain muid bun scríbe amach. D'éirigh liom glaoch ar theach mo mhuintire agus bhí an t-ádh dearg orm greim a fháil ar mo dheartháir, Brendan, agus é ar a choiscéim amach an doras chuig Aifreann na Bigile agus an chuid eile den líon tí imithe roimhe cheana féin. Bhí sé díreach sa mheán oíche agus ó tharla nach raibh solas ar bith le feiceáil sa teach tabháirne in aice láimhe rinne muid amach go raibh bunadh an tí sin imithe chun Aifreann na Bigile i dteach pobail Chill Taobhóige roinnt bheag chiliméadar uainn síos Gleann Fhinne.

Dhiúg muid an deor deiridh as an leathphionta agus muid ag fanacht agus ar a dheireadh thiar chonaic muid soilse na gcarr ag pilleadh aníos Gleann Fhinne ar ais ón Aifreann. Bhí fuíoll éifeacht théite an bhiotáilte ag dul ar gcúl go tapaidh agus tart damanta ag teacht ina áit i gceann an ama gur sheas úinéir an tí romhainn. Mhínigh mise dó an cruachás ina raibh muid agus d'iarr deoch uisce air leis an tart a bhí orm féin agus Declan a mhúchadh. Gan a thuilleadh moille, d'oscail sé an doras, scaoil isteach muid agus threoraigh isteach i seomra beag taobh leis an chistíneach sinn áit ar tugadh dhá ghloine mhóra bainne dúinn. Tamall ina dhiaidh sin, glanadh amach an luaith agus cuireadh sios tíne mhóna. Bhí fidléir bréa de chuid na háite, fear a dtugadh siad Jimí Ó Gallchóir air, i láthair agus níorbh fhada go dtáinig fear an tí isteach agus cairdín mór leis. Bhí a fhios aige go raibh bocsa agam féin agus go raibh mé in ann seinm ar chaoi. Go gairid ina dhiaidh sin, bhí Jimmy agus Declan agus Joe Beag agus mé féin i mbun ceoil agus deochanna nach bainne iad ar an bhord os ár gcomhair. Choinnigh muid an bhigil sin gur shroich an buíon tárrthála an Rithleann.

Bhí an ceol ag dul go maith agus ard-iúmar orainn uilig nuair a bhuail mo dhearthráir, Seán, isteach chugainn thimpeall is a trí a chlog ar maidin. Shíl sé gur amuigh cráite go leor agus ar crith le fuacht a gheobhadh sé muid agus ní hionadh ar bith go ndearna sé dubhiontas den chomhluadar meidhreach sa chlúid teolaí ina raibh muid, gloiní ar an bhord agus iad lán nuair a bhreathnaigh sé 'an cruachás' ina raibh muid. Bheannaigh mé dó leis an cheann agus choinnigh orm ag seinm agus nuair a bhí an port sin seinnte againn d'fhiafraigh mé de an raibh a fhios aige cad é an t-ainm a bhí air. 'Seans gurab é "An Cliseadh" é', a dúirt Seán agus aoibh an gháire air. Thug muid an cadhnra úr a bhí leis siar an bóthar arís, chuir isteach sa charr é agus thiontaigh soir ar ais síos Gleann Fhinne ag tarraingt ar Thír Eoghain le héirí na gréine maidin Lá Nollag.

1.3 CLANN MHIC AINDRIÚ

Bhíodh Seán Ó hEinirí ina chnámh droma sa chlár obair pháirce a bhíodh ar siúl agam le micléinn an bhealoidis thiar in Iorras Domhnann (Contae Mhaigh Eo) agus bhíodh a bhean, Molly, breá sásta cuidiú leis an obair pháirce le ceachtanna beaga a thabhairt do na micléinn faoi bhealaí cócaireachta agus bácála ar an seannós cois teallaigh agus bhí amhránaithe mar Sheán Ó Deagánaigh agus beirt Dheagánach eile, Seán agus Pádraig ón Chorrán Buí, mar aon le triúr amhránaithe ó Mhoing an Laoi – na deartháireacha Terry, Antaine agus Peadar 'ac Aindriú – lántsásta cuidiú linn ar a mbealach sainiúil féin chomh maith.

Tharla rud greannmhar uair amháin nuair a bhí mise agus Leon Ó Corrdhuibh ag bailiú amhráin ó Antaine 'ac Aindriú i dtábhairne Uí Ghearbháin i gCeathrú Thaidhg. B'fhear cointinneach go leor é Antaine nuair a bhíodh braon ar bord aige agus bhí mise agus Leon ar ár ndícheall chun é choinneáil milis. Dúirt Leon liom ceathrú d'amhrán a rá d'Antaine mé féin agus thug mé faoi sheanamhrán a d'fhoghlaim mé ó Phackie Manus Byrne ó Dhún na nGall, amhrán a thaitin le daoine agus gur ghnách liom é a rá sa cheantar sin anonn is anall. *The Shores of Lough Erne* an t-ainm atá air ach ní thabharfaí air san áit sin ach 'An tAmhrán' – 'abair an t-amhrán, a Shéamais', a déarthaí liom. Thoisigh mé ar an amhrán a rá d'Antaine agus ní raibh ach cúpla ceathrú de ráite agam nuair a phléasc racht gáire ó Leon i ndiaidh d'Antaine cogar a chur ina chluais. Bhí a fhios ag Antaine gur aníos as an Tuaisceart a tháinig mé an áit a raibh 'Na Trioblóidí' ag dul go te san am agus ag cuimneamh air sin agus é ag éisteacht le mo ghlór a thaitin leis a bhí sé nuair a dúirt sé le Leon agus é ag tagairt domsa – '*Twould be a pity to shoot him!*'. Ba é an trua é dá loiscfí é a bhí i gceist aige, ar ndóigh, ach ní thuigfeadh an té nach raibh Gaeilge (nó Béarla na háite sin) aige gurab é sin an rud a bhí á rá aige agus nach bagairt mé a mharú a bhí i gceist aige ach moladh go spéir.

1.4 *PÁDRAIG MUILTHEACH*

Bhí Pádraig Muiltheach, fidléir den scoth ó Ghort Meille ina chuidíu ó am go chéile ag seinm agus ag cur síos ar an cheol Ghaelach agus ar na poirt bhreátha a bhí aige féin do na micléinn a bhíodh liom ar obair pháirce. Bhí macléinn ón tSeapáin liom turn amháin, gearrchailín gleoite a raibh beagán Gaeilge aici. Hisami a thugadh sinne uirthi agus nuair a chuir mise in aithne do Phádraig í ina theach féin, ní fhéadfadh sé a shúile a bhaint di ach ní raibh sé in ann meabhair ar bith a bhaint as a hainm nó é a rá i gceart. D'iarr sé uirthi é a rá leis arís agus arís eile ach ní bhfaigheadh sé ráite i gceart é ba chuma cé mhéad uair a déarfadh sí leis é. Theastaigh go dóite uaidh labhairt léithi ina hainm agus ar a dheireadh thiar dúirt sé lom amach léithi – '*I'll just call you Mary*!' Ba ola ar chroí Hisami ainm a bheith á bhronnadh uirthi mar sin agus ghlac sí go fonnmhar leis. Ceacht tábhachtach do na micléinn a bhí ann fosta faoi a riachtanaí is a bhí sé sa phobal sin ainm an duine a mbeifeá ag plé leis nó léithi a bheith ar eolas agat sula dtéitheá i ngleic leis nó léithi. Ní chraithfí lámh le strainséirí, mar shampla, gan ainm an duine sin a bheith ar eolas, fiú amháin i gcomhluadar chompánaigh leis nó léithi a raibh aithne mhaith ag daoine orthu.

1.5 *LOUISE BOMBAN*

Breithlá 65 bliain Mharianne Lindseth a bhí ag teannadh linn i dtús na Márta 1968, an sprioc a leag mé síos dom féin faoi slán a fhágáil ag mo chairde Sámi i Varanger na hIorua agus an bóthar fada ó dheas a bhualadh den uair dheiridh i ndiaidh dom bliain iomlán de mo shaol a chur isteach leo sa cheantar sin i bhfad ó thuaidh. Tháinig anbhá ar Kharl agus Marianne nuair a d'inis mé dófa cad é mar bhí agus ní lú ná sin an díomá a bhí ar mhac leo, Thomas agus a bhean Ellebertha agus a gclann óg nuair a mhínigh mé an scéal dófa. Bhí siad déanta go maith orm faoin am sin, ar ndóigh. Ba duine den teaghlach mé agus níor thaitin sé leo go n-imeoinn uathu chomh tobann agus a tháinig mé ina láthair an chéad lá bliain roimhe siúd. D'fhéach Karl bocht teacht romham agus plota talaimh a thairiscint dom le teach a thógáil ann dá dtogróinn fanacht agus thaispeáin an spota dom.

Sular gheal an lá cinniúnach sin, áfach, b'éigean tabhairt faoin réiteach do chóisir lá breithe Mharianne. Bíonn lúcháir mhór ar dhaoine sna tíortha Nordacha ar ócáidí den chineál seo agus bhí sin amhlaidh i gcás Mharianne ach bhí blas na cráiteachta air chomh maith sa mhéid is go rabhthar ag cur slán liomsa ag an am chéanna. Bhí an teach lán go doras an oíche sin le bunadh Lindseth i bhfad agus i gcéin, muintir Alleknjarg agus Polmak, ina measc agus comharsana Bhurnes agus Nesseby fosta. Bhí cairde gaoil Mharianne ann, bunadh Bomban, seanteaghlach de chuid an cheantair a raibh baint láidir ó dhúchas acu leis an Fhionnlainn chomh maith.

Réitigh mise an taifeadán Tandberg sa seomra leapa s'agamsa agus d'fhág an doras ar oscailt chun go bhféadfainn an deis a thapú go héasca chun taifid a dhéanamh ar ióiceanna agus a leithéid. D'éirigh thar barr liom an oíche sin agus i measc rudaí eile chuala mé ceapóga fúm féin á rá ag Louise, bean de mhuintir Bomban, bunaithe ar ióic a raibh cliú agus cáil air, faoina fhear céile, Hans – '*Poasta Hanssa*' ('Seán an Phoist'). Bhí cur síos aici sa cheapóg ar an chaoi a dtáinig mise an bealach sin agus ar líon tí Lindseth ina raibh mórsheisear girseach tráth agus an mí-ádh go raibh gach uile dhuine acu pósta sular thuirling mise anuas ó neamh sa cheantar. Agus anois bhí mé ag fágáil ... .

Bhí neart le hithe agus le hól an oíche sin ann agus, ar an drochuair, bhí sampla de dheoch ó theach stiléireachta áirid i dTana ann chomh maith. B'ansin a bhí mo threascairt, faraor, mar go ndeachaidh an stiuf sin chomh mór sin i bhfeidhm orm nach cuimhneach liom mórán dár tharla sa chuid eile den oíche ach amháin go bhfuarthas sínithe go réalchruthach ar shlat mo dhroma amuigh sa sneachta mé agus gur iompraíodh isteach ar ais mé agus gur cuireadh isteach sa leaba mé. Bhí a shliocht orm an mhaidin dár gcionn, ar ndóigh, le tinneas óil agus pianta goile. Ach, bhí gliondar orm nuair a thuig mé go raibh an taifeadán ar obair go dtí go ndeachaidh an téip i léig agus go raibh sé lán de chaint agus de cheol agus duine i ndiaidh duine ag breith ar an microfón lena d(h)réacht cóisire féin a chur i láthair.

1.6 *UMM KHALIL*

Eagraíocht neamhrialtasach nach mór uathrialaitheach is ea An Chorporáid Fhorbartha um Ard-Oideachas (HEDCO) a bhfuil sé d'aidhm aici cúrsaí ard-oideachais a chur chun cinn i dtíortha i mbéal forbartha agus bhí mise ar dhuine den lucht ollscoile in Éirinn a thoiligh páirt a ghlacadh i gclár oibre na heagraíochta sin thar lear. Chuig an Mheán-Oirthear, más ea, áit nach raibh mé riamh cheana, a bhí mo thriall mí Dheireadh Fómhair na bliana 1991. Bhí mé le coicís a chaitheamh ann ag cur comhairle ar ollscoil Bheithil faoi bhailiú béaloidis agus bunú chartlann béaloidis inti.

Tharla eachtra dom i mbaile Ramallah le linn dom a bheith ar cuairt sa Phalaistín áit a raibh tionscal faoi leith ar siúl ag an chomharchumann áitiúil faoi stiúir bhean fhorránach a dtugadh siad *Umm Khalil* ('Máthair Khalil') uirthi, tionscal ina raibh cúpla céad ban ag obair, ag cleitéail agus ag fúáil agus ag dul do chuile chineál lámhcheardanna.

Thaispeáin sí an t-áitreabh fairsing dom agus chuir in aithne mé do chuid dá cuid oibrithe a bhí i bhfeighil na ranna éagsúla. Ba í rannóg an bhéaloidis an rannóg ba mhó a raibh spéis agam inti, ar ndóigh, bíodh is nach raibh ann ach cúpla seomra lán de chaibinéid ina raibh an bailiúchán a bhí acu ar coimeád faoi ghlas. Baineadh siar astu nuair a dúirt mé gur mhaith liom na cáipéisí a bhí acu a fheiceáil mar ba léir dófa nach raibh aon Arabais agam. Ach fuarthas eochair agus osclaíodh ceann de na caibinéid agus leagadh cuid de bhailúchán mór seanfhocla i bhfillteáin ar an bhord romham. Bhí cuma ghalánta orthu agus dúirt mé sin leo.

Thaitin sé sin uilig leis an bhean óg a raibh an bailiúchán faoina cúram agus chuir sí cogar i gcluais *Umm Khalil* agus míníodh dom gurab é an chaoi gur mhaith léithi amhrán a rá domsa dá mba mhian liom é a chluinstin. Rinne sí é sin go díocasach agus thaitin sé go mór liom, ní hé amháin mar amhrán, ach mar gur thairg sí dá deoin féin é. D'airigh mé an mórmheas a bhí aici-san agus ag fostaithe uile an Chomharchumainn do mháistreas an tí sin, *Umm Khalil*.

1.7 'CAD É SIN DON TÉ SIN NACH MBAINEANN SIN DÓ'

Lá dá raibh mé i gcomhluadar Michael J. Murphy ar an Bhlaic, Contae an Chabháin, mar a raibh sé i mbun oibre ag bailiú san am, chuaigh muid chun cuairte chuig Philip Dolan, seanduine de chuid an bhaile arbh as Contae an Chabháin ó dhúchas dó. Bhí sé ar dhuine de na cainteoirí ba líofa agus ba spéisiúla dár chuala mé riamh in aon teanga. Chuaigh Michael J. á cheastadh faoi dhaoine ar ghnách leo a bheih cosnachta amuigh agus istigh domhnach agus dálach agus thrácht sé láithreach ar bhean a raibh aithne aige uirthi nár chaith aon bhróg riamh agus a mhair go dtí go raibh sí céad is a haon bliain d'aois. Anne McEniff ab ainm di, a dúirt sé, agus ba as Gleann Fearna i gContae Liatroma í. B'amhránaí maith í a dúirt Philip, agus bhí na céadta amhrán ar eolas aici, a dúirt sé, i mBéarla agus i nGaeilge. Ní raibh aon Ghaeilge ag Philip ach dúirt sé gur thóg sé focla cheathrú amháin de na hamhráin Ghaeilge sin a bhí aici agus ar iarratas uaimse dheachtaigh sé go paiteanta ceathrú de 'Cad é sin don té sin nach mbaineann sin dó' macasamhail chríochnaithe de Ghaeilge Ghleann Fearna i gContae Liatroma.

Peannphictiúir: ceathrar banamhránaithe i ndialanna Sheáin Uí Eochaidh

LILLIS Ó LAOIRE

Ar cheann de na pointí is minice a dhéantar faoin Bhéaloideas lá gur mheath sé go mór ó bunaíodh an Coimisiún i 1935, agus níl aon cheist ach gur tháinig claochlú as cuimse ar an scéal ó na tríochaidí anall go dtí an lá inniu. Glacaimid leis an insint seo ar chúrsaí gan síothlú go minic agus uaireanta dallan sé sin sinn ar an fhianaise atá le feiceáil i gCartlann Bhéaloideas Éireann, fianaise ar thraidisiún a bhí beo bríomhar nuair a bailíodh é, sin nó nach raibh i bhfad ó chuaigh sé i léig. Ceist eile í, dar ndóigh, cé acu is i léig a chuaigh an béaloideas nó nach raibh ann ach go dtáinig athrú eile cló air. De thairbhe theacht an tsaoil nua-aimseartha agus na héascaíochtaí éagsúla a bhain leis, cuireadh i bhfolach an leanúnachas go pointe agus leagadh béim ar an méid a bhí caillte den chuid is mó. Is é fírinne an scéil é go raibh an-bhrí in imeachtaí sóisialta an phobail le linn an Choimisiúin agus go bhfeictear fianaise na beochta sin i ndialanna na mbailitheoirí.[1]

Sa saothar éachtach a rinne Ríonach uí Ógáin ar dhialanna Shéamuis Ennis a chur in eagar, cuirem i gcás, léimeann an fuinneamh a bhí sa dúchas amach arís is arís eile ó na leathanaigh.[2] Spreagann léamh an leabhair sin athmhachnamh ar cheist seo bheatha an bhéaloidis agus ar cheist an leanúnachais. Dar ndóigh mura ndéanfaí an bailiú an uair sin, ní bheadh mórán den fhianaise thábhachtach sin ar fáil dúinn a chuireann síos ar chúrsaí mar a chonacthas do na bailitheoirí iad le linn a gcuid oibre san aois seo a chuaigh thart. Tuigtear fiúntas an bhailiúcháin nuair a léitear an t-ábhar atá ann agus go deimhin nuair a léitear cuntais ar an dua a chuir bailitheoirí orthu féin le hábhar a sholáthar dó. Má táimid ag iarraidh díschonstráidiú a dhéanamh ar an Chartlann mar a mhol Anne O'Connor, ní hionann sin is a rá gur gníomh naimhdeach nó docharach é sin. Tig linn a bheith criticiúil agus a bheith dearfach i leith an bhailiúcháin san am chéanna.[3]

Ceapadh Séamus Mac Aonghasa ina bhailitheoir speisialta ceoil as siocair go raibh cumas aige nodaireacht cheoil a scríobh. Bhí de bhua breise aige gur píobaire oilte a bhí ann a raibh saineolas domhain aige ar nádúr an cheoil thraidisiúnta. Cuireadh an-bhéim ar cheisteanna bailíochta faoi réimeas an Choimisiúin, tuiscintí a d'fhás as an fhorbairt a tháinig ar léann an Bhéaloidis i ndeireadh an naoú haois déag faoi thionchar fhás na n-eolaíochtaí daonna. Bhí

---

1 Ceist mhór é an t-am sa Bhéaloideas; féach Diarmuid Ó Giolláin, *An dúchas agus an domhan* (Corcaigh, 2005), lgh 1–42. 2 Ríonach uí Ógáin, *Mise an fear ceoil: Séamus Ennis – dialann taistil 1942–1947* (Conamara, 2007). 3 Anne O'Connor, '"Deconstructing the archive:" a reflection on collection-centred ethnology in the Irish context', *Béaloideas*, 78 (2010), 80–98.

difríocht ollmhór mar sin idir bailiúchán ar nós cheann Shéamuis Ennis agus na cinn a rinne Edward Bunting, George Petrie agus daoine eile sa naoú haois déag.[4]

Más fíor gur imigh go leor gnéithe eile de shaol traidisiúnta na tuaithe le cubhar na habhann, tá brí i gcónaí leis an cheol agus leis an amhránaíocht mar ghnéithe de shaol an phobail. Mar bharr air sin, ní shílim go bhfuil aon trá ar na gnéithe sin den chultúr traidisiúnta. B'fhéidir nach mbeidh daoine ag cleachtadh seancheirdeanna feasta ach mar thaispeántas stairiúil, ach cleachtann daoine an ceol i gcónaí mar ghné bhisiúil dá saol, fiú más foghrúpa atá i gceist seachas an pobal i gcoitinne. San alt seo, ba mhaith liom amharc ar chuntas an bhailitheora Seán Ó hEochaidh (1913–2002) ar roinnt amhránaithe ar bhuail sé leo le linn a chuid oibre i nDún na nGall. Is í an phríomhfhoinse atá agam anseo cuntas dialainne Sheáin féin, na hocht n-imleabhar de dhialann oifigiúil pháirce a choinnigh sé mar dhualgas oibre idir 1935 agus 1948. Sna himleabhair 421, 584, 727, 1107, 1108, 1109 agus 1287 a fhaightear na cuntais seo.

D'ainneoin go ndeirtear gur ar an seanscéal ba throime a chuir an Coimisiún an bhéim maidir le cúrsaí bailiúcháin, ní fíor an tuairisc sin go hiomlán. Bhí suim ag an Duileargach i ngach gné den chultúr traidisiúnta agus níor tháire do na hamhráin é. Foinse iontach amhrán iad bailiúcháin Thír Chonaill agus níl aon amhras ach go raibh suim ag Seán Ó hEochaidh in amhráin. Bhí roinnt mhaith acu ar a theanga aige féin agus cé nach raibh clú air mar amhránaí, bhí ar a chumas amhrán a chur uaidh nuair a thigeadh sé ar a chrann. D'fhág sé cuntas ar amhrán a chan sé le daoine a chur ar a suaimhneas ionas go dtabharfadh siad seanchas agus amhráin dó mar chuid dá chuid oibre. Seo mar a rinne sé cur síos air le linn a chéad chuairte ar Pheadar Ó Tiománaí go luath i mí na Bealtaine 1947:

> Thosaigh an comhrá ansin fán aimsir agus moilleacht na bliadhna seo agus cúrsaí an tsaoil an t-airdiú a chuaigh ar an tobaca (3d an t-unnsa) ganntanas plúir agus 'ach uile sheort. Fá dheireadh d'iarr an tseanbhean ar Pheadar amhrán a rá domh. Thosaigh sé ar 'Fhóchair' agus siúd agus nach bhfuil guth rómhaith aige dúirt sé an leagan de ab fhearr a chualaidh mé riamh. Dúirt Mac Giolla Dhiarmada ceann ina dhiaidh agus thosaigh siad orm féin ansin, agus siúd agus nach bhfuil ceol rómhaith agam, lena sásamh, thug mé iarraidh ar 'Tiocfaidh an Samhradh' a cheol daofa.[5]

Ó tharla gurbh í seo an chéad chuairt ag Seán ar Pheadar agus ar a bhean, Máire, ba mhaith leis dul i bhfeidhm ar mhuintir an tí. Léirítear ina chuntas pointe a dtráchtar go minic air sa dialann, is é sin, nach bhféadfaí díriú isteach ar phríomhchuspóir a thurais – bailiú an bhéaloidis.

---

4 Colette Moloney, *The Irish music manuscripts of Edward Bunting: introduction and catalogue* (Dublin, 2000); David Cooper (eag.), *The Petrie collection of the ancient music of Ireland* (Cork, 2000). **5** CBÉ 1289, lgh 96–7.

15.1 Peadar Ó Tiománaí, Na Cruacha.
1949 Caoimhín Ó Danachair. Le caoinchead CBÉ.

Ba den riachtanas é go gcíorfaí nuacht na haimsire ar dtús. Sa deireadh, mar sin féin, nuair a thagann teas sa chuideachta, dírítear ar an bhéaloideas, ar amhráin sa chás seo. Bíonn ar Sheán a bheith rannpháirteach mar oirfide lena chothrom féin den chuairt a bheith aige. D'ainneoin nach bhfuil mórán muiníne aige as a chumas mar amhránaí, tuigeann sé go gcuideoidh a chuid iompair leis trust na seanchaithe a fháil agus ní miste leis an cleas sin a úsáid le dul i gcion orthu. Seift í seo ar bhain Mac Aonghasa úsáid aisti chomh maith, agus mar dhuine arbh oirfide den chéad scoth a bhí ann, bhain seisean úsáid go minic aisti.[6]

Faoin am ar bhain Seán Ó hEochaidh na Cruacha amach, bhí cleachtadh dhá bhliain déag aige ar a bheith ag bailiú an tseanchais agus bhí a cheird go maith aige. Cé go raibh sé an-oilte faoin am sin, ba sméar mhullaigh í an oiliúint ar scileanna a bhí aige ó dhúchas ar aon chuma. Ó tharla gur de na daoine é féin thuig sé nádúr agus nósanna an chaidrimh go maith. Chaithfeadh malartú nó babhtáil de chineál éigin a bheith ann idir na rannpháirtithe éagsúla, gach duine á gcúiteamh ar son ar chuir siad féin leis an chuideachta.[7] Rinne Henry Glassie

[6] Féach uí Ógáin, *Mise an fear ceoil*, lgh 315–20. [7] Marcel Mauss, *The gift: the form and reason for exchange in archaic societies* (London, 1950).

mionchur síos air seo i réigiún eile de chuid na hÉireann sna seachtóidí agus thug mé féin leagan eile den scéal maidir le tábhacht an cheoil i bpobal Thoraí.⁸ I dToraigh tá an 'teas' i gceist mar choincheap siombaileach a chuimsíonn an chumarsáid shíoraí seo ar dlúthchuid é d'iompar an phobail, is cuma cén ghné den ealaín atá i gceist. Tá an coincheap, dar liom, i gcroí lár na haeistéitice. Baineann tuiscint na healaíne leis an iompar cheart agus leis an scil a bhaineann le cur i gcrích an iompair sin, rud a chuireann béim dhifriúil ar an áilleacht seachas mar a fhaightear i bpríomhshruth fealsúnachta na hEorpa. Bhí feidhm ag an iompar seo sa dlí dhúchais tráth.⁹

***

Sa chuid eile den alt seo, mar sin, is mian liom léirithe Sheáin Uí Eochaidh a chíoradh ar shamplaí den iompar seo i leith amhránaithe ban a casadh air ina chuid oibre. Luann Seán an amhránaíocht go háirithe le mná mar ghné chultúrtha a ndéanadh siad cúram speisialta de. Cé gur casadh fir air chomh maith a raibh neart amhrán acu, bhí seasamh ar leith ag na mná mar amhránaithe, nó mar 'cheoltóirí', mar a thugtar ar oirfidí na n-amhrán i dTír Chonaill.

Casadh an chéad duine acu seo ar Ó hEochaidh agus é ag obair i nGleann Cholm Cille –'taobh istigh de Chnoc' mar a thugadh sé féin ar an chuid seo dá pharóiste dhúchais. Ba í sin Peigí Mhór Ní Ghadhra, agus is díol suime an cur síos a thugann Seán uirthi. As an chur síos sin tig linn coincheapa an teasa shóisialta a fheiceáil ag feidhmiú go soiléir. Is é Pádraig Ó hIghne a chuir ar an eolas é faoin bhean seo. Bailitheoir a bhí i bPádraig féin, agus téann sé leis go dtí an teach agus é ag iarraidh a cuid amhrán a bhailiú uaithi. Tugann Seán mionchur síos ar an deacracht a bhain lena teach a bhaint amach, agus na 'claíacha, díogacha, carraigeacha agus curraigh bhoga' a bhí orthu a chur tharstu.¹⁰ I ndeireadh na dála chonaic siad an radharc seo uathu:

> Cró beag de theach ceann-tuí fad amhairc súl thiar ag bun a' chnoic. Os a chionn tá na mílte tonna de chlocha agus de charraigeacha agus a aghaidh amach ar thráigh Ghlinne agus an fharraige mhór. Tá sé déanta astoigh i gceart lár na gcarraigeacha, agus níl aon duine go brách a rachfas a bealach agus a bhreathnóchas an áit nach n-abróchaidh nár tugadh leasainm air nuair a baisteadh an 'Clochán' air.¹¹

---

8 Henry Glassie, *Passing the time in Ballymenone: history and folklore in an Ulster community* (Dublin, 1982); Henry Glassie, *The stars of Ballymenone* (Bloomington, IN, 2006).   9 Lillis Ó Laoire, *Ar chreag i lár na farraige: amhráin agus amhránaithe i dToraigh* (Indreabhán, 2002), lgh 178–80; Lillis Ó Laoire, 'Towards an aesthetic of Gaelic song performance', *Folk Life: a Journal of Ethnological Studies*, 54:1 (2016), 49–67.   10 CBÉ 421, lgh 117–18.   11 Ibid., lgh 118–19.

15.2 Teach Pheigí Ní Ghadhra inniu. Pic. Liam Dolan. Le caoinchead.

Nuair a théann siad chun tí deir an cailín atá ar aimsir ag an tseanchaí leo nach bhfuil sí ina suí go fóill. Is gairid a bhíonn sí ag éirí mar sin féin. Leanann cruinniú idir an bailitheoir agus an t-amhránaí ar léir go bhfuil sé féin an-sásta leis. Mar rud amháin, cuireann Peigí Mhór céad fáilte roimhe. D'ainneoin nár bhean í a raibh mórán de mhaoin an tsaoil seo aici, ba é saibhreas an tseanchais a bhí aici a mhol Ó hEochaidh agus an toilteanas a bhí inti a hoidhreacht a thabhairt dó fá chroí mór maith. Dar leis go raibh 'fréamh de chineál inteacht inti' a bhí annamh i gceart.[12] Luann sé gurbh é an gaol a bhí aici le file áitiúil darbh ainm Brian MacFhionnlaoich, Brian Beag nó Brian Chonaill, a chum go leor dánta agus rannta, a spreag an uaisleacht nádúrtha seo inti.[13] Líon sí naoi n-eiteán dó gan stad agus, go deimhin, bhí sí tosaithe ag rá na n-amhrán agus gan

12 Ibid., lch 122.   13 Féach CBÉ 1282, lch 28: 'Cailíní Deasa Shrath Laoighill', amhrán leis an fhile. Is é Seán Ó hEochaidh a sholáthair na focail agus an ceol. Féach chomh maith, an cuntas ar Bhrian Mac Fhionnlaoich in Micheál Mac Giolla Easbuic (eag.), *Condaí Phroinnseais*

fiú a ceann cíortha mar ba chóir aici. Ba chás leis go dtiocfadh a bás choíche agus é ag cuimhneamh, ba léir, ar a haois mhór nuair a d'éirigh leisean dul ionsuirthi. Is é a deir sé féin:

> Is mór an truaighe seanbhean dá macasamhail seo bás a fháil a choíche ach mar dúirt mé léithe féin is mór an bród atá ormsa a rá go mbeidh a hainm agus a cuid ceoil beo go brách fhad agus bheas féar glas a fás ar fud na Fodhla.[14]

Ba léir go ndeachaigh a chuairt uirthi i bhfeidhm go mór air agus gur choinnigh sé cuimhne air sin mar ócáid speisialta go ceann i bhfad. Bhí sé ag meabhrú uirthi arís nuair a bhí Séamus Mac Aonghasa leis agus é ag bailiú ábhair ó Nóra Ní Ghallchobhair i Mín a' Mhadaidh ar an tSruthán, i gceantar Ghort a' Choirce, i ndeireadh Eanáir na bliana 1944. Nuair a luann Séamus leis go raibh sé an-sásta leis na hamhráin bheannaithe a bhailigh sé ón bhean seo, smaoiníonn sé arís ar Pheigí Mhór:

> Ach dá mbeadh Séamus thart beagán blianta roimhe seo gheobhadh sé ceol a chuirfeadh iontas air. 'Sé 'n rud a raibh mé a smaointiú air dá mbeadh sé liomsa san am a raibh mé ag obair le Peigí Mhór Ní Ghadhra, Baile Ard, Gleann Cholmcille, go n-abróchadh sé go raibh ceol aici. Thug mise síos cuid mhór de na focla a bhí aici, ach faraor ní raibh mé ábalta an ceol a thabhairt síos, agus ba sin an truaigh, de bhrí go raibh an seancheol aici, agus go leor de. Tá an créatúr ar shlí na fírinne anois go ndéana Dia trócaire uirthi.[15]

Léiríonn Seán ina chuimhne ar Pheigí an t-easnamh a bhí air féin i dtaca le bailiú an cheoil – nach raibh ar a chumas an ceol a bhí le cuid amhrán Pheigí a scríobh síos mar a bhí ag a chomhghleacaí agus a chara, Séamus Mac Aonghasa. Dar ndóigh ba é sin an fáth ar fostaíodh Séamus ionas go bhféadfaí an ceol a scríobh síos san am nuair a b'éigean sorcóirí an eideafóin, na heiteáin mar a thugtaí orthu, a bhearradh lena n-úsáid arís. Ba é sin an bua a d'fhág an ceol a bhí ag Nóra Ní Ghallchobhair againn go fóill san áit nach bhfuil a fhios againn cé na foinn a bhí le hamhráin Pheigí.

***

Nuair a bhí bunús bliana caite ag Seán ina pharóiste dhúchais, thug sé a aghaidh níos faide ó bhaile. Ach ní raibh sé gan taca sa chéad áit eile a ndeachaigh sé nó

---

agus ceolta Theilinn le Pádraig Mac Seáin (Baile Átha Cliath, 2017), lch 134. Is féidir cuid den ábhar, idir amhráin sheanchas agus phaidreacha, a bhailigh Seán ó Pheigí Mhór a scrúdú ar líne anseo: https://www.duchas.ie/ga/cbe/9000393/7087823/9051337 CBÉ 179, lgh 400–33.
14 CBÉ 421, lgh 124–5. 15 CBÉ 1107, lgh 351–2; féach uí Ógáin, *Mise an fear ceoil*, lgh 128–30.

15.3 Róise Nic a' Ghoill agus Máire Mhic Giolla Dé.
Pic. Fionán Mac Coluim. Le caoinchead CBÉ.

bhí máistir scoile na háite sáite go mór i dtionscnamh an Bhéaloidis. Ba é sin Pádraig S. Mac an Ghoill (Paidí Beag) agus bhí eolas na seanchaithe agus na gceoltóirí go maith aigsean.[16] Mar sin de, b'fhusa i bhfad a bhí an méid a bhí le déanamh ag Seán. Bhí gach rud ar aghaidh boise aige ó tharla duine aitheantais aige a chuirfeadh in aithne é dóibh siúd a raibh fonn air a gcuid seanchais a bhailiú uathu. Tugann Seán cuntas an-bhríomhar ar sheanchaithe cheantar Ard a' Ratha agus ar a chuid oibre leo. Ar na daoine a ndeachaigh sé chucu go luath sa tréimhse sin, ar chomhairle Phaidí, bhí teaghlach de mhuintir Mhic a' Ghoill, a raibh an-aithne aige orthu. Taobh amuigh den tsráidbhaile a bhí siadsan ina gcónaí, ar an Áighe, baile fearainn ar bhóthar Ghleann Geise.

16 Tá ceithre chóipleabhar i mBailiúchán na Sgol a raibh Pádraig freagrach astu. Bhí sé páirteach sa scéim ón tús agus thug sé ceann de na cóipleabhair, ó Scoil na Breacaí, do Shéamus Ó Duilearga féin. Tá an nóta seo ar leathanach cinn an chóipleabhair: Fuaireas an leabhar seo ón sgríobhnóir ag Learga na Saorach, paróiste Ard a' Rátha, 9 Lúnasa, 1936. S. Ó Duilearga. https://www.duchas.ie/en/cbes/4428309. Ceadaíodh 14 Márta 2018. Féach fosta Pádraig Mac a' Ghoill, 'Dornán sgéal ó Thír Chonaill', *Béaloideas*, 8:1 (1935), 106–10.

Chuir an mhuintir seo aoibhneas agus pléisiúr ar Sheán, bhí a bhfáilte roimhe chomh croíúil sin. Bhí dúil iontach acu féin sa scéalaíocht agus sa seanchas agus i dtaca leis na hamhráin, bhí beirt sheanbhan, beirt dheirfiúracha, aintíní don mhuintir ab óige ná iad, a raibh clú orthu go háitiúil mar amhránaithe. Ba iad seo Máire agus Róise, beirt a thug uathu a raibh acu gan staonadh. Bhí eolas an bhealaigh ag Mac a' Ghoill, bhí carr aige (Austin) agus seanaithne aige ar na daoine, trí bhuntáiste mhóra a rinne éascaíocht as cuimse do Sheán. Tá mionchuntas an-taitneamhach ag Seán ar a dtuirlingt i dteach mhuintir Mhic a' Ghoill, rud nach féidir ach blas beag a thabhairt de anseo. Seo mar a bhí nuair a shocraigh siad iad féin cois tine ar chuma ar bith:

> Bhí na seanmhná 'na suí thall agus abhus ins a' chlúid, agus mideall pháistí le mac a ndearthára fána gcosa, agus bhí 'n fear seo agus a bhean astoigh fosta. Bhuail an seanchas acu linn féin agus ba ghairid go dteachaigh Mac a' Ghoill a chaint ar an am a mbíodh sé a teacht chucu fad ó shoin a scríobh síos na n-amhrán uathu. Bhris an caoineadh ansin ar na seanmhná le linn trácht ar an am sin, siocair thug sé i gcuimhne díofa an greann a bhíodh acu lena ndeartháir (Conall 'Ac a' Ghoill) a bhí anois ar shlua na marbh. Thrácht Mac a' Ghoill ar an Eideafón ansin agus gur mhór an trua nach raibh ceann acu aigesean nuair a bhíodh sé a cruinniú na seanamhrán nuair a bhí sé 'n-a ghasúr. Mar sin d'éirigh linn toiseach a chur ar an tseanchas agus ba ghairid go raibh muid le hobair.[17]

Leanann cuntas Sheáin ar aghaidh agus é ag cur iontais sa dúil a bhí ag na seanmhná sna hamhráin thar aon ghné eile den oidhreacht bhéil a bhí acu. Deir sé go bpilleadh siad i gcónaí ar sheanchas na n-amhrán fiú agus ábhar eile á phlé.[18] Rinne siad iontas mór den eideafón agus chuir siad teachtairí amach go tithe na gcomharsan ag inse dóibh a theacht go bhfeicfeadh siad an gléas úr a bhí leis an bhailitheoir. Ba ghairid gur thosaigh daoine a chruinniú agus go raibh an teach rólán dá raibh i láthair. Lean na hamhráin ar feadh na hoíche agus na seanmhná ag ceol na n-amhrán ar a seal nó go raibh an t-am ann sos a ghlacadh. Rinneadh an tae agus lena linn lean na hamhráin i rith an ama, Róise ar thús cadhnaíochta agus daoine eile as a chomharsain ar a seal ina diaidh go dtí sa deireadh, mar a deir Seán, 'go sílfeá gur i dteach bainse a bhí sinn. Dream iontach Clann Mhic a' Ghoill seo, tá ceol ag 'ach uile dhuine riamh acu agus is léar leofa gur ceart don uile dhuine bheith amhlaidh'.[19] I gcuntas a thug Pádraig Mac a' Ghoill orthu deir sé an méid seo:

> I mbrígh na cainte agus i gcomhardadh na rann ba mhó a chuir siad suim, agus de thairbhe sin tá slacht agus cruinneas thar an choitcheanntacht ar a gcuid amhrán agus dán. Sílidh siad gur peacadh marbhthach a bhéadh ann

---

17 CBÉ 421, lgh 267–8.   18 Ibid., lch 270.   19 Ibid., lch 472.

sean-amhrán Gaedhilge a mhilleadh. Nuair a bhíos duine aca ag aithris amhrán ná laoidh' bíonn an bhean eile i gclúid duithe féin á ráidht os íseal, le h-eagla go bhfágfaidhe lúb ar bith ar lár.[20]

Ar chuid den luach a bhaineas le cuntas sin Sheáin ar an ócáid seo tá, go dtugtar ann cur síos ar oíche chuartaíochta. Cinnte, is ócáid bhailithe a bhí san oíche, ócáid ar a raibh Seán ar a dhualgas gairmiúil ag bailiú. Chruthaigh teacht an bhailitheora ócáid ina bhféadfaí ceiliúradh a dhéanamh, ina bhféadfaí iontas a dhéanamh den ghléas úr seo a bhí ábalta glór duine a cheapadh agus a shábháil.[21] Eascraíonn tuiscint an 'teasa' chultúrtha go soiléir as an chuntas. Tá an-bheocht le tabhairt faoi deara ar an chuntas agus d'ainneoin gur ar na seanmhná – an ghlúin ar dhírigh an Coimisiún orthu den chuid is mó – atá a aird, is léir ón chuntas go raibh na glúine eile rannpháirteach sa cheiliúradh chomh maith. Cé gur abairt fhánach í an ceann thuas a chuireann síos ar shuim mhuintir Mhic a' Ghoill sa cheol, feictear as gur thuig na daoine sin go raibh tábhacht lena gcleachtas cultúrtha agus go raibh meas acu air. Mhéadaigh suim an mháistir scoile agus suim an bhailitheora ar an mheas a bhí acu féin ar a n-oidhreacht.

Léiriú eile air sin go raibh Seán ag bailiú i dtigh an mháistir ar an Aoine dar gcionn, an 20 Samhain, lá an phinsin, nuair a thigeadh seandaoine na háite isteach go dtógfaidís pinsean na seanaoise. Cibé nach raibh ann an lá sin, bhí Róise Nic a' Ghoill ann agus chaith sí an tráthnóna arís ag aithris a cuid amhrán agus a cuid scéalta do Sheán.[22] Chuaigh sé chucu arís an Bhealtaine ina dhiaidh sin, nuair a bhí Séamus Ó Duilearga sa cheantar agus bhuail seisean leo chomh maith – ócáid ar inis fear ón chomharsain darbh ainm Seán Mac a' Ghoill an scéal 'An Crochaire Tarnocht'. Ceann de na tréithe a bhaineann le cuntas Sheáin an bhrí ba léir dó a bhí sa dúchas agus b'fhurast dearmad a dhéanamh gur leis an ghlúin ba sine a bhí sé ag plé. Bhí athruithe ag teacht ar an traidisiún agus ní raibh an t-aos óg ag foghlaim na n-amhrán Gaeilge. Luann Breandán Mac Suibhne na deirfiúracha sa leabhar is deireanaí dá chuid, a bhaineann leis an atheagar a cuireadh ar shaol sóisialta an cheantair sa tréimhse iarghorta. Díríonn sé aird ar thuairisc a thug Róise Nic a' Ghoill ar chomharsana dá gcuid, fear darbh ainm Séamus Mac a' Ghoill agus bean nár thug sí d'ainm uirthi ach 'máthair Phaidí John Thaidhg' a dúirt an t-amhrán 'Connlach Ghlas an Fhómhair' ar leaba a bháis, agus iad araon ag mairgnigh gurbh iad na hamhránaithe deireanacha dá ndream iad, agus nach dtiocfadh aon duine dá muintir ina ndiaidh a mbeadh a gcuid amhrán aige.[23] Ba nós leitheadach go leor

[20] Mac a' Ghoill, 'Dornán sgéal ó Thír Chonaill', 109–10. [21] Féach Stiofán Ó Cadhla, 'An Feairín Miotail' in Stiofán Ó Cadhla, *An tslat féithleoige: ealaíona an dúchais, 1800–2000* (Indreabhán, 2011), lgh 199–217. [22] CBÉ 421, lch 277. [23] Breandán Mac Suibhne, *The end of outrage: post-famine adjustment in rural Ireland* (Oxford & New York, 2017), lgh 280–2; CBÉ 365, lgh 380–2.

é ag amhránaithe a n-amhrán deireanach a rá ar leaba an bháis, mar a léirigh mé cheana.[24] Mar a tharlaíonn is dócha go bhfuil an leagan sin den amhrán againn, i mBailiúchán na Scol, arís ó Chonall, dheartháir Róise agus Mháire.[25]

Áit eile ar bhailigh Seán Ó hEochaidh agus bailitheoirí eile diomaite de neart amhrán – Toraigh. Dálta na gcuntas eile atá tugtha agam anseo, tá brí agus fuinneamh sna cuntais is fearr atá againn ó Sheán ar a thaithí ag bailiú i dToraigh. Ar chuid de na buaicphointí a bhain le tréimhsí bailiúcháin Sheáin ar an Chreag, bhí na hamanta sin nuair a bhíodh Séamus Ennis ina chuideachta. B'ardphíobaire é Séamus agus bhí dúil ar leith ag muintir Thoraí sa cheol damhsa – chomh maith leis an mheas a bhí acu ar amhráin. Tá cuntas áirithe tugtha ar theaghlach amháin de mhuintir Mhianáin a bhí ina gcónaí ar an Cheann Thoir nó ar an Bhaile Thoir mar a deirtear fosta i mo leabhar féin ar amhráin Thoraí. Tá cuntas eile le fáil i ndialann Shéamuis Mhic Aonghasa.[26] Tá suim agam féin sna daoine seo ó chuala mé iomrá orthu an chéad uair i measc mhuintir Thoraí. Ba gheall le pearsana as finscéalta dom iad ar dtús ach de réir a chéile chuir mé aithne orthu trí thaifeadtaí fuaime agus sna cuntais atá luaite agam. Bhí meas ar John Tom Ó Mianáin (*ob.* 1967) mar dhuine de phríomhamhránaithe a linne i dToraigh, agus tá cuntas agam air a thréithe. Thug mé cuntas áirithe ar dheirfiúracha leis, Ciot (1882–1952) agus Sarah fosta agus tá pictiúir díobh triúr sa leabhar. Ar chuma éigin, mheas na hamhránaithe ar phléigh mise leo go raibh cumas agus draíocht ar leith in amhránaíocht Chiot, d'ainneoin nach raibh iontu ach páistí nuair a bhí sise ina seanbhean. Nuair a dhéantar staidéar ar a bhfuil i ndialann Sheáin Uí Eochaidh, mar sin féin, tuigtear láithreach go raibh pearsantacht ar leith aici a théadh i bhfeidhm go mór orthu siúd a raibh aithne acu uirthi. Cuireann sé sin lenár dtuiscint ar na cuimhní atá ag an dream atá anois níos sine ná mar a bhí sise nuair a bhuail Seán agus Séamus Mac Aonghasa léi sa bhliain 1944. Cuireann na sleachta seo a leanas a pearsantacht theolaí in iúl go bríomhar taitneamhach:

> Chuaigh muid isteach tigh John. Teach mór fada fairsing – sclátaí. Ní raibh istigh ach deirfiúr John – bean arbh ainm di Ciot. Bhí fearadh na fáilte aici do na strainséirí, agus d'iarr orainn suí in aice na tineadh. Shuigh muid ansin agus bhí comhrá fada againn fá achan seort. Rinne sí casaoid mhór linn fá dí-sláinte a bhí a leanstan daoithe nár chualaidh mé trácht air riamh i roimhe – 'gaoth a bhí ag 'ul suas ina cionn, agus a bhí a tabhairt uirthi a cuimhne a chailleadh!' Dúirt sí go dtéad sí síos ina cuid sciathán, agus ina taobh in amannaí fosta. Ní raibh cuimhne aici go bhfaca sí mise sa tigh i mí Lúnasa nó go raibh Aodh Ó Sioradáin ann leis an fhidil nó rud ar bith mar sin.

---

24 Ó Laoire, *Ar chreag i lár na farraige*, lgh 265–7. 25 Seán Ó Caiside, Scoil Árd an Rátha ó Chonn Mac a' Ghoill; iml. 1041, lgh 316–17; https://www.duchas.ie/ga/cbes/4428312/4393757. 26 uí Ógáin, *Mise an fear ceoil*, lgh 187–206, 313–26.

I gcionn tamaill tháinig a deirfiúr Sorcha isteach. Bhí seanaithne agam uirthise. Chaith sí bliain go leith ar fostó ag Pádraic Mac Seághain O.S., Cill Chartha, agus casadh orm í ansin le m'uncail nuair a bhí mé 'mo ghasúr bheag. Is beag a shíl mé san am sin go gcasfaí domh í ina tigh féin ar oileán Thoraí! Ach deir an seanfhocal 'go gcastar na daoine ach nach gcastar na cnoic !' Bhí tuairisc a dhíobháil uirthi fá theaghlach an fhir a raibh sí aige, agus daoine eile thart fán áit. Bhí sise iontach cairdiúil.

D'fhan muid tamall fada a comhrá, agus fá dheireadh tháinig Seán [John] é féin 'un tí. Bhí seisean chomh pléisiúrtha agus a bhí riamh, agus shuigh sé ag mo thaobh ar an stól ag cionn a' tábla. Rinne muid tamall comhrá, agus sa deireadh thrácht mé leis ar cheol Shéamuis agus chomh maith agus a bhí sé a bualadh na fideóige 7rl. Chuir mé ceist ar Shéamus a raibh an fhideog leis: Bhí fhios agam go maith go raibh ach bhí mé fá choinne á chur ar an dóigh sin! Dúirt Séamus go raibh, agus d'iarr mé air port a sheinm do mhuintir an tí. Bhí fhios agam gur seo an dóigh a mb'fhusa an ceol a chuir ar obair. Mar is gnách, ní raibh sé le hiarraidh ar Shéamus an dara huair é seo a dhéanamh. Tharraing sé an fhideog amach as póca a chóta mhóir – a bhí caite trasna ar a ghlúinibh. Chuir le hobair í, agus thoisigh sé ar sheanríl. Bhí mé ag coimhéad ar an mhuintir istigh go bhfeicinn caidé mar bhí siad a glacadh leis an cheol – agus ní raibh dhá chor don port [sic] buailte ag Séamus go raibh na súile a damhsa istigh ina gcinn, le mhéad is bhí de lúcháir orthu an ceol breá seo a chluinstin.

Bhuail Séamus cúpla port breá agus bhí oiread lúcháire ar Chiot ag éisteacht leis agus go dteachaigh sí féin a phortaíocht ina chuideachta! Bhí na portanna aici féin ach amháin go raibh athrú beag aici iontu.

Nuair a bhí Séamus tuirseach den phortaíocht chuaigh Ciot a cheol, agus gidh go raibh a guth briste go holc thug sí iarraidh mhór air. Bhí cúpla giota greannmhar aici – cheol Séamus 'An Droighneán Donn'[27] agus nuair a bhí sé críochnaithe thoisigh Ciot ar an leagan de a bhí aici féin, agus an méid de a raibh dearmad déanta aici dó, chuir John agus a dheirfiúr Sorcha ina béal é.

Lean siad orthu le píosaí mar sin ar feadh i bhfad, agus scríobh Séamus cúpla píosa. Chuir mé ceist uirthi a' raibh amhrán aici a chuala mé ar an oileán nuair a bhí mé ann sa tsamhradh – 'Óró na Buachaillí' – agus gan níos mó a rá thoisigh sí air. Níor chuimhneach léithe an bhéarsa deireanach ach chuir Sorcha na focla ina béal di.

---

27 Pléitear an leagan seo den amhrán in Lillis Ó Laoire, 'Críocha an chirt: téacsúlacht, taibhléiriú agus tuiscint san amhránaíocht' in Diarmuid Ó Giolláin & Stiofán Ó Cadhla (eag.), *Léann an dúchais: aistí in ómós do Ghearóid Ó Crualaoich* (Corcaigh, 2011), 19–35, 203–6.

Bhuail Séamus cúpla seanphort eile agus ansin hiarradh ar John é féin amhrán a rá. Bhí sé a ligean air nach raibh amhrán ar bith aige, agus ansin d'iarr mise air giota don amhrán ghalánta a chualaidh mé aige sa tsamhradh a rá – 'A Phadaí an chúl bhuí daite'. Thoisigh sé air ansin agus 'sé dúirt é go binn blasta.[28]

Cuntas fada go leor é sin agus b'fhéidir go bhfaighfí locht air mar shliocht dá dhíobháil sin. Ach ba deacair dom aon chuid de a fhágáil amuigh de bharr go léiríonn sé comhthéacs na hoibre a bhíodh ar siúl ag Seán go maith. Léiríonn sé chomh maith na seifteanna a bhíodh in úsáid ag Seán mar bhailitheoir le theacht ar an ábhar a bhí ag teastáil. Sa chás seo, ó tharla go raibh Mac Aonghasa leis agus gur fostaíodh eisean d'aon ghnó le ceol na n-amhrán a thógáil chomh maith leis na focail, dhírigh Seán aird ar chumas ceoil Shéamuis le bheith ábalta an t-ábhar a mhealladh ó mhuintir Mhianáin. Léirítear muintir Tom mar dhaoine fiala fáiltiúla a bhfuil suim acu cuidiú leis an obair. Dar ndóigh, bhí buntáiste eile ag Seán sa mhéid agus go raibh aithne aige ar Shorcha Tom, deirfiúr don bheirt eile, ó bhí sé ina ghasúr óg. Bhí Sorcha ag obair ag príomhoide Scoil na Cógaise,

15.4 Ciot Tom Ní Mhianáin, a deartháir John agus cuid de mhuintir Thoraí 1940idí. Cití Shéamais Bháin Ní Mhianáin, bean Mhic Fhionnghaile, chun tosaigh ar clé. Gráinne Ní Dhúgain an cailín óg in aice le John Tom. Le caoinchead CBÉ.

28 CBÉ 1107, lgh 357–63; féach fosta Ríonach uí Ógáin, 'Ethnomusicology and the world of Séamus Ennis', *Béaloideas*, 85 (2017), 195–217, ag 210–11, áit a bpléitear obair Mhic Aonghasa i dToraigh agus cuid de na sleachta céanna i gceist. Tá míonchíoradh ar an amhrán 'A Phaidí a Ghrá' in Ó Laoire, *Ar chreag i lár na farraige*, lgh 206–57.

Pádraig Mac Seáin (1888–1954), nárbh ionann é agus uncail Sheáin, Pádraig Mac Seáin eile (1895–1981) a luaitear sa chuntas thuas chomh maith.[29] Chuir an dáimh seo a bhí aige le Sorcha go mór le héascaíocht na hócáide agus d'éirigh leis féin agus le Séamus Mac Aonghasa obair mhaith a dhéanamh. Luaitear go speisialta an t-amhrán 'A Phaidí a ghrá', amhrán, is léir, a chuaigh i bhfeidhm go mór ar an bheirt acu de bharr an fhoinn agus na bhfocal. Is amhrán é a raibh meas faoi leith ag muintir Dhiothcháin air siocair baint a bheith aige lena ndeartháir féin. Dearbhaíonn cuntas Mhic Aonghais na pointí a fhaightear i gcur síos Sheáin Uí Eochaidh go háirithe an tuairim a bhí ag Ciot fá dtaobh den ghaoth a bhí ag tabhairt uirthi a cuimhne a chailleadh.

Ní raibh Ciot chomh haosta sin ar fad (ceithre bliana is trí scór) i dtéarmaí an lae inniu nuair a bhuail Ó hEochaidh agus Mac Aonghais léi i nDeireadh Fómhair na bliana 1944. Dá ainneoin sin, is léir go raibh a cuimhne ag meath agus go raibh cuidiú a dhíth uirthi leis na hamhráin a choinneáil i gceart. Bhí go leor béaloidis ann fá Chiot ina hóige agus fán ghlór iontach a bhí aici. Scríobh mé in áit eile fán chuairt a thug scaifte de mhuintir Thoraí ar Choláiste Uladh i nGort a' Choirce, institiúid a bunaíodh sa bhliain 1906.[30] Ina bean óg di an t-am sin, bhí Ciot ar an dream a chuaigh ann. Go dearfa, is dóigh go raibh cuireadh aici ann. Ceann de na hócáidí rialta a bhíodh ag mic léinn an choláiste, cuairt a thabhairt ar oileán Thoraí agus tá ar a laghad cuntas amháin againn faoi oíche mhór a bhí ar an oileán seacht mbliana roimhe sin, sular bunaíodh an Choláiste ar chor ar bith, agus a raibh cuntas ar *An Derry Journal* fá dtaobh de:

> Father Murray then called upon all those present who were able to sing to contribute their own share of music, and his appeal was most successful in eliciting some rare old Gaelic airs which had not been sung in public for a long time. It is just these songs which are of such profound interest to the Celtologist, and the student of folk music. The singers included Miss Mary MacHugh, Mrs Norah Doogan, the Misses Doherty ('Ag an Aifrionn Dia Domhnuigh'), Mr George O'Brien ('Cailín Donn'), Mrs. Nancy Rodgers ('Máire Bhán'), Miss Mary Meenan, Miss Annie Ward and Miss Catherine Doogan led a chorus in a charming ditty called 'Is Truagh gan mise an Sasan, agus Duine amhain as Eire liom', which, if not already published, well deserves publication. Mr James O'Brien ('an bhas').[31]

Ainmnítear amhránaithe agus amhráin áirithe a dúirt siad an oíche sin sa chuntas sin, 'Is trua nach bhfuil mé i Sasain', cuirim i gcás, amhrán a bailíodh óna

---

29 Féach ainm.ie: https://www.ainm.ie/Bio.aspx?ID=1118 agus https://www.ainm.ie/Bio.aspx?ID=653 do chuntais beathaisnéise ar an bheirt. Ceadaíodh 14 Márta 2018. 30 Lillis Ó Laoire, 'Confessions of a song junkie', *Irish Pages*, 3:2 (2006), 88–102. 31 *The Derry Journal*, 8 Meán Fómhair 1899, 3. Tá mé buíoch den Ollamh Nollaig MacCongáil a d'aimsigh cóip den chuntas seo dom agus a rinne trascríbhinn de ar mo shon.

15.5 'Úna Bheag na hÁite'. Trascríbhinn ceoil le Sean Williams. Le caoinchead.

deartháir ina dhiaidh sin.³² Bhailigh mé féin an t-amhrán 'Ag an phobal Dé Domhnaigh' ó amhránaithe Thoraí sna hochtóidí – ainm eile ar amhrán 'Ag an Aifrionn Dia Domhnaigh' a bhfuil tagairt dó thuas.³³ Ba é seo ré Chiot, nuair a bhí sí ina neart, ina bean óg ocht nó naoi mbliana déag le linn an chuntais sin. Ní luaitear a hainm cé go luaitear Mary Meenan ann. Bhí deirfiúr ag Ciot darbh ainm Máire. Mar sin, tá seans maith ann go raibh aithne uirthi mar amhránaí ag an tráth sin féin agus gurbh é sin an fáth a raibh sí ar an mhuintir a tháinig chun na tíre le freastal ar oíche sa Choláiste féin – ar an Ardaidh Bheag a bhí an choláiste sna chéad bhlianta.

I dtaca leis an scéal a insítear fúithi deirtear gur iarradh amach í le hamhrán a cheol. Duine den mhuintir a bhí ann, dúirt sé leis an dream a bhí cruinnithe: 'Fan go dtosóidh sí seo anois, beidh sí le cluinstin thuas ar bharr an Eargail'. D'fhreagair duine eile é á rá, 'Cad é a bheadh uirthi? Nár ith sí a sáith de iasc úr Thoraí!' Bhí a neacht, Róise Thomáis Ní Mhianáin, bean Uí Dhubhgáin, ar dhuine acu sin a d'inis an scéal sin dom.³⁴ D'inis sí dom fosta go raibh an t-amhrán seo a leanas ar cheann de na hamhráin a dúirt Ciot an oíche úd:

32 uí Ógáin, *Mise an fear ceoil*, lch 449. Tá leagan John le fáil in CBÉ 1282, lgh 326–7.
33 Chuir mé an t-amhrán ar chaiséad sa bhliain 1992, *Bláth gach géag dá dtig*, agus eisíodh é sin mar dhlúthdhiosca sa bhliain 1997 (CICD D075). Ó Shorcha Uí Bhaoill agus óna deirfiúr Teresa Mhic Fhlaifeartaigh a fuair mé é. Col ceathrair dá máthair, Hannah Shéamus Bháin, a bhí i gCiot, clann na beirte deartháir. Féach Micheál Ó Conghaile et al., *Leabhar mór na n-amhrán* (Indreabhán, 2012), lch 65. Tá an t-amhrán luaite go mór le Máire Ní Choilm. Is féidir leaganacha léise a chluinstin ar shuíomh cartlainne TG4 ag http://old.tg4.ie/ie/programmes/archive/maire-ni-choilm.html.   34 Chuala mé an scéal céanna ar dtús Ó Shéamus Ó Mianáin, Jimí Shéamuis Bháin (1897–1991), col ceathrair de chuid Chiot i 1987, agus d'inis Gráinne Uí Dhúgáin dom é fosta. Scéal coitianta i dToraigh é i measc ghaolta Chit agus insítear é mar dhearbhú ar a cumas tréitheach mar amhránaí.

> An dream sin a mbíonn an ball orthu, nach beag a thig anall acu
> Tá an baile seo gan cheannphort ó d'imigh Éamonn Óg
> Bhí Éamonn Óg is na haicseain ann is bhí Bonapart 'na sheasamh ann
> Ar an *quarterdeck* 'na sheasamh bhí sé Lá an Bhriste Mhóir
>
> ' Úna bheag na háite nach tú a fuair cliú agus áireamh
> An lá sin i Rath Mealltáin ag aonach na Féil' Eoin
> Scilling is punt de dh'airnéis a fuair tú in do láimh dheis
> Le cois an ghiní ghallta agus cárta le hól.
>
> An Mac sin Liam na Carraige nár umhlaigh riamh do fhear ar bith
> In Éirinn ná in Albain ná in Sasain ó lár
> Cabhlach mór na Fraince a bheas ag dúil le grandeur
> Is gurb é a déarfadh gach uile cheannphort, 'Let down the Collarmore!'
>
> Tá eala ar chaol na tráighe ag gabhail thar sáile amárach
> 'Na Fraince ná 'na Spáinne ná go Pairlimint an Rí
> Tá Úna ag gabhail thar sáile teacht na Féile Pádraig
> Is go scríobhaí sí don Bhanríon, 'I will make you tea!'[35]

Dearbhaíonn an scéal seo cáil Chit mar amhránaí ina hóige agus lean an cháil sin ar feadh a saoil, d'ainneoin nach raibh fágtha a scáil de nuair a tháinig Seán Ó hEochaidh a bhailiú uaithi.

An dream a bhí dhá ghlúin níb' óige ná í, daoine a rugadh ag deireadh na bhfichidí agus i mblianta tosaigh na dtríochaidí, agus a bhfuil a gclann s'acusan arís ar na hamhránaithe a choinníonn an dúchas sa tsiúl inniu, bhí na scéalta acu agus bhí a cuid ceoil féin ina gcluasa. Ceann de na hamhráin is ansa le Treasa Mhic Fhlaifeartaigh (r. 1931), 'Ar Theacht na Féil' Pádraig', is ó Chit Tom a thóg sise é. Is cinnte gur amhrán an-deas é, cé gur lochtaigh Teresa é go minic ag maíomh go raibh sé beagán giortach agus gan ann ach ceithre cheathrú:

> Ar theacht na Féil' Pádraig bhí ábhar mór goil agam féin
> Bhí mo hata in mo dhorn is é lán amach go dtí an béal
> An é nach doimhne leat an poll a mbáitear deichniúr is dáréag
> Bhí mé ina lár a mhíle grá is char mhothaigh tú mé.

---

[35] Foilsíodh leagan eile den amhrán seo as na Rosa in Donnchadh Ó Searcaigh, *An uiseog: dornán amhrán ó Chúige Uladh* (Baile Átha Cliath, 1905), lgh 12–13, faoin teideal 'Mac Néill na Carraige'. Tá difríochtaí móra idir é agus ceann Thoraí. Tá an chuma air gur ag tagairt don chath mara a troideadh idir cabhlaigh Shasana agus na Fraince i mí Deireadh Fómhair 1798 atá leagan Thoraí. Chaill na Francaigh an cath seo. Phléigh Séamas Ó Searcaigh leagan na Rosann den amhrán in alt in *Comhar*, 8:12 (1949), 11–12, agus leag sé ar an fhile Aodh Ó Domhnaill é, duine de na 'filí gan iomrá'. Dar leis gur amhrán ag moladh gaisce fir atá i gceist. Sa dara cuid den alt seo in *Comhar*, 9:2 (1950), 11, 25, tá litir ó Niall Ó Domhnaill á fhreagairt sin, á chur in iúl nach moladh atá san amhrán ach aor.

15.6 'Ar Theacht na Féil' Pádraig'. Trascríbhinn ceoil le Sean Williams. Le caoinchead.

Tá go leor, leor de na mná óga a mbíonn a ngrá leo ar bharra a gcúig méar
Is a n-intinn gos ard le fáil ag fearaibh an tsaoil
Ní hé sin do mo ghrá is nach lách an mhaise di é
Is go bhfeice mé an lá a mbeidh an fáinne ag gabhail orainn araon.

Tá daoine ag rá go bhfuil grá ag mo *sweetheart* orm féin
Is dar a leoga má tá sin grá ar miste di é
Gur chaith mé naoi lá naoi dtráth is naoi seachtaine déag
Ag ól le mo ghrá is mo dhá láimh ag goil thairsti aniar

Tá íochtar mo chóta stróicthe go talamh liom síos
Is an té udaí a chuirfeadh dóigh air gur éalaigh sí amach as an tír
Más ag fear eile a bhí sé in ndán mo ghrá-sa a bheith aige 'na luí
Go bhfeice mé an lá a mbeidh an fáinne ag gabhail orainn araon.

I dtéarmaí na scoláireachta, is féidir cosúlachtaí a fheiceáil le hamhráin eile, 'Maidin Dé Máirt', cuirim i gcás, nó 'An Abhainn Mhór' nó 'Amhrán Rinn Mhaoile'. Tá cosúlachtaí láidre idir foinn éagsúla na n-amhrán sin agus baineann 'Teacht na Féil' Pádraig' leis an éagsúlacht dhosháraithe chomh maith. Is fonn breá é a bhfuil idirchéimeanna leathana eadarbhuasacha ann a thrasnaíonn ó cheann ceann an ochtaigh, is é sin, a théann ón nóta íseal suas go dtí an chéad nóta eile seacht n-idirchéim os a chionn d'aon iarraidh amháin. Bheir na bearnaí móra seo idir na nótaí maorgacht agus áilleacht ar leith don leagan seo den fhonn. D'ainneoin nach bhfuil san amhrán ach na ceithre cheathrú, tá na véarsaí céanna sin láidir go leor agus scéal iomlán iontu – scéal éagmaiseach grá ag teacht

> Cuimnig ar
> Tomás Ó Mianáin
> Baile Toir Oileán Toraig
> agus a teaglac
> Tomás
> a fuair bás 13-3-1939
> aois 60 bliain
> Kit
> a fuair bás 5-8-1952
> aois 70 bliain
> John
> a fuair bás 13-12-1967
> aois 78 bliain

15.7 Tomba mhuintir Tom sa tseanreilig i dToraigh, 2015. Pic. Lillis Ó Laoire.

ó bhéal fir atá cráite ciaptha de bharr na mná a d'imigh uaidh agus gan meas ar bith aici air. Méadaíonn an fonn an briseadh croí atá san fhilíocht. Cuireann an leithéid d'fhonn amhráin áirithe de chuid Róise Mhic Grianna i gcuimhne dúinn, go háirithe na leaganacha a bhí aici de 'An Clár Bog Déil' agus 'A Phaidí a Ghrá má d'imigh tú'. B'fhiú staidéar níos grinne a dhéanamh ar na foinn seo agus an coibhneas atá idir iad agus na focail agus na téamaí atá sna hamhráin – ach ní dhéanfar anseo é díobháil spáis agus ama.[36]

***

Is foinse shaibhir, ilghnéitheach í an cuntas dialainne a choinnigh Seán Ó hEochaidh ar mhórán gnéithe dá shaol oibre agus de shaol na ndaoine ar oibrigh

---

36 Cathal Goan (eag.), *Róise na n-amhrán: songs of a Donegal woman* (Baile Átha Cliath, 1994), dlúthdhiosca agus leabhrán.

sé leo. Foinse í a bhfuil oiread i gceist léi agus go minic go dtabharfadh sé a sháith do dhuine díriú ar aon ghné amháin de. San aiste ghairid seo, ba é mo mhian díriú isteach ar cheathrar amhránaithe ban mar bhealach le tuiscint a fháil orthusan agus ar a saol. Chomh maith leis sin, bhí fúm léaró a fháil ar an dóigh ar chaith Ó hEochaidh leo agus ar an phortráid a chur sé ar pár díobh. Léargas a thig amach as na cuntais arís agus arís eile, mar a luaigh mé cheana thuas, chomh beo, bríomhar is a bhí an traidisiún. Bhí sé sin fíor go háirithe i dToraigh. Luann Mac Aonghasa ina dhialann féin a bheith ag bailiú ó óg agus ó aosta, agus insíonn sé dúinn go dteachaigh slua-amhránaíocht na mban i bhfeidhm go mór air agus iad ag siúl an bhothair ar oícheanta breátha.

Tá amhránaithe ban i gcuntais Uí Eochaidh nár luaigh mé anseo. Thrácht mé ar Nóra Ní Ghallchobhair Mhín a' Mhadaidh, Gort a' Choirce, ar scríobhadh síos na foinn bheannaithe uaithi chomh maith le hamhráin eile. Tá cineál aithne uirthise cheana ó tharla í luaite go láidir i ndialann Mhic Aonghasa agus go bhfuil roinnt áirithe scríofa fúithi cheana.[37] Mar an gcéanna le Bríd Ní Dhubhghaill, mar a thug Seán Ó hEochaidh uirthi i 1938, ach arbh é Nic Comhaill (Coyle) a hainm i gceart. Tá cuntas maith ag Seán ar an bhean seo ina dhialann agus grianghraif againn di fosta. Tráchtadh cheana uirthise fosta, agus dá bhrí sin d'fhág mé ar lár anseo í. Bhailigh Seán ceol ó Mháire Mhicí Mhic Fhionnghaile agus ó Anna Nic a' Luain chomh maith le scéalta.[38] B'iad sin an bheirt bhan ba thábhachtaí ar bhailigh sé uathu i ndáiríre agus dar liom gurbh fhearr iad a fhágáil nó go bpléifear a saothar go cuimithseach mar aonad nó mar dhá aonad, b'fhéidir. Sa pháipéar seo, rinne mé iarracht daoine nach seasann amach oiread leo siúd a chur os comhair an léitheora: dar liom gur díol iontais iontu féin na daoine sin agus gur leor dúinn an léargas a fhaighimid orthu.

---

[37] Angela Partridge, *Caoineadh na dtrí Muire: téama na páise i bhfilíocht bhéil na Gaeilge* (Baile Átha Cliath, 1982); Ríonach uí Ógáin, 'Scéala Aduaidh' in Séamas Ó Catháin et al. (eag.), *Northern lights: following folklore in north western Europe: aistí in adhnó do Bo Almqvist* (Indreabhán, 2001), lgh 316–29; Ríonach uí Ógáin, *Mise an fear ceoil*.   [38] Partridge, *Caoineadh na dtrí Muire*; Lillis Ó Laoire, '"Tá cuid de na mná blasta / Some women are sweet-talkers": representations of women in Seán Ó hEochaidh's field diaries for the Irish Folklore Commission', *Estudios Irlandeses*, 12:2 (2017), 122–38; ar fáil ag: http://www.estudiosirlandeses.org/2017/10/ta-cuid-de-na-mna-blastasome-women-are-sweet-talkers-representations-of-women-in-sean-o-heochaidhs-field-diaries-for-the-irish-folklore-commission/.

From Ladywell to the Liberties: conversations with Finbar Boyle

TOM SHERLOCK

I came to know Finbar Boyle in the early 1980s when I first began to frequent the Tradition Club, which ran weekly in Slattery's Pub in Capel Street, Dublin. Finbar, along with Kevin Conneff, Tom Crean and Seán Corcoran, was involved in running and booking performers for the club. From 1989 Finbar worked alongside me in Claddagh Records. I left in 1997 while he remained on before retiring in 2010. This article is based on a series of three long interviews I recorded with Finbar in the Irish Traditional Music Archive in late 2016 and early 2017.

Finbar Boyle, singer, song collector, songwriter, raconteur and a self-described 'man about town', was born in Dundalk, Co. Louth, on 24 September 1951. His parents came from the same area of Darver/Dromiskin, about twelve kilometres south-west of the town of Dundalk, and both were engaged in hereditary trades. Finbar described his mother, Bridget – or Bridie – Kieran, as a 'country tailor'. His father, Tom Boyle, was a blacksmith, born in 1898, and during Finbar's childhood worked with the Great Northern Railway in Dundalk. Bridie Kieran was born in 1909 and both his parents were relatively advanced in age when Finbar, the eldest of three boys, was born.

Finbar described his childhood as 'a really blissful period, it was a great house to grow up in but the only time there was dissension in our house was if there was an election'. His mother he described as a 'red roaring republican' while his father was more inclined to the Irish Parliamentary Party and later Cumann na nGaedheal/Fine Gael. An indication of the tension this divergence of political views sometimes caused can be gleaned from Finbar's recounting of this short reminiscence:

> My father had grown up reading the *Independent* newspaper but he wasn't allowed bring it into the house. He'd come home for his dinner from the railway and he might have the *Independent* in his waistcoat pocket and she'd say, 'You're not coming in here with that dirty oul' Martin Murphy rag'.

Raised in Ladywell, which was then on the southern outskirts of Dundalk, Finbar attended the Christian Brothers National School where he was educated through Irish. Describing the holy well at Ladywell, 'one hundred yards from our door', as a place of pilgrimage, Finbar noted:

> They would come in their hundreds every year, they'd come from everywhere. They would assemble at midnight on August 15th – now the Feast of the Assumption. Habitually the people who'd come in from the country to go to the well would arrive in mostly early in the day, and afterwards they'd go out to Blackrock, to the seaside, and it was a tradition that you went to the well and then spent the day in Blackrock. An awful lot of the people who went to 'the Rock' would spend the day in the pub.

Finbar was a well-read man and he claimed to have started at a precociously early age:

> I could read when I was very young. I've a really phenomenally long memory and can vaguely remember being in a pram or a buggy. I remember one time I was sick, about two-and-a-half years of age, they moved me downstairs into the kitchen and they put me in a cot in the kitchen where it was warm there all day. My mother was reading these Ladybird books to me and I asked her how to do it myself, to show me. I could read before I was three. I was a voracious reader. I couldn't stop. They thought there was something wrong with me because I wouldn't go out. However all the books in the house were adult books. I had delved into the plays of George Bernard Shaw before I was nine [laughs].

> I was reading cowboy stories, these were books that my mother had bought when she was young. When I was still very young I'd read a good bit of Walter Scott's books, not just *Ivanhoe*, and the Brontés' too. For my ninth birthday my mother bought me Homer's *Odyssey*, the Penguin version translated by E.V. Rieu. I read it just like a cowboy story. At some stage during that year I got a dose of croup, I was very, very ill. They thought, actually, I was going to die. And the oul' doctor came in and he saw that book beside the bed and he turned to my mother and he said, 'Isn't that a bit grown-up for him?' And she said, 'Ah, he's well fit for it'.

He considered that his interest in narrative song might have been linked to his reading of Walter Scott:

> I can remember as a pretty young kid, long before I was a teenager, reading something by Scott. I can't remember the story – it might have been called *The Antiquary* – but there was a glossary of Scottish expressions in the back. I could read it, it meant that when I came across Scottish dialect expressions I knew what they meant.

Recalling the interest in music in the family home he says:

> There was a publishing press at the time called Foilseacháin Náisiúnta Teoranta, FNT – they were all nationalist songs, there were lots of those. The Waltons' songbooks, there were always a few of them hanging around, and there was lots of old sheet music and books comprised of music from the English music-hall and American vaudeville songs. I remember using them to half-learn how to read music in my early teens I suppose.
>
> There were always people calling into our house, always someone in the house. Very often in the evening people would be calling in, they'd always be asking you for a song or somebody else would sing a song. You'd be hearing songs and it was a nice thing to do. But I developed an appetite. I was very fond of poetry as well and I didn't discern between sung poems and songs, and if I saw a poem I'd be trying to put an air to it.

Finbar describes one such early attempt when he put the air of 'Kevin Barry' to the words of the Christmas carol, 'Once in Royal David's City'.[1]

Along with being a precocious reader, it seems Finbar developed an early interest in public houses – an interest that was never to leave him.

> Before I left school I had got into the habit of going to the pub and got a pretty good musical education. [The pub he refers to here was Mark's Bar in Crowe Street, Dundalk.] It was the pub I learned to drink in and I had good teachers. I do remember being down the town one time at eleven or twelve. It was on a Saturday evening. I remember that it was dark, probably November, and something that I never get now – you can't if you take a drink, you can't get it – but you could smell the drink coming out of the pub if you passed a pub door. I remember it was really cold and I was standing outside Mark's Bar and I could hear glasses clinking and there was warm air coming out though the door – you couldn't see in, the door was barred – and men laughing and someone playing a fiddle. I remember thinking to myself, 'I'm going to go in there someday, as soon as I'm big enough. I'm going in there'.

He was to pass through that door and it was in Mark's Bar that he encountered musicians from all parts of the country. Finbar recalls meetings with Ronnie Drew, Luke Kelly, Barney McKenna, Seán Maguire and local musicians, the McArdle brothers, from nearby Tallanstown. It was in Mark's Bar that he first sang in public. It was here also that he first encountered the noted song collector, Tom Munnelly. Finbar recalled their meeting:

---

1 As it happens, this particular carol was originally written as a poem by Cecil Frances Alexander who was born in Eccles Street, Dublin, in 1818. She also wrote the hymn, 'All things bright and beautiful'. 'Kevin Barry' is a popular song about the execution of a young man during the Irish War of Independence.

He came on a field trip to Dundalk and I knew who he was but he didn't know who I was. He came into the pub I was in. I made friends with him there ... Tom could be intransigent and contrary and I've heard that I have that reputation too.

The friendship these two 'contrary' individuals formed after their first meeting in Dundalk was to endure until Tom's death in 2007.

Sorahan's Record Shop in Dundalk was to be a further source of inspiration and Finbar recounts, while still a teenager, buying records there of musicians as diverse as Muddy Waters and Sarah Makem. He described Sarah Makem as 'the best ballad singer I ever heard'.

Having completed his Leaving Certificate in 1969, Finbar enrolled in St Patrick's College in Drumcondra, to train as a primary-school teacher. On moving to Dublin, he immediately set about 'hunting down sessions' and found himself at home in venues like O'Donoghue's on Merrion Row and Slattery's in Capel Street. On an early visit to Slattery's, he described meeting with the music collector Breandán Breathnach, uilleann piper Dan Dowd and the fiddle player Tom Mulligan – men senior in years to the young student teacher. Finbar told how himself and Breathnach were connected through the friendship of Paddy Walsh [Breandán's father] with Finbar's mother. A silk weaver by trade, Paddy Walsh married twice and his first wife was related to an aunt of Bridie Kieran, who was Finbar's mother. Some of the small, framed, silkscreen tapestries fashioned on a loom in Hamilton Street, Dublin, by Paddy Walsh were to find their way to Finbar's family home in Dundalk.

Later in Slattery's, Finbar was to meet and befriend the great piper and collector, Séamus Ennis, and the west Clare singer, Siney Crotty. But it was Breathnach who was to become 'a kind of mentor who, for good or bad, influenced me'. A regular at Slattery's, he soon befriended Tom Crean and Kevin Conneff who ran the Tradition Club on Wednesday nights. In short time he was to join with them in helping run the club and was associated with Slattery's until the eventual demise of the Tradition Club in the early 1990s.

On leaving St Patrick's in 1971, he applied for a teaching job on Inishturk South, a small island near Cleggan in Co. Galway. Now depopulated, the island then had thirty-four inhabitants and a one-teacher school with nine pupils. After a harsh winter on the island, Finbar found a temporary teaching post in Coolock on the north side of Dublin. Realizing that teaching was not for him, he joined the Dublin Public Library service in 1974. He had been working there as a library assistant for four years when he was advised by his friend, Tom Munnelly, to consider applying for a recently advertised job with the Department of Irish Folklore in University College Dublin,[2] as a sound technician. He eventually

---

[2] Tom Munnelly was already working for the Department of Irish Folklore, successor to the Irish Folklore Commission, at that time. As a result of major re-structuring in UCD in recent

succeeded in being appointed to the position. Finbar reported to Leo Corduff, who was in charge of the Department's Sound Archive, and worked at transferring tapes, making back-up copies. He had the run of the library and relished the work: 'I loved that job, I really loved it'.

> It was great and of course I heard the best music that ever was recorded. It was magic, it was brilliant … You had the disc in your hand that Peig Sayers actually recorded her stories on, you'd be listening to this beautiful woman … Or Ennis, hours of recordings made by Leo Corduff and, I think, Kevin Danaher[3] … I remember I had a small notebook at the time and writing, 'This may not be the greatest piping ever played but it's certainly the greatest piping ever recorded'.

The collectors Michael J. Murphy and Tom Munnelly met with particular approval from Finbar. Murphy came from south Armagh, close to Finbar's hometown, while his respect and affection for Tom Munnelly was clear:

> I have to say that, because of my interest in song, when new stuff came in from Tommy, ah man, I'd be straight up to the machine to listen to it. His method of collection, his approach and his attitude, his easy repartee with the people he was talking to, just his knowledge – he was a long, long time at the game you see. Tommy had been collecting from the 1960s until he became ill, and he had developed an ease with country people and a knowledge of country ways that was unsurpassed. He had this easy-going way and he knew where they were coming from, knew how to talk to them, understood their turns of phrase, while at the same time Tommy was a city boy. Tommy was from the city centre, from Chancery Street, the other side of the Liffey – he moved out to Crumlin or Drimnagh. He worked in a factory in Patrick Street. He was a consummate city slicker who understood every trick that a countryman had in his book. Tommy, he could have been a good – I don't know – a travelling salesman or a three-card-trick man at a country fair, he understood human nature so well. Yeah, Tommy was my favourite collector.

During the course of the final interview recorded with Finbar, in June 2017, he touched on wider ambitions and reflected:

---

years, the archives of the Department are now known as the National Folklore Collection, and the Department's teaching activities have been incorporated into the UCD School of Irish, Celtic Studies and Folklore. 3 Kevin Danaher was a folklorist who worked with the Irish Folklore Commission and later with the Department of Irish Folklore. He specialized in material culture and social tradition, but he also did pioneering work in the areas of sound recording and photographic documentation.

> They asked me on a few occasions to lecture students, to take students under my wing ... but I was learning so much. Everyday I went into work I learnt something ... but anyway, I carried on there and I had great times. I wanted them to make me a collector but ... at the time in the 1980s there were budgetary cuts, one of our permanent recessions was on ... It would involve promotion, it would involve appointing me a travelling officer and they didn't have the budget ... it never happened.

The work as a sound technician in Earlsfort Terrace was to eventually prove a somewhat lonely position for him:

> I was stuck in a tiny, eight-foot by ten-foot by six-foot sound-proof cube, alone from one end of the week to the other, listening to people who were dead. They were all dead. There would be times you'd start talking back to them. You might even intrude and say, 'I'm afraid you got that wrong Buddy, history proved different'.

While continuing to work in the Folk Music section of the Department of Irish Folklore, he maintained his involvement in the Tradition Club. Through the club he cemented friendships with singers such as Geordie Hanna, Len Graham, Joe Holmes, Frank Harte, Mary McGrath and Darach Ó Catháin. He referenced also noted musicians like Johnny O'Leary, Jackie Daly, John Joe Gardiner, Andy McGann and Joe Burke. Speaking of his time in Slattery's he said:

> We knew what we liked and we knew what we liked was good ... There were enough of us to sustain the Tradition Club, it was an influence for the good ... it made good music available and cultivated an audience.

Trips to *Fleánna* and regular attendance at the Willie Clancy Summer School in Miltown Malbay, Co. Clare, ensured he maintained the relationships he had with a wide range of musicians and singers. Equally at ease with young or old, he was particularly supportive of some of the younger musicians who emerged on the Dublin music scene of the 1980s, and gave encouragement and opportunity to players like Frankie Kennedy, Mairéad Ní Mhaonaigh, Seán Potts and Paul McGrattan, Máire and Siobhán O'Keefe, Paul O'Shaughnessy and Catherine McEvoy, among others.

When University College Dublin undertook a rationalization drive in 1988 Finbar availed of a pension package that was offered, despite still being in his thirties. He was to join the staff of Claddagh Records in 1989 and remain there for more than twenty years, working in their record shop in Cecilia Street in Dublin's Temple Bar.

16.1 Finbar Boyle (on right) with Niall Hackett and Rosa Corcoran, in Claddagh Records, Cecilia Street, Dublin, 2002. Photo: Orla Henihan. Copyright: Irish Traditional Music Archive.

For a number of years, Finbar was a contributor to *In Dublin* magazine and wrote record reviews along with the occasional article on folk music. He was proud of a cover feature he penned on the traditional band, Planxty. He was also an occasional songwriter, and his most celebrated composition remains the caustic lament, 'The night that the Guards raided Oweny's', the full text of which is reproduced below.[4] For the last twenty years of his life, Finbar lived on Dame Street and then in the Liberties area of Dublin, and was a familiar figure in a number of city-centre hostelries:

> I've consorted with poets and writers ... and with everybody ... I'm a fairly public person, I lived my life, when I could afford it, pretty much on the street and out and about ... I came to Dublin looking for anonymity and realized it couldn't be found.

[4] The song is about a late-night raid by the Guards on the aforementioned Mark's Bar in Dundalk, since sold to new owners. The text of the song as it appears here was transcribed by the author. The song also appears in Fintan Vallely's collection, *Sing up! Irish comic songs and satires for every occasion* (Dublin, 2008), pp 77–9.

Illness was to gradually impact more and more on him in the last few years of his life. However, until the end he remained conscious of his contribution in providing a platform for traditional music and song in Dublin, and grateful for the many friendships he formed through a lifelong love of music and song.

The night that the guards raided Oweny's
(To the air of 'The wife of the bold tenant farmer')[5]

One evening of late down to Crowe Street I strayed
To a bar that is famous for doing a late trade
In vodka, beer, whiskey and red lemonade
Among company that's kindly and cordial.
The man from Kinawley put me at my ease
And he sat me down cosy before a great blaze
And he filled me a pint and a half-one that pleased
All freshly come over the Border.

For an hour-and-a-half I drank liquor so rare
You would think it was brewed by the gods I declare
Out of nectar and honey and lotuses fair
All just only over the Border.
Then at half-past eleven I sadly prepared
To return to my lodging back where I was reared
I packed up my bags, I was filled with dull care
And then Oweny put in a big order.

So the tipplers relaxed and returned to their drink
Rejoicing that now they need not feel the pinch
Peter Short finished off the last eighth of an inch
He was sucking since twenty past seven.
And the music began in the old-fashioned style
You would travel to hear it for many the mile
I was drinking and laughing away all the while
I thought I was dead and in heaven.

There were lads there from Newry, from the 'Rock and the Hack,[6]
Some that came from Belfast and never went back
And more lived convenient to Carroll's and Black's
And every man-jack swilling porter.

---

5 'The wife of the bold tenant farmer' is a popular song relating to the period of land agitation in Ireland in the late nineteenth century.   6 'The 'Rock' is presumably Blackrock, near Dundalk, and 'The Hack' is presumably Hackballscross in Co. Louth.

There were some came from Hill Street and more from the Quay
Some Crossmaglen patriots tearing away
Inishkeen, Donaghmoyne, they were all in array
But each man kept himself in good order.

Now a big dirty Guard that was out on the street
On passing the door heard the music so sweet
And he kicked up his heels and he beat a retreat
To summon up two of his cronies.
They quickly returned to the scene of the crime
And they called on the company to fight or resign
'Let them in', cried Pat Murphy, 'We'll only be fined'
On the night that the Guards radied Oweny's.

Says the sergeant on entering, 'What's this I see?
And why are so many out on the spree?
Can it be that the country at long last is free?
Your conduct is most nefarious'.
'Sergeant, it's not free', then Oweny did say,
'If you wish to drink beer like the rest you must pay.
We'll stay here if we like till the clear light of day
Sure you know in Dundalk we're gregarious'.

Then the Guards went around and they took all our names
They struggled to spell with their feeble wee brains
And of some names in Irish they made a great hames
And more they abandoned forever.
To the roof of Mulholland's some quickly did climb
To gaze from afar on the scene of the crime
And to watch the ould Guards making good overtime
As they gathered the lads altogether.

May the Divil he roast them up high on a ramp
The Sergeant, the Guards and the lad with the lamp
The dirty, mean miserable, lousy low tramps
From the bog that were dragged up so lowly.
May they always see suffering, sorrow and pain
May their boots never fit, may their belts never strain
If they interrupt such a grand evening again
As the night that they first raided Oweny.

That their motors may stand, that their noses may run
That their necks now so red may turn green in the sun
That their teeth may turn black and fall out one by one
That starvation may make them grow bony.
That their arses may fester and drop to their heels
That their last dying minutes may be tempered with squeals
That they may dance forever the fastest of reels
With the Divil for raiding poor Oweny.

A musicscape from the early nineteenth century

FIONNUALA CARSON WILLIAMS

Their amusements now consist in dancing, in attending one or two of the summer fairs and in visiting the Cave Hill near Belfast on Easter Monday or Tuesday [to roll eggs]. (Angélique Day and Patrick McWilliams [eds], *Ordnance Survey Memoirs, Parishes of County Antrim I* [1990], p. 9).

Thus runs a typical entry in the Ordnance Survey Memoirs of Ireland, compiled primarily in the 1830s, a century earlier than the Schools' Manuscripts Collection of the National Folklore Collection, University College Dublin. Part of the memoir writers' remit was, like the Schools' Collection, to record the pastimes in every parish, and these are usually found under the heading 'Amusements'.[1] In recognition of Ríonach uí Ógáin's commitment to folk music, I would like to look at this unmatched early record. The memoirs, or *OSM*, recorded what could not be depicted on the maps and, besides amusements, there are descriptions of dress, food, houses, and so on. They run to forty volumes. I have chosen to focus on the fourteen volumes for one county – Antrim (see full listing at the end of this essay). In these we find occasions from 1830 to 1840 at which music and dancing were employed at work and play – as part of calendar celebration, at fairs and markets, christenings and deaths, at work parties – as well as some record of sacred and otherworld music. In the belief that all kinds of music influence one another, I will mention them all here. Besides references to the subject of music under the heading of 'Amusements', we find references under 'Amusements and Traditions', 'Habits of the People', 'Political Feeling, Culture and Music', 'Singing Schools', 'Speech, Music and Appearance', 'Sunday Schools', 'Superstitions', 'Traditions and Wakes', occasionally 'Music' itself, and once each under 'Ancient Brass Horns', 'Ancient Harp', 'Ancient Trumpets', 'Poor and Tradition', 'Sally Island, Songs and Wildlife' and 'Wooden Musical Instruments'.

Music was sometimes noted by the fieldworkers as part of calendar custom, as quoted above. Take also, for example, the following account from a village near Lisburn:

> Lambeg was for centuries past the seat of various amusements on Midsummer's day, but particularly on Easter Monday. On the latter days thousands assembled here from various districts … The amusements

[1] For a brief comment on the writers of the memoirs, see below pp 200–1.

consisted in dancing, singing, leaping, jumping, bullet play [bowling ?], running in sacks and otherwise, for bread, fruit, tobacco, liquor, articles of wearing apparel, also for pieces of flesh meat ...

It was also the practice on May Eve to have a May bush ... a thorn or branch of some other timber decorated with flowers, [? and] ribbons and carried about by a large concourse of people who assembled on the occasion, after which procession they enjoyed themselves in dancing, singing and drinking. (*OSM, Antrim II*, 1991, pp 141–2)

DANCING

Dancing is referred to in the memoirs for practically every parish, of which there are more than eighty. It is called the 'favourite amusement' and 'favourite recreation' (*OSM, Antrim XI*, 1995, p. 77; *OSM, Antrim X*, 1994, p. 106, respectively) but most often simply that it was a popular pastime. Occasionally dancing comes into descriptions of calendar custom as shown above and in the following piece about Carrickfergus town:

> ... until within years May Day was kept up here with considerable pomp. A new maypole was erected on each May Day. A king and queen, who reigned during the ensuing year, were elected. The May boys danced around the pole and paraded the streets, fantastically dressed, and receiving from each house a contribution, it is said, of seldom less than 5*s*. [<€0.25]. (*OSM, Antrim XIV*, 1996, p. 76)

Dancing also took place at some fairs, at least, for instance that held at the Giant's Causeway on 12 August 'exclusively for entertainment':

> ... it is anxiously looked forward to by the habitants of the surrounding country, who flock to it from even distant parts, and there is no part of Ireland where so great an assemblage of well-dressed country people may be seen. Dancing, strolling about the rocks and cliffs, and eating and drinking in the tents form the amusements of the day .... (*OSM, Antrim V*, 1992, p. 47)

Dancing took place at some markets:

> Their principal amusement is dancing, of which they are very fond and frequently indulge in. Many come to the fairs and large markets in Ballycastle for no other purpose, and there is generally on those days a room in each public house set apart for that purpose. (*OSM, Antrim IX*, 1994, p. 99)

Some memoirs describe a less spontaneous, more organized type of dance, dissociated from festivals, fairs or markets. The following provides particular detail:

> Dancing is a very favourite amusement, but was kept up with much more spirit in former times. There are still several annual dances in this and the neighbouring districts. Those in the library at the hamlet of Roughfort in the parish of Templepatrick are among the most fashionable ... Among the better description of farmers the assistance and services of a dancing master are indispensable, while among the lower class a few steps accidently picked up are quite sufficient, with their naturally good taste and ears, to ensure their excelling in this lively accomplishment. Among the farmers, quadrilles, country dances and reels, and with the lower class the 2 latter figures are at present in vogue. Their dances, whether subscription or private, are in general nicely got up and are conducted with decorum and propriety. The parties come in full dress, and in their hours of breaking up imitate the example of their superiors. (*OSM, Antrim I*, 1990, pp 112–13)[2]

A dancing teacher is also mentioned in North Antrim: 'Dancing forms their principal amusement and of it they are passionately fond. A dancing master is kept in constant employment by them [the people around Ballycastle]' (*OSM, Antrim IX*, 1994, p. 47). At least one dancing school is noted. This was in East Antrim, appears to have been in a farmhouse and attended by about six pupils, 'chiefly female,' who each paid 5 shillings [<€0.25] a quarter (*OSM, Antrim III*, 1991, p. 115).

With regard to the identity of the dancers, we are told: 'Dancing seems to be the favourite amusement of all classes, but dances are much less frequent than formerly' (*OSM, Antrim I*, 1990, p. 23). The following was written in 1839 about Carnmoney parish near Carrickfergus:

> Scarce a month passes without there being a dance in some of the farmers' houses, either in this parish or those immediately adjoining it. Reels, country dances and sometimes quadrilles are the usual figures. The violin is the usual instrument, but the Highland pipes are also sometimes introduced. They dance pretty well and rather lightly. The refreshments consist of punch and biscuits. The dances got up among the factory people are not by any means conducted with the same propriety as those at the farmers' houses. (*OSM, Antrim I*, 1990, pp 62–3)

---

2 I am indebted to Ashley Ray (of Co. Down, independent set dancing teacher) for a discussion on dancing and his unpublished notes.

The 'factory people' appear to be those who worked in the flax spinning and cotton printing industries (*OSM, Antrim I*, 1990, p. 52). One memoir says that the dances of people in Glynn, East Antrim, were frequent in winter and that in addition to their own they also attended 'some of the dances in the neighbouring parishes' (*OSM, Antrim X*, 1994, p. 28). Dances took place not only outdoors but also in civic buildings, public houses (described as 'Punch dances' – presumably punch was available to drink), people's homes and farmers' barns, the last kind described as being once frequent but now, in 1840, 'few and far between' (*OSM, Antrim III*, 1991, p. 40).

Dancing also occurred at christening parties as we learn from this memoir for Kilbride parish, east of Antrim town:

> Their christenings, particularly among the more wealthy farmers, are scenes of festivity and mirth, and are much more so than their weddings. On these occasions as many guests as can be crammed into the house are invited to dinner, and the evening is spent in feasting and dancing ... (*OSM, Antrim XI*, 1995, p. 144)

We discover from a detailed account about Carnmoney that dancing was part and parcel of quiltings, a quilting being a gathering of women to make a quilt:

> Quiltings are also scenes of amusement and mirth. At the house at which the quilt is to be made or sown, the young women of the neighbourhood assemble to lend their assistance. Invitations are issued to the young men, who commence assembling about 12 o'clock. The morning is spent in conversation and the evening in dancing. (*OSM, Antrim I*, 1990, p. 63)

Another memoir, from Island Magee, East Antrim, also mentions dancing at quiltings: '... the amusements commencing about the middle of the day terminate in dancing, which is kept up until an early hour in the ensuing morning' (*OSM, Antrim III*, 1991, p. 40). No dance names have been recorded.

MUSICAL INSTRUMENTS

Various instruments are mentioned: 'There is much taste for music, but they have not any other than the common airs of the country. The violin is the favourite instrument with the men and several perform on it' (*OSM, Antrim I*, 1990, p. 113). A 'Scotch piper' is mentioned in a detailed account of May Eve celebrations in Lisburn. About 1835 the memoir writer had observed the celebrations first-hand. He describes how about 400 men and boys collected round the market house at 7 p.m. where they 'planted' a tree which was about thirty feet high. Round this they built a bonfire. About two hours later they 'got a Scotch piper in his Highland dress close to the fire, and would not allow him out until he had played a number of tunes ...' (*OSM, Antrim II*, 1991, p. 15). Both fiddlers *and* pipers are mentioned:

> The fairs in Cushendall [there were eight annually from 14 February to 23 December] are resorted to as much for amusement as business, and until very lately, each public house regularly employed 2 fiddlers or pipers on fair days and 2 rooms in each of these houses were set apart for dancing, but dancing (in this parish [Layd]) has been (by the priest's orders) discontinued. (*OSM, Antrim IV*, 1992, pp 46–7)

and again in the following from Carrickfergus parish:

> They have not much taste for music. There are among the lower class few performers on any instrument. The violin is the most common, but the Highland bagpipe is the favourite one. Their airs are Scottish but merely include those common throughout the country. Their dancing is rather light and active. The figures are generally either Scotch reels and country dances [*sic*]. (*OSM, Antrim XIV*, 1996, pp 77–8)

Every volume has detailed lists of trades and occupations, mainly for towns, and on one occasion a musician is mentioned. This is in the list for the 'Hamlet of Eden', a mile north-east of Larne. Eden then consisted of forty-three houses and the occupation of one of the householders is given as 'fiddler' (*OSM, Antrim XIV*, 1996, p. 55).

A memoir for Camlin parish, west of Belfast, documents additional instruments: 'They are fond of music, and drums, fifes and violins are their favourite instruments' (*OSM, Antrim VII*, 1993, p. 70). One memoir even delineates an area of fiddle playing: 'Violins are numerous along the shore [the east shore of Lough Neagh] and southern side of the parish' of Killead, west of Belfast, going on to say that 'The flute also is a favourite instrument throughout the parish' (*OSM, Antrim XIII*, 1996, p. 23). The trump or 'Jew's harp' was noted as being played at wakes, for example, in Loughguile parish, inland from Layd (*OSM, Antrim IV*, 1992, p. 65).

One harmonic society gets mentioned. Its instruments were said to have included most of those used in military bands. It was in Carrickfergus, having been originally established in 1803, and, in the 1830s at least, was meeting in a room in the market house (*OSM, Antrim XIV*, 1996, p. 68). The memoirs also record that 'An amateur band was established in Ballynure 2 years ago and is held in the house of John O'Neill. It consists of 8 members, chiefly young men of the village and neighbourhood. The instruments are 4 clarinets, 3 flutes, 2 Kent bugles, 1 French horn, 1 serpent [a bass wind instrument],[3] 2 bassoons and 1 big drum. The members meet once each month' (*OSM, Antrim XII*, 1995, p. 65).

---

3 For this instrument, see the online edition of the *Encyclopaedia Brittanica* at https://www.

The harp is only mentioned once, and that is in reference to an 'ancient' one, part of which was found deep in a bog a century earlier in a valley on the boundary between the East Antrim parishes of Templecorran and Kilroot (*OSM, Antrim X*, 1994, p. 72). The fieldworker had actually been to see it and gives a detailed description and even appears to have checked it against a published drawing: 'A correct engraving of it will be found in a collection of Irish music published by a Mr Bunting [Edward Bunting 1773–1843], a teacher of music who resided in Belfast' (*OSM, Antrim X*, 1994, p. 72).[4] The fieldworker's description is detailed – he mentions that it was made of yew and 'in full relief ... beautiful carved tracery of dragons and fabulous animals, with numerous legends in the Irish character ... These occupy the entire of the 2 sides of this portion of the harp,' and that 'Some remains of painting, or more probably staining, are still to be seen on the carving. An azure green is the only colour that can be recognized.' Indeed this memoir may be the only record of the colour (*OSM, Antrim X*, 1994, p. 72). The harp must surely be the 'Dalway Harp' which is now in the National Museum of Ireland.[5]

Apart from the use of musical instruments for recreational purposes, we learn that in Derrykeighan parish, North Antrim, tin horns were 'now often used in farmhouses to call home the labourers' (*OSM, Antrim V*, 1992, p. 87). They are mentioned in passing in a description of wooden musical pipes, the shape of which was 'like the tin horns'. Four pipes, now all lost, were found four feet deep in a bog in 1832 by Lawrence McGarry, rope maker, of Livery Upper townland, Derrykeighan parish. The writer says that the wooden pipes had finger holes and that the two longer ones were two feet long. The two shorter ones were joined together and the local boys played them for two years; a drawing is also mentioned (*OSM, Antrim V*, 1992, p. xiii and p. 92). Other finds of instruments from antiquity, such as the two horns 'supposed to be of gold' and now in 'the London museum' discovered in a bog in Billy parish adjoining Derrykeighan to the north (fully described in *OSM, Antrim V*, 1992, p. 67) or St Patrick's Bell (mentioned in *OSM, Antrim III*, 1991, p. 130), kept by the Mullholland family in the Antrim town area until the 1820s and believed to have once hung in Antrim round tower, are also recorded, and there is a drawing of one of '3 brazen trumpets' or 'ancient horns' found at a parish boundary deep in a bog 'about 70 or 80 years back' (*OSM, Antrim XII*, 1995, p. 55, description p. 56, Ballynure parish, inland from Carrickfergus; the drawing may be copied from another drawing). Horn blowing was also mentioned as part of Christmas custom on Rathlin Island:

brittanica.com/art/serpent-musical-instrument, accessed 13 February 2019.   4 For the reference to Bunting, see E. Bunting, *A general collection of the ancient music of Ireland* (London, 1809), frontispiece.   5 See www.wirestrungharp.com/harps/historic/dalway_table.html, accessed 1 September 2017. I am indebted to Mary Delargy and Bernadette Fox of the Linen Hall Library, Belfast, for their unstinted help with this reference and this lead, and for all their help throughout the writing of this essay.

> On a certain night near Christmas a number of young men assemble at one extremity of the island, one of them dressed in a sheepskin. They then commence blowing a horn and proceed to the other extremity of the island and, visiting every house in it, collect from each a quantity of meal, potatoes or money, in return for which they give the donors a piece of the sheepskin. (*OSM, Antrim IX*, 1994, p. 132)

The donations were then divided among the needy. Added to the musical landscape was the ringing of bells. As well as being used to signal church offices there were others, as shown in this description of the spire of Lisburn cathedral: '... in the steeple a large bell of superior tone [dating to 1751], 2 chime bells [for the clock dating to 1796] and a fire bell [the oldest and dating to 1721] which is also used on market days to announce the opening of the market at 10 o'clock a.m.' (*OSM, Antrim II*, 1991, p. 24 and p. 25; this is but one description of bells). Most likely only churches of the established church would have had bells and, within it, probably only significant ones. The sound of bells and horns in the open air would have had much more impact than nowadays when there is so much traffic noise.

SONG

Like today, more people sang than played instruments: 'They are fond of listening to music; the violin is their favourite instrument. Most of them have good clear voices and sing, but few perform on any instrument' (*OSM, Antrim III*, 1991, p. 41), and again:

> Few perform on any instrument, but the women sing and have generally good voices. During winter there is always in this [Templecorran] or in some of the adjoining parishes a singing school, where sacred music is taught and which is well attended by both sexes. They have not any national music: their songs are merely the common ballads of the country and their airs, like those of the northern counties [of England?], are Scottish. (*OSM, Antrim X*, 1994, p. 107)

As indicated above, women are noted as being the singers and we learn that: 'Dancing they are rather fond of, as also of singing parties, both of which they sometimes indulge in' (*OSM, Antrim IV*, 1992, p. 95). Singing parties are also noted on the other side of the county by a different writer: 'Dancing and singing parties are the principal resort in the evenings' (*OSM, Antrim VI*, 1993, p. 31). These 'singing parties' were probably just the usual evening gatherings in people's homes rather than anything more structured.

A memoir for Ardclinis parish tells us how:

> Numberless legendary and fabulous tales and songs are recited and sung in Irish round the fire by persons who do little else. These, however, are confined to Glenariff.

> A great many beautiful Irish airs are sung by the females in that part of the parish and there are many in it who neither speak nor understand English. The lower classes are very fond of music and the voices of the females are remarkably sweet. (*OSM, Antrim IV*, 1992, p. 8)

The fieldworkers not only listened to songs but recorded them, as we find from this note also about the Glens: 'There are some beautiful Irish airs which will be forwarded together with a specimen of their legends' (*OSM, Antrim IV*, 1992, p. 53). A different memoir writer remarks: 'They are very fond of music and the females sing very sweetly. There are many beautiful Irish airs in Glendun but it is to be feared many have been lost. There are no clan marches or funeral cries ...' (*OSM, Antrim IV*, 1992, p. 57).

Songs were heard at fairs too as we find from a memoir for Ballinure parish, north-west of Carrickfergus: 'The fairs in the neighbourhood are much frequented by ballad singers, who invariably attract a devout and attentive audience', and confirmed by the following less enthusiastic memoir from Drummaul parish, which borders the north of Lough Neagh: 'There is not any ancient music in the parish. The people have to a certain extent a taste for music, but it seldom exceeds standing for half an hour at a fair listening to a ballad singer, or being able to play a few common tunes on a flute or violin' (*OSM, Antrim XII*, 1995, p. 37, and *VI*, 1993, p. 61, respectively). No street cries at fairs or markets are recorded. In reference to the last two accounts, it is worth noting that, among the numerous, lengthy lists of occupations in various districts, 'ballad singer' does not appear, nor does 'music' or 'dance teacher'; perhaps such teachers were itinerant or teaching in their spare time? It is not known what is meant by 'ancient music' in the second account. There is another reference to it by a different writer:

> There is not any ancient music in the parish [Carnmoney, south of Carrickfergus]. Their airs and ballads are merely those commonly known in the country, and are strictly Scottish. There is much taste for music, but their voices are not generally good, nor is their taste by any means correct. (*OSM, Antrim I*, 1990, p. 63)

On the other hand, another memoir runs: 'There were some elegant songs locally made about the beauties of Portmore, and which could be obtained in the neighbourhood' (*OSM, Antrim VII*, 1993, p. 56; Portmore is an eminence overlooking Lough Beg, Ballinderry parish, south-west Antrim).[6]

As well as music being part of funeral custom we see that there was singing also: 'The Irish cry is still partially kept up at the Roman Catholic funerals, but hymns are now more commonly sung at them' (*OSM, Antrim IV*, 1992, p. 65, Loughguile parish); and again, this time from Duneane parish on the north shore of Lough Neagh:

> Hymns have taken the place of the Irish cry at funerals and wakes, as the former are encouraged by the clergy; but still, when the head or eldest person in any of the families before mentioned dies [a number of family names, such as McErlane, had been mentioned a few pages earlier: *OSM, Antrim VI*, 1993, p. 101], the Irish cry is yelled at his funeral. Instruments of music such as clarionettes [clarinets] and flutes are used at Duneane chapel and have been once used at a recent funeral. At their wakes in the remote districts several low games are enacted and also playing on the 'trump' or 'jew's harp' ... (*OSM, Antrim VI*, 1993, p. 104; the same instruments at wakes are also mentioned in Ahoghill parish, near Ballymena. [see *OSM, Antrim VIII*, 1993, p. 17])

In one memoir, that for Ramoan parish, North Antrim, a description of the sound of the keen is attempted, suggesting that the fieldworker actually heard it there, as well as having heard keening at first-hand in other parts of Ireland:

> The Irish cry at funerals is still kept up here by the Roman Catholics and is arranged with more melancholy sweetness than in any other part of Ireland. It consists of 6 notes, the first 4 of which are chanted in a low and solemn tone, the concluding 2 more loud and rapid. (*OSM, Antrim IX*, 1994, p. 99)

Singing was also a part of funeral custom in Ahoghill parish as we learn from the following which speaks of a change: 'Singing hymns at funerals has been substituted for the Irish lays. There is no ancient music nor peculiarity of costumes' (*OSM, Antrim VIII*, 1993, p. 17). Unfortunately no further details of what was meant by 'lays' is given.

As noted earlier, sacred music was another important form of singing:

---

6 A song 'Bonny Portmore' is currently being sung, as a brief perusal of the internet will reveal. Bunting includes a tune called 'Bonny Portmore' and quotes one verse of a song of the same name (Edward Bunting, *The ancient music of Ireland* (Dublin, 1840), tune no. 109, verse p. 97); I am extremely grateful to Mary Delargy, of the Linen Hall Library, Belfast, for discussing 'Bonny Portmore'.

> At the Presbyterian meeting house the entire congregation join in singing. The tunes to which their psalms are set are only 12 in number, and are those used by the Covenanters [Reformed Presbyterians] of old. There is something devotional in them, and they are well suited for embracing the variety of voices in a congregation, but at the same time there is a want of harmony or melody in the music at the meeting houses in this parish. (*OSM, Antrim VI*, 1993, p. 61, Drummaul)

Elsewhere, we are told: 'Attending singing schools for ... learning sacred music is another recreation. A singing school, which is held once a week in the farmhouses, has recently been established here' (in Kilbride parish, east of Antrim town; *OSM, Antrim XI*, 1995, p. 144). From Mallusk parish, near Carrickfergus, we hear that 'There is usually a singing school for sacred music in some of the neighbouring districts, at which the young of both sexes are instructed. Their ears are generally much better than their voices, which are by no means soft or sweet' (*OSM, Antrim I*, 1990, p. 113). A memoir for Island Magee parish details another school for learning sacred music, in Kilcoanmore townland (*OSM, Antrim III*, 1991, p. 33). It was established in 1839 and attended by the men and women of two Presbyterian congregations who paid for the lessons. Its object was to introduce 'more modern psalm tunes instead of the "auld twalve"' ['old twelve']. The 'auld twalve' were the most commonly used psalm tunes. The memoir concludes by saying that the 'auld twalve' 'are still by many congregations in remote and retired districts, but particularly by the Covenanters retained, to the utter exclusion of all others' (*OSM, Antrim III*, 1991, p. 33, see also p. 98). At this time, singing among all the Presbyterian denominations, at least, would have been unaccompanied just as it was with secular singing. Organs would only have existed in churches of the established church, and probably only in some of them at that. To this day the Covenanters sing only psalms and do not have any musical instruments in their services. Psalm singing among Presbyterians also got a particular mention in Kilraughts parish, in north-west Antrim: 'Going to what are called "singings" are now their only amusement, and there they are instructed in psalmody [the singing or study of psalms]. Going to fairs and dances has been given up and cards and cockfighting are held as disgraceful' (*OSM, Antrim V*, 1992, p. 129). In one place, we are told that the object of the 'singings' was to form a choir (*OSM, Antrim III*, 1991, p. 98).

Sunday schools, the first of which seems to have been established in 1824, at least in Island Magee parish (*OSM, Antrim III*, 1991, p. 97), were attended by children of various denominations – established church, Presbyterian, Roman Catholic and Wesleyan Methodist. They usually opened and closed with singing and prayer (see, for example, *OSM, Antrim I*, 1990, pp 78–9, and *III*, 1991, p. 70). Prayer meetings also opened and closed with singing and prayer (see, for example, *OSM, Antrim XII*, 1995, p. 65).

'PARTY' TUNES AND DANCES

One of the rules of a small amateur band which met in the house of a John O'Neill was 'that no party tunes shall be introduced into the meeting' – that is, the band practice (*OSM, Antrim XII*, 1995, p. 65, Ballynure parish). This reference is clarified by another memoir which mentions that 'Party dances, i.e., Orange and Mason, are held through the parish of Templepatrick' (*OSM, Antrim XIII*, 1996, p. 148).

OTHERWORLDLY MUSIC

Not only worldly music but music of the otherworld is recorded. For Derryaghy parish, south-west of Belfast, under the heading 'Gentle Bushes', we can find the following: 'In Turnaroy and holding [*sic*] of Widow Magaw there stands an ancient thorn locally called a gentle bush, which is said to have been often illuminated by night and different sorts of music and rejoicings heard from it' (*OSM, Antrim II*, 1991, p. 115). Again, we find 'in several parts of the parish the fairies have been seen and their music has been heard' (*OSM, Antrim III*, 1991, p. 40, Island Magee).

DECLINE

Many times the memoir writers note that, when they were collecting, dancing and so on was much less frequent compared with earlier times. In one case an actual time is given: 'Their taste for amusement has within the last 10 or 12 years greatly declined' (*OSM, Antrim I*, 1990, p. 32). One supposes that this conclusion must have been gained from hearing it from people whom they asked, as the collectors just worked once in each district and then moved on to another. Sometimes, as in one memoir written in 1838 for Ballymartin parish, west of Carrickfergus, reasons, which appear to be economic, are given: 'Their taste for recreation has, owing to the pressure of the times and the want of the means of enjoying themselves, considerably declined of late years' (*OSM, Antrim I*, 1990, p. 9), and also in a memoir written a year later for the adjacent Carnmoney parish:

> The taste for amusement has with the people of this parish declined as the pressure of the times has increased ... now their ability as to time or means is much more confined than formerly, their utmost energies being required to ensure a support for themselves and their families. (*OSM, Antrim I*, 1990, p. 62)

This economic pressure was probably related to the decline of the textile industries, as alluded to below. Again, 'There is very little taste for amusement in this parish ... Formerly there was, when prices were high and "times were good", the usual taste of the day for the sports and recreations of the country, but particularly for dances, which were a very frequent occurrence throughout the neighbourhood ...' (*OSM, Antrim X*, 1994, p. 67, Kilroot). In some memoirs more detail is supplied:

> *Amusements*. In this parish, as in throughout the surrounding country, the taste for amusement and recreation has diminished as the time for enjoying it, and a means of indulging in it, has been found wanting. Every increased exertion on the part of all has been found necessary to meet the pressure of the times, and the money, formerly earned by the produce of the wheel or the loom, being no longer forthcoming, the means of indulging are found wanting though the latter is not so strong a reason as the former. (*OSM, Antrim XIV*, 1996, p. 76, Carrickfergus)

Very extensive cotton-spinning and printing had once been carried out in Carnmoney (*OSM, Antrim I*, 1990, pp 51–2). The linen industry which, like the cotton industry, had offered employment to both women and men, was also in decline in the 1830s (*OSM, Antrim XII*, 1995, p. 46).

As well as the change in economic circumstances, a further factor was the disapproval of the clergy:

> Dancing, until very lately, was their [i.e., the people of Layd parish] favourite amusement and they frequently indulged in it both in their own houses and at the fairs at Cushendall, to which many came for no other purpose. But their priest, within the last year, put a total stop to it; and since it has ceased, there has been much more drunken rioting at the fairs in this parish. (*OSM, Antrim IV*, 1992, p. 50, written in December 1832)

The same is reported in various other parts of the county. Here is another memoir from Finvoy parish in the west:

> They have almost quite given up the amusements of which they were at one time very fond, such as dancing, cammon playing (a sort of hurling) at Christmas, assembling round the Broad Stone or cromlech in the townland of Craigs at certain seasons, particularly at Easter; and there was formerly a bowling green in Killymaddy townland. All these are now totally given up, chiefly by the advice of their clergy. (*OSM, Antrim VIII*, 1993, p. 73)

The reporter for Aghagallon parish in the extreme south-west was more forthright about the role of the clergy in the decline: 'Horse-racing, cock-fighting, gambling, dancing and other amusements prevailed in this parish at a former period but have been altogether abolished by the clergy within the last few years' (*OSM, Antrim VII*, 1993, p. 22). Not only economics and the church were influential in the decline of amusement but so also was the state: 'Previous to 1798 the people here were very prone to amusement and recreation in public, and assembled for several days at Christmas and Easter; but since the act which was passed at that troublesome period to prevent public meetings, their spirit for amusement has greatly declined' (*OSM, Antrim XI*, 1995, p. 29, Antrim parish).

SOME CONCLUDING COMMENTS

Lists of tune titles as well as short biographies of some musicians are not recorded in the main memoirs for Co. Antrim as they are in Co. Down, but we know that at least some of the memoir writers watched dancing and listened in person to music and to songs, both in English and Irish: 'There are not now any clan marches, but many beautiful Irish airs are sung in both the English and Irish language, particularly in Glenariff' (Layd parish – a similar memoir from the same man, Lt John Chaytor, and referring to the neighbouring parish of Ardclinis, can be found under 'Song'; *OSM, Antrim IV*, 1992, p. 50 and p. 8 respectively). As well as Lt Chaytor, Lt George Boscawen, Lt R. Boteler, James Boyle, James Casey, Lt Edward Dunford, Thomas Fagan, Lt Greatorex, T.C. Hannyngton, Lt Thomas Hore, Lt C.H. Mallock, George Scott and Lt R.J. Stotherd have been quoted above. These fieldworkers were disciplined, diligent and well-prepared as we can tell from the painstaking detail of their work. They were a mixture of full-time workers, both soldiers and civilians, while local people also wrote sections of memoirs about aspects of their locality. They followed up leads and were able to refer to relevant publications such as Bunting's *Ancient music of Ireland*[7] and *Historical memoirs of the Irish bards*.[8] They wrote down some airs and made drawings of some instruments. They made connections with music in other places, not only in Ireland, but also in Scotland, and picked up and used vernacular terms such as 'trump' and the 'auld twalve'. They appear to have had a definite strategy for collecting music – for instance, they were on the lookout for certain things such as 'ancient music', keening and 'clan marches'. Lt Thomas Larcom (1801–79), assistant to the director of the survey, set a fine example to the fieldworkers by learning Irish;[9] he had had

---

7 Bunting, *A general collection* and Bunting, *The ancient music* – the former volume at least. For Bunting, see James McGuire & James Quinn (eds), *Dictionary of Irish biography from the earliest times to 2002*, 9 vols (Cambridge, 2009), i.   8 Joseph Cooper Walker, *Historical memoirs of the Irish bards* (Dublin, 1786).   9 See McGuire & Quinn, *Dictionary of Irish biography* (2009), v.

lessons from John O'Donovan (1806–61) who himself went on to become one of the civilian fieldworkers.[10] In the introduction to each Ordnance Survey Memoir volume, we see that it was Larcom who was responsible for the expansion of the memoirs to include more social and economic information, and thus we have this matchless record of music in the 1830s (*OSM, Antrim I,* 1990, p. ix).

ORDNANCE SURVEY MEMOIRS FOR COUNTY ANTRIM

Angélique Day and Patrick McWilliams (eds), *Ordnance Survey Memoirs of Ireland*, 40 vols, ii, *Parishes of County Antrim I, 1838–9, Ballymartin, Ballyrobert, Ballywalter, Carnmoney, Mallusk* (Dublin, 1990).

— *Ordnance Survey Memoirs of Ireland*, 40 vols, viii, *Parishes of County Antrim II, 1832–8, Lisburn and South Antrim* (Dublin, 1991).

— *Ordnance Survey Memoirs of Ireland*, 40 vols, x, *Parishes of County Antrim III, 1833, 1835, 1839–40, Larne and Island Magee* (Dublin, 1991).

— *Ordnance Survey Memoirs of Ireland*, 40 vols, xiii, *Parishes of County Antrim IV, 1830–8, Glens of Antrim* (Dublin, 1992).

— *Ordnance Survey Memoirs of Ireland*, 40 vols, xvi, *Parishes of County Antrim V, 1830–5, 1837–8, Giant's Causeway and Ballymoney* (Dublin, 1992).

— *Ordnance Survey Memoirs of Ireland*, 40 vols, xix, *Parishes of County Antrim VI, 1830, 1833, 1835–8, south-west Antrim* (Dublin, 1993).

— *Ordnance Survey Memoirs of Ireland*, 40 vols, xxi, *Parishes of County Antrim VII, 1832–8, South Antrim* (Dublin, 1993).

— *Ordnance Survey Memoirs of Ireland*, 40 vols, xxiii, *Parishes of County Antrim VIII, 1831–5, 1837–8, Ballymena and West Antrim* (Dublin, 1993).

— *Ordnance Survey Memoirs of Ireland*, 40 vols, xxiv, *Parishes of County Antrim IX, 1830–2, 1835, 1838–9, North Antrim Coast and Rathlin* (Dublin, 1994).

— *Ordnance Survey Memoirs of Ireland*, 40 vols, xxvi, *Parishes of County Antrim X, 1830–1, 1833–5, 1839–40, East Antrim, Glynn, Inver, Kilroot and Templecorran* (Dublin, 1994).

— *Ordnance Survey Memoirs of Ireland*, 40 vols, xxix, *Parishes of County Antrim XI, 1832–3, 1835–9, Antrim town and Ballyclare* (Dublin, 1995).

— *Ordnance Survey Memoirs of Ireland*, 40 vols, xxxii, *Parishes of County Antrim XII, 1832–8, 1835–40, Ballynure and district* (Dublin, 1995).

— *Ordnance Survey Memoirs of Ireland*, 40 vols, xxxv, *Parishes of County Antrim XIII, 1833, 1835, 1838, Templepatrick and district* (Dublin, 1996).

— *Ordnance Survey Memoirs of Ireland*, 40 vols, xxxvii, *Parishes of County Antrim XIV, 1832, 1839–40, Carrickfergus* (Dublin, 1996).

---

10 See McGuire & Quinn, *Dictionary of Irish biography* (2009), p. vii.

The Emancipator in the mirror of folk narrative: projection and prejudice in an anecdote about Daniel O'Connell

BARBARA HILLERS

Daniel O'Connell is without doubt Ireland's most popular folk hero, and Irish folklorists are greatly indebted to Ríonach uí Ógáin for undertaking the Herculean task of analysing the immense body of material in her two books, *An rí gan choróin: Dónall Ó Conaill sa bhéaloideas* and *Immortal Dan: Daniel O'Connell in Irish folk tradition*.[1]

The corpus of material includes printed songs and ballad sheets as well as oral history, folk poetry and an extensive body of folk narrative. The bulk of material, collected by the Irish Folklore Commission and preserved in the archives of the National Folklore Commission (NFC), is of oral provenance, as uí Ógáin shows conclusively: it is 'oral in origin, and its traditional life form is essentially oral'.[2]

Humorous anecdotes figure prominently within this corpus and uí Ógáin investigates well over a hundred different narratives, most of which are attested in multiple oral variants.[3] Anecdotes in which O'Connell offers resistance to the oppressive figures of the political and religious establishment or practical assistance to the needy and oppressed endorse his heroic stature, as uí Ógáin argues: 'In this way, O'Connell was immortalized as Saviour of the Irish Catholic, and conqueror of British rule, thus providing a source of hope and pride, at both conscious and subconscious levels, for a desperately poor people'.[4] There is no doubt about the heroicization of O'Connell in oral tradition, but why is humour the vehicle preferred by the storytellers? This contribution looks at the prominent role of humour in the corpus and investigates the range of other functions the narratives serve. Humour aims to entertain, but folklore scholarship suggests that it is not to be taken lightly.

---

1 Ríonach uí Ógáin, *An rí gan choróin: Dónall Ó Conaill sa bhéaloideas* (Baile Átha Cliath, 1984) and *Immortal Dan: Daniel O'Connell in Irish folk tradition* (Dublin, 1995). 2 uí Ógáin, *Immortal Dan*, p. 189. 3 uí Ógáin identifies fifty-four distinct story types, but her type twenty-two, 'Caint chliste Dhónaill', groups together another fifty-eight distinct stories, bringing the total to 112 (*Rí gan choróin*, 'Na greannscéalta', pp 115–282). With customary rigour, uí Ógáin examines each story type and lists all oral variants. 4 uí Ógáin, *Immortal Dan*, p. 187.

A TRICKSTER HERO

The portrait of O'Connell presented in the humorous anecdotes circulating in oral tradition is not particularly dignified or flattering. A significant number of narratives impute morally dubious or outright negative actions and attributes to O'Connell. Some stories portray him as greedy, endowed with a superlative culinary or sexual appetite; in other narratives the fictional O'Connell uses vulgar language or indulges in outrageous and occasionally violent behaviour. As we might expect from O'Connell's lifetime legal career, many stories deal with the legal system, and in most of these he manipulates, bends or even breaks the law. The Daniel O'Connell who emerges from the humorous anecdotes is a trickster.[5]

Much attention has been paid by folklorists to the figure of the trickster:[6] he is the epic hero of folk humour. The trickster is not a buffoon, although he occasionally acts like one: in native American, African and ancient Greek tradition super-human and even divine figures are often cast in the role of the trickster. Like other heroes, the trickster accomplishes superhuman feats: he can do what we cannot. Rather than modelling ideal traits, however, he often models bad behaviour. He subverts societal norms and conventions, flaunts the social niceties and breaks all moral laws.

In the humorous anecdotes O'Connell is typically paired with an underdog character with whom the storytellers, as uí Ógáin has argued, could identify.[7] At the same time, I would argue, storytellers could project their dreams and desires onto the great man himself. Not only does the O'Connell of folk tradition win every case in court and always come out on top, he also serves as a focus of wish-fulfilment and compensation in other ways: because of his privileged social position, O'Connell could do what they could not. He could out-smart his opponents; he could bend the laws in his favour; he could indulge his appetites. A humorous folk rhyme portraying O'Connell as a glutton who consumes extravagant quantities of food may offer a compensatory element in a social context where overconsumption of rich food would have been rare:

> Donal O'Connell the big-bellied man
> Can ate [eat] as much as twenty-wan [one],
> Three cows, three calves, a bull and a half,
> A firkin of butter and a barrel of salt.[8]

---

[5] uí Ógáin herself uses the term 'trickster' to describe O'Connell (*Immortal Dan*, p. 95) although she does not dwell on this aspect of the folk hero. [6] Beginning with Paul Radin, *The trickster: a study in American Indian mythology* (New York, 1956). [7] uí Ógáin, *Immortal Dan*, p. 187. [8] Rhyme collected by Fionán Mac Coluim in 1942, probably from Co. Kilkenny (NFC Box 16, reproduced in uí Ógáin, *Immortal Dan*, p. 68).

In so far that the Daniel O'Connell of the imagination serves as a projection of the storytellers' sublimated inclinations, he is able to break social rules with impunity. This is apparent in narratives that deal with his sexual mores. Oral tradition widely credits O'Connell with having fathered children outside marriage.[9] One narrative in particular, 'O'Connell Recognizes His Own Child', appears to have been popular throughout Ireland.[10] There is good evidence to suggest that this folk perception took its cue from real-life incidents in O'Connell's career such as Ellen Courtenay's very public paternity suit.[11] What is remarkable is the belief's persistence in oral tradition right up to the mid-twentieth century, in spite of the very thorough whitewashing that O'Connell's reputation received at the hands of the religious and secular establishment in nineteenth- and early twentieth-century Ireland.

Uí Ógáin remarks upon the fact that 'O'Connell's sexual prowess is treated in a lighthearted fashion and is regarded in most narrative accounts in an amusing light'.[12] The storytellers' indulgent attitude may seem less surprising if we consider the compensatory function performed by the trickster and bear in mind that the material about O'Connell was overwhelmingly collected from male storytellers.[13]

O'Connell appears as a taboo breaker in other ways as well. In an enjoyable discussion of 'Wit and Repartee', uí Ógáin lists a number of anecdotes about rude retorts attributed to O'Connell.[14] These feature taboo body parts or functions: no less than eight different anecdotes, for instance, refer to what, in printed literature, tends to be coyly referred to as the 'backside'. The oral storytellers are more explicit: five of the eight anecdotes in question specifically use the term 'arse'. In a relatively innocuous example, O'Connell is taunted by bystanders in London when he slips and lands on his backside. Asked whether the London flagstones are not good enough for him to walk on, he retorts that on the contrary, they can 'kiss his arse'.[15] The main purpose of these anecdotes

---

[9] uí Ógáin has multiple references to O'Connell's reputed promiscuity in *Immortal Dan* (pp 22–3, 132–3, 148, 165, 171), and additional material in *Rí gan choróin* (pp 140–4, 310). His reputation as a philanderer receives attention in every discussion of O'Connell's image in folk tradition; see Seán Ó Faoláin, *King of the beggars: a life of Daniel O'Connell* (London, 1980), pp 224–5; Dáithí Ó hÓgáin, *The hero in Irish folk history* (Dublin, 1985), pp 108–9; Diarmaid Ó Muirithe, 'O'Connell in the Irish folk tradition' in M.R. O'Connell (ed.), *Daniel O'Connell: political pioneer* (Dublin, 1991), p. 78.   [10] The story was recorded in all four provinces. The twenty-two versions documented by uí Ógáin (*Immortal Dan*, p. 242, note 16) are likely to represent only the tip of the iceberg; uí Ógáin argues that some storytellers at least are likely to have been cautious about sharing such narratives (ibid., p. 165).   [11] O'Connell's biographer Patrick Geoghegan documents that the historical O'Connell had the reputation of being a womanizer both before and during his marriage, and argues that 'stories of O'Connell's philandering have been too readily dismissed by historians' (*King Dan: the rise of Daniel O'Connell, 1775–1829* (Dublin, 2008), p. 180).   [12] uí Ógáin, *Immortal Dan*, p. 22.   [13] uí Ógáin, *Immortal Dan*, p. 187.   [14] uí Ógáin, *Immortal Dan*, pp 156–61.   [15] 'Kissing his Backside', uí Ógáin, *Immortal Dan*, p. 156. Fourteen oral versions of the story have been collected and it is clear that it was known throughout the country.

may be to give the storyteller licence to sidestep societal rules about the use of 'bad language': the storyteller can use the word 'arse' since he is merely 'quoting' the great man.

The O'Connell of the folk imagination even engages in physical violence on occasion. Alan Dundes, echoing earlier work by William Bascom, argues that folklore serves, among other things, as a 'socially sanctioned outlet' and an 'escape mechanism'[16] that allows us to hit out vicariously at those whom we blame for our wrongs – one reason, no doubt, why physical violence is a hallmark of trickster figures worldwide. There was much to be angry about in nineteenth- and early twentieth-century Ireland, and humour offered a way of letting off steam in a 'safe' manner, as the following anecdote illustrates:

> Daniel O'Connell one day met a minister and they fell into a chat and the minister asked Dan what a miracle was. So Dan thought of himself for a while and he said nothing. After some time he got the minister turned around and then he drew and gave him a good kick in the arse. 'Did you feel that now?' says O'Connell to him. 'I did', says the minister. 'Well', says Dan to him, 'it would be a miracle if you didn't'.[17]

Through his hero, the storyteller vicariously hits out against a symbol of the Protestant elite, as the minister (in another instance of verbal taboo-breaking) gets 'a good kick in the arse'.

THE 'VALIDATION OF PREJUDICE'

The release of tension may also manifest itself in the expression of resentment and aggression against groups who are not implicated in the oppressive structures but who represent convenient 'soft' targets and may serve as scapegoats. Bengt Holbek has argued that modern urban legends reflect contemporary prejudice against immigrants: they are, Holbek warns, 'anything but harmless entertainment, they are vehicles of the most virulent prejudice'.[18] In an Irish context, Pádraig Ó Héalaí has helpfully used the expression 'validation of prejudice' in his study of Irish apocryphal legends that purport to 'explain' prejudice against Irish Travellers.[19] Venetia Newall in her study of

---

16 Alan Dundes, 'Projection in folklore' in Alan Dundes, *Interpreting folklore* (Bloomington, IN, 1980), pp 33–61 at 36; William R. Bascom, 'Four functions of folklore' in Alan Dundes (ed.), *The study of folklore* (Englewood Cliffs, NJ, 1965), pp 279–98.   17 uí Ógáin, *Rí gan choróin*, p. 188; NFC 259:650–1.   18 Bengt Holbek, 'Stories about strangers' in Leander Petzoldt (ed.), *Folk narrative and world view* (Frankfurt, 1996), pp 303–11 at 306.   19 Pádraig Ó Héalaí, 'Validation of prejudice against Travellers in Irish religious legends' in Helmut Eberhart and Ulrika Wolf-Knuts (eds), *Migration, minorities, compensation: issues of cultural identity in Europe* (Brussels, 2001), pp 83–92.

antisemitism in oral tradition shows that 'the role of folklore in reinforcing stereotype is very considerable'.[20] Prejudice, Newall writes, 'arises from and is maintained by traditional thought patterns, and these are often expressed in folkloric form'.[21] Such folklore, Holbek warns, surrounds the social outsiders 'like a nimbus so that we see the hateful picture composed of our own stories instead of the strangers themselves'.[22] The story that I will focus on in some detail below highlights the darker side of folk tradition and allows us to explore the social and psychological functions of humour.

'DANIEL O'CONNELL AND THE JEW'

The story of 'Daniel O'Connell and the Jew' is part of the international corpus of antisemitic folklore, a body of material well attested in Europe since the Middle Ages. Religious tales portraying Jews collectively as 'Christ-killers', and legends accusing Jews of murdering Christian children or of poisoning wells, were part of a flourishing body of Christian religious folklore that can be shown to correlate with real-life atrocities against Jewish communities in the diaspora.[23] As well as religiously themed tales, there also exists a prolific corpus of jokes and anecdotes in which Jews figure as undesirable outsiders. In these 'humorous' anecdotes, a stereotyped Jewish character is typically presented as the butt of the joke who is somehow 'deserving' of the discriminatory or unpleasant treatment he receives at the hands of his non-Jewish opponent. Both religious tales and humorous anecdotes contribute to a dehumanization of Jews and provide a convenient rationale for real-life transgressions against Jewish minorities.

There is no indication that antisemitic material – *qua* antisemitic material – had extensive traction in Irish folk tradition. Some of the more virulently antisemitic legends known on the Continent are either not attested or rare in Ireland.[24] There is, however, a not insignificant corpus of humorous anecdotes.[25] Most of these are simply local variants of international tale types, but in the story under consideration here the narrative has taken on an Irish identity by its association with O'Connell:

---

20 Venetia Newall, 'The Jew as a witch figure' in Venetia Newall (ed.), *The witch figure* (London 1973), pp 95–124 at 119.   21 Newall, 'The Jew as a witch figure', p. 107.   22 Holbek, 'Stories about strangers', p. 310.   23 Newall, 'The Jew as a witch figure' and 'Antisemitismus' in Kurt Ranke et al., *Enzyklopädie des Märchens. Handwörterbuch zur historischen und vergleichenden Erzählforschung*, 15 vols (Berlin, 1977–2015), i, pp 611–18; Alan Dundes (ed.), *The blood libel legend: a casebook in anti-semitic folklore* (Madison, WN, 1991); Veronika Görög-Karady, 'Ethnic stereotypes and folklore: the Jew in Hungarian oral literature' in Reimund Kvideland (ed.), *Folklore processed*, Studia Fennica Folkloristica (Helsinki, 1992), pp 114–26.

There was a young lad once who had gone to England to work as a harvester, carrying his sickle under his oxter. He was passing through a big city and he met Daniel O'Connell.

'Where are you going, my lad?' O'Connell asked.

'I've come to work the harvest in England'.

'Well', he responded, 'wait a little', he said. 'Over there', he said, 'is a heap of gold owned by a Jew, which he is airing in the window. Go over there and break the window pane', he said, 'and touch the gold, but don't take away even a single coin'.

The lad did that. He [the owner] came out right that minute and called the police, and the young lad was arrested and searched from head to toe, even down to his shoes, but they didn't find any money on him. Then the lad served the Jew a summons, and he was given a heavy fine.

Daniel O'Connell wouldn't let him go then for another couple of days, and then he told him to go back to the same place and to break a pane again and grab a fistful of gold, and to put his hand back in and take a second fistful.

He went over and grabbed a fistful and put it in his pocket, and then he took another fistful. Then the Jew came out. 'Ah', he said, 'you think you will make a fool of me again now, but you won't!'[26]

'Daniel O'Connell and the Jew'[27] is by no means one of the more popular stories told about O'Connell, but neither is it particularly rare.[28] Twelve versions of the story have been collected by the Irish Folklore Commission in counties Donegal,[29] Galway,[30] Kerry[31] and Cork;[32] all but one (Kerry 6) were recorded in Irish.[33] The prevalence of Irish-language versions reflects the intense collecting

---

24 I have thus far not encountered any narrative informed by the blood libel accusation in the archives of the NFC, and very few versions of ATU 777 The Wandering Jew (NFC 832:168–9; S 633:299; S 825:325). However, in Irish religious tales and prayers 'the Jews' are regularly assigned the role of persecuting Christ.   25 Seán Ó Súilleabháin and Reidar T. Christiansen, *The types of the Irish folktale* (Helsinki, 1968) cite just twenty-five items under the Aarne-Thompson type 1855 Jokes about a Jew, but recent research based on the Schools' Collection suggests a more substantial number (Barbara Hillers, 'Portrayals of Jews in Irish folk tradition', unpublished lecture presented at Trinity College Dublin, 21 June 2017).   26 NFC 143:2177–9. Collected in Irish by Seán Ó hEochaidh on 12 February 1936 (my translation). I am grateful to the Director of the NFC, Críostóir Mac Cárthaigh, for permission to cite and print material, and to Claire Doohan and Jonny Dillon for their invaluable assistance in making additional archival material available.   27 The title 'Daniel O'Connell and the Jew' appears in three versions of the story; most versions have no title. The titles supplied by uí Ógáin – 'An Giúdach agus an tÓr' in Irish (*Rí gan choróin*, p. 229), and 'Once Bitten, Twice Shy' in English (*Immortal Dan*, p. 139) – are editorial.   28 Sixteen of the fifty-four anecdotes classified by uí Ógáin in *Rí gan choróin* are attested more often than 'O'Connell and the Jew', while thirty-three are attested less often.   29 NFC 143:2177–9; S 1046:127–9.   30 NFC 563:221–30; 829:465–9; 1833:153–7.   31 NFC 306:282–92; 834:166–70; 979:594–7; 1114:279–81; S 423:614–7; S 439:181–5.   32 NFC 686:358–9.   33 uí Ógáin lists and

carried out in *Gaeltacht* areas and does not necessarily mean that the story was not known in English-speaking parts of the country. On the contrary, given the distribution of attested versions in three of the four provinces, it is likely that it may have been more widely known.[34] The story's setting suggests that it may in fact have originated in an English-speaking milieu: the action takes place in an urban setting, a shop or a bank in London or some unnamed English city.

There is good reason to believe that the story was introduced into Ireland before the end of the nineteenth century.[35] The Donegal version cited above can be traced back to the 1900s: it was collected in 1936 from an eighty-year-old farmer who claimed to have heard it from an old man thirty years previously. At least one other version, from Kerry, can also be dated to *c*.1900 (Kerry 1). The fact that the story was already established in the northern and southern extremes of the country by 1900 suggests that it is likely to have been present here for some time before that date.

In Ireland, the story is always associated with Daniel O'Connell. There is no evidence that it was known here before becoming attached to O'Connell. Indeed, it might never have entered oral tradition in rural Irish-speaking areas at all, had it not been for this association: the story's modest popularity in Ireland was carried by the momentum of the folk hero's popularity, rather than driven by antisemitism. This at least is suggested by the fact that while O'Connell is featured in each and every version, only half of the versions explicitly identify the antagonist as a Jew (Kerry 1, 2, 4–6; Donegal 1); in the other versions the duped owner is simply identified as a bank clerk (Galway 1; Galway 3), or a shop owner (Kerry 3; Donegal 2; Galway 3).

While the story's Jewish milieu does not appear as important to storytellers as its association with O'Connell, the fact that a Jewish antagonist figures in versions from opposite ends of the country (Donegal; Kerry) indicates that the story entered Irish oral tradition as a story about a Jew. If we consider the limited exposure nineteenth- and early twentieth-century Irish country dwellers had to Jews, the story's survival in oral transmission over an extended period of time bears witness to the curious and dangerous power of stereotypes, which appear to flourish almost without encouragement from real life.

---

summarizes the twelve Irish versions (*Rí gan choróin*, pp 229–32; *Immortal Dan*, p. 138 n. 67), as well as a thirteenth narrative belonging to a different type (NFC 1803:148 'A Pennyworth of Tar'), which is thematically related. She also prints in full one version from Kerry (Kerry 2, NFC 834:166–70; *An rí gan choróin*, pp 230–2) – to my knowledge, the only Irish-language version published. The Donegal version translated above is the first version to be published in English translation.   34 Full-time collector Michael J. Murphy, who operated in the English-speaking northern counties of Ireland, was familiar with the story, as is evident from his notes on a thematically related narrative 'A Pennyworth of Tar' told by a Co. Armagh informant (NFC 1803:148; see note 33 above).   35 The story is not referenced in the standard folkloristic indexes, but one suspects 'Daniel O'Connell and the Jew' has merely adapted a pre-existent story to an Irish context, and that further investigation would uncover international versions figuring a different trickster hero.

'O'Connell and the Jew' is premised on the stereotype of the rich Jew. The Jewish shop owner offers no provocation to either O'Connell or his protégé: his wealth is provocation enough. In the six versions that reference a Jewish antagonist, he is explicitly portrayed as rich: he is 'full of money' (*lán de airgead*, Kerry 5). His wealth is iconically represented as gold: a 'heap of gold', displayed in the shop window (Donegal 1, above), a 'barrel of gold' (Kerry 1), a 'pile of gold' (Kerry 6).

By contrast, the Irish protagonist is a poor man (*'fear bocht'* Galway 2; *'duine bocht'* Kerry 2). All versions of the story stress his poverty: he is a poor widow's son (Donegal 2); a poor shoemaker (Cork), or a migrant labourer (Donegal 1). Uí Ógáin has pointed out that O'Connell's underdog side-kicks 'are always characters with whom the Irish rural population of the time could easily identify – farmers, labourers, *spailpíns* and fishermen'.[36] The storytellers imagine the protagonist as one of their own, a local man: 'a poor lad from Ireland' (*buachaill bocht ó Éirinn*, Kerry 4); 'a poor neighbour' (*fear bocht de chomharsain*, Kerry 1). In a Galway version, the protagonist is 'a Conemara man' (*fear Chonamara*, Galway 1); in Kerry, a man from Cahersiveen (*fear a bhí i gCathair Saidhbhín*, Kerry 5) or from Iveragh (*fear a bhí in Uíbh Ráthach*, Kerry 2).

The protagonist's poverty appears to sufficiently legitimize the theft of money. A couple of versions, as if to allay any remaining scruples, portray the Jew as a moneylender: 'There he noticed a Jew sitting down and a pile of gold on the window near him, and he trying to coax the people to buy the gold for twice as much as it was worth' (Kerry 6). The figure of the Jewish moneylender is a longstanding and lethal antisemitic stereotype with roots going back to the Middle Ages.[37]

What makes the story particularly nasty is that the trick is premised on the Jewish protagonist's inability to defend himself. Since he knows he would have every reason to fear the prejudicial treatment of judge and jury, rather than risk being brought to court, the Jewish proprietor not only drops all charges but offers to compensate the Irishman:

> 'That is a great insult you gave my friend', said Daniel, 'and you will pay heavily for it' …. 'Wait' said the Jew, 'I will [give] him a hundred guineas if he does not take me to court'. (Kerry 6)

All versions agree that the poor protagonist prospers, thanks to O'Connell's intervention: 'From that day out the poor man never saw a day's poverty and he thanked O'Connell, the poor man's friend' (Kerry 6).

---

36 uí Ógáin, *Immortal Dan*, p. 187.   37 The enduring propagandistic power of this stereotype is forcefully illustrated by the historic figure of banker Joseph Süß Oppenheimer whose execution in 1738 was politically motivated. Almost exactly two hundred years later, Nazi propaganda minister Joseph Goebbels commissioned the virulently antisemitic propaganda

WISH FULFILMENT, PREJUDICE AND PROJECTION

In his seminal paper on 'Projection in folklore', Dundes builds on Freud's insight that we tend to 'project' our own psychology onto the outside world: 'projection refers to the tendency to attribute to another person ... what is actually within oneself'. As storytellers, we project our fears and our desires onto the heroes and villains of our stories. Dundes stresses the importance of wish fulfilment in particular: 'Wishful thinking and wish fulfillment are ... widely found in folklore'.[38] The impoverished hero who gets away with dipping his hand deep into a barrel of gold serves the function of wish fulfilment on the part of the storytellers.

Most of the versions of 'O'Connell and the Jew' are quite short, averaging three-and-a-half manuscript pages. One version from Kerry, however, runs to eleven manuscript pages (Kerry 1).[39] It is invested with considerable psychological detail regarding the motivation of the protagonist and gives us the opportunity to understand the mechanism of narrative projection. The storyteller displays a high degree of identification with his protagonist, a Kerryman like himself and 'a neighbouring man' (*fear de na comharsain*). He repeatedly refers to him as *an fear bocht*, 'the poor man': more than just an allusion to the hero's economic status, this is an indication of the storyteller's sympathetic interest. O'Connell tells the Kerryman he will make his fortune 'if he has courage', and describes the intended target of his ploy in starkly negative terms: 'There is a Jew in this city ... who lends much money for interest'. The Jew's wealth is described as *éagórach* ('wrong, unjust, inequitable, fraudulent'), because it is 'taken from poor people'. Since the Jew is thus the real thief, stealing from him is not morally wrong. The target of aggression is portrayed as the aggressor, who, if given the chance, would act against the protagonist: 'the Jew would take no pity on you if he could', O'Connell tells the protagonist.

The narrative reversal of the roles of victim and aggressor is an example of what Dundes calls 'projective inversion': it enables the storyteller to portray the thief as an honest man, and his victim as a thief. The narrative goes to extraordinary length to establish that the protagonist, unlike the Jew, is a morally upright person. After O'Connell has successfully implemented the first part of his scheme and extorted money from the Jewish proprietor in court, he sends the Kerryman back and tells him to once again dip his hands in the barrel of

---

movie *Jud Süß*, just as Germany was preparing the implementation of its genocide against the Jews. See Yair Minzker, *The many deaths of Jew Süss: the notorious trial and execution of an eighteenth-century court Jew* (Princeton, 2017). 38 Dundes, 'Projection in folklore', pp 37 and 40, respectively. 39 'Dómhnall Ó Conaill agus an Giúdaíoch', NFC 306:282–92 (Kerry 1), collected in February 1937. I am grateful to Barry Montgomery for alerting me to Ríona Ní Fhrighil's unpublished talk, 'The representation of Jews in twentieth-century Gaelic literature', delivered on 13 July 2016 at the Royal Irish Academy, Dublin, which presents a somewhat different interpretation: https://www.ria.ie/news/representations-jews-irish-

gold, but this time to take his two hands full of gold. The protagonist is reluctant at first ('"Oh that's bad", said the poor man'), but is persuaded by O'Connell. 'He reached his hand down and took a fistful of the gold and went out the door. He didn't take a second fistful at all – he was too honest'.

The storyteller's description of the protagonist as 'honest' in the very act of committing the theft is striking. When O'Connell reprimands him for not taking more of the gold, the protagonist responds that he felt sorry for the Jew: 'I didn't want to ruin him entirely'. The storyteller is determined to establish his hero as kind-hearted, 'too honest' and morally blameless. At the conclusion of the story, in another stunning inversion, the Kerryman declares, 'I don't want to have anything more to do with the Jews; the Jews are no good to have dealings with'. As Dundes points out, 'one obvious advantage of this projective inversion is the avoidance of guilt': the storyteller, in his sincere identification with his protagonist, is determined to deny the possibility of any wrong-doing on his part: instead, the fault lies with the Jew, since 'the Jews are no good to have dealings with'. Projective inversion, as Dundes shows, effectively 'permits one to blame the victim'.[40]

THE HISTORICAL O'CONNELL AND THE JEWISH QUESTION

There is hardly any need to belabour the point that the narrative of 'Daniel O'Connell and the Jew' does not represent the actions, words or beliefs of the historic O'Connell. The oral anecdotes about him belong unequivocally to the realm of fiction, as uí Ógáin has shown conclusively: the folk persona of O'Connell attracted anecdotes of diverse origin that endorse a trickster hero skilfully manipulating the law. Nevertheless, we may ask ourselves why this antisemitic anecdote was attributed to the Emancipator? The political sympathies of the historical O'Connell were unequivocally in favour of Jewish Emancipation.[41] There were obvious parallels between the position of Jews and Irish Catholics under the British legal and political framework: both groups were excluded from a variety of offices; both were clamouring for religious emancipation.

However, on two occasions, both much publicized, O'Connell was involved in a controversy that had a Jewish dimension. In 1835, he had made a formidable foe of the young Benjamin Disraeli. The two were well-matched in powerful and at times vitriolic oratory, but O'Connell's response to a politically motivated attack from Disraeli was not merely *ad hominem* but was racially steeped. His

---

literature-podcasts. 40 Dundes, 'Projection in folklore', p. 51. 41 O'Connell pledged his support for Jewish Emancipation in a letter to chief rabbi Isaac Lyon Goldsmid, taking pride in the fact that Ireland was 'the only Christian community that I know of unsullied by any one act of persecution of the Jews' (cited in Patrick M. Geoghegan, *Liberator: the life and death of*

supremely fair biographer, Patrick Geoghegan, called it 'perhaps his most vicious (and shocking) speech ever'.[42] In an unmistakable reference to the fact that Disraeli's father was a baptized Jew, O'Connell says: 'His life is a living lie. He is a disgrace to his species', and compares Disraeli to 'the impenitent thief who died upon the cross, whose name, I verily believe, must have been Disraeli'.[43] Disraeli is thus both a liar and a thief. Furthermore, the allusion to the Crucifixion invokes a flourishing corpus of religious propaganda in which Jews are collectively viewed as enemies of Christ.

The Raphael scandal took place in the same year as the spat with Disraeli. Alexander Raphael was a foreign-born Catholic of Jewish descent who had been looking for a seat in parliament. O'Connell offered to run his election to one of the two parliamentary seats in Co. Carlow for the sum of two thousand pounds. When the scheme did not succeed, O'Connell refused to return any of the money and Raphael reluctantly published the relevant documents, the most damning of which were printed by all the English and Irish major papers. An anonymous poem entitled 'The Three Thieves', published in the *Times* and attacking both O'Connell and Raphael, gives a good indication of how easily public debate succumbed to antisemitism: Raphael, by virtue of his Jewish descent, is therefore of necessity a 'thief', but

> O'Connell (great thief!) has surpass'd all belief,
> For, by Jove, he has cheated a Jew![44]

In both the Disraeli and Raphael affairs, O'Connell was pitched in public perception against a figure publicly identified as Jewish; and in the Raphael case he was declared to have 'cheated a Jew'. It may have been against the background of this racially charged contemporary discourse that the antisemitic anecdote about a Jew being cheated became attached to O'Connell and was introduced to Ireland.

CONCLUSION

In the mirror of humorous folk narrative, O'Connell steps down from the pedestal of respectability and appears as a trickster figure. His trickster persona allows the storytellers to imaginatively explore territory normally out of bounds, including taboo breaking and the gratification of wishful thinking.

The story of 'Daniel O'Connell and the Jew' should be viewed in this context. It combines wish fulfilment and the release of aggressive tension against a

---

Daniel O'Connell, 1830–1847 (Dublin, 2010), p. 18.   **42** Geoghegan, *Liberator*, p. 72.   **43** Cited in Geoghegan, *Liberator*, pp 72–3.   **44** *The Times*, 25 Nov. 1836 (cited in Geoghegan, *Liberator*, p. 78).

18.1 Ríonach uí Ógáin and John Hume, MEP, Newman House, Dublin, July 1995, on the occasion of the launch by John Hume of Ríonach's book, *Immortal Dan – Daniel O'Connell in Irish folk tradition*. Photo: Audio Visual Centre, University College Dublin. With thanks to William Nolan, Geography Publications, for providing the photograph.

stereotyped 'stranger'. Dundes' concept of 'projective inversion' proves to be a particularly useful tool to understand ethnic stereotyping in folklore. With regards to stereotypes about Jews in Hungarian folklore Veronika Görög-Karady writes, 'as to their relationship with reality, it is obvious that such collective representations ... are more typical of those who produce them than of those upon whom they focus'.[45] The Jew in our story who owns a 'heap of gold' represents both an inversion of real-life Jewish poverty and a projection of coveted wealth onto the stranger. The story is premised on the ancient stereotype of the Jew as moneylender, a stereotype that was to have heightened and lethal repercussions for Jewish communities in Europe at just the time period during which the Irish Folklore Commission collected the versions of 'O'Connell and the Jew'. Holbek, in his characterization of xenophobia, refers to a similar projective mechanism which makes us see 'the hateful picture composed of our own stories instead of the strangers themselves'.[46] With xenophobia once again on the rise in Europe and elsewhere, we will understand stories that deal in ethnic stereotypes better if we recognize them as 'our own stories, projected onto the strangers'.[47]

45 Görög-Karady, 'Ethnic stereotypes and folklore', p. 125. 46 Holbek, 'Stories about strangers', p. 310. 47 Holbek, 'Stories about strangers', p. 310.

Wise men and little women:
6 January in Irish popular tradition

BAIRBRE NÍ FHLOINN

The 'wise men' in the title of this article are widely known and recognized throughout the Western world and in other parts of the globe that have been influenced by Christianity. Throughout that sphere, the 'three wise men' are immediately identifiable as the three kings who are believed to have journeyed from the East to pay homage to the newly born infant Jesus. Today, this occasion is known in the official calendar of most Christian churches as the Feast of the Epiphany, the title of the occasion deriving from a Greek word for 'manifestation'.[1] The Feast, also known as Three Kings' Day, evolved historically in order to mark the first revelation of the child Jesus to the Gentiles, or non-Jewish peoples, and it is one of 'the three principal and oldest festival days of the Christian church (the other two are Easter and Christmas).' The Epiphany is generally observed by the Christian churches of the West on 6 January, a tradition which, we are told, can be traced back to the fourth century.[2]

The 'wise men' are, therefore, easily identified and their association with 6 January is of international provenance. The 'little women' of the title are a different matter, in that the association of women with the Feast of the Epiphany appears to be an exclusively Irish phenomenon, giving rise to the designations *Nollaig na mBan*, Women's Christmas, or similar, in several parts of the country. This is certainly the case in Cork city, for example, where the occasion has been enthusiastically celebrated for many generations as Little Women's Christmas, and where it continues to retain considerable popularity to the present day.

This article seeks to explore some of the traditions relating to 6 January in Irish tradition and popular culture, as represented in the holdings of the National Folklore Collection (NFC) in University College Dublin,[3] and elsewhere. In doing so, it reflects one of the many topics researched by Ríonach uí Ógáin in her long list of publications throughout her career – that of the

---

[1] https://www.britannica.com/topic/Epiphany, accessed 8 February 2019. [2] Ibid. [3] My thanks to Dr Críostóir Mac Cárthaigh, Director of the NFC, for permission to reproduce material from the collection here. The NFC is successor to the Irish Folklore Commission (1935–70) and the Commission's holdings constitute a core element of the NFC's archive. With regard to Little Women's Christmas in Cork, reference should be made to the valuable work carried out by the Cork Folklore Project, in conjunction with the Department of Folklore and Ethnology in University College Cork, since the mid-1990s (see www.corkfolklore.org for further information). Space constraints dictate that the present article confines itself to material in the NFC, however, and information which may have been recorded by the Project in relation to 6 January in Cork must await another occasion for investigation.

customs and observances attaching to the Christmas period, with special reference to Christmas Eve in the case of Ríonach's paper.[4]

The starting point for any investigation of Irish traditional calendar observance has long been Kevin Danaher's classic work, *The year in Ireland*. There we are told that 'Epiphany is commonly known in Ireland as "Little Christmas" and is celebrated with a festive meal of somewhat milder proportions than that of Christmas Day. In Irish it was known widely as *Nollaig na mBan* ("Women's Christmas")'.[5] Danaher thus gives us a very good clue as to the origin of the Cork city expression, as Little Women's Christmas would seem to be a conflation of the two terms he mentions in his description of the day.[6]

Kevin Danaher's summing-up of the main features of the day in Irish tradition is borne out, as we would expect, by the evidence of the NFC. A section of the collection's subject-index is devoted to the topic of '*An Nollaig Bheag, Nollaig na mBan*', and provides references to accounts in the NFC Main Manuscripts' Collection, the NFC Schools Manuscripts' Collection and in a variety of published sources. This material is substantially augmented by responses received by the Irish Folkore Commision to a questionnaire on Christmas traditions that was circulated by the Commission in December 1944.[7] Replies to the questionnaire were received from almost every county in Ireland,[8] amounting to approximately 1700 pages in total and providing us with a comprehensive insight into what was – apparently then as now (or so we are assured by many of the questionnaire correspondents) – the most important festive occasion of the year.[9] Somewhat unfortunately for the purposes of research into the feast of the Epiphany in Ireland and its celebration, the list of questions that constitute the questionnaire does not include a specific enquiry on that feast, for reasons explained by the Director of the Commission, Séamus Ó Duilearga, in a letter that accompanied the questionnaire, in which he writes that the Commission intended to circulate another questionnaire on 'the period

---

4 Ríonach uí Ógáin, 'Aifreann na gine, aifreann is fiche', *Comhar*, 42:12 (Nollaig, 1983), 28–31. 5 Kevin Danaher, *The year in Ireland* (Cork, 1972), p. 263. See also Stephen Newman, *An Irish Christmas* (Dublin, 2016), pp 129–37. 6 In recent years, there appears to be a growing tendency to 'correct' the Cork term, and to refer to Women's Little Christmas, although the two may well have been used in popular speech in the past in any case. 7 For a description of the questionnaire system employed by the Irish Folklore Commission and its successors, see Bairbre Ní Fhloinn, 'In correspondence with tradition: the role of the postal questionnaire in the collection of Irish folklore' in Séamas Ó Catháin et al. (eds), *Northern lights: essays in honour of Bo Almqvist* (Dublin, 2001), pp 215–28; see also Mícheál Briody, *The Irish Folklore Commission, 1935–1970: history, ideology, methodology* (Helsinki, 2007), pp 281–9. 8 The only counties for which I was unable to find returns to the questionnaire were Fermanagh and Tyrone. 9 Replies to the Christmas questionnaire are to be found in NFC volumes 1084, 1085, 1086 and 1087, constituting the entirety of the volumes in each case, with a handful of additional responses found in NFC 1135: 152–77. Throughout this article, references to the NFC Main Manuscripts Collection appear with the designation NFC and with a colon separating the volume number from the page number(s) (for example, in the last-mentioned instance, NFC 1135: 152–77).

from St Stephen's Day to January 6'.[10] It appears that this projected questionnaire never materialized, although the Commission did distribute a questionnaire on St Stephen's Day (only) in 1946.[11] The situation regarding 6 January is not as bleak as it might seem, however, as the first question on the 1944 questionnaire includes mention of a number of popular terms for that day. It reads as follows:

> *Terminology*: Give a list (with dates in brackets) of local names of days and periods associated with Christmas, e.g., Christmas Eve, Christmas Night, Christmas Day, Christmas Day Night, The Men's Christmas, The Women's Christmas, Old Christmas, Small (Little) Christmas, The Twelve Days of Christmas etc. Is there any local tradition as to why some of them (e.g., the five last-mentioned) were so designated?[12]

Responses to the questionnaire are revealing in terms of distribution patterns for terminology associated with 6 January.[13] As noted by Kevin Danaher, the term *Nollaig Bheag* / Little Christmas, or similar, is found throughout much of the country, although significantly less often in the northern counties and in parts of the west, where the term might be used instead to refer to New Year's Day. The terms Twelfth Day and / or Twelfth Night, or their Irish equivalent, were also in use in many places and seem to have enjoyed quite a broad geographical spread. The Irish-language title, *Oíche na dTrí Ríthe*, is also noted in the questionnaire replies, although somewhat infrequently. The English-language designation, Old Christmas, was recorded from several counties, especially in Leinster and east Ulster, reflecting the survival of the Julian calendar in popular tradition in these areas, for this occasion at least. Due to the introduction of the Gregorian calendar in Britain and Ireland in 1752, eleven days were removed from the calendar that year, with 2 September 1752 being immediately followed by 14 September. In the period from 1582 to the 1920s, European countries gradually adopted the new and more accurate Gregorian calendar,[14] but popular tradition continued to retain a memory of the older dates, giving rise to apparent anomalies such as '*sean-Bhealtaine*, "Old May", the month beginning about the 11th of May (Old Style)'[15] and, of more relevance to

---

10 NFC 1084: 2. This quotation is taken from the English language version of the letter. As a general rule, all questionnaires, and associated correspondence, were circulated by the Commission in both Irish and English.   11 See NFC 1088, 1089, 1090 etc.   12 NFC 1084: 5. Again, this excerpt is taken from the English-language version of the questionnaire.   13 See NFC material referred to in note 9 for examples of the following terms and their distribution.   14 For a useful summary of the history relating to the change of calendar, see Marcel de Cleene and Marie Claire Lejeune, 'The Gregorian calendar reform', *Compendium of symbolic and ritual plants in Europe*, i (Ghent, 2003), pp 63–4.   15 Patrick Dinneen, *Foclóir Gaedhilge agus Béarla* (Dublin, 1927); see also Danaher, *The year in Ireland*, p. 86.

our discussion here, Old Christmas as a term for 6 January.[16] The new calendar was introduced by, and named after, Pope Gregory XIII, resulting in the adoption of the calendar at an earlier time throughout Catholic regions of Europe than in Protestant areas. It is interesting to note that this piece of European history is reflected in microcosm in a brief reply to the Christmas questionnaire from Loughgall, Co. Armagh, where we are told: '"That's the day the Protestants used to keep Christmas". This, without details, from a man of 81, was a reminder that the Planters did not adopt the Gregorian calendar, probably, until it was adopted by Britain in 1752'.[17]

With regard to the term *Nollaig na mBan* or Women's Christmas, this appellation appears to be very much more common in the Munster area, with a particular concentration in the counties of Cork, Kerry, Limerick, Clare and Waterford. In these areas, too, 25 December is often identified as Men's Christmas. In many cases, not a great deal is said about the reason for the name, *Nollaig na mBan* / Women's Christmas, or about any particular activities engaged in by women on the occasion. In some instances, however, an explanation for the name is offered, the following lines from the Skull area of Co. Cork being not untypical:

> At the Men's Christmas, food and all good things for the table were most plentiful, but immediately after, the supply of food and drink (whiskey, wine etc.) which had been stored for the Christmas season gradually became less until there was little left for general festivities by the time Little Christmas arrived, but quite enough to satisfy women, for women do not require so much food as men, hence the name the Women's Christmas. Still, all men, women and children alike enjoyed and do enjoy the festivities available on that night, even if provided on a smaller scale than on the 24th and 25th of December.[18]

Here, as in several other accounts, Women's Christmas is portrayed as a more low-key, less flamboyant affair than Christmas Day, with a generally lower profile than its 'male' counterpart, and there can be little doubt that the term Women's Christmas arose in order to distinguish the more minor feast from the major event of the season – a development some might interpret as indicative of a society that attached higher status to the male. Similarly, the suggestion of 6 January as a somewhat lesser version of Christmas probably had to do with the emergence of the term Little Christmas or *Nollaig Bheag*. Indeed, the relative positions of the two occasions in the hierarchy of festivals is clearly reflected in a number of proverbial sayings found in Munster which compare one occasion to the other, and which (in these instances at least) depict *Nollaig na mBan* or

16 Cf. Seán Ó Súilleabháin, *A handbook of Irish folklore* (Dublin, 1942), p. 324.   17 NFC 1087: 137.   18 NFC 1084: 167.

Women's Christmas in somewhat negative terms. Take, for example, the following account, from the Cúil Aodha area of Co. Cork:

> *Lá Nollag an cúigiú lá fichead den mhí [Nollag] ar a dtugtaí Lá Nollag Móire. Nollaig na bhFear a thugtaí uirthi ar feadh Oíche Nollag agus Lae Nollag, agus b'í seo ar a dtugtaí an Nollaig Mhór. Bhíodh seo mar chanamhain: 'Nollaig na bhFear, an Nollaig mhór mhaith, agus Nollaig na mBan, an Nollaig a mheath'.*[19]

Christmas Day is the twenty-fifth [of December] which used to be called Big Christmas Day. Men's Christmas is what they used to call Christmas Eve and Christmas Day, and this is what they called the Big Christmas. There used to be a saying: 'Men's Christmas [is] the good, big Christmas, and Women's Christmas [is] the Christmas that declined'.

A variation on this saying, as found in a small number of accounts from different parts of Cos. Cork and Kerry, goes as follows: '*Nollaig na bhFear an Nollaig mhór mhaith, agus Nollaig na mBan an Nollaig gan mhaith*'[20] ('Men's Christmas [is] the good, big Christmas, and Women's Christmas [is] the no-good Christmas'). This differentiation between the two occasions is further underlined by a number of other references, also from Cos. Cork, Kerry and Limerick, which specifically identify Christmas Day as Big Christmas.[21]

Undoubtedly, the relationship between Christmas Day and 6 January is central to an understanding of many of the traditions attaching to the latter, not least in the area of nomenclature. Christmas is, as we know, very much a festive cycle of several days rather than a one-day occasion, with Big Christmas (and Big Christmas Eve) marking the beginning of festivities and Little Christmas marking the end. In other ways too, however, the occasions of 25 December and 6 January can be seen to complement each other and even to constitute a binary opposition, some aspects of which have already been touched on. Thus we have Big Christmas and Little Christmas, New Christmas (by implication and also sometimes so-called)[22] and Old Christmas, Men's Christmas and Women's Christmas, Good Christmas and Bad/Not-so-good Christmas, the opening day of the festive cycle (and its eve) and the closing day.

This view of the relationship between the two occasions is further borne out by some of the traditions associated with them that run in parallel, albeit inverse parallel in some cases. Thus we are told in a number of accounts that the house

---

19 NFC 1084: 216.   20 NFC 1084: 401 (Baile na nGall, Co. Kerry). See other questionnaire replies in NFC 1084 from Cos. Cork, Kerry and Limerick for more examples, amounting to about fourteen in total, including the following, from Killorglin in Co. Kerry: 'The Women's Christmas was known as the Bad Christmas because there wasn't so much drink and hilarity' (NFC 1084: 383).   21 See questionnaire replies in NFC 1084 from Cos. Cork, Kerry and Limerick for a range of further examples.   22 NFC 1085: 322 (Calary, Co. Wicklow): 'New

is decorated on the eve of Christmas Day, and that the day after 6 January was almost universally the day on which the decorations were taken down.[23] (It might be noted here that this practice, still widely adhered to, provides us with an excellent example of the 'rites of devalorization' as delineated by Italian folklorist, Alessandro Falassi, in his writings on the morphology of festive behaviour.)[24] Similarly, in many places, candles were lit on the eve of Christmas Day in order to guide Mary and Joseph, or the Holy Family, to safety,[25] while the same practice was apparently sometimes carried out on 6 January, or on the eve of the occasion, in order to guide the wise men in their search for the infant Jesus.[26] Continuing the parallelism, Christmas Day is obviously primarily a celebration of birth, whereas 6 January often involved a specific form of death divination that was found in several parts of the country.[27] Furthermore, both occasions were marked by supernatural occurrences which were believed to take place within the domestic sphere – in the case of the eve of Christmas Day, there was a widespread tradition that domestic livestock knelt to pray at midnight, in honour of the birth of Christ,[28] while 6 January saw the miraculous transformation of water into wine, according to popular belief.[29] In both cases, it might be remarked, it was often regarded as profoundly unlucky, and even fatal, to try to witness either event, thus effectively ensuring the survival of the belief. The relationship between the two feasts would undoubtedly lend itself to further analysis and interpretation, and the ideas outlined here are purely exploratory.

Still on the subject of possible interpretations, reference might be made to the growing area of gender analysis in the study of calendar observance.[30] On this point, it is worth noting that an internet trawl for women's festivals brings up many contemporary occasions that have come into being in recent years, but relatively few festivals of a type that can clearly be identified as having their roots in popular tradition, in a European context at least. For this reason, Ireland's *Nollaig na mBan* / Women's Christmas is all the more worthy of attention and investigation. Gearoid Ó Crualaoich has, not for the first time, helped to lead the way in this respect, in his article on 'Gender aspects of traditional calendar'.[31]

Christmas (December 25th)'. **23** For a particularly explicit example, see NFC 1086: 321 (Mohill, Co. Leitrim); see questionnaire replies in NFC 1084, 1085, 1086 and 1087 for further examples; see also Danaher, *The year in Ireland*, pp 234, 264. **24** Alessandro Falassi, 'Festival: definition and morphology' in Alessandro Falassi (ed.), *Time out of time: essays on the festival* (Albuquerque, NM, 1987), pp 1–10 [6]. **25** Danaher, *The year in Ireland*, p. 238; uí Ógáin, 'Aifreann na gine', 29; see questionnaire replies in NFC 1084, 1085, 1086 and 1087, especially for Leinster, Connaught and Ulster, for further examples. **26** NFC 1086: 260 (Westport, Co. Mayo). **27** Danaher, *The year in Ireland*, p. 264. There are many accounts of this form of divination, which involved the burning of candles, in the responses to the Christmas questionnaire (NFC 1084, 1085, 1086 and 1087). **28** Danaher, *The year in Ireland*, p. 239; uí Ógáin, 'Aifreann na gine', 29; see questionnaire replies in NFC 1084, 1085, 1086 and 1087 for further examples. **29** Danaher, *The year in Ireland*, p. 263; see questionnaire replies in NFC 1084, 1085, 1086 and 1087 for further examples. **30** See, for example, *Cosmos: the Journal of the Traditional Cosmology Society, 25, & The Ritual Year*, 4 [a joint publication] (2009), entitled 'The ritual year and gender'. **31** *Béascna: Iris Bhéaloideasa agus Eitneolaíochta, Coláiste na*

Here, he mentions *Nollaig na mBan* / Women's Christmas in the context of his argument for the significance of gender and gender dynamics to our understanding of calendar custom in general. His comments on 6 January are too long to quote here in their entirety, but they begin as follows:

> Christmas, and the twelve days of its traditional season, shows the clearest gender division in the separation of Christmas (on Dec 25) – taken to be the male, solar solstice celebration involving the festive consumption of beef and whiskey – from *Nollaig na mBan*, 'Women's Christmas' on Jan 6 when cake and tea were understood to constitute the festive fare.[32]

To return from the abstract to the practical, and to our Little Women of Cork city, it seems that the occasion has survived and flourished with particular enthusiasm and vigour in this, Ireland's third-biggest urban area. Recent years have seen a widespread revival of interest in the idea of *Nollaig na mBan* / Women's Christmas, undoubtedly as part of increased activity in the area of women's studies and women's issues in general. While the new-found interest in the occasion is to be welcomed as a re-discovery of a custom that undoubtedly has authentic roots in popular tradition – going back several generations at least – it must nonetheless be seen as a largely conscious and deliberate reinvention, which sits well with the current political and cultural *zeitgeist*. This is evidenced, for example, in the increasing attention paid to the occasion every year by the national broadcasting service and by other sections of the media, where the day is now never allowed to pass without comment of some kind.[33] In the case of the Little Women of Cork, however (and possibly elsewhere as well, in ways that may not have been documented as yet), it seems fairly clear that the occasion developed in an entirely organic way, and was observed for the most authentic of reasons – as an excuse for a good night out. In recent years, local hotels have organized special events to mark the day, often with the appearance of a popular entertainer or cabaret artist, as noted below (see Plate 19.1). Many pubs in Cork city will also honour the occasion by providing special entertainment on the night in question, often advertised specifically as a celebration of Little Women's Christmas.

The following account was very kindly given by Madeline O'Donovan and Noreen Hegarty, both from the Greenmount area, close to the city centre on the southside of Cork, in conversation with Michelle Hegarty, of Mayfield:

---

hOllscoile Corcaigh, 4 (2008), 1–13.   32 Ibid., 9.   33 In the broadcast media, it is interesting to note that the occasion is very often referred to in Irish, as *Nollaig na mBan*, even in English-language items.

LITTLE WOMEN'S CHRISTMAS

Back in the 1960s and 1970s, when Madeline and Noreen's mother, Nora, was a relatively young woman, women in the Greenmount area of Cork city, where they lived, didn't usually enter each other's homes but talked over the railings every day. On 6 January, one of the women on the road would invite all the other neighbours into her home to celebrate Women's Christmas, and to share a glass of sherry and some fruitcake. Some of the Christmas stock of lemonade and Madeira cake [a popular type of sponge cake] would have been put away to be sure that some was left for 6 January. The women would wear their best outfit for the celebrations. During this time, the men in the house would retreat to the kitchen while the women were in the front room. A big surprise still remembered was when one of the neighbours [a local man] brought the women a box of Quality Street chocolates during one of these nights.

In the past, there was always a flurry of entertainment on 6 January with very popular performers in the Silver Springs Hotel. Tickets for Joe Dolan, for example, would be purchased in early November to ensure entry on the night. Other big hits for the celebration were Dicky Rock and Sonny Knowles. It is also remembered that the Bishop of Cork would call to as many events as possible on the night to bless the women of Cork.

Today, there is still a variety of entertainment held across the city, with live music in many venues. Some of the hotels host a bigger event with dinner included and live music, and women would still buy their tickets in advance for these shows. Groups of women go out for a meal together and for entertainment afterwards at one of these events. The groups can be made up of generations of women in the same family, including grandmothers, mothers, aunts, daughters, nieces, cousins etc. Many women would celebrate with their friends and neighbours also. It is usually all women, and women only, on this night out. Certainly, in older times a man would never go out on this occasion. The men would stay at home and mind the family. Nowadays, however, you could spot an odd man that would show up at the bar. As well as this, some women would invite their friends into their homes on that night for a meal and some drinks.

In the last ten years, there seems to have been a decline in the tradition among the younger generation in Cork, unless the girls are going along with family groups. Maybe this is because the younger females of today socialize a lot more than women did in the past. Women in their 50s and 60s still celebrate the occasion, however, usually with 'the plan' for the night sorted well before Christmas.[34]

---

[34] Personal communication (email), 2 February 2017. My sincere thanks to Madeline, Noreen and Michelle for sharing this information with me.

Little Women's Christmas has also made it to the internet, a sure sign that it is part and parcel of contemporary life. Cork-born actress and playwright, Sheila Flitton, gives us a vivid account of Little Women's Christmas in her experience:

> ... each year, after the Christmas holiday, tired women finally got a break – for one day, at least. On January 6th (the same day as the Epiphany), men would take over the housework, offering women a chance to go out and relax with each other. Never one to break with tradition, I returned to my hometown of Cork this year[35] (from Dublin) to join my sisters and women friends to celebrate. As we sat overlooking the River Lee from Cork's Metropole Hotel dining room, I thought, 'We keep the tradition alive but not in the same way our mothers did'.
>
> During my childhood, I remember excited, shawled women hurrying to the local public house. On Little Women's Christmas, they would inhabit this man's domain without shame. Sitting in 'the snug', a small private room inside the front door, they would pool the few shillings they'd saved for the day. Then they would drink stout and dine on thick corned beef sandwiches provided by the publican. For the rest of the year, the only time respectable women would meet for a glass of stout would be during shopping hours, and then only because it was 'good for iron in the blood'.
>
> After an initial chat about the worries and cares of the old year, a pact would be made to leave them outside the door (something that was easier to do before the advent of cell phones). They'd be as free as the birds in the sky for the day – and well on into the evening. Late at night, with shawls dropped over their shoulders, words slurred and voices hoarse, they would always sing. In my memory, I still hear them bellowing the unofficial Cork City anthem, 'The Banks of my own Lovely Lee':
>
>> Where they sported and played
>> 'neath the green leafy shade
>> on the banks of my own lovely Lee.[36]

The history of the occasion in popular tradition in Cork city is, however, extremely difficult to trace. As we know, events such as Little Women's Christmas almost always fall below the radar of official historical documentation, leaving it up to bodies such as the Irish Folklore Commision to record them. Despite the Trojan work done by the Commission, however, inevitably there were gaps and lacunae in its coverage of the country, one of which was

---

35 This account was written in recent years (exact year unavailable), but most of it refers to a period around the 1940s.   36 https://www.ireland-fun-facts.com/little-womens-christmas.html, accessed 2 February 2019. My sincere thanks to Sheila Flitton for allowing me to reproduce this extract here.

undoubtedly urban Ireland. This was, it should be said, largely due to limited resources on the part of the Commission, and the concomitant pressure on those resources which the Commission dealt with in a way which had its own rationale. No full-time collector was employed to investigate the wealth of oral tradition in Dublin, Cork, Belfast, Limerick, or any of the larger Irish towns, for example, and most of the cities were also left out of the reckoning to a large extent when it came to the organization of the Commission's extremely successful Schools' Collection of 1937 to 1938.[37] Thus, a valuable opportunity to track the survival and development of occasions like Cork's Little Women's Christmas in the twentieth century was, unfortunately, lost. Indeed, a search of the popular website, www.dúchas.ie,[38] for the terms Women's Christmas, Little Women's Christmas etc. produces relatively meagre results.[39] We can only wonder what the outcome might have been if schools in Cork city were encouraged to participate in the 1930s scheme in the way their rural counterparts were.

Despite this situation, the NFC archives provide us with a considerable amount of information on *Nollaig na mBan* or Women's Christmas, only a portion of which has been touched on here. In the meantime, the occasion is, happily, showing every sign of a second coming of an entirely positive kind which is also worthy of documentation in terms of contemporary folklore. The women of Leeside have no need of any such revival, however, as they continue to celebrate the day in their own special way.

---

37 For further discussion of these points, see Briody, *The Irish Folklore Commission* (2007), pp 447–54. It should be noted that measures to address this situation were undertaken by the Department of Irish Folklore in University College Dublin, successor to the Commission, in the year 1979–80, with the organization of the Urban Folklore Project. This initiative focused on recording the oral traditions of Dublin and its environs, with considerable success (see Séamas Mac Philip, 'Dublin South County to North Inner City: an urban folklore project, 1979–80', *Béaloideas*, 74 [2006], 103–21). Similarly, the Cork Folklore Project, in conjunction with the Department of Folklore and Ethnology in University College Cork, has been documenting the folklore of Cork city since the mid-1990s (see note 3).   38 The website, www.dúchas.ie, provides searchable online access to the contents of the bound volumes of the Schools' Manuscripts Collection of the NFC.   39 More difficult to account for is the scarcity of the term *Nollaig na mBan* on the www.dúchas.ie website, a search for which produces very few instances of the term.

Pisreoga a bhaineas leis an mbás: superstition and effective human behaviour

STIOFÁN Ó CADHLA

Anthropologist Maurice Bloch asks how can a sensible animal like modern *Homo sapiens*, 'equipped by natural selection with efficient core knowledge (or modular predispositions), that is, knowledge well suited for dealing with the world as it is, hold such ridiculous ideas as: there are ghosts who go through walls; there exist omnicients; and there are deceased people active after death?'[1] The latter correspond to the ancestral otherworld and the term folklore came into general use as a description of that kind of thing. The discipline developed 'within a fashionable evolutionary paradigm, magic, religion, and science being seen, respectively, as successive stages of human cognitive development'.[2] The father of anthropology, Edward Burnett Tylor (1832–1917), famously called these survivals. Others like George L. (later Sir Lawrence) Gomme (1853–1916) and Sir James Frazer (1854–1941) viewed superstition simply as primitive or uncivilized thought. Tylor conceived of anthropology as the reformer's science confident that what he understood as superior modern habits would displace what he saw as inferior folk customs. Gomme speaks confidently of people not 'attuned to the civilization around them' and 'capable of thinking, capable of believing in the primitive degree' or using 'forms of thought inconsistent with the knowledge and ideas of the age' or 'minds not yet free to receive new influences'.[3] It is as though a hermetic seal separated each side of a polarity, enslaving old influences and freeing new ones.

To the Anglophone this brief traditional genealogy probably appears relatively happy; it moves smartly from past to present, primitive to modern, nonadvanced to advanced, simple to complex, Irish to English and so on. It muddies, however, vis-à-vis the Irish language or what Daniel Deeney (1868–1923)[4] called *Peasant lore from Gaelic Ireland*.[5] Some aspects of Ireland's social, cultural and literary life is couched in a regional or temporal variant of Michel-Rolph Trouillot's (1949–2012) savage slot. The modern discipline of folklore is no exception.[6] A

---

1 Maurice Bloch, *In and out of each other's bodies: theory of mind, evolution, truth, and the nature of the social* (London, 2013), p. 24.   2 Stephen A. Smith, 'Introduction' in Stephen A. Smith & Alan Knight (eds), *The religion of fools? Superstition past and present* (Oxford, 2008), pp 7–55, at p. 30.   3 George Laurence Gomme, *Folklore as an historical science* (London, 1908), p. 180, p. 199.   4 Domhnall Ó Duibhne; see http://www.ainm.ie/Bio.aspx?ID=508, accessed 6 October 2017.   5 Daniel Deeney, *Peasant lore from Gaelic Ireland* (London, 1900).   6 Michel-Rolph Trouillot, 'Anthropology and the savage slot: the poetics and politics of otherness' in Richard G. Fox (ed.), *Recapturing anthropology: writing in the present* (Sante Fe,

period of retrenchment within the discipline is required to rethink its location in this slot. The father of the European Enlightenment, Immanuel Kant (1724–1804), considered aspects of Chinese art as grotesqueries, native American 'savages' had 'little feeling for the beautiful in moral understanding' while the African peoples were simply stupid. Connecting racism with geopolitics he added race or rank to Karl Linneaus' (1707–78) classifications.[7] Modern folklore is quintessentially a child of what Liebersohn calls the two watershed moments in the story of anthropology, enlightenment and the encounter of expansive European economic powers with the societies of Oceania. There hasn't been a complete rapprochement between the two mainly opposed sides, universality and particularity. The latter is typified by Johann Gottfried (after 1802, von) Herder's (1744–1803) particularity, specificity or localness.[8] The recording of the detail of artefacts and structures of individual cultures went on *pari passu* with productions of grand schemes and theories of human development and evolution.

The foundation of the Folk-Lore Society in 1878 was an important step in the collection of folklore as an organized modern enterprise in England. Ten years later, some of the same people moved to found the short-lived Irish Folklore Association with a view to collecting the folklore of Ireland.[9] Alfred Cort Haddon (1855–1940) mentions in 1893 that he had been trying 'to get people to collect Irish folk-lore' but was disappointed with the results, some of which are published in *Folklore*, the organ of that society.[10] In the words of Gomme, folklore was 'the "anthropology of the civilized races"'. So-called primitive survivals among modern peoples might be deliberately eradicated – 'a sometimes daring enterprise'.[11] Strenski says 'the future, in Tylor's view, belonged to science and technology, and a liberation of the human mind from superstitious beliefs in the existence of spirits'.[12] Italian Antonio Gramsci (1891–1937) likened a possible mass disabusement of the populus of folklore as potentially as far-reaching as the Reformation.[13] Understanding active other conceptions of the world in order to uproot them in education, 'folklore was already under systematic bombardment, from the elementary schools … to the chairs of agriculture. The teaching of folklore to teachers should reinforce this systematic

1991), pp 17–45, at p. 18. **7** Hamid Dabashi, *Can non-Europeans think?* (London, 2015), p. 258. **8** Harry Liebersohn, 'Anthropology before anthropology' in Henrika Kuklick (ed.), *A new history of anthropology* (Oxford, 2008), pp 17–30, at p. 30. **9** See Mícheál Briody, *The Irish Folklore Commission 1935–1970: history, ideology, methodology* (Helsinki, 2007), p. 74. Eleanor Hull is mentioned in this regard. The organized state collection, preservation and publication was carried out in the first half of the twentieth century by the Folklore of Ireland Society (1927), the Irish Folklore Institute (1930) and the Irish Folklore Commission (1935). **10** Alfred Cort Haddon, 'A batch of Irish folk-lore', *Folk-Lore*, 4 (1893), 349–64, at 350. **11** Henrika Kuklick, 'The British tradition' in Kuklick, *A new history of anthropology*, pp 52–78, at p. 5. **12** Ivan Strenski, 'The spiritual dimension' in Kuklick, *A new history of anthropology*, pp 113–27, at p. 117. **13** Antonio Gramsci, *Selections from cultural writings* (London, 1985), p. 191.

process further'.[14] The ideologies of the world might have united under a slogan such as 'lets change everyone everywhere together and forever'. At least the flipchart of overlapping ideologies – Marxism, Christianity, imperialism, nationalism, capitalism and globalization – all share a macrodevelopmental mission or vision. As Gomme wrote in the case of the Church, it was 'endeavoring to displace a set of beliefs which she calls superstition, by a set of superstitions which she calls relevation'.[15] One person's superstition is another's religion and visa versa or, as Harari says, 'Religion cannot be equated with superstition, because most people are unlikely to call their most cherished beliefs "superstitions". We always believe in "the truth"; only other people believe in superstitions'.[16]

The indigenous word approximating superstition in its southern form *piseog*, older *piseóc* or pishogue in English orthography, appears in travel and antiquarian works in English early in the nineteenth century.[17] This coincides with the cataclysm of the Irish holocaust and the coining of the word folklore. In the English language, at least, the impression of superstition was pressed into this coinage from the outset enlisting as it did manners, customs, observances, superstitions, ballads and proverbs. The earliest example is 'bringing his old Irish *pishogues* (charms) to Rome' by Thomas Crofton Croker (1798–1854) in 1829.[18] Another early example is found in the well-known work of the Halls, Samuel Carter (1800–89) and Anna Maria (1800–81), *Ireland: its scenery, character*, published in three volumes between 1841 and 1843. They give an enigmatic definition in volume two from 1842, 'a wise saw, a rural incantation, a charm, a sign, a cabalistic word, a something mysterious signifying a great deal in a little'.[19] The *Oxford English dictionary* records its use in reference to folktales.

The English word superstition appears in many titles relating to Ireland. William Wilde's (1815–51) *Ireland: her wit, peculiarities, and popular superstitions with anecdotes, legendry and characteristic* appeared around 1849 but was published as *Irish popular superstitions* in 1852.[20] John O'Hanlon's (1821–1905) *Irish folk lore: traditions and superstitions of the country with humorous tales* appeared in 1870.[21] It was around the time of the Folklore Association that Lady Wilde (1821–96) or 'Speranza', to whom William Wilde dedicated his own work, published *Ancient legends, mystic charms, and superstitions of Ireland* in 1887.[22]

---

14 Ibid.   15 Gomme, *Folklore as an historical science*, p. 206.   16 Yuval Noah Harari, *Homo Deus: a brief history of tomorrow* (New York, 2016), p. 210.   17 'Pishogue, n.'. OED Online. June 2017. Oxford University Press. http://www.oed.com.ucc.idm.oclc.org/view/Entry/144582?redirectedFrom=pishogue, accessed 6 October 2017.   18 Thomas Croften Croker, *Legends of the lakes: or, Sayings and doings at Killarney*, 2 vols (London, 1829), i, p. 115.   19 Mr. & Mrs. S.C. Hall, *Ireland: its scenery, character*, 3 vols (London, 1841–3), ii, p. 269.   20 William R. Wilde, *Ireland: her wit, peculiarities, and popular superstitions with anecdotes, legendry and characteristic* (Dublin, n.d. [*c*.1849]); William Wilde, *Irish popular superstitions* (Dublin, 1852).   21 Lageniensis, *Irish folk lore: traditions and superstitions of the country with humorous tales* (Glasgow & London, 1870).   22 Lady Wilde ('Speranza'), *Ancient legends*,

Pishogue appears in many titles from the mid-nineteenth into the mid-twentieth centuries, what Lageniensis calls 'an endless concatenation of superstitions', popular fancies, nostrums, sprite frolics, fallacies and peculiarities.[23] Seán Ó Súilleabháin's (1903–96) Irish-language rendering of *Irish folk custom and belief* in 1967 translates the word belief as *piseog*. The interplay of the two systems across languages and ideologies, worldviews or epistemologies has interesting permutations. Its use is often dismissive and determined more by the assumed provenance of the belief than by analysis or discourse. It often serves to delegitimize or derealize the knowledge.

Superstition is 'one of the coarser of the brushes used to tar the unbelievers, or is it just the believers in the wrong credo?'[24] Like *piseog* it is often considered an archaic phenomenon that 'survives', the scare quotes suggesting the problematic nature of that idea. Some deny that it exists at all, while others treat it as a label variously understood as immoderate, excessive, vain and empty belief, foolish or irrational, illicit or heterodox knowledge. Many so-called superstitions are Janus faced: using tradition as a reference they bridge the worlds of the practical and the otherworldly. The enlightenment separation of the natural and supernatural is a problematic division when imposed upon indigenous culture. The *Oxford English dictionary* says that 'the semantic motivation for the word is unclear': its origins are traced partly to French and partly to Latin meaning 'unorthodox or unfounded, especially non-Christian or heretical religious belief, magical or occult practice, over-attachment to something'. In addition, 'A view held in late antiquity is that the use of the words *superstitiō*, 'superstition', and *superstitiōsus*, 'superstitious', with reference to religion derives from the idea that such practices were superfluous or redundant. Compare Isidore's *Origines* (bk 8, ch. 3, l. 6), *Superstitio dicta eo quod sit superflua aut superinstituta observatio*,[25] 'Superstition is so called because it is the name for redundant and superseded (religious) observation'. Classical Latin *superstes* was used with reference to a soldier standing over the prostrate body of a defeated enemy, and it has also been suggested that from this use, classical Latin *superstitiō* had the sense 'superiority', and hence developed the senses 'prophecy' and 'sorcery'.[26] It reflected elite fears of popular religious movements, prophetic outbreaks or moral scares.[27]

---

mystic charms, and superstitions of Ireland (Boston, 1887). 23 Lageniensis, *Irish folk lore*, p. 285, p. 303. 24 Stiofán Ó Cadhla, review of Smith & Knight (eds), *The religion of fools?*; see https://scholarworks.iu.edu/journals/index.php/jfrr/article/view/3027/2903. Some of the information here is from Stephen A. Smith's introduction and my review of it. 25 Wallace Martin Lindsay, *Isidori Hispalensis episcopi etymologiarum sive originum libri XX*, 2 vols (Oxford, 1911), i, p. 306. 26 'Superstition, n.'. OED Online. June 2017. Oxford University Press. http://www.oed.com.ucc.idm.oclc.org/view/Entry/194517?redirectedFrom=superstition, accessed 6 October 2017. 27 Richard Gordon, '*Superstitio*, superstition and religious repression in the late Roman republic and principate (BC100–AD300)' in Smith & Knight (eds), *The religion of fools?*, pp 72–94, at p. 81.

St Augustine of Hippo (AD 354–430) influenced the emergent sense within the west of a pact with the devil reinforced by Thomas Aquinas (1225–74) who firmed up the association with pacts, implicit and explicit, with demons.[28] With the emergence of canon law and ecclesiastical courts around the twelfth century, religion was increasingly regulated. After the fourteenth century the Church was concerned with the uses made of artefacts such as amulets, charms, spells, healing potions and, by the fifteenth century, 'the idea of witchcraft as a diabolic conspiracy, complete with Sabbaths, sexual congress with the devil and marks of the devil, was fully elaborated'.[29] From 1580 to 1620 witch trials peaked in the territory of the Holy Roman Empire. Reason came to organize the domain of Catholic theology. Between 1680 and 1725, the first phase of the Enlightenment, the literature condemning superstition increased. Thomas Paine's (1735–1809) *Rights of man* was published in 1791 and superstition entered a modern phase when it was understood as synonymous with resistance to progress. This understanding informs much usage in the modern period of folklore when many are satisfied that, whatever it was, it was simply supplanted by better and more sensible things. Good doses of reason and education were the cure – 'The Internationale', Eugène Edine Pottier's (1816–87) famous rallying cry written for the Paris commune of 1871, exhorted people to cast aside their superstitions.[30]

Collections of superstitions often appear as listicles, inventories of a farrago of incidents: touching wood, crossing your fingers, walking under ladders, the number thirteen, faith healers, evil spirits and so on. There is, however, another egress into the field, through matters of intellect, morality and belief, elements of worldview and elaborations of cosmovisions. They can be traditional, or indigenous knowledge, or iterations of such knowledge. At the very moment of its emergence to daylight in the early twentieth century, after the ascent of *hibernus economicus* and possessive individualism, these were attended by a cacophony of clerical, academic and historical tutt-tutting. Smith presents the scene as a dialectic in Weberian terms somewhere between enchantment and disenchantment.[31] Conceptualized by the conventions of Cartesian-Newtonian foundationalism, irrationality is seen to be at the heart of it. It is often classification without description. Before the Enlightenment superstition was bad religion, afterwards it was bad science.[32]

Modern Irish folklore collection emerges from a combination of incense and insurgence, and Catholic fundamentalism and autocratic nationalism both inspire it and conspire against it. The homology between prayer and charm, religion and popular belief was sleeping. Nationalism has an interesting role in the configuration of the modern understanding of folklore. Greek nationalists

---

28 Smith, 'Introduction', p. 13.   29 Ibid., p. 21.   30 Ibid., p. 27.   31 Ibid., p. 7.   32 Ibid., p. 9.

faced a choice between rites linking them back to ancient Greece and their ambitions as a modern Christian nation. Belief in *exotika*, things outside or beyond, sustained oppositional visions of indigeneity but this was often partial and selective. Many Christian missionaries, nationalists and communists were civilizers like the unbelievers, colonizers or capitalists they sought to topple. People were severally civilized and recivilized. Smith, having worked as a historian in the Soviet Union and China, was struck by the regimes' control of superstition and its spread subsequent to the dissolution of those polities. In China, nationalism was more sympathetic to the Enlightenment principles of science and democracy.[33] Temples became schools, the modern word for superstition, *mixin* or confused belief, was borrowed from Japan. The New Culture Movement (from 1915 to 1920s) sought to, as it saw it, modernize the local religion and Confucian rituals in line with western criteria. Questions of transmission, valorization of the unwritten, discoveries of the marginal, and textual constructions of the 'folk' are replica constituents of modern nationalisms throughout the world.[34] Superstition as a translation of *piseog*, *piseog* as a translation of belief, pishogue as a label for the ancestral otherworld, beliefs, holy wells, trees or stones, traces the idea across a broad range of verbal and nonverbal behaviour.

Superstition, then, is often seen as religious-like behaviour. Bloch has considered similar instances as intuitive or counterintuitive misapplications of core knowledge that are so alluring that they spread.[35] He argues, however, that minor cognitive malfunctions cannot explain the entire gamut of religious phenomenona. He says that anthropology has failed to isolate or define any 'distinct crosscultural phenomenon that, for the purpose of analysis, can be usefully and convincingly labelled "religion"'.[36] For him the ability to imagine other worlds is a key adaptation unique to modern humans and he argues that it is 'the very foundation of the sociality of modern human society'.[37] It is a neurological adaptation that he dates to the Upper Paleolithic revolution. This has profound implications for the interpretation of many aspects of a redacted modern folklore.

***

For heuristic purposes I turn now to a few so-called *piseoga* associated with death, particulary the 1931 listicle published by Séamus Mág Uidhir (1902–69).[38] This proports to present twenty-four such superstitions. The method and presentation is rational, calculated and scientific. The topic itself is almost *de rigueur* from the beginning, the inaugural edition of *Béaloideas*, organ of the Irish

33 Ibid., p. 35.   34 Ibid., p. 32.   35 Bloch, *In and out of each others bodies*, p. 25.   36 Ibid.
37 Ibid.   38 Séamus Mág Uidhir, 'Pisreóga a bhaineas leis an mbás', *Béaloideas*, 3:1 (1931), 67–8; 'Sliabh Cairn' was his pen name, see http://www.ainm.ie/Bio.aspx?ID=664.

Folklore Commission, in 1927 being almost as concerned with the folklore of death as the death of folklore. The editorial echoes the reference to 'fast-fading folklore' of *Notes and Queries* upon first opening its colums to folklore in 1850.[39] In that first edition of *Béaloideas* Pádraig Ó Siocfhradha (1883–1964) published a collection of practices associated with death but prefaced them by remarking that he did not need to look for them as they were prevalent or known to him or perhaps even his own.[40] A similar listicle of twenty-three items was procured by Daniel H. Lane of Cork for Haddon including the prolonged cortege to the cemetery and the sunwise circumambulation of it on entry.[41] The interest also appears in English folklore and similar 'folknotes' appeared in *Notes and Queries* on 'Death-bed superstitions' or mysteries.[42] William Butler Yeats (1865–1939) contributed materials that he and Lady Gregory (1852–1932) collected in the late 1890s.[43] Around the same time James Mooney (1861–1921) published his comprehensive essay on Irish funeral customs.[44] He thought many of them were 'incompatible with modern ideas' and 'inconsistent with modern civilization' and more natural to Asians and Polynesians.[45] Remarking on the denial by some of the custom of leaving clay pipes on graves subsequent to a wake Haddon says that customs can sometimes represent a lack of intelligence. This, however, is a misinterpretation of the act by both deniers and confirmers.[46] Exposure to, or exhibition of, increasingly stigmatized belief or behaviour is an anathema to unconfident or self-conscious modernizers. Itemization sometimes reduces the knowledge to the status of what Marcel Mauss (1872–1950) called a posting of ignorance, miscellaneous.[47] Folklore in the modern period sometimes appears as it was imagined, as fragmented *varia*, a historical or archaeological lost and found, so many curious pieces of a baffling jigsaw. As in English antiquarianism the quarry of fossils led to the science of Geology and the fragments would lead to a science of folklore.[48]

It must be asked whether such ideas are pieces of a broken or of a living culture? Ó Siocfhradha resists the normative tendency towards simultaneous collection and antiquation and avers in his contribution that they are 'part of everyday life around me'.[49] Birdwhistell's (1918–94) assertion that you cannot

---

[39] *Notes and Queries* 14, 2 February 1850, p. 223. [40] P. Ó Siocfhradha (An Seabhac), 'Nósa bhaineas le bás agus adhlacadh', *Béaloideas*, 1:1 (1927), 49–53, at 49. [41] Haddon, 'A batch of Irish folk-lore', 357–8. [42] *Choice notes from Notes and Queries: folk-lore* (London, 1859), pp 117–21. [43] William Butler Yeats, 'Notes on traditions and superstitions' in John P. Frayne & Madeleine Marchaterre (eds), *Early articles and reviews: uncollected articles and reviews written between 1886 and 1900* (New York, 2004), pp 433–5. [44] James Mooney, 'The funeral customs of Ireland', *Proceedings of the American Philosophical Society*, 25:128 (1888), 243–96. [45] Ibid., 269–70. On James Mooney, see Pádraig Ó Siadhail, '"The Indian Man" and the Irishman: James Mooney and Irish folklore', *New Hibernia Review / Iris Éireannach Nua*, 14:2 (Samhradh/Summer 2010), 17–42. [46] Alfred Cort Haddon, *The study of man* (London, 1898), pp 431–2. [47] Nathan Schlanger (ed.), *Marcel Mauss, techniques, technology and civilization* (New York, 2006), p. 78. [48] *Choice notes from Notes and Queries: folk-lore*, p. v. [49] 'gur chuid de'n ghnáth-shaoghal iad timcheall orm' (Ó Siocfhradha, 'Nósa bhaineas le bás

study the social behaviour of a fish by removing him from the water seems relevant, the 'patterned interdependence of human beings' is crucial.[50] The fact that people's salve for ultimate terminal dehumanization should be given so dismissive a label as superstition is interesting. Where are the non-superstitious or absolutely rational funerals devoid not just of belief but also of propriety? As Hertz (1881–1915) points out, the body is not treated like the carcass of an animal, 'specific care must be given to it and a correct burial; not merely for reasons of hygiene but out of moral obligation'.[51] Such classification owes much to an intellectual or cognitive hierarchy and raises crucial questions about the organization of intimate aspects of knowledge, ways of knowing and being in the world. Some of the ostensibly more dramatic seem to fit the savage slot better. Indigenous ecstasy and elegance contrast sharply with Victorian diffidence and sedentarism. Many elaborations of belief in the ancestral otherworld were targeted by the Catholic Church.[52]

Piseoga in this instance seem to resemble the *rites de passage* that Bloch says 'are the rare occasions when it is possible actually to hear people giving lists of rights and duties'.[53] Hertz called this a dismal period for the living when special duties are imposed upon them.[54] Similarly 'the way in which critical events in human life are ritualized and handled in the course of the life-cycle gives important information about the foundations of our culture'.[55] Rituals take us close to the mind-body continuum. In terms of social change, Åkesson estimates a period of fifty or sixty years in the mid-twentieth century in Sweden in which funeral obsequies were marked by institutional seclusion and 'when a great deal of practical knowledge about the handling of corpses disappeared'.[56] In the removal from the familiar, the sensuous aspects suggested by some of Lady Wilde's notes dissipates – healing emanating from touching the deceased, or from a corner of the sheet or piece of the linen wrapping, or the time-transcending and transfixing idea that every tile in the house has a soul sitting on it.[57] Human emotion and motivation, touching, healing and dreaming become mere superstition and as such become redundant or removed from permissive cognition.[58] Reason fumigates the mind and imagination of the numinous, Christian or otherwise.

agus adhlacadh', 49). 50 Ray L. Birdwhistell, *Kinesics and context: essays on body-motion communication* (London, 1973), p. 6. 51 Robert Hertz, *Death and the right hand* (Illinois, 1960), p. 27. Moral here is synonymous with social more than ethical, after the *Année Sociologique* group that included Émile Durkheim, Marcel Mauss, Henri Hubert and Robert Hertz. 52 Tom Inglis, *Moral monopoly: the rise and fall of the Catholic Church in Ireland* (Dublin, 1998), p. 26. 53 Maurice Bloch, *Ritual, history and power: selected papers in anthropology* (London, 1989), p. 13. 54 Hertz, *Death and the right hand*, p. 27. 55 Susanne Lundin & Lynn Åkesson, 'Introduction' in Susanne Lundin & Lynn Åkesson (eds), *Bodytime: on the interaction of body, identity, and society* (Lund, 1996), pp 5–12, at p. 11. 56 Lynn Åkesson, 'The message of dead bodies' in Lundin & Åkesson (eds), *Bodytime*, pp 157–80, at p. 158. 57 Lady Wilde ('Speranza'), *Ancient legends*, p. 154. 58 Ibid., p. 153.

Heretofore there has been an emphasis in Irish folkloristics on oral literature, narrative or storytelling. Folklore was largely literature and orality was considered a key component in the definition and, as we have seen, folktales themselves were sometimes classed as superstitions. Birdwhistell, however, says that 'a human being is not a black box with one orifice for emitting a chunk of stuff called communication'.[59] One pseudostatistic estimates that no more than 30 or 35 per cent of the social meaning of an interaction is carried by words.[60] Facial musculature is capable of up to 20,000 facial expressions.[61] The reduced reliance on language may be related to increased intimacy.[62] The body can produce thousands of distinguishable positional shifts per second.[63] Body motion studies has established that gestures are culture 'linked both in shape and in meaning'.[64] He points out that this literature is 'of primary concern to the folklorist' and relevant to areas such as theatre, ritual, dance and mime. Gesture is integral to movitational training in religious ritual.[65]

There is a broad multidisciplinary literature on the body including seminal works by Claude Lévi-Strauss, Mary Douglas and Michel Foucault.[66] This speaks of the socially informed body. Csordas says that the body is the existential ground of culture and argues that a paradigm of embodiment can be elaborated for the study of culture.[67] Bourdieu says:

> ... this principle is nothing other than the socially informed body, with its tastes and distastes, its compulsions and repulsions, with, in a word, all its senses, that is to say, not only the traditional five senses which never escape the structuring action of social determinisms but also the sense of necessity and the sense of duty, the sense of direction and the sense of reality, the sense of balance and the sense of beauty, common sense and the sense of the sacred, tactical sense and the sense of responsibility, business sense and the sense of propriety, the sense of humor and the sense of absurdity, moral sense and the sense of practicality, and so on.[68]

Similarly Bloch says that:

> ... bodily movements are a kind of language and that symbolic signals are communicated through a variety of movements from one person to another. There is also much evidence that the combination of bodily signs and their order is used to convey more complex messages. In a way there is a sense in which the control of the body is a 'language'.[69]

---

59 Birdwhistell, *Kinesics and context*, p. 3.   60 Ibid., p. 158.   61 Ibid., p. 99.   62 Ibid., p. 189.   63 Ibid., p. 192.   64 Ibid., p. 79.   65 Ibid., p. 180.   66 See Thomas J. Csordas, 'Embodiment as a paradigm for anthropology' *Ethos*, 18:1 (1990), 5–47. See Maurice Merleau-Ponty, *Phenomenology of perception* (London, 1962) and Pierre Bourdieu, *Outline of a theory of practice* (Cambridge, 1977).   67 Csordas, 'Embodiment as a paradigm for anthropology', 5, 39.   68 Bourdieu, *Outline of a theory of practice*, p. 124.   69 Bloch, *Ritual, history and power*,

He says that in ritual contexts it 'is a special type of communication'.[70] Thelen and Smith add that 'movement is the final common pathway for all human activity' and speak of the 'complete and intimate relation between the organism and the physical and informational qualities of the world'.[71]

Mauss says that 'a practice can only be understood in terms of the social conditions that reproduce it in the present and fix its place within the contemporary ensemble of social practices'.[72] Ideas surrounding life and death are core elements of any civilization and reflect universal humanity. The early Irish lexicon around the subject attests to the antiquity of this.[73] Some aspects of Séamus Mág Uidhir's superstitions are reminiscent of the code of behavior in the legal text *Bretha Crólige* ('Judgements of Bloodlyings') regarding sick-maintenance. The latter text formed part of the *Senchas Mór* ('Great Tradition') which seems to have been compiled in the first half of the eighth century.[74] *Bretha Crólige* proclaims:

> *Dlomthair a urcoillte ina otharli(u)g[i]u len. ni l[e]icter fair hi teg druith na dasachtaig na ecuind na docuinn na aes necraite. ni fertar cluichi fair hi tig. ni taisciter scel. ni curtar m[a]ic. ni imesorgad mna na fir. ni inorgaiter gaimin. ni imgonar. ni diuchtraiter obonn. ni acaltar tarais nach thar adart. ni cuirter coin congail[e] fair nach ina cois imuich. ni gairther gairm. ni grithaidter muca. ni fertar scannail. ni curtar ilach na gair cocluiche. ni gairther gairm. ni heghther.*

The text's editor translates the above as follows:

> Let there be proclaimed what things are forbidden in regard to him [who is] on his sick-bed of pain: There are not admitted to him into the house fools or lunatics or 'senseless' people or half-wits or enemies. No games are played in the house. No tidings are announced. No children are chastised. Neither women nor men exchange blows. No hides are beaten. There is no fighting. He [the patient] is not suddenly awakened. No conversation is held across him or across his pillow. No dogs are set fighting in his presence or in his neighborhood outside. No shout is raised. No pigs grunt. No brawls are made. No cry of victory is raised nor shout in playing games. No shout or scream is raised.[75]

p. 37.   **70** Ibid.   **71** Esther Thelen & Linda B. Smith, *A dynamic systems approach to the development of cognition and action* (Massachusetts, 1996), p. 77.   **72** Quoted in Smith, 'Introduction', p. 39. See Marcel Mauss & Henri Hubert, 'Introduction a l'analyse de quelques phénomènes religieux', *Revue de l'Histoire des Religions* (1906) in Marcel Mausse *Oeuvres*, 3 vols (Paris, 1968–9), i, pp 22–6.   **73** See http://www.qub.ac.uk/sites/Cesair/Religion/Filetoupload,76717,en.pdf. See also Gearóid Ó Crualaoich, 'The merry wake' in James S. Donnelly Jr. & Kerby A. Miller (eds), *Irish popular culture, 1650–1850* (Dublin, 1998), pp 173–200.   **74** Rudolf Thurneysen, 'Aus dem irischen Recht IV', *Zeitschrift für celtische Philologie*, 16 (1927), 167–230, at 186.   **75** Daniel A. Binchy, 'Bretha Crólige', *Ériu*,

Watkins sees 'the Hittite and Archaic Irish legal institution of sick-maintenance as inherited features of Indo-European customary law'.[76] Mág Uidhir's listicle is statute-like in its prescription of the dos and don'ts and the repetition of the Irish word *ceart* (Latin *certus*) is telling. It appears nine times in contexts where it is suggested that it is not right or appropriate to behave in such and such a manner *post mortem*. By applying Mauss's idea there is potential to unleash the biological, psychological and sociological dimensions of being.[77] Rather than dismiss all of these as irrational, some at least might be considered in terms of corporeal or body technique. Mauss calls the body 'man's first and most natural instrument' and 'man's first and most natural technical object'.[78] Using the notion of *habitus* he viewed movement as reasoned and social behaviour: 'these "habits" do not just vary between societies, educations, proprieties and fashions, prestige. In them we see the techniques and work of collective and individual practical reason'.[79]

The word *tórramh* in Modern Irish, older *torrama*, 'act of waking, funeral', in addition to the sense of waking the dead can also mean 'the act of visiting' especially 'of visiting the sick'.[80] It resonates with Michael Polanyi's idea of attending to the world, the sense of *tórrúchas* meaning close attention and care.[81] Polanyi says that the body is the ultimate instrument of all our external knowledge.[82] Much of the care and attention in the ritual is established through pacing and staging. Lady Wilde notes the stop half way to the cemetery to construct a heap of stones or *carn*, or the social pressure not to walk against a cortege, to turn and take the steps of mercy in the same direction as it.[83] Contraflow movement can be clumsy or even baneful, such as the Scottish sense of withershins, originally from Middle Low German *weddersins*, with the literal meaning of 'against the direction'.[84] This is borne out in the work of Hertz, as he says, 'the right, it is the idea of sacred power, regular and beneficent, the principle of all effective activity, the source of everything that is good, favorable and legitimate; for the left, this ambiguous conception of the profane and the

---

12 (1938), 1–77, at 48, 49. 76 Calvert Watkins, 'Sick-maintenance in Indo-European', *Ériu*, 27 (1976), 21–5, at 25; cf. Daniel A. Binchy, 'Sick-maintenance in Irish law', *Ériu*, 12 (1938), 78–134. 77 Schlanger (ed.), *Marcel Mauss*, p. 77. 78 Ibid., p. 83. 79 Ibid., p. 80. Mauss first gave this lecture, 'Les techniques du corps', at a meeting of the Société de Psychologie on 17 May 1934 (a few years after Mág Uidhir's publication) and published it in *Journal de psychologie normale et pathologique*, 32 (1935), 271–93; reprinted (with introduction by Claude Levi-Strauss) in Marcel Mauss, *Sociologie et anthropologie* (Paris, 1968), pp 364–86. 80 eDIL at edil.qub.ac.uk s.v. *torrama*; *tórramh* in Niall Ó Dónaill, *Foclóir Gaeilge-Béarla* (Dublin, 1977), p. 1257, and *tórramhachas* as 'attention, culture, harvest, garner' in Patrick Dinneen, *Foclóir Gaedhilge agus Béarla. An Irish–English dictionary* (Dublin, 1927), p. 1236. 81 Diarmaid Ó hAirt, *Díolaim Dhéiseach* (Dublin, 1988), p. 155; for Polanyi's idea of attending to the world through the body see Michael Polanyi, *The tacit dimension* (New York, 1967), pp 15–16. 82 Ibid., p. 15. 83 Lady Wilde ('Speranza'), *Ancient legends*, p. 154. 84 Diarmaid Ó Muirithe, *The words we use: the meaning of words and where they come from* (Dublin, 2006), p. 145.

impure, the feeble and incapable which is also maleficent and dreaded'.[85] This harmonizes with what he calls the 'beneficent flow of supernatural favours'.[86] To move is to move purposefully, adroitly, efficiently and effectively.

Ritualized movement is co-ordinated and particular. Mooney's careful description speaks of the importance of company on attending a wake. His noting that it was unlucky to let a corpse fall or walk across a funeral procession speak for themselves.[87] In Mág Uidhir's instance the likelihood of stumbling in an old cemetery is mitigated. This echoes the discoordination of crossing a cadavar; the shunning of crying before the deceased is laid out; the existential bleakness and solitude of a lone corpse; the potentially horrible consequences of leaving a cat in the room; the clumsiness of doors randomly opening and closing; the ancestral filial attachments of consanguinity in bearing kin out; what way to face; how best to proceed; the indigenous feminine prerogative or principle; the suspension of linear time; the sympathetic easing of sorrow by the deceased; the sunwise circumabulation of the cemetery. The ensemble comprises a kind of psycholphysiological excercise utilizing long-established locomotions that are social, psychological and biological and underpinned by belief and the 'ritual effectiveness of certain actions'.[88] Mauss defines technique as:

> ... an action which is *effective* and *traditional* (and you will see that in this it is no different from a magical, religious or symbolic action). It has to be *effective* and *traditional*. There is no technique and no transmission in the absence of tradition. This is above all what distinguishes humans from the animals: the transmission of their techniques and very probably their oral transmission.[89]

These pieces of microculture are more interestingly considered as assembled for the individual 'not by himself alone but by all his education, by the whole society to which he belongs'.[90] No movement is meaningless in the context in which it occurs: movements are patterned and subject to analysis, and the motion of members of a community is a function of the social system of that community. Movements are investigable in terms of the larger system of which the individual is a part.[91] In this sense they are not aberrations or superstitions at all but aspects of embodied knowledge, a silent language of behaviour.[92] Patterns vary from

---

[85] Robert Hertz, 'The pre-eminence of the right hand: a study in religious polarity', trans. Rodney Needham & Claudia Needham, *HAU: Journal of Ethnographic Theory*, 3:2 (2013), 335–57, at 343; see also Robert Hertz, 'The pre-eminence of the right hand' in Rodney Needham (ed.), *Right and left: essays on dual symbolic classification*, trans. by Rodney Needham & Claudia Needham (Chicago, 1973), pp 3–31. First published as 'La prééminence de la main droite: étude sur la polarité religieuse', *Revue Philosophique*, 68 (1909), 553–80.   [86] Hertz, 'The pre-eminence of the right hand', 352.   [87] Mooney, 'The funeral customs of Ireland', 285.   [88] Schlanger (ed.), *Marcel Mauss*, p. 81.   [89] Ibid., p. 82; italics in the original source.   [90] Ibid., p. 83.   [91] Birdwhistell, *Kinesics and context*, pp 183–4.   [92] Edward T. Hall, *The*

culture to culture and even from subgroup to subgroup.⁹³ Each pattern may even have a characteristic tone. Emotion and motion harmonize. There are positive movements of competence, composure, comportment, positionality, direction, attachment, attentiveness, experience and participation. The opposite negative movements are incompetence, awkwardness, inelegance, waywardness, detachment, distraction, inattention or the gaucherie of a neophyte. Goffmann calls it decorum, some moral and some instrumental. Moral requirements refer to rules of respect or propriety.⁹⁴ This is the 'education of movements' that avoids stupidity, a cultural composure that inhibits chaos and disorder: 'it allows a coordinated response of coordinated movements setting of in the direction of a chosen goal. This resistance to emotional seizure is something fundamental in social and mental life'.⁹⁵ It offers 'the certainty of pre-prepared movements, domination of the conscious over emotion and unconsciousness'.⁹⁶ It is intelligent use of the body.

The popularity of belief of any kind varies. Most Irish folklorists in the early twentieth century were Catholic. Four of the original members of the Irish Folklore Commission (1935–70) were clerics.⁹⁷ Strenski quotes Evans-Pritchard's assertion that most anthropologists had no faith, or were agnostic (to use Thomas Henry Huxley's (1825–95) neologism). There were exceptions such as Evans-Pritchard, Mary Douglas and Victor Turner who put 'aside the undermining of the truth of religious experience'. If religion is a superstition to be explained by anthropologists then many *piseoga* were superstitions to be explained by folklorists.⁹⁸ Naming the actions as *piseoga* is a folk theory to a certain extent. Insofar as this thought has suffused much modern folklore the critique of Tylorian or Frazerian thematics can have positive advantages in decolonial thinking, as Al-Sharif says of Frazer it raises 'serious questions concerning his presumption of the piecemeal evolution of human thought from their "savagery" to his "civilization". This thought reveals an intellectualist enterprise feasible exclusively in a relativist, modernist, colonial context. It is an elaborate representation of an imperial narrative of anthropology which constructed a fictitious world of "savage primitives" and "rational, civilised" people'.⁹⁹ This affords an opportunity to broach the metaphorical, symbolic nexus at the heart of human interaction with space and place. It tests the predominant paradigm of aggrandized change, of a natural shift from faulty primitive indigenous precepts to better modern or rational ones. It offers an

silent language (New York, 1973), p. xiii.   93 Birdwhistell, *Kinesics and context*, p. 187.
94 Erving Goffman, *The presentation of self in everyday life* (London, 1990 [1956]), p. 110.
95 Schlanger (ed.), *Marcel Mauss*, p. 93.   96 Ibid.   97 Briody, *The Irish Folklore Commission*, p. 523.   98 E.E. Evans-Pritchard, 'Religion and the anthropologists' in E.E. Evans-Pritchard, *Essays in social anthropology* (London, 1962), pp 29–45; Strenski, 'The spiritual dimension', p. 125.   99 See blog by William Al-Sharif, http://uun-halimah.blogspot.ie/2009/11/james-frazer-magic-religion-and-science.html.

opportunity to see what processes are at play in the reduction of chaos and in coercive interventions into these reductions.

These micromovements are details of a wider complex of elaborations and expressions associated with death and funeral ritual. It is thought superstitious to place a covering over a mirror but it speaks of a manner of knowing that shields humanity from the potentially toxic exposure to the naked or unmediated experience of death. These should be viewed within native cosmovisions to 'make coherent and persuasive sense of the apparently irrational beliefs of religious folk'. The idea of corporeal movement being more primitive or closer to biological nature than verbal behaviour results from 'the writing of the racists, who confuse social variation in response pattern with genetically determined "stoicism", "vivacity", or even "rhythmicity".'[100] The control of the body is apparent in other aspects of vernacular culture like dance. The imposition of moral and physiological order may have influenced the extension of the superstitious category to corporeal or ostensibly unintelligible or irrational expressions.

Such theory classifies aspects of experience and humanity as undesirable. Instead of recycling such notions it is possible to reject or invert them or work towards showing how they are themselves enlightened. The superstition *par excellence* exists in the interstice of the worlds, Christian and indigenous, communitarian and individualistic. If death is the final completion of person-hood, perhaps a recomposition or integration into the ancestral otherworld, it is utopian in the indigenous imaginary. Any reduction or interruption of the kinesthetic sensation, path, flow, stream or ambience is potentially a cultural, psychological, sensory, intellectual and physical impairment with concomitant damage to well-being. It reduces the repertoire of approaches or ways of attending to the world. It disturbs the alignment of cognitive and physical environment, curtails interaction, engagement and reciprocity, and isolates the human in an intellectually embryonic state. It is a kind of enclosure of the spatial and cultural that cuts the person off from life-enhancing or otherwise communicative environment. Incidentals, anomalies and peculiarities in the ragbag of collection hold valuable and investigable units of knowledge. They become an ancillary archive in the seams and borders of evolutionistic, progressivistic calculation. *Piseoga* become eloquent and elegant.

---

[100] Birdwhistell, *Kinesics and context*, p. 187.

The colours we wore

ANNE O'DOWD

Shakespeare might have written the words, 'For the apparel oft proclaims the man' but we have got to give Mark Twain credit for the extension of the thought when he wrote, 'Clothes make a man. Naked people have little or no influence on society'.[1] Any study of 'common' clothing or clothing of 'ordinary' people must consider that very often the clothes worn were generously patched and were frequently described as having a ragged appearance. The 'allagashtees' and 'geegaws', for example, were flashy but shoddy clothes, a *gioblachán* was a ragged person and 'trallywaggers' and 'stramals' were rags of clothes hanging off the body.[2] It is probable, however, that the colours we wore made more of a statement about our place in our communities and societies over the centuries than the clothes themselves. This essay will look at the concept of colour in clothing in a 'traditional' and 'aspiring fashionable' sense in Ireland from *c*.1830 to 1930.

How much choice was there in deciding on the colours which were worn? During the hundred years or so of the period being looked at, men predominantly wore black, brown, undyed white and some blue clothing, while women added a good deal of red and some yellow to this palette. There was a certain uniformity throughout the country but there were also strong regional differences.

I. THE TRAVEL WRITERS IN IRELAND AND THE COLOURS OF BLUE AND RED PREDOMINATING

The clothes we wore were something visitors to Ireland took a great deal of notice of when writing about their travels and, by the time the traveller writers came into their own at the end of the eighteenth and the beginning of the nineteenth centuries, there are many fulsome and complimentary accounts of everyday clothing. Much explanation for this lies in the fact that as visitors, both from elsewhere in Ireland and also from other countries, the travel writers rarely if ever saw the people at work in, and around, their own homes. Most often the visiting authors viewed and observed the people from a little distance from their homes; while they were out and about at fairs and markets conducting their business of buying and selling; travelling to and from mass and funerals; participating in pilgrimages and visiting local villages and towns. In this way, the

---

1 http://www.shakespeare-online.com/plays/hamlet_1_3.html; www.twainnotes.com/Clothes.html; accessed 5 October 2018. 2 National Folklore Collection (NFC) MS 266:11, 71, 163,

visitors saw the people when they were wearing their good and even their best clothes, and when all efforts were made to be well-dressed and presentable. The many authors only rarely described scenes of the day-to-day of working in the fields and at sea, in the house or around the yard.

So, despite the general poverty throughout the areas visited, many of the writers and observers waxed lyrical and spoke ever so romantically of what they saw on the streets and in rural areas; they favourably compared the scenes that they encountered to various European countries. Brittany, Italy and Switzerland are mentioned but Spain is referenced most frequently.[3] In 1812, Sir Isaac Weld believed the dress of women in the mountainous areas of Iveragh, Co. Kerry, to be of Spanish origin[4] and Canon Hole also saw the Spanish comparison, not surprisingly in this instance, in the Claddagh in Galway in 1859.[5] Ten years earlier, in the late 1840s, the Revd Alex Dallas compared the way in which the women of Castlekerke, near Oughterard – and only a few miles from the Claddagh – wore the red cloak in the manner in which Spanish women wore the mantilla.[6]

In the early decades of the century, Thomas Crofton Croker had some thoughts on the matter with regard to the 'costume and personal appearance in the lower orders' which he noticed on his travels in the south of Ireland and was of the opinion that men from different baronies in Munster could be distinguished by their clothing from each other. They wore grey in Limerick, dark blue in east Cork and a light or powder blue in west Cork and in Co. Kerry. Women living in the eastern baronies of Cos. Cork and Limerick wore 'cloaks of the brightest red' while in west Cork and Kerry the women's cloaks were mainly dark blue and grey. Croker noted that before the 1798 rebellion red was more commonly worn as a cloak colour and that it may have become less popular in the subsequent years as it was the colour of the English soldiers' uniforms.[7] James Bicheno, an author of economic and scientific studies, toured in 1829, intending to examine, among other things, the applicability of the Poor Laws in Ireland. He saw that several districts in both Munster and Galway were distinguished by the colour of the frieze worn by the men. Concurring somewhat with Croker, he saw dark blue jackets in Cork and Waterford and also what he

---

172 and 180.   **3** John Bernard Trotter, *Walks through Ireland, in the years 1812, 1814, and 1817* (London, 1819), p. 409; Mrs Frederic West, *A summer visit to Ireland in 1846* (London, 1847), p. 57; Anne Plumptre, *Narrative of a residence in Ireland during the summer of 1814, and that of 1815* (London, 1817), pp 358–9; anon., 'A pilgrimage to the Donegal Highlands, in a letter to Anthony Poplar, Esq., Part 2, *Dublin University Magazine*, 41 (Jan.–June 1853), 701–18 at 715; J.H. Stone, *Connemara and the neighbouring spots of beauty and interest* (London, 1906), pp 330–1.   **4** Isaac Weld, *Illustrations of the scenery of Killarney and the surrounding country* (London, 1812), pp 218–19.   **5** S. Reynolds Hole, *A little tour in Ireland* (London, 1859), p. 38.   **6** Reverend Alex R. Dallas, *Castlekerke* (London, 1849), p. 47. See also Isaac Weld, *Statistical survey of the County of Roscommon* (Dublin, 1832), p. 325, and Musée Albert-Kahn, *Carnet d'Irlande* (Boulogne-Billancourt, 2005), images 6, 7 and 8.   **7** Thomas Crofton Croker, *Researches in the south of Ireland* (London, 1824), p. 222.

described as a 'damson' colour, presumably a dull red. The Galway men 'were fond of a Windsor blue', that is, a light blue, like their Kerry counterparts, and the women in Galway did 'rejoice in a bit of scarlet' – a bright red.[8]

2. A COLOURFUL JOURNEY THROUGHOUT IRELAND – RED AND BLUE

In addition to the works mentioned above I have garnered relevant references to clothing and colour from dozens of authors who wrote of their travels from the beginning to the end of the nineteenth century. Their work covers each of the four provinces spanning more than twenty counties and we will have a look at a representative selection by journeying with the authors on their travels from south to north and from west to east. We begin in Kerry, and while red may have been a preferred colour for petticoats and jackets among women living on the Iveragh and Dingle peninsulas in the first half of the century,[9] blue certainly reigned elsewhere in the county especially for women's cloaks and men's trousers. In 1830, James Bicheno makes reference to the blue cloaks of the women generally in the county. Thomas Crofton Croker saw women near Killarney in 1829 – at The Gap and in the village of Cloghereen – with blue cloaks as did Mrs West in Castleisland in the 1840s. Asenath Nicholson was delighted when she saw men wearing 'blue cloth pantaloons' in Caherciveen in 1845; she was not at all a fan of the corduroy knee breeches that she had seen elsewhere on her travels.[10]

Until the middle of the nineteenth century, blue was the favourite colour of the country people in Co. Cork and there was extensive professional blue dyeing carried on in Carbery and also in Cork city.[11] Blue was also the favourite colour for women's cloaks in the vicinity of Limerick city where there was no shortage of professional dyers in the eighteenth and nineteenth centuries.[12] In east

---

8 J.E. Bicheno, *Ireland and its economy* (London, 1830), pp 35–6.   9 Weld, *Illustrations of the scenery of Killarney*, pp 218–19, and Lydia Jane Fisher, *Letters from the Kingdom of Kerry in the year 1845* (Dublin, 1847), p. 29.   10 Bicheno, *Ireland and its economy*, p. 37, where the observation also refers to Cos. Waterford and Cork; Thomas Crofton Croker, *Legends of the lakes*, 2 vols (London, 1829), i, p. 168, ii, p. 25; Mrs Frederick West, *A summer visit to Ireland*, p. 114, and Asenath Nicholson, *Ireland's welcome to the stranger: or, Excursions through Ireland in 1844 and 1845* (London, 1847), p. 317.   11 Revd Horatio Townsend, *Statistical survey of the County of Cork* (Dublin, 1810), p. 368, and William Shaw Mason, *A statistical account or parochial survey of Ireland*, 3 vols (Dublin, 1814–19), iii, pp 468–9. John Gough and Anne Plumptre also noted the popularity of the colour blue especially in Clonakilty and Bandon during these years. John Gough, *A tour in Ireland, 1813 and 1814* (Dublin, 1817), pp 234–5, and Anne Plumptre, *Narrative of a residence in Ireland*, p. 248. Mr and Mrs Hall described the drivers of the common carts in Cork city in long grey or blue frieze coats in *Ireland: its scenery, character, etc.*, 3 vols (London, 1841–3), i, pp 71–2. John Eliot Howard was in Clonakilty later in the century where he saw the women were wearing indigo-dyed cloaks. Anonymous [John Eliot Howard], *The Protestant in Ireland* (London, 1854), pp 19–20.   12 Lady Chatterton, *Rambles in the south of Ireland*, 2 vols (London 1839), ii, p. 115; Mrs

Waterford blue frieze was popular; men wore blue coats and blue breeches[13] and William Thackeray's wonderful sketches and descriptions instance women in blue cloaks in Munster – among the beggars gathered at the courthouse in Waterford city and at the markets in Dunmanway and Bantry, and on the way to the church in Skibbereen.[14] As we move eastwards, the favourite colour among men and women in the early years of the century in Co. Kilkenny for coats and cloaks was blue.[15] By mid-century in Kilkenny blue was, as ever, popular for clothing and two women authors confirm the prevailing uniformity of the colour choice. The well-known American visitor Asenath Nicholson attended a fair in Urlingford in the north-west of the county along the border with Tipperary in the early 1840s and saw men wearing blue coats, corduroy breeches and blue stockings; the women had on blue petticoats, blue or black stockings and blue-hooded cloaks.[16] The English author / artist, Theresa Cornwallis (Mrs Frederic West), visited Royal Oak in Carlow, close to the east Kilkenny border, during the horrific summer of 1846 where she saw 'the most beautiful girl that fell under my observation in the whole country. Tall and erect she stood, in "girlish gracefulness correctly slim", with her dark blue cloak thrown back from a small well-shaped head; her glossy black hair gathered up into a knot behind, like a Grecian nymph's'.[17]

There is relatively good information on the colour of the clothing worn in several other Leinster counties in the first decades of the nineteenth century and while we continue the theme of blue as a favourite colour, we also discern a preference for red as we move away from Kilkenny and the Munster counties. In Wicklow, Offaly and Louth the hooded cloaks were blue; in 'the neighbourhood of Dublin' they were red at the end of the eighteenth century;[18] in Meath they were red in the early part of the nineteenth century and blue in later years.[19] Sir William Wilde, Reverend James Hall and Reverend John Graham saw

Alfred Gatty, *The old folks from home; or, A holiday in Ireland in 1861* (London, 1862), p. 31 and Hole, *A little tour in Ireland*, p. 124. For the Limerick City Trades Register from 1769–1925, see http://www.limerickcity.ie/webapps/TradesReg/Search.aspx?TradeID=327, accessed 10 March 2018.   13 Mason, *A statistical account*, iii, p. 225; *Poor Inquiry (Ireland)*, appendix D, supplement, p. x.   14 William Makepiece Thackeray, *The Irish sketch-book*, 2 vols (London, 1843), i, pp 170 and 176; ii, pp 84 and 163–4.   15 William Tighe, *Statistical observations relative to the County of Kilkenny made in the years 1800 and 1801* (Dublin, 1802), pp 553–4. See also, Edward Wakefield, *An account of Ireland statistical and political*, 2 vols (London, 1812), ii, p. 771; and A. Atkinson, *The Irish tourist* (Dublin, 1815), p. 438, who described Kilkenny town as having 'a blue appearance' with all the blue cloaks and coats on the streets. William Shaw Mason saw men wearing blue frieze coats in Tullaroan (Mason, *A statistical account*, iii, p. 622).   16 Nicholson, *Ireland's welcome to the stranger*, p. 82.   17 West, *A summer visit to Ireland*, p. 47. Rev. Hall saw a woman wearing a rich blue cloak in Carlow town in 1813; Rev. James Hall, *A tour through Ireland*, 2 vols (London, 1813), i, p. 70.   18 Síle Ní Chinnéide, 'An 18th-century French traveller in Kildare', *Journal of the Kildare Archaeological Society*, 15:4 (1974–5), 376–86 at 382.   19 M, *Irish Penny Magazine*, 1:1 (1833), 6; Mason, *A statistical account*, ii, p. 145; West, *A summer visit to Ireland*, p. 233; Charlotte Elizabeth (Mrs Tonna), *Letters from Ireland* (New York, 1837), pp 180–1 and Trotter,

red-hooded cloaks in Longford[20] and crossing the border into Roscommon, the first of the Connacht counties on our journey, Sir Isaac Weld leaves us in no doubt that the colour 'scarlet', produced from a madder dye, was the preference for the women's cloaks, mantles and shawls.[21]

The most visited counties by far in the 1800s were Galway and Mayo and it is probable that the brightness of the dominant colours – red and blue – was the essential attraction for the writers and gave them ample opportunity to utilize their descriptive skills. Trotter and Hely Dutton were early visitors who noted various hues of red for petticoats – scarlet, crimson, coquelicot and also purple and 'muddy red' – in Galway city and county;[22] Emily Taylor saw the red cloak in Cong and the district of Killery harbour in the 1830s; Barrow noted that 'red was the prevailing female colour' for jackets and petticoats in Headford in 1835. If a cloak was worn, it was blue. Thackeray saw the 'scarlet' cloak along with a 'blue gown' in Oughterard in the early 1840s. We have already noted that Reverend Dallas was in Castlekerke near Oughterard in 1849 when he saw the red cloak being worn 'in the form of a Spanish mantilla' and Templar also saw the scarlet cloak in Galway city in 1862.[23]

The scarlet cloak may have been the characteristic cloak worn by the women of the Claddagh area of Galway city at some time in the century,[24] but the blue cloak was also worn in the fishing village. John McElerhan, in his mid-century ethnological study of the Claddagh, tells us that the local women wore short blue cloaks along with the red petticoat, while the country women visiting the town wore red cloaks.[25] The short blue cloak along with the red petticoat was also worn at Tonabrocky in Barna just a few miles from the city[26] and the west Galway style of wearing a red petticoat with a red jacket and without a cloak[27] prevailed throughout the county and the offshore islands to the end of the century.

Walks through Ireland, p. 252.   20 William Robert Wilde, *Irish popular superstitions* (Dublin, n.d.), p. 22; Hall, *A tour through Ireland*, pp 26–7; Mason, *A statistical account*, iii, p. 345. 21 Weld, *Statistical survey*, p. 325.   22 Trotter, *Walks through Ireland*, pp 409 and 413–4; Hely Dutton, *A statistical and agricultural survey of the County of Galway* (Dublin, 1824), p. 357. 23 Emily Taylor, *The Irish tourist* (London, 1837), pp 53 and 104; John Barrow, *A tour round Ireland in the autumn of 1835* (London, 1836), p. 261; Thackeray, *The Irish sketch-book*, ii, p. 51; Dallas, *Castlekerke*, p. 47 and A. Templar, *Six weeks in Ireland* (London, 1862), pp 34–6. See also n. 6 above.   24 Sir Francis Head, *A fortnight in Ireland* (London, 1852), p. 229. 25 J. McE[lerhan], 'Ethnological sketches. No. 1. The fishermen of the Claddagh, at Galway', *Ulster Journal of Archaeology*, 2 (1854) 160–7 at 162.   26 Jonathan Binns, *The miseries and beauties of Ireland*, 2 vols (London, 1837), i, pp 31 and 405.   27 Barrow, *A tour round Ireland*, p. 261, and Nicholson, *Ireland's welcome to the stranger*, p. 390. The women wearing red jackets and red petticoats who Inglis saw at a market in Galway in 1834 were no doubt visitors from Connemara for the day; Henry D. Inglis, *A journey throughout Ireland during the spring, summer and autumn of 1834* (London, 1835), p. 213; Julius Rodenberg, *A pilgrimage through Ireland. Translated from German by Sir Lascelles Wraxall* (London, n.d.). Preface dated 1860, pp 273–4; and all the very many 1890s references which are extremely detailed. See, for example, the information contained in Congested Districts Board, *Confidential. Inspectors' local reports* (Dublin, 1892–8), and the work of ethnographer Charles R. Browne: 'The ethnography of the

John Forbes who, in mid-century, travelled by horseback through Connemara to Westport slowing at several spots along his path to notice the number of young girls and children 'offering for sale their beautiful Connemara stockings of every variety of hue – and more especially red'. The colour, he surmised, had to be the favourite in Connemara, as, from the time he and his party left the city until arriving at Westport, 'we scarcely met with a woman who did not wear a bright red petticoat as her outer garment'.[28] It is Caesar Otway, however, a Protestant clergyman from Co. Tipperary who travelled extensively in the county, who gives us some very keenly observed and very colourful information. He arrived in the town of Killala in north Mayo 'on a fine summer's evening' in 1840 as the fair day was coming to an end to see the women dressed in scarlet mantles, 'the madder red' petticoats, yellow kerchiefs and blue stockings, and asked his readers not to talk of 'Swiss or German costumes, rather give me a Connaught lass attired as I have just said'.[29]

In the same year, 1840, in areas of Erris he saw girls who wore petticoats and bodices 'the colour of the wild sheep's back', that is, no dye was used, and salmon-coloured shawls, brown bodices and red petticoats. He noted a preference for deep yellow in Erris and also Achill where the women wore the colour in their handkerchiefs along with their scarlet cloaks, russet brown gowns and madder red petticoats.[30] The men of the county were wearing a dark blue frieze at the time, a change from the lighter and greyer colour of earlier years. They continued to wear the darker colour to the end of the century.[31] Red was also popular in eastern parts of the county for women's cloaks and petticoats but it seems there may have been a discerning change mid-century in Mayo from the colour red to the colour blue for both articles of clothing.[32] By the end of the century the red petticoat was still worn in areas of the west of the county – Ballycroy and Achill especially. However, with the affordability at this stage of aniline dyes the women experimented with a variety of colours for their petticoats including purple, magenta, puce and royal blue. The cloak, however, worn now only by the older women, was commonly blue.[33] Information for Co.

Mullet, Inishkea Islands, and Portacloy, County Mayo', *Proceedings of the Royal Irish Academy*, 3 (1893–6), 587–649; 'The ethnography of Ballycroy, County Mayo', *Proceedings of the Royal Irish Academy*, 4 (1896–8), 74–111; 'The ethnography of Clare Island and Inishturk, Co. Mayo', *Proceedings of the Royal Irish Academy*, 5 (1898–1900), 40–72.   28 John Forbes, *Memorandums made in Ireland*, 2 vols (London, 1853), i, p. 232.   29 C.O. [Caesar Otway], *Sketches in Erris and Tyrawley* (Dublin, 1841), p. 167.   30 Caesar Otway, *A tour in Connaught* (Dublin, 1839), pp 352–3 and 373; Otway, *Sketches in Erris and Tyrawley*, pp 328 and 392, and Otway, *Sketches in Erris and Tyrawley* (2nd edition, Dublin, 1845), p. 53.   31 Otway, *Sketches in Erris and Tyrawley* (1841), p. 268, and Otway, *A tour in Connaught*, p. 373. See also Trotter, *Walks through Ireland*, p. 503; Barrow, *A tour round Ireland*, p. 159; Browne, 'The ethnography of the Mullet, Inishkea Islands, and Portacloy, County Mayo', 625.   32 James M'Parlan, *Statistical survey of the county Sligo* (Dublin, 1802), p. 90; John Hervey Ashworth, *The Saxon in Ireland* (London, 1851), pp 61–2 and Head, *A fortnight in Ireland*, pp 126–7, 129 and 138–9. 33 Bernard H. Becker, *Disturbed Ireland* (London, 1881), pp 29 and 63; Browne, 'The

Sligo is sparse but we pick up again on the colour red for cloaks and shawls, striped red and blue drugget for petticoats, and blue for men and women's clothing in a few areas of Donegal in the first decades of the nineteenth century.[34]

Men wore frieze and women wore flannel in Clare at the time and while we do not know if the men's trousers and jackets had a colour other than the natural sheep's colour of black or grey, the women were fond of dyeing at home with red – 'a bad red' – for both their petticoats and short jackets.[35]

3. THE COLOURS WE WORE AS THE ARTISTS SAW IT

The visiting and native artists throughout the decades of the nineteenth century were influenced, no doubt, by the travel writers and they were also taken with the colourfully dressed groups going about their everyday business. The works that they produced fit into the category of what art historians call 'genre' painting[36] and the artists' emphasis was on human figures in everyday scenes and accuracy in their execution. The artists did tend to paint scenes similar to each other and in assessing them for accuracy, it is important to have an understanding of the contemporary artistic conventions, which were for the most part romantic and idealized. The antiquarian and artist, George Petrie, thought the costumes of the women of Connemara and the Aran islands 'exquisitely beautiful ... as if they had stepped out of a picture by Raphael or Murillo' and Marie Bourke sees the influence of Michaelangelo and classical painting in the work of Frederick William Burton.[37] We cannot assume that the artists of the time were being faithful to reality.[38]

There is a unique collection of 'genre' painting in the National Folklore Collection in University College Dublin, which Ríonach would have seen and passed every day of her working life.[39] Maria Spilsbury Taylor's *Pattern at*

ethnography of Ballycroy, County Mayo', 101, and 'The ethnography of Ballycroy, County Mayo', 626; Stone, *Connemara and the neighbouring spots of beauty and interest*, pp 329–330. **34** Barrow, *A tour round Ireland*, pp 116–17; William Henry Hulbert, *Ireland under coercion: the diary of an American*, 2 vols (London, 1888), i, p. 111; anon. 'A pilgrimage to the Donegal Highlands, 715; William Carleton, *The Lough Derg pilgrim* (Dublin, 1829), p. 220. Drugget is a mixture of wool and flax.   **35** Hely Dutton, *Statistical survey of the County of Clare* (Dublin, 1808), p. 179.   **36** Síle Breathnach Lynch, 'Ways of seeing: the development of genre painting' in V. Kreilkamp (ed.), *Rural Ireland: the inside story* (Boston, 2012), p. 23.   **37** See, for example, Marie Bourke, 'Rural life in pre-famine Connaught: a visual document' in R. Gillespie and B.P. Kennedy (eds), *Ireland – art into history* (Dublin, 1994), pp 66–8.   **38** See Margaret Crawford, 'The Great Irish Famine 1845–9: image versus reality' in Gillespie and Kennedy, *Ireland – art into history*, p. 88. Fintan O'Toole maintains that there is no 'natural' way to depict social reality and that we ought not 'simply scrutinize paintings as if they were dry historical documents'. 'The home place', review of *Rural Ireland: the inside story*, McMullen Museum of Art, Boston College, April–June 2012, *Irish Times, The Weekend Review*, 21 April 2012.   **39** Christine Casey, 'Painting Irish folk life: the picture collection' in

Glendalough (1816) is in this collection which also includes works by William Brocas, Samuel Lover, George Mounsey Atkinson, Daniel MacDonald and Lady Elizabeth Butler. The works all include people wearing colourful clothes. In the *Pattern at Glendalough*, Spilsbury Taylor uses the red in the women's cloaks in the foreground to bring the spectator's attention right across the very busy painting. Splashes of the same colour in the clothing of the figures in the background work as a series of focal points continuing the view into the distance. William Brocas (attributed to) likewise uses the colour red as a focal point in *Donnybrook Fair*, this time linking the red in the soldier's uniform on the left of the view with the red of the women's shawls to the right in another busy early nineteenth-century composition. Samuel Lover places his kelp gatherers and burners overlooking White Strand beach near Renvyle in Galway and the red in the women's skirts is the colour which unites the two halves of the painting – that of the seaweed gatherers on the left and the kelp burners on the right. Daniel MacDonald frames the small group of family members in *The discovery of the potato blight* with two distinct figures: on the right there is a distraught looking woman wearing a quilted red petticoat and a blue shawl, and on the left there is a small child wearing a red skirt. The toddler lying on the ground next to the child is also wearing red in what appears to be a body wrapper around its middle (see Plate 21.1), while the red theme is continued in the cravat of the older, standing man and the jacket or shawl of the young woman who is peering into the potato pit. MacDonald's *Sídhe gaoithe* ('Fairy Blast') is essentially a dark painting except for the group of figures on the left which includes women wearing red, blue and green skirts or underskirts and blue-hooded cloaks. The colour red is picked up on the opposite side of the painting with the woman on horseback who wears a red headkerchief. The men in each of MacDonald's paintings wear the usual dark or natural brown and black colours, in addition to their bleached white shirts. George Atkinson's (attributed to) *Emigrants at Cork* dates from about 1840 and includes a mixed pre-Famine group of those who are going to a new life and those who are staying behind with the probable emigrants being the central couple and their daughter, to the right in the painting, wearing shoes, a blue dress and a red cape. The colour red unites this group both with a man on the left wearing a red-fronted waistcoat and a man on the right wearing a red phyrgian cap, itself a symbol of liberty and freedom. Lady Elizabeth Butler's magnificent painting, *Evicted*, was painted about 1890 and is based on her own experience of an eviction at Glendalough in Wicklow. The strong and dramatic figure of the centrally placed woman outside her battered house wears a red petticoat or underskirt and a second, darker coloured skirt tucked up around her waist.

Críostóir Mac Cárthaigh, Ríonach uí Ógáin, Séamas Ó Catháin and Seosamh Watson (eds), *Seoda as cnuasach Bhéaloideas Éireann. Treasures of the National Folklore collection* (Dublin, 2010), pp 96–103.

The paintings displayed on the walls of the National Folklore Collection fit into the vast repertoire of paintings on the theme of rural life by all the nineteenth-century artists whose work was influenced by scenes of everyday life especially in the west of Ireland, and also districts in Cos. Clare, Cork and Waterford and a few other locations around the country. The works on the theme that include clothing and colour are far too numerous to mention here but a few of the better known examples include Nathaniel Grogan's two paintings – *Irish fair* painted *c.*1780, which includes a woman in a red skirt in the centre of the picture, and a view of *The potato market* in Cork city *c.*1800, which includes women dressed in red and blue skirts and red cloaks. William Turner de Lond's busy scene of a market in Ennis in 1820 includes a woman in a red cloak as the central focal point. In the early 1820s, Samson Towgood Roch(e) painted colourful realistic caricatures of people at markets in the towns of Youghal, Waterford and Dungarvan; the Dungarvan and Waterford street scenes include forty-one colour sketches of women wearing cloaks more than thirty-two of which are blue in colour. There are occasional splashes of red on a neckerchief or headscarf.[40] Later in the 1820s, George Petrie painted *The last circuit of pilgrims at Clonmacnoise* (*c.*1828), a composition which includes forty or so figures – mainly of women – whose red and blue cloaks, gowns and skirts seem to dance across the canvas like musical notes. He repeated the theme in *Pilgrims at St Brigid's Well* in Liscnannor, Co. Clare, *c.*1829–30, where the pilgrims are all women who are again dressed in red and blue cloaks and skirts.

William Evans, or Evans of Eton as he was also known, produced a series of watercolours between 1835 and 1838 that included the scenes at the Claddagh, the fish market, the Spanish Arch in Galway and also views in Connemara. There are more than forty sketches in all and the majority include scenes with people, mainly women and children, where the women are wearing blue and red skirts, gowns and shawls and blue cloaks. The few men depicted are represented in the sketches in hues of blue, brown, white and grey.[41] Frederick William Burton painted the *Aran fisherman's drowned child* in 1841 and included a room full of colour portrayed in particular by the red of the women's clothing. He does also add splashes of blue and yellow, in the men's stockings and the women's headscarves, and includes a good brown on the outer gowns of two of the female characters. William Bourke Kirwan painted a series of realistic sketches of people in Connemara in the early 1840s (see Plate 21.2) and, in a similar manner, David Frederick Markham painted tenants in their ragged and tattered clothes paying rent at Manor Hamilton in Co. Leitrim in 1847. The group of men wear light blue swallowtail coats and breeches and red kerchiefs; the lone woman in the group wears a white laced cap, a blue cloak and a patched red skirt.

40 See W. Crawford, 'Provincial town life in the early nineteenth century: an artist's impressions, in Gillespie and Kennedy, *Ireland – art into history*, pp 43–59.   41 Eton's paintings were exhibited in the print gallery of the National Gallery of Ireland in 2013. The

Erskine Nicol's *A sheebeen at Donnybrook* was painted in 1851 and continues the theme of red in the women's and a child's skirt; the men in the painting are wearing blue jackets and brown knee breeches. Augustus Burke's *Connemara girl* is a romanticized image and the young woman can be described as very pretty with a delicate gait carrying heather in her blue- to mauve-coloured apron and wearing a dark petticoat with a second petticoat or skirt of red on her head as a shawl or covering. Aloysius O'Kelly's *Mass in a Connemara cabin*, dated to 1883, is an intriguing work so full of great detail and with an unmitigated focus on the red of the women's clothing counterbalanced by the gleaming white of the priest's vestments and that of the young woman kneeling directly in front of him. Paul and Grace Henry painted on Achill and Galway in the early years of the twentieth century and before Paul Henry forsook people for landscapes, he painted in a stylized and naïve style which is seen in *The potato diggers*, *Potato pickers*, *Turf gatherers* and *The watcher*, and perhaps in the less well-known *Old woman of Connaught* and *The spotted shawl*. They all feature women in red. His wife, Grace Henry, painted an exceptionally delightful work *c.*1920 with the title *Top of the hill*. It features a group of three women in a huddle listening to, and spreading, the news in a neighbourly and friendly way. The principal character is dressed from head to shoe in red – a red woollen knitted headscarf, a red 'Galway' shawl with off-white fringes and a red skirt. Charles Vincent Lamb painted *Loch an Mhuilinn* in the 1930s and he uses the red of the lone woman's outfit from headscarf to the mid-calf skirt as a very strong focal point in the foreground of his simple view of a thatched house with mountains and grey sky in the background. As with the Henrys' paintings, the woman is stylized rather than depicted in any detail, but there is no doubt of her importance and the clothes she wears for she is painted on the double – first in the reality of her standing at the lake and second in a reflection in the water where she is washing clothes. And so the theme continued in the work of Seán Keating in the 1930s, Lilian Lucy Davidson in the 1940s, Gerald Dillon in the 1940s and 1950s, Seán O'Sullivan in the 1950s and J.P. Rooney in the 1990s, who all depict clothing in red and blue in their work. Sybil Connolly, the fashion designer, adopted and adapted the theme in a different artistic medium and made not only her pleated linen dresses famous throughout the world, but also her red flannel skirts.[42]

4. FOLKLORE AND HEARSAY – WELL WEAR AND SOON TEAR

How does this all measure up to the collected information in the National Folklore Collection? A wonderful resource here is the Dress Questionnaire

---

exhibition, 'From Galway to Leenane, perceptions of landscape', was curated by Anne Hodge.
42   http://www.rte.ie/archives/exhibitions/1922-irish-fashion-designers/495575-sybil-connolly-interview/, accessed 17 December 2017.

containing information collected in the early 1940s. Analysing the replies poses the usual challenges – is it information experienced and observed by the informant?; is it hearsay but factually reliable despite that genre?; or is it made up, taken from a printed account, or a romanticized notion of what we wore in a previous time? An initial assessment of the questionnaire replies tells me that it is all of the above. The Dress Questionnaire was initially posted out in March 1940 and the replies are now bound in thirteen manuscripts containing many hundreds of replies and thousands of pages. It is one of the questionnaire successes and in a general sense the information collected reflects the clothing worn by a previous generation and, in more specific instances, that worn in the last quarter of the nineteenth century. In respect of the subject matter of this essay, the primacy of a continuation of the wearing of the colour red is striking.

A good starting place for this initial short analysis[43] of clothing and colour from the questionnaire replies is to look at traditions recorded regarding clothing for babies, toddlers and children. White was popular for new-borns but the colour red also had an important role. The garments worn by infants were many and often included an assemblage such as an open fronted shirt, or *léinteog*, of linen, a red flannel 'cowell' or jacket secured at the front, a long and tight-fitting flannel robe known as a 'walla coat' or 'barrow' and a white linen cap.[44] A piece of red swanskin (see Plate 1) was the first thing wrapped around a newborn baby in Ballycastle, Co. Mayo, for protection against the 'evil eye' and the tradition was current when the questionnaire was circulated in the early 1940s.[45] In Tipperary, in a period described as 'in more ancient times', a child was wrapped in red flannel shortly after birth.[46] A red ribbon was tied around a baby on the way to be baptized for evil-eye protection near Ferbane in Offaly[47] and boys wore a red shawl when they were being christened in Kilmeague, Cloncurry parish, Co. Kildare.[48] The baptismal and everyday dresses for toddlers might have been red or pink, and curiously there were memories of a tradition of dressing boys in pink and girls in blue in the early 1940s.[49] Pink is not to be differentiated from red or seen as a different colour necessarily in this context, for the non-fast nature of the dyeing process caused the redness to fade after a few washings leaving a pink colour in its place. From around the country children, both boys and girls, wore red-coloured petticoats and frocks.[50]

---

[43] A more detailed analysis of the huge resource that is the Dress Questionnaire is in progress by the author and will be published in due course. The specifics of memory, experience and the dating of individual accounts will be explored here also.   [44] NFC MS 754:253, Erris, Co. Mayo. Other good accounts of the clothing worn by new born babies include: NFC MS 749:439; NFC MS 749:393 and NFC MS 748:75.   [45] NFC MS 1137:103 and 108.   [46] NFC MS 745:531.   [47] NFC MS 749:392. In Milltown, Rathconrath, Co. Westmeath, children were dressed in pink for baptism, NFC MS 748:312.   [48] NFC MS 748:406.   [49] NFC MS 749:388; NFC MS 750:369; NFC745:467; NFC MS 747:224; NFC MS 748:70.   [50] There is evidence in the Questionnaire replies on this from Cos. Carlow, Kildare, Kilkenny, Meath, Westmeath, Offaly, Wexford, Sligo, Galway, Leitrim, Mayo, Kerry, Tipperary,

Red was definitely the preferred colour for the clothes of women and there is no doubt that the colour was believed to protect the wearer from both supernatural harm and physical illness. In Dunshaughlin, Co. Meath, women wore underskirts of red flannel, a shift of strong calico and under this shift and next to the skin, a body band of red flannel to protect against, and relieve, the pains of lumbago and rheumatism.[51] A further selection of responses include the following: 'Red prevented a person from being overlooked';[52] 'people long ago seemed to have a preference for red';[53] 'red flannel (was) worn next to the skin if people were a bit sick';[54] 'red is supposed to be lucky';[55] 'red supposed to ward off the fairies and charms'.[56]

Women rarely wore drawers or knickers at the time but men's underwear – both drawers and vests worn next to the skin – were often red, a colour supposedly good for pains and those with weak chests.[57] Other than this splash of brightness in their underclothes and the occasional red neckerchief,[58] men generally wore the sombre colours that they had been wearing throughout the nineteenth century – white, black, brown and grey undyed flannel, white (and occasionally yellow) corduroy, and black and navy blue frieze in their waistcoats, trousers, breeches and coats.

The most significant change in women's clothing was in the colour of their cloak, the universally popular outer garment, both hooded and unhooded, which featured so largely and was commented upon so frequently in the nineteenth century.[59] The travel writers and the artists saw the red and blue colours predominating in the cloaks they saw. The questionnaire respondents from around the country, however, overwhelmingly mention cloaks which were dark blue, blue, blue-black and black in colour. The red cloak was virtually gone, it appears, by the closing decades of the nineteenth century, but the red colour was widely used in the women's neckerchiefs, or small shawls, and headkerchiefs which were mostly shop bought and of spotted red wool, of a turkey red twill, of a red tartan plaid or of red checkered patterns. The large shawl was of many colours by now and the multi-coloured paisley-patterned shawls were very popular. Both were beginning to replace the heavy cloak.

Waterford and Cavan. **51** NFC MS 748:78 and 357. See also NFC MS 748:437, Muine Beag, Idrone, Co. Carlow, where women wore red flannel petticoats, an outer bodice, that is, a jacket of blue or black linen or flannel, and an inside red bodice next to the skin. **52** NFC MS 747:572. This might also have applied to children; see NFC MS 754:349. **53** NFC MS 747:136. **54** NFC MS 751:234. **55** NFC MS 1137:103 and NFC MS 749:388. **56** NFC MS 748:433–51. The wearing of red for protection also featured in clothing in other European countries; see Michel Pastoureau, *Red: the history of a color* (Princeton and Oxford, 2017), pp 136–8. **57** See, for example, NFC MS 745:392, 505 and 549; NFC MS 747:254; NFC MS 747:379; NFC MS 747:552; NFC MS 751:60; NFC MS 751:234; NFC MS 754:72 and NFC MS 746:338. **58** NFC MS 751:42; NFC MS 751:62; NFC MS 751:162 and NFC MS 747:103. **59** A.T. Lucas, 'The hooded cloak in Ireland in the nineteenth century', *Journal of the Cork Historical and Archaeological society*, 56 (1951), 104–19.

If red was undoubtedly the most popular colour in clothing, green was its opposite in every respect, being almost despised as a colour to be worn. To get an understanding of why this might have been and to see the bigger picture with regard to colour and tradition in Ireland, I consulted the famous card index in the archive of the National Folklore Collection. This was the easy and fun part for me in writing this essay, allowing me to select the following nuggets. Under *rua*, for example, red-haired women were clearly unlucky; they generally brought bad luck and might be abducted by the fairies especially after they had given birth to their first child.[60] *Dearg*, another red hue, is a colour which was credited with inherent power which transferred principally in a protective way, and the *snáth dearg*, the red thread or the red string, for protection, was a particularly strong tradition. This is not at all surprising in an Irish context as this protection was primarily associated with the welfare of cattle, an important source of wealth, status and food from an early period.

Red – both *rua* and *dearg* – were traditionally associated with the supernatural world – fairies, witches, the devil (*an diabhal, an slua aerach, na daoine beaga*) – affording protection from these beings, and also from illnesses such as shingles, rashes and whooping cough.[61] Black was the devil's colour and manifestations occurred in animal forms. The devil could appear as a black hound in milk-stealing scenarios. The fur of black cats held a cure for burns and black bulls were accredited with magical powers. The fairies favoured black-coated animals when borrowing them for the night in connection with their activities of abducting humans.

The traditions associated with the colours white – *geal* and *bán* – sometimes mirror black and red, sometimes counteract them – black especially – and other times contradict even themselves. A Galway saying meaning that you were telling a lie was *ag cur an dubh ar an mbán dóibh*[62] and if you were very poor you were *gan dubh 's bán*.[63] Spotted or black and red animals were lucky, a circumstance neatly summed up by the phrase recorded from Cape Clear Island, Co. Cork: *ná díol bó bhreac, na ceannuig bó bhreac agus ná bí gan bó bhreac*.[64] Red and black cocks and black and white lambs brought varying degrees of luck and fortune, while white stones could both cure and cause illness and bring misfortune.[65]

---

60 Bairbre Ní Fhloinn discusses the colour *ad passim* with reference to fishing beliefs in *Cold iron. Aspects of the occupational lore of Irish fishermen* (Dublin), 2018. **61** NFC MS 185:290; NFC MS 146:304; NFC MS 437:183; NFC MS 437:45; NFC MS 107:693. Printed references include: Patrick Kennedy, *Legendary fictions of the Irish celts* (London, 1866), p. 100, with reference to Scarawalsh, Co. Wexford, where the fairies wore red caps, and Elizabeth Andrews, *Ulster folklore* (London, 1913), pp 2, 27, 88. See also NFC MS 732:377; NFC MS 86:35; NFC MS 7:225; NFC MS 8:72; NFC MS 27:261; NFC MS 42:200; NFC MS 79:384. According to Michel Pastoureau, 'The symbolic supremacy of red in ancient societies is ... a firmly established fact' and he cites examples from the Greek and Roman empires and Near East society (Pastoureau, *Red: the history of a color*, p. 22 and pp 23–49). **62** NFC MS 59:130. **63** NFC MS 266:307. **64** Donnchadh Ó Floinn, 'Béaloideas ó Chléire', *Béaloideas*, 11:1/2 (1941), 3–77 at 61. **65** NFC MS 1835:227–8; Helen M. Roe, 'Tales, customs and

The small and almost weak traditions associated with other colours including brown (*donn* and *odhar*), yellow (*buí*), the various hues of grey – *glas, liath and riabh* – and even blue (*gorm*) are significant when considered alongside the relative strength of the aforementioned colours of black, red and white. The colour *uaithne* (green), on the other hand, has some strong traditions associated with it.

The question in the Dress Questionnaire asked 'Did people have preference for, or prejudice against certain colours?' The responses throughout the country were overwhelmingly prejudiced against green and the following is a sample of what was recorded both in the questionnaire responses and in the main manuscript collection. 'We didn't have permission to wear green at that time in Ireland'[66] and it 'wasn't right for a girl to wear anything with the *dath uaithne* on it on her wedding day'.[67] Throughout the country it was an unlucky colour that brought sorrow, death and grief.[68] In Claremorris, Co. Mayo, a girl would never wear green from childhood to marriage as the 'old people' believed that green would bring misfortune to a girl – that is scandal, an implication of pregnancy outside marriage. Skirts of various colours were worn, but never green skirts.[69] In Annagh, Ballyconnell, Co. Cavan, 'not many mothers would put green on their child'. The usual colours were red, blue and buff.[70] An old belief in Corr na Muclach, Lough Gowna, Co. Cavan, was, 'Wear a suit of green and there will be a death in the family within a year. From experience I would not touch the colour in dress'.[71]

Green is a colour which has attracted some in-depth research by scholars notably Brian Ó Cuív, who presented the case for green, and not blue, as the colour for Ireland; John Hutchings has examined some of the folklore and symbolism of green in Ireland and Britain.[72] Michel Pastoureau has studied the colour green (along with several other colours) in some detail throughout the ages and on a world stage. He tells us that marriageable young women wore green dresses or a piece of green clothing in France in the Middle Ages[73] while green clothing also signified both pregnancy and prostitution among women.[74] Green is a chemically unstable colour in both painting and dyeing, and to acquire a green shade the dyers used mineral dyestuffs with a copper base. These dyes were both corrosive and toxic.

beliefs from Laoighis', *Béaloideas*, 9:1 (1939), 21–35 at 21; NFC MS 142:1732–4; NFC MS 132:136–7; NFC MS 272:304–7; NFC MS 169:288-290; NFC MS 65:194 and NFC MS:349. **66** NFC MS 191:85. **67** NFC MS 9:387. **68** A few examples include NFC MS 750:25, 149, 191 and 275; NFC MS 750:25; NFC MS 750:191; NFC MS 747:11, 18, 46, 136, 362, 416 and 586; NFC MS 751:57, 94, 57; NFC MS 754:221, 349 and 366; NFC MS 1137:103; NFC MS 748:69; NFC MS 748:50, 265 and 420; NFC MS 749:72, 100, 190, 194, 223 and 388. **69** NFC MS 751:56–7. **70** NFC MS 749:194. **71** NFC MS 749:223, recorded from Daniel O'Neill, a sixty-five-year-old farmer. **72** Brian Ó Cuív, 'The wearing of the green', *Studia Hibernica*, 17–18 (1977–8), 107–19, and John Hutchings, 'Folklore and symbolism of green', *Folklore*, 108 (1997), 55–63. See also Andrews, *Ulster folklore*, pp 25, 27 and 88. **73** Michel Pastoureau, *Green: the history of a color* (New Jersey, 2014), p. 72. **74** Hutchings equates the

So why not simply mix blue and yellow? The dyeing industry was strictly regulated in most of the medieval west. A licence was required to dye individual colours and the mixing or combining of colours was considered demonic. For those who did mix blue and yellow, especially the German dyers, there was still the problem of fixing the green colour. It seems that, whatever the process, the colour kept badly. Throughout Europe from the middle of the nineteenth century there was a gradual rejection of the colour green, both as a wallpaper and as a fabric dye, and anecdotes and accidents seemed to confirm an ancient reputation of the colour as one which brought bad luck. An early nineteenth-century green dye, which was developed in Germany, was a particularly toxic green obtained from copper shavings dissolved in arsenic. Once exposed to humid conditions, arsenic evaporates causing illness and death. Later in the second half of the century German chemists perfected a new green dye which gave luminosity and denseness. However, it was also toxic.[75] As a result green for clothing retained its reputation, not just in Ireland but also throughout Europe, as a dangerous colour and one which brought bad luck, disease and death.

5. CONCLUSION

Colour is a social phenomenon and clothing gives us very good evidence of the importance of colour in any society. In Ireland in the nineteenth and early twentieth centuries these colours, among the female population, wearing not what we might term 'fashionable' clothing but rather 'traditional' or 'common' clothes, were red and blue. Men dressed more sombrely, and dark colours – mainly black and also grey and brown – and white feature mostly in their attire. Interestingly, red, black and white are the colours for which there is the strongest folklore and tradition in Ireland. They were also the three basic colours of all ancient cultures, for red was dense, white was pure and black was sombre. Michel Pastoureau, the authority on the history of colour, describes this as a simple colour system with a division between dark and light with white being opposite to both black and red.[76] With the introduction and increasing popularity of blue, especially in clothing, in the twelfth and thirteenth centuries, strongly influenced by the Church and the Virgin Mary, the red–blue contrast joined the other two basic ones of white–red and white–black. Blue had become the colour of royalty in Europe by the thirteenth century[77] and it is noteworthy that Gormfhlaith –

---

green gown with pregnancy in Britain and tells us that the phrase 'have a green gown' was synonymous with pregnancy ('Colour in folklore and tradition: the principles', *Colour Research and Application*, 29:1 (2004) 57–66). See also the painting, Jan van Eyck, 'The Arnolfini wedding', 1434, The National Gallery, London, and Pastoureau, *Green: the history of a color*, pp 76, 77 and 121.   75 Pastoureau, *Green: the history of a color*, pp 112–85.   76 Michel Pastoureau, *Blue: the history of a color* (Princeton and Oxford, 2018), pp 14–82.   77 Pastoureau, *Blue: the history of a color*, p. 123.

where *flaith* signifies sovereignty and *gorm* may signify blue – appears in tenth- and eleventh-century Irish texts as the name of a number of queens closely connected with dynastic politics.[78] Red continued to be worn by the 'lower orders' of women in Europe and the seventeenth-century Flemish genre artists, for example, Pieter Brueghal the Younger and Gabriel Metsu, and the nineteenth-century French realist artists, Jean-François Millet and Jules Breton, painted country or 'peasant' women wearing red skirts or petticoats. The native and visiting artists and writers to Ireland throughout the nineteenth century leave us in no doubt but that red primarily, but also blue, were favourite colours for women's clothing. These colour choices continued well into the twentieth century in many places around the country.

---

78 'Heraldry in Ireland' contained as an attachment in www.nli./en/history-of-the-chief-herald.aspx, accessed 30 April 2018. *Gorm* may also signify a dark-haired or dark-skinned person; just as the Romans also considered blue a dark colour. In heraldry, the arms of Ireland are azure, a harp or stringed argent.

'Echoes out of the vast silence'? Ancient traditions and folklore

DIARMUID Ó GIOLLÁIN

In the Sir John Rhŷs Memorial Lecture that he gave to the British Academy in 1945, Séamus Delargy cited the great Celticist Kuno Meyer (1858–1919) who, 'in a memorable phrase, has called the written literature of medieval Ireland, "the earliest voice from the dawn of West European civilization"'. But, Delargy went further: '[i]n the unwritten literature and traditions of the Gaelic-speaking countryman are echoes out of the vast silence of a still more ancient time, of which hitherto the archaeologist has been the only chronicler'.[1] It is in a way an audacious claim, of folklore as the bearer of messages from prehistory, though other scholars had also made such a claim. The Italian folklorist Raffaele Corso (1885–1965), for example, identified folklore in very similar terms, as a 'contemporary prehistory': that part of the cultural heritage, maintained by lower-class and rural elements of the population, that preserved relicts of previous primitive cultures remote in time.[2]

Whenever we read of cultural 'survivals', we are dealing with a notion introduced by the British anthropologist, Edward Burnett Tylor (1832–1917), who launched the term in his influential work *Primitive culture* (1871). British anthropologists in the pre-institutionalized stage of the discipline were often interested in the field of folklore studies and luminaries such as Tylor, Sir James Frazer (1854–1941) and Alfred Cort Haddon (1855–1940) were all members of the Folk-Lore Society; indeed in the 1890s there was a proposal – ultimately unsuccessful – to amalgamate that society with the Royal Anthropological Institute.[3] The notion of 'survival' was attractive to folklorists, especially in Britain, or in post-*Risorgimento* Italy with its heightened awareness of the Southern question and its colonial ambitions, though less so in countries shaped by cultural nationalism. What did Tylor mean by 'survivals?'

> When a custom, an art, or an opinion is fairly started in the world, disturbing influences may long affect it so slightly that it may keep its

---

1 J.H. Delargy, 'The Gaelic story-teller: with some notes on Gaelic folk-tales', *Proceedings of the British Academy*, 31 (1945), 177–221, at 178.   2 For an outline of Corso's life and thought see Marina Santucci, 'Corso, Raffaele' in the on-line dictionary of biography at http://www.treccani.it/enciclopedia/raffaele-corso_(Dizionario-Biografico)/, accessed 21 April 2017. The notion of folklore as contemporary prehistory was rejected by Gramsci in the 1930s: see David Forgacs & Geoffrey Nowell-Smith (eds), *Antonio Gramsci: selections from cultural writings* (London, 1985), pp 194–5.   3 George W. Stocking Jr, *After Tylor: British*

course from generation to generation, as a stream once settled in its bed will flow on for ages (...)

Now there are thousands of cases of this kind which have become, so to speak, landmarks in the course of culture. When in the process of time there has come general change in the condition of a people, it is usual, notwithstanding, to find much that manifestly had not its origin in the new state of things, but has simply lasted on into it. On the strength of these survivals, it becomes possible to declare that the civilization of the people they are observed among must have been derived from an earlier state, in which the proper home and meaning of these things is to be found; and thus collections of such facts are to be worked as mines of historical knowledge.[4]

Tylor mentioned an alleged Dayak prohibition that was 'a striking instance of survival by ancestral authority in the very teeth of common sense':

Such a proceeding as this would be usually, and not improperly, described as a superstition; and indeed this name would be given to a large proportion of survivals such for instance as may be collected by the hundred from books of folk-lore and occult science. But the term superstition now implies a reproach, and though this reproach may be often cast deservedly on fragments of a dead lower culture embedded in a living higher one, yet in many cases it would be harsh, and even untrue. For the ethnographer's purpose, at any rate, it is desirable to introduce such a term as 'survival', simply to denote the historical fact which the word 'survival' is now spoiled for expressing.[5]

But 'survivals' were not only to be found in the far reaches of the colonies, but much closer to home. Tylor noticed:

the appearance in modern Keltic districts of ... widespread arts of the lower culture – hide-boiling, like that of the Scythians in Herodotus, and stone-boiling, like that of the Assinaboins of North America – [which] seems to fit not so well with degradation from a high as with survival from a low civilization. The Irish and the Hebrideans had been for ages under the influence of comparatively high civilization, which nevertheless may have left unaltered much of the older and ruder habits of the people.[6]

It is not unreasonable to see the use of terms like 'echoes' or 'reflexes' used by later scholars as being informed by Tylor's notion of survivals. This reading

social anthropology, 1881–1951 (London, 1996), pp 104, 373.   **4** Edward B. Tylor, *Primitive culture: researches into the development of mythology, philosophy, language, art, and custom*, 2 vols (London, 1920), i, pp 70, 71.   **5** Ibid., pp 71–2.   **6** Ibid., p. 45.

would not be inconsistent with other of Delargy's writings. For example, he wrote of the importance of the old in Irish-speaking districts:

> *Nuair a caillfear iad beidh deire leis na Meadhon-Aoiseanna i n-iarthar Eórpa, agus beidh an slabhra briste atá fós i n-a cheangal idir an ghlúin atá suas anois agus an chéad dream daoine a thóg seilbh i n-Éirinn riamh.*
>
> When these old people die there will be an end to the Middle Ages in western Europe, and the chain which still links the present generation to the earliest settlers of Ireland will be broken.[7]

Yet it is clear enough here that he did not see Gaelic folklore purely in terms of primitive survival. Survivals were explicitly read in evolutionary terms – Tylor's notion was surely informed by Darwin – and the folkloric phenomenon was a fossil, the relict of a primitive past. But folklore could also be understood as a remnant that evoked a lost golden age: this was what Alan Dundes meant by the 'devolutionary premise' in folklore studies,[8] and this was the kind of fragment that Jacob Grimm had in mind for the cultural reconstruction of *Deutsche mythologie* (1835). Delargy's 'echoes' have both of these aspects to them. On the one hand he saw many Irish oral traditions as containing 'unmistakable evidence of having belonged to a pre-Christian civilization, perhaps pre-Indo-European', and some of the tales 'may have been told in Ireland in Megalithic times; indubitably, certain elements in them go back in Ireland at least as far as the Bronze Age'.[9] On the other hand, he emphasized that he and his staff in the Irish Folklore Commission 'consider ourselves not as creators or adapters, but as literary executors of earlier generations' (*da wir uns selbst nicht als Schöpfer oder Bearbeiter, sondern als literarische Vollstrecker früherer Geschlechter betrachten*). He explained that after the destruction of the native elite in the sixteenth and seventeenth centuries 'the common people saved in spite of all persecution some of the culture of the upper classes and admitted it into their age-old treasury of oral tradition' (*retteten die einfachen Leute trotz aller Verfolgung doch etliches von der Kultur der Oberschicht und nahmen es in ihren uralten Schatz mündlicher Überlieferung auf*), so that 'a large part of our medieval literature existed in oral form ...' (*Doch bestand ein grosser Teil unserer mittelalterlichen Literatur in mündlicher Form ...*).[10] The Irish-speaking country people, then, were identified

---

7 Séamus Ó Duilearga, *Leabhar Sheáin Í Chonaill: sgéalta agus seanchas ó Íbh Ráthach* (Dublin, 1948), p. xxii [*recte* xxiii]; Máire MacNeill, *Seán Ó Conaill's book: stories and traditions from Iveragh* (Dublin, 1981), p. xiv.   8 Alan Dundes, 'The devolutionary premise in folklore theory' in Alan Dundes, *Analytic essays in folklore* (The Hague, Paris & New York, 1975), pp 17–27.   9 Delargy, 'The Gaelic story-teller', 209.   10 Séamus Ó Duilearga, 'Volkskundliche Arbeit in Irland von 1850 bis zur Gegenwart mit besonderer Berücksichtigung der "Irischen Volkskunde-Kommission"', *Zeitschrift für keltische Philologie und Volksforschung*, 23:1/2 (1943), 1–38, at 13, 16.

as 'the historic Irish nation'[11] and inherited the dispersed remnants of native high culture.

'Survival' as a term in the above sense is obsolete and discredited. The cultural materials that survive from the past are, of course, used by historians, archaeologists, linguists and others to illuminate it. This is obvious: the past in general can never be perceptible except in a fragmentary way. Archaeologists, historians, linguists usually read the past from materials that have 'survived' hidden from view and are no longer integral to a society. These materials may be explained in alternative ways in accordance with a traditional world-view, but such explanations are usually at odds with scholarship: the explanation of iron age ring forts as 'fairy forts' or 'Danes forts', for example.[12] The remainder of this paper will look at one belief that might well be seen as an 'echo' from a very remote time, and will endeavour to draw some conclusions from such an ostensibly archaic tradition.

***

The markings visible on the moon's surface for ages excited curiosity. They were usually interpreted as being theriomorphic – most commonly taking the form of a hare or a frog – or anthropomorphic – taking the form of a person, usually a man, who was banished to the moon for some offence, and both types have been recorded all over the world. European ideas of the markings on the moon as being anything other than of human form were very uncommon. The anthropomorphic figure in the moon was noted in every continent and in Europe was almost always a man who had been relegated there for a religious fault, usually breaking the Sabbath but also for showing a lack of charity or for theft.[13] The sin was especially egregious, a reason why in some countries the man might be identified with notorious figures such as Cain or Judas. There is a biblical account of a man discovered gathering wood on the Sabbath who was stoned to death on God's command (Numbers 15:32–6), and this, with the addition of the relegation to the moon borrowed perhaps from some other legend, is sometimes suggested as the origin of the man in the moon legend.[14]

The legend explaining the origin of the man in the moon has been recorded in every province of Ireland.[15] Of the almost fifty Irish legends of the Man in the Moon with which we are familiar – recorded almost in equal numbers in Irish

---

11 *Irish folklore and tradition* (Dublin, 1937), p. 4. The authorship is not given, but the cover note states that the booklet was 'prepared by the Irish Folklore Commission', possibly Delargy but more probably the archivist Seán Ó Súilleabháin.   12 See Diarmuid Ó Giolláin, 'Myth and history: exotic foreigners in folk-belief', *Temenos: Studies in Comparative Religion presented by Scholars in Denmark, Finland, Norway and Sweden*, 23 (1987), 59–80.   13 Paul Sébillot, *Le folk-lore de France*, 4 vols (Paris, 1904–6), i, pp 11–12, 15.   14 René Basset, 'Les taches del la lune', *Revue des Traditions Populaires*, 17 (1902), 322–30, at 325.   15 George McClafferty, 'I see the moon, and the moon sees me', *Sinsear. The Folklore Journal*, 5 (1988), 67–73.

and in English – twenty-four were recorded in Munster, thirteen in Connacht, and six each in Ulster and Leinster.[16] The person on the moon was identified as a man in thirty-seven versions, as a boy in ten and in one each was either a boy, or a boy *and* a girl. In forty versions the person was sent to the moon as a punishment, in eight (all from Connacht), the person wished to go to the moon, and in a single version – also from Connacht – the person was sent to the moon by the wish of someone else. In twenty versions the punishment was inflicted for stealing, in four of which the crime was committed on a Sunday and in five (all from Munster) the victim of the crime was the offender's godfather – some informants explaining that this was among the most serious of sins. In one version, besides the victim being the thief's godfather, the crime led to damage to crops, a notion found in two more versions, both from Munster. In one Connacht version the person was a potential thief who wished himself transported to the moon. In nine versions the breaking of the Sabbath was the sin committed, in one – from Donegal – the culprit was a disobedient boy and in four more – three of which from Donegal – the sin was disobedience. In two versions, both from Mayo, the person was condemned for cursing the moon, and the moon itself seized the culprit. In eleven versions God punished the guilty person by sending him to the moon and in three – all from Mayo – the moon brought the person to the moon, in one of which it was in response to the person's own wish. In seven more versions, all from Connacht, the person was in the moon because he wished to be there and in an additional one, from Galway, his mother wished him there.

In other versions the man in the moon was punished for a lack of charity, for leading women astray, for *piseoga* (superstitious charms), or he was the first thief. In most legends the person was sent to the moon while still alive rather than after his death. He was compelled to stay there forever or until the Last Day. In four legends it was explicitly stated that the man was put in the moon as a warning to others. In twenty-five versions the person's carrying or cutting a bush was connected with the offence committed. In eleven versions the person's fetching water was connected with the circumstances under which he was taken to the moon and in seven versions the person was gathering wood when sent to the moon. In thirteen versions it was specified that the events recounted took place at night. In sixteen versions the man's only accessory on the moon was a bush

---

16 The following is the list of sources from the National Folklore Collection: MSS 238, pp 449–50; 271, p. 126; 462 p. 300; 481, pp 165–6; 514, pp 2–13; 521, p. 503; 563, p. 397; 615, pp 226–7; 630, p. 110; 658, p. 380; 708, pp 211–13; 717, pp 83, 552, 554, 555; 735, pp 322–4, 324–5; 736, p. 555; 744, p. 565; 819, pp 379–80; 841, pp 6–7; 913, p. 203; 923, p. 229; 1065, pp 649–50; 1144, pp 229–50; 1176, pp 64–5; 1279, pp 285–6. Schools' MSS 102, p. 3; 283, p. 173; 382, p. 406; 429, p. 108; 582, pp 75–6; 844, pp 81–2; 847, pp 422–3; 904, p. 123; 1075, pp 176–7. In addition versions also appeared in *Béaloideas*, 1:1 (1927), 57 (Kerry); *Béaloideas*, 10:1/2 (1940), 209 (Donegal); *Béaloideas*, 16:1/2 (1946), 213 (Galway); *Irish Press* (24 August 1936);

and in four more a bush and another object: a bucket, a pitcher, a sheep and a bill-hook. In six legends the accessory was a faggot and in three a water vessel.

Some typical versions follow. According to one from Recess, Co. Galway, the man in the moon was the first liar. We can assume that he stole the bush that he carried on the moon:

> Lies did not exist at that time. One day a man was putting a bush in a gap and this man came up to him. And whatever conversation they had, the man putting the bush in the gap said, 'If I am telling a lie, may God take me up to the moon'. And it is said that he is there ever since. You can see his shadow there all the time with the bush in his hand. I often saw him.[17]

The theft of a bush was explicit in this version from Upperchurch, Co. Tipperary:

> They say there is a man in the moon with a lighted bush, you could see him in it. He was a man that was cutting bushes on a Sunday during mass and when he died he was put up there with the bush on his back in the moon.[18]

In Co. Cork the man in the moon was known as Tadhg na Scuab (Tadhg of the Brooms) in Baile Mhic Íre[19] and as Éamonn na Gealaí (Éamonn of the Moon) in Cúil Aodha.[20] The former name was also known in Ballinskelligs, Co. Kerry, where the following version was recorded:

> The man who lives in the moon is called Tadhg na Scuab. He has a bundle of brooms on his back. He stole a bush from his godfather and he was put in the moon as punishment and he will be there as long as water runs or grass grows or dew is on vegetation.[21]

A version from Ballyheige, in the same county, has a slight difference: 'There is a man in the moon and there is a bush pulling after him. He was cutting a bush on a Sunday and he was put there for penance'.[22]

Ireland's Own (30 September 1933). **17** 'Ní ro aon bhréag ag imiocht sa t-saol an t-ám sin char a bith. Agus bhí fear a cur sgeathach i mbearna, lá, 7 thainic a fear sioth go dtí é. Agus céba cainnt a bhí eidir iad, dúdhairt a fear a bhí a cur a sgeathach sa mbearna: – 'Well' a deir sé, 'má tá mé diana bréag' adeir sé 'go dtóicthe Dia sa ngealaigh mé.' Agus deir siad go bhfuil sé ariamh ó shin ann. D'fhéadtá a chumraocht (= thaise) a fheiceál ánn i gcúnaidhe 7 an sgeathach ina láimh eige. Thuinic mé go minic é' (MS 271, p. 126). **18** MS 717, p. 552. **19** MS 1144, p. 234. **20** MS 1144, p. 235. **21** 'Tadhg na Scuab is ainm do'n bhfear atá i n-a chônuí sa ghealaig. Bíonn beart scuab aniar ar a dhrom aige. Do ghoid sé tor ó n-a cháirdeas Críost agus do cuireadh sa ghealaig é mar phionós agus be' sé ann an fhaid a bheig uisg' a' ruith nú féar a' fás nú drúcht ar bárr glasara' (*Béaloideas*, 1:1 (1927), 57). **22** MS 658, p. 380.

The above versions resembled the most common European type of the legend. But there was also a type that differed from the commoner type and appeared in Donegal, Mayo and Galway. In this example, from Ardara, Co. Donegal, the man in the moon was known as Domhnall na Gealaí (Domhnall of the moon):

> There was a boy once and his mother asked him to go out for a pail of water. He said that he wouldn't. But shortly afterwards he took the pail and went out to the well. When he was taking the water the moon came down and took him and the pail of water, and he is to be seen from that day until now.[23]

The following version was recorded in Ballycroy, Co. Mayo:

> There was an orphan who had a bad stepmother. One night she sent him out for water. He saw the moon above him. 'Alas that I am not above in you', he said. The moon came and took him up.[24]

It seems likely that the carrying of water by the figure in the moon had – originally, at least – an aetiological purpose, namely explaining the origins of rain, and such traditions have been recorded in many parts of the world. For example, according to a Maori tale a woman complained when the moon went behind a cloud as she went to fetch water and the moon seized her along with her water gourd, her basket and the tree she clung onto.[25] According to the Kwakiutl, there was a girl with a bucket on the moon.[26] The fact that the moon itself is the actor in some of the Irish legends may in itself be significant. Paul Sébillot noticed this motif, especially in Wallonia, where the moon acted to avenge an insult or a lie told under its invocation:

> *Le peuple attribue en effet à l'astre des nuits une sorte d'animisme, et il l'invoque soit dans des prières, soit dans des adjurations qui sont probablement des survivances des époques anciennes où la Lune était une puissance divine et puissante. Il est possible ... que Dieu ait pris la place de la Lune qui figurait dans des leçons primitives de punitions de maraudeurs nocturnes.*[27]

---

23 'Bhí gasúr ionn a'n am amháin, agus d'iarr a mhuithair air a dhul amach a choinne stópa uisce. Duairt sé nach rachadh; ach tamallt 'n-a dhé sin bheir sé ar a' stópa, agus chua sé amach fhad leis a' tobar. Nuair a bhí sé a' tóigeáil an uisce thainic a' Ghealach anuas, agus thóg sí é agus an stópa uisce; agus tá sé lé feiceáil ón lá sin go dí an lá iniu' (*Béaloideas*, 10:1/2 (1940), 209).   24 'Dílleachtaí a bhí ann a ro droch leasmháthair aige. Bhí sí da chur amach i gcoinne uisge oíche. Chonnaic sé an ghealach ós a chionn. 'Faraor gan mise thuas ionnat', ar seisean. Thainig an ghealach agus thug léithe suas é' (MS 1144, p. 241).   25 Maria Leach (ed.), *Funk and Wagnall's standard dictionary of folklore, mythology and legend*, 2 vols (New York, 1949), ii, p. 672.   26 Basset, 'Les taches del la lune', 329.   27 Sébillot, *Le folk-lore de France*, p. 16.

> The people in effect attribute a sort of animism to the moon, and they invoke it, be it in their prayers, or in their oaths, which are probably survivals of ancient epochs when the moon was a divine and powerful entity. It is possible ... that God has taken the place of the moon in primitive lessons of the punishment of nocturnal pilferers.

In a few versions of the more numerous legend type, one might also see an originally aetiological intent – the light of the moon – in the fact that the man in the moon carried firewood.

***

Are we dealing here with what Tylor would have called a 'survival', an ancient legend that explains the origins of rain or the light in the moon? Survivals, to remind ourselves, in Tylor's understanding took their meaning from an earlier stage of civilization, which provided their 'proper home'. They were 'mines of historical knowledge'.[28] They could be compared to fossils, organisms that survived in petrified form from prehistory, where their significance lay. Continuity characterizes every society and gives it identity, but a homeostatic organization of the cultural heritage characterizes oral tradition, where information no longer relevant is forgotten or *transformed*. 'A custom, in the broad sense of the word, including if we wish belief, technique and tool, only dies out or is changed when it has become an anachronism' (*Une coutume, au sens large du mot, en y comprenant si l'on veut la croyance, la technique et l'outil, ne disparaît ou ne modifie que lorsqu'elle est devenue un anachronisme*), insisted Arnold van Gennep (1873–1957), the innovative French folklorist of the late nineteenth and early twentieth centuries in refuting Tylor's idea of survival,[29] a sentiment reiterated by his compatriot, the famous anthropologist Claude Lévi-Strauss (1908–2009) many years later: 'Customs neither die out nor survive without a reason. When they subsist, the cause is found less in historical viscosity than in the permanence of a function that the analysis of the present should allow us to detect' (*Les coutumes ne disparaissent ni ne survivent sans raison. Quand elles subsistent, la cause s'en trouve moins dans la viscosité historique que dans la persistance d'une fonction que l'analyse du présent doit permettre de déceler*).[30] We have little information about the circumstances in which the Irish man in the moon legends were told, but Sébillot, writing in France in the closing decades of the nineteenth century, had this to say:

> *Presque toutes les personnes qui, à diverses époques, m'ont raconté des légendes de l'homme de la lune, m'ont dit en effet qu'elles les tenaient de leur mère qui, à*

---

28 See note 4 above.   29 Arnold van Gennep, *Textes inédits sur le folklore français contemporain. Présentés et annotés par Nicole Belmont* (Paris, 1975), p. 53.   30 Ibid., p. 54.

> *la suite de petits vols de fruits commis par eux dans le voisinage, leur montraient le larron et leur disaient son histoire; la même constatation a été faite en d'autres pays par divers auteurs et par plusieurs de mes correspondents.*[31]
>
> Almost all the people who, at various times, told me stories of the man in the moon, have told me as a matter of fact that they got them from their mothers who, following little thefts of fruit in the neighbourhood, showed them the thief (on the moon) and told them his story; the same statement has been made in other countries by diverse authors and by many of my correspondents.

There is no reason not to believe that the Irish man in the moon legends were told under similar circumstances. Perhaps we might see them as 'echoes out of the vast silence', and certainly the Donegal, Mayo and Galway versions suggest a more archaic tradition,[32] but we must not lose sight of the fact that these legends were told – that is they were part of a living or a remembered tradition – when they were recorded, and as such took their meaning from a specific living cultural context in which they found their place.

---

[31] Sébillot, *Le folk-lore de France*, p. 24. [32] Historically the south and the east were more open to imported innovations while in the north-west and the west older traditions often persisted.

Snátha i seanchas na mallacht

PÁDRAIG Ó HÉALAÍ

In ár gcomhrá laethúil ní bhíonn sa bhfocal labhartha againn go minic ach lipéad áisiúil ag tagairt d'fheiniméan éigin. Tuigimid, ar ndóigh, gur féidir beatha nó cumhacht a bheith i bhfocail nuair a bhíonn siad lochtaithe le mothúchán, rud a tharlaíonn uaireanta i bpíosa ealaíonta cainte nó i ndréacht liteartha. I gcomhthéacs den chineál sin téann focail i bhfeidhm orainn, is é sin le rá, imríonn siad orainn agus spreagann siad freagairt inmheánach ionainn mar go músclaíonn siad mothúchán nó cuimhne nó mian, nó cruthaíonn siad réaltacht éigin in ár n-aigne. Tuiscint eile ar fhocail, áfach, agus ar an gcumhacht a bhaineann leo a bhíonn i gceist le focail sa mhallacht dháiríre, mar ina gcás siúd glactar leis nach é amháin gur féidir leo imirt ar aigne an duine ach tá an tuiscint bhreise ann go bhfuil sé de bhua acu tharais sin dul i bhfeidhm go fisiciúil ar an duine agus ar an saol ábhartha. Is cumhacht neamhshaolta nó dhraíochtúil atá á lua le focail sa chás seo agus is tuiscint an-choitianta é i gcultúir éagsúla gur féidir leis an bhfocal labhartha tionchar dá leithéid seo a imirt i gcomhthéacsanna áirithe. Léiriú amháin ar an gcineál seo úsáid teanga is ábhar don alt seo, mar atá, an mhallacht, agus go sonrach mallacht na baintrí – friotal curtha ar dhrochghuí dírithe ar sprioc faoi leith.

Tá fianaise fhorleathan ar ghéilleadh á thabhairt do chumhacht dhraíochtúil mallachta, fíric a bhfuil an friotal seo a leanas curtha ag údar amháin uirthi: 'The belief in the efficacy and power of language is at the heart of the primal magic view of the world'.[1] Inniu féin is beag duine againn nach mothódh corrbhuais nó míshuaimhneas dá ndíreofaí drochghuí go dáiríre ó chroí amach orainn agus i bhfianaise an mhothúcháin sin atá go doimhin sa duine, ní hionadh go bhfuil cuntais i bhfoinsí béaloidis ar an éifeacht a bhíonn le mallacht dháiríre agus an sórt díobhála a creideadh a leanadh í.

Is leis an mallacht dháiríre a samhlaíodh an chumhacht dhraíochtúil seachas an mhallacht a sciorrfadh ó dhuine nó a dhéanfaí go leathmhagúil. Tá an t-idirdhealú seo léirithe go grinn sa seanscéal idirnáisiúnta, ATU 1186 *With his whole heart*, a bhfuil anailís ghéarchúiseach déanta ag Éilís Ní Dhuibhne ar leaganancha Éireannacha de.[2] Cé gur le mallacht ó chroí amach a luaitear

---

[1] Morton W. Bloomfield & Charles W. Dunn, *The role of the poet in early societies* (Cambridge, 1992), lch 8. Maidir le dáileadh fairsing na tuisceana seo, féach tagairtí in Stith Thompson, *Motif-index of folk literature* (Copenhagen, 1955–8), M400–M499.   [2] Éilís Ní Dhuibhne, '"Ex corde": AT 1186 in Irish tradition', *Béaloideas*, 48–9 (1980–1), 86–134, ag 89–90. Mhínigh Peig Sayers do Robin Flower nach raibh aon díobháil sa chuid acu a scinnfeadh gan

cumhacht sa ghnáthchúrsa, mar sin féin, bhí an tuiscint ann go bhféadfadh an mhallacht a scriorrfadh ó dhuine, éifeacht a bheith léi chomh maith sa chás gur caitheadh í ar 'uair na hachainí' nó ar 'uair na faille'. Creideadh go raibh a leithéid de thráth ann agus uair seo na hachainí nó na faille ar a bhfaigheadh aon ghuí a dhéanfaí lena linn toradh, bíodh an ghuí sin olc nó maith, ach nárbh fhios d'éinne cén tráth é féin.[3]

Bhí feidhm shrianta ag an tuiscint seo ar úsáid róscaoilte mallacht, fiú mallacht a chaithfí go leathmhagúil féin, rud a thuigfí ón bhfaisnéis seo ó Chois Fharraige:

> An faitíos ba mhó a bhí roimh an mallacht nó roimh an drocheascainí, ar fhaitíos gurb é uair na hachainí é agus dá mba é, ní raibh aon dul siar air an uair sin. Ba mhór i gceist fadó gan aon drocheascainí ná drochrud a shamhlú ar eagla gurb é uair na hachainí a bheadh ann.[4]

Is geall le scéalaíocht eiseamláireach cuid de na scéalta a instear faoi uair na hachainí. Seo coimriú ar insint amháin ar cheann díobh a bhfuil breis is leathchéad leagan de bailithe:

> Bhíodh baintreach ag impí ar Dhia gach aon oíche cois tine iarla a dhéanamh dá mac; tharla oíche le linn di a bheith ag guí gur thit cnapán súigh anuas an siminé a bhain radharc na súl di. In ionad leanúint dá guí ansin, scairt sí amach: 'Loscadh is dó ort, a bhotháinín súigh,' agus leis sin chuaigh an tigh trí thine.[5]

Tá aguisín mínithe ag Peig Sayers (1873–1958) lena leagan féin den scéal seo ar geall le tráchtaireacht é ar an seanfhocal 'Bí choíche ag faire agus gheobhair uair na faille'[6]:

---

smaoineamh uaithi; féach Robin Flower, *The western isle* (Oxford, 1944), lch 49; Nóra Ní Shéaghdha, *An Blascaod trí fhuinneog na scoile*, eag. Pádraig Ó Héalaí (An Daingean, 2015), lch 222. Maidir leis an idirdhealú seo féach Ashley Montagu, *The anatomy of swearing* (London, 1968), lgh 52–4. **3** In An Seabhac [Pádraig Ó Siochfhradha], *Seanfhocail na Muimhneach* (Baile Átha Cliath, 1926), uimhir 796, mínítear an nath mar a leanas: 'Uair agus má iarrtar achainí lena linn, gheibhtear í, pé olc maith í'. In Patrick Dinneen, *Foclóir Gaedhilge agus Béarla. An Irish-English dictionary* (Dublin, 1927), s.v. 'uair', mínítear 'uair na h-athchuinghe' mar 'the psychological moment' agus tá an míniú céanna tugtha s.v. 'achainí' in Niall Ó Dónaill, *Foclóir Gaeilge Béarla* (Baile Átha Cliath, 1977); cf. 'Oíche Nollag Beag nú Oíche na dTrí Rithe – creididís go mbíodh "uair na hachainí" tráth éigin don oíche sin, ach ní fheadair éinne cadé an t-am d'oíche' in Donncha Ó Cróinín (eag.), *Seanachas Amhlaoibh Í Luínse* (Baile Átha Cliath, 1980), lch 409. **4** Pádraic Ó Cearra (eag.), *Seanchas Jimmy Chearra Chois Fharraige* (Baile Átha Cliath, 2010), lch 89. **5** Maidir le líon na leagan, féach Bo Almqvist & Pádraig Ó Héalaí (eag.), *Peig Sayers. Labharfad le cách. I will speak to you all* (Dublin, 2009), lch 134. **6** An Seabhac, *Seanfhocail na Muimhneach*, uimhir 1294.

Dá mbeadh an fhoighne aici agus go ndéarfadh sí an uair dhéanach, 'A Thiarna déan iarla dem mhac', bhí uair na hachainí fachta aici. Ach is sin é díreach an t-am a dúirt sí, 'Loscadh is dó ort!' Agus deir na seandaoine ó shin anuas go mbíonn uair na hachainí ann. Ní fios cén uair a bhíonn an ghuí le freagairt nuair a bhítear ag guí chun Dé, ach tá sé ordaithe dhúinn a bheith ag guí i gcónaí i gcónaí mar go mbíonn uair na hachainí ann, ach ná fios cad é an uair é.[7]

***

Bhí daoine seachas a chéile a raibh cumhacht luaite lena mallacht, ina measc bhí sagart, file, gabha, bean siúil nó bacach, agus ba ghnáth-thuiscint í go raibh mallacht na baintrí ar cheann de na mallachtaí ba mheasa a d'fhéadfadh titim ar dhuine.[8] Tá scéalta ag dearbhú éifeacht na mallachta sin bailithe i go leor ceantar sa tír agus cuimhne fhada uaireanta ar an eachtra ar a dtráchtann siad. I bparóiste Bhaile an Fheirtéaraigh i gCiarraí, mar shampla, bhí sé ráite gur mhallacht baintrí faoi deara bá bhád na nGort Dubh sa bhliain 1818, nuair a bádh fear is fiche ón bparóiste sin de bharr scliúchais a tharla idir dhá bhád ar an bhfarraige.[9] Tagraíonn insint amháin ar cheann eile de na scéalta seo atá ar eolas go forleathan d'fhoireann peile Cho. Mhaigh Eo – gurb é faoi deara dóibh gan Craobh na hÉireann sa pheil a bhuachan ó 1951 ná an mhallacht a chaith baintreach le foireann bhuacach na bliana úd toisc nár léirigh siad ómós cuí do shochraid a fear céile.[10] Is éagóir éigin a ghoileann ar an mbaintreach a tharraingíonn a mallacht de ghnáth – í a bheith á cur as seilbh, mar shampla, nó cuid dá maoin a bheith bainte di nó duine gar di a bheith curtha chun báis. Glactar leis go bhfeidhmíonn an mhallacht gan spleáchas do dhiminsean ama ná spáis agus díríonn sí ar dhá sprioc go háirithe: a) dochar pearsanta (corpartha nó anama) an té ar a bhfuil sí dírithe, agus b) meath a mhaoine (go háirithe áit chónaithe) agus ar shliocht an té sin.

Cuimsíonn na mallachtaí coitianta 'leagha chúr na habhann ort' agus 'leagha mhún Mhóire ort'[11] an chéad sprioc díobh seo agus is léiriú maith ar an dara ceann an ghuí seo a chuir baintreach le Gearailt éigin, tiarna talún is dócha:

---

7 Almqvist & Ó Héalaí, *Peig Sayers. Labharfad le cách*, lch 61. 8 Féach, mar shampla Máirtín Verling, *Leabhar Mhaidhc Dháith. Scéalta agus seanchas ón Rinn* (An Daingean, 2007), lch 240: 'Mallacht baintrí, a deir siad, an mallacht is míamharaí a thit riamh. Leanann sé seacht nglúine'; cf. Seán Ó Súilleabháin, *A handbook of Irish folklore* (Dublin, 1942), lch 388: 'Were widows supposed to have special powers (widow's curse said to be the worse of all)?' 9 Mícheál Ó Mainín, 'Na Sagairt agus a mBeatha' in Micheál Ó Ciosáin (eag.), *Céad bliain 1871–1971* (Baile an Fhirtéaraigh, 1973), lgh 1–35, ag lch 20, n. 38. 10 Féach mar shampla: https://www.joe.ie/sport/the-cheap-seats-5-things-mayo-fans-are-sick-of-hearing-504152 agus http://www.hoganstand.com/Mayo/MessagePage.aspx?PageNumber=1&TopicID=16359. 11 An Seabhac, *Seanfhocail na Muimhneach*, uimhir 764; Breandán 'ac Gearailt, *500 mallacht ort* (Baile Átha Cliath, 2001), uimhir 238.

A Ghearailt ghearr an gháire ghonta,
Fásach go tairseach do gheata,
Driseog is a dhá ceann i's an dtalmhain,
Loch uaithne ar uachtar do halla,
Nead an tseabhaic i bpoll an deataigh
Agus cac na ngabhar in áit do leapan —
Mar do bhain tú dhíom an mac is an t-athair,
Bhain tú dhíom an dá bhó dhéag is an tarbh,
Agus oidhreacht nár fhaighe d'oidhrí-se, a Ghearailt!¹²

***

Toisc gan aon chóras tacaíochta stáit a bheith ar fáil don bhaintreach sa seansaol, agus ón uair gur mhinic beo bocht í féin agus muirear uirthi, ba í an mhallacht an t-aon uirlis a bhí aici chun a ceart a sheasamh agus sásamh éigin a bhaint don té a dhéanfadh éagóir uirthi. De ghnáth, níorbh acmhainn di ó thaobh nirt buille a bhualadh, agus níorbh acmhainn di ó thaobh maoine dul chun dlí. Ach fós thug an tuiscint go leanfadh dochar mallacht baintrí ábhar éigin cumhachta di sa tsochaí.¹³ Ba shás í an tuiscint sin a thug cothromaíocht áirithe isteach ina déileáil le daoine a bhí níos cumhachtaí ná í féin agus chabhraigh an eagla a bhí roimh a mallacht le srian a chur ar bhligeardaíocht uirthi: 'It exploited the universally held belief in the possibility of divine vengeance upon human evil-doers and it could strike terror into the hearts of the credulous and the guilty'.¹⁴ Ba threisiú breise lena mallacht é, dá mba rud é go raibh clann aici, mar sa chás sin tuigeadh go bhféadfadh truamhéile na ndílleachtaí cur le héifeacht na mallachta:

Tá sé i bhfad níos measa má tá dílleachtaí ag an mbaintrigh. Ansin gheobhaidh sí a mallacht agus mallacht na ndílleachtaí ort, agus deir siad nach tiocfadh le mallacht ar bith titim níos troime.¹⁵

Tá cur síos i gcuid de na cuntais ar dheasghnátha faoi leith a bhaineadh le cur na mallachta. Tharlódh, mar shampla, go leagfadh sí a mallacht faoi sheacht agus i nglór faoi leith, nó go rachadh sí ar a glúine, go nochtfadh sí a ceann, go

12 Dáithí Ó hÓgáin, *Labhrann Laighnigh: cnuasach de théacsanna agus de chainteanna ó shean-Chúige Laighean* (Baile Átha Cliath, 2011), lch 112; cf. Seán Ó Tuama & Thomas Kinsella (eag.), *An duanaire, 1600–1900. Poems of dispossessed* (Portlaoise, 1981), lch 344.   13 Cf. 'The curse is particularly the weapon of the wronged and the oppressed against their more powerful enemies' (Alfred Ernest Crawley, *Oath, curse, and blessing: and other studies in origins* (London, 1934), lch 23). Creideadh nár ghá di fiú an mhallacht a chaitheamh mar gur leor do dhuine éagóir a dhéanamh uirthi chun go dtitfeadh an mí-ádh air mar a thuigfí ó Pheig Sayers: 'Níor dhein éinne riamh éagóir ar bhaintrigh ná gur chaith sé díol as. Chaillfeadh sé féin an tsláinte nó chaillfeadh sé a mhnaoi shaolta. Bheadh mí-ádh éigin air' (CBÉ 936: 251).   14 Keith Thomas, *Religion and the decline of magic* (London, 1971), lch 609.   15 CBÉ 734, lgh 533–4, Tomás de Búrca ó Bhríd Ní Fhlannghaile, Ceathrú Thaidhg 1941. Tá buíochas ag dul don

scaoilfeadh sí a cuid gruaige, nó mar a thuairiscítear in *Seanchas Jimmy Chearra* go noctfadh sí a brollach:

> D'osclódh sí amach a brollach agus tharraingíodh sí amach a dhá cíoch i láthair a raibh ann, agus an uair sin bhí tús á chur leis an mallacht agus é idir a bheith ina chaoineadh agus ina gholghártha. Ní raibh aon stop uirthi an uair sin nó go raibh sí tuirseach, chuile chineál mí-ádh agus anachain tarraingte anuas sa mullach ar an té a raibh sí tuillte aige, agus a shliocht ina dhiaidh. Bhí sé ráite go raibh sé scanrúil a bheith ag éisteacht le ceann acub.[16]

Ba shlí é ag bean a brollach a nochtadh le géarú nó treisiú leis an bhfriotal a bhí á chur aici ar a mothúcháin, agus dá chomhartha sin, san amhrán, 'Donncha Bán', cuireann deirfiúr Dhonncha in iúl go raibh a brollach oscailte agus a gruaig scaoilte léi síos nuair a tháinig sí á chaoineadh:

> Tá mé ag teacht ar feadh na hoíche,
> mar bheadh uainín i measc seilbhe caorach,
> mo bhrollach oscailte is mo cheann liom scaoilte,
> is cá bhfaighinn mo dheartháirín romham ach sínte.[17]

An éifeacht chéanna a bhí le scaoileadh na gruaige agus, ar ndóigh, ba ghnách le mná caointe a gcuid gruaige a scaoileadh agus uaireanta fiú a stathadh dá gcloigeann.[18] B'fhógra é an nochtadh agus scaoileadh na gruaige go rabhthas ag dul lasmuigh de na gnáthchoinbhinsiúin shóisialta. Cuireadh in iúl sa tslí seo go raibh an srian a smachtaíonn iompar agus léiriú mothúchán sa ghnáthchúrsa, caite i leataoibh sa chás seo agus ba mhóide éifeacht na mallachta dá bharr sin.

Bhí taca breise a chuirtí uaireanta le mallacht ar dheasghnáth ina cheart féin freisin, é neamhspleách ar aon fhoclaíocht. Tá cuntas ó oirthear na Gaillimhe, mar shampla, ar mhallacht a cuireadh ar thiarna, 'Mr Hardy of Duckfield', tar éis dó dhá theaghlach is leathchéad a dhíshealbhú aimsir an Ghorta Mhóir agus cuirtear síos ar na deasghnátha breise a cuireadh i bhfearas chun mí-ádh a tharraingt air:

> My great grandmother was an eyewitness to all that happened. Distracted women went down on their two knees on the bare road and cursed Hardy openly and that curse fell and fell with a vengeance. In those days there was

---

Stiúrthóir, an Dr Críostóir Mac Cárthaigh, as cead a thabhairt ábhar ó Chnuasach Bhéaloideas Éireann a fhoilsiú anseo.   16 Ó Cearra, *Seanchas Jimmy Chearra*, lch 89.   17 Ó Tuama & Kinsella, *An duanaire 1600–1900*, lch 336.   18 Angela Partridge, 'Caoineadh na dTrí Muire agus an chaointeoireacht' in Breandán Ó Madagáin (eag.), *Gnéithe den chaointeoireacht* (Baile Átha Cliath, 1978), lgh 67–81, ag lch 72.

a terrible curse known as the curse of the Seven Marys. Seven large dolls were made just like seven *fear bréiges* except that they had to be seven women and life-sized. The seven dolls were called the Seven Marys. Now these seven dolls were cried just as people would do at a wake and after being cried they were buried at night in the property of Mr Hardy. That was the form the curse took. From that time forth everything began to go against Mr Hardy – crops, stock, everything and finally he got broke. The present Mr Hardy is poorer than the poorest resident of Duckfield.[19]

Ba chuid den seanchas a bhain le mallachtú é go dtitfeadh an mhallacht ar an té a chuir í da mba rud é nach raibh sí tuillte ag an té ar a ndíríodh í. Tá léiriú maith air sin i gcuntas a tógadh ó Sheán Ó hAo, nó 'Hamit' (1861–1946) as Cuan Dor, Co. Chorcaí, sa bhliain 1939, ar eachtra a tharla dó féin tráth ar chuir bean mallacht go héagórach air nuair a cheap sí gurbh é a chuir taobh cnoic trí thine agus gur fágadh a hainmhithe féin gann fé fhéarach de bharr an dóiteáin:

> Chaith sí a caidhp di, siar dá cúl, agus do tháini sí ar a dhá glúin, agus do chuir sí oiread do mhallactaíbh agus d'fhéatadh sí orm. D'iarr sí ar Dhia crampaí agus tinneas a chur orm, ná féatainn siúl ná seasamh ná éiní eile!
>
> 'Ó mhuise, nár ghabha' do ghuí tharat go mbuailfi sé thu féinig!' aduartsa léi; 'agus tá súil le Dia agamsa gur ort féinig a thitfig na heascaíní,' aduartsa léi.
>
> Sea. Do chuireas díom. D'fhágas mar sin é. Agus i gcionn seachtain nó caidhcíos bhí dhá mhaide croise aici le toil Dé ... Ach chun deirig thiar thall nuair a fuair sí amach, is cé dhin é, do thosnaig sí ar me chrosa – ar na mallachtaí a bhuint díom. B'é toil Dé gur chaith sí uaithi na maidí croise: do tháinig a siúl arís di.[20]

Ar ndóigh, chinntigh an baol seo a bheith luaite le mallacht a chur, go mbeifí cáiréiseach faoina cur, rud a chabhraigh, ní foláir, le síocháin shóisialta a chothú. Bhí an tuairim ann chomh maith go bhfanadh cuid den mhallacht ar an láthair inar cuireadh í agus bhí seanrá a d'áirigh go raibh 'Trí chomhartha ar áit gur deineadh mallacht ann: – trom, traona agus neantóga'.[21]

* * *

19 CBÉ 734, lgh 533–4. Seosamh Ó Flannagáin ó Sheán Ó Fallamhain (91 bl.), Baile an Ruadháin, Cill Ríchill, Béal Átha na Sluaighe, 1938. Maidir le híomhá de dhuine a chur i dtalamh d'fhonn díobháil a dhéanamh dó, féach Noeleen Conboy, 'Burying the sheaf – a form of murder by magic', *Sinsear: the Folklore Journal*, 4 (1982–3), 102–6, agus Hans Hartmann, *Über Krankheit Tod und Jenseitsvorstellungen in Irland* (Halle, 1942), lch 104. **20** Donncha Ó Cróinín (eag.), *Seanachas ó Chairbre* (Baile Átha Cliath, 1985), lgh 567–8. Ciallaíonn 'crosa' (= crosadh) anseo comhartha na croise a chur idir duine agus an t-olc atá ag bagairt air. **21** Diarmuid

Cleachtar gnás an mhallaithe in a lán cultúr agus tá fáil idirnáisiúnta ar roinnt móitífeanna bainteach leis atá lárnach sa traidisiún seo againne. Is léiriú maith air seo an cultúr Giúdach-Críostaí – cultúr a raibh tionchar fairsing aige ar a lán pobal. Sa Sean-Tiomna, mar shampla, cuirtear in iúl go dtiteann an feall ar an bhfeallaire: 'Fillfidh an Tiarna a bhearta fola ar mhullach a chinn féin air',[22] agus tá léiriú fileata i *Leabhar na Seanfhocal* ar an tuiscint nach dteagmhódh an mhallacht le duine nár thuill í: 'Dála an ghealbhain a éalaíonn agus na fáinleoga a sceinneann, ní luíonn an mhallacht nach dual ar a sprioc'.[23] Cé gur gnáth-thuiscint í nach mbeadh mallacht go deo gan toradh,[24] féach gur creideadh chomh maith go bhféadfaí a héifeacht a chealú le foirmle mar 'Aingeal Dé in aghaidh do ghuí' nó 'Nimh do bhéil i do bhráid'.[25] Tá an tuiscint chéanna le fáil freisin i *Leabhar na mBreithiúna*, mar a dtuairiscítear gur chuir bean mallacht ar an té a ghoid airgead uaithi ach gur cealaíodh an mhallacht nuair a chuir sí a beannacht thar n-ais ar an té sin.[26]

Thuigfí ón tslí ina léirítear mallacht ag feidhmiú sa seanchas – í ag titim ar an sprioc ar a bhfuil sí dírithe, nó í ag titim ar an té a chaith í, nó ar an áit a gcaitear í, gur geall le splanc fuinnimh í nach féidir a shrianadh nó a smachtú nuair a scaoiltear í – go gcaithfidh sí dul in áit éigin amhail is gur rud corpartha (*res*) í. Ach fós, cé nach féidir í a aisghairm, is féidir í a dhíriú ar mhalairt treo ón sprioc ar a bhfuil sí dírithe, rud a léirítear, mar shampla, sa scéal faoi Naomh Pádraig ag mallú thír na hÉireann ina n-éiríonn lena chléireach éifeacht a mhallachta sin a aistriú go nithe mar bharr na luachra, rútaí an aitinn agus adharca na mbó bána.[27] Tá léiriú sa Sean-Tiomma freisin ar an tuiscint gur féidir éifeacht mhallachta a aistriú ó sprioc amháin go sprioc eile sa scéal ina gcuireann Rebecca, bean Íosáic, in iúl go dtógfadh sí uirthi féin mallacht a bheadh dírithe ar a mac Iacób: 'Bíodh an mhallacht sin ormsa, a mhic'.[28]

Tá cúiseanna maithe go luafaí cumhacht speisialta le mallacht baintrí. Ní hé amháin gur chinntigh a stádas imeallaithe gurbh éasca bua docharach a lua léi, ach chomh maith leis sin ba bhean í go raibh stádas faoi leith aici sa traidisiún Giúdach-Críostaí. Tugadh cosaint speisialta di i ndlí na nGiúdach (mar aon leis an dílleachta agus an deoraí), seachas mar a tugadh d'aicmí eile sa phobal. I dtéacsanna éagsúla sa Sean-Tiomna tugtar foláireamh gan éagóir a dhéanamh ar

---

Ó Muirithe, 'Focal ar fhocal', *Foinse*, 13 Bealtaine 2001. **22** 1 Ríthe 2:32; cf. Salm 109 (108):17; féach freisin Thompson, *Motif-index of folk literature*, uimhir Q581, 'Villain nemesis. Person condemned to punishment he has suggested for others'. **23** Seanfhocail 26:2. **24** CBÉ 734, lgh 533–4: 'Caithfidh an mhalllacht titim ó déantar í'; cf. *The new Catholic encyclopedia*, 15 iml. (New York, 1967), iv, lch 547; Eduard Hoffmann-Krayer & Hanns Bächtold-Stäubli, *Handwörterbuch des deutschen Aberglaubens*, 10 iml. (Berlin, 1927–42), ii, colún 1640, uimhir 2. **25** Féach raiteas Pheig Sayers thuas: 'Go dtite eascaine do bhéil féin ort' sa chomhthéacs seo i CBÉ 936, lch 25. **26** Breith. 17:2. **27** Ó Súilleabháin, *A handbook of Irish folklore*, lch 552. In insint eile den scéal is ar Uí Duach seachas Éire a chuireann Pádraig a mhallacht; féach Ó hÓgáin, *Labhrann Laighnigh*, lgh 197–8; Thompson, *Motif-index of folk literature*, uimhir M422, 'Curse transferred to another person or thing'. **28** Geineasis 27:13.

bhaintreach[29] agus ordaítear cabhrú léi;[30] deirtear go gcumhdaíonn an Tiarna í agus go dtugann sé tacaíocht di.[31] Tugtar rabha go mbainfidh Dia díoltas don té a chiapann í agus fógraítear go n-éisteann Dia le hachainí na mbaintreach: 'Má dhéanann tú iad a bhuaireamh agus go dtagann a nglao chugam, éistfidh mé leo, éistfead sin'.[32] D'fhéadfaí a áiteamh gur geall le bunús bíoblúil nó cairt chreidimh é an ráiteas seo a dhlistiníonn an tuiscint go mbíonn éifeacht le mallacht baintrí.

Tugadh stádas speisialta na baintrí isteach sa Chríostaíocht freisin, agus ghlac luathChríostaithe orthu féin, mar cheann dá bpríomhdhualgais, cúram a dhéanamh de bhaintreacha.[33] I *Litir Naomh Séamas* luaitear go sonrach cúram a dhéanamh do bhaintreacha agus do dhílleachtaí mar shlat tomhais ar fhíorchleachtadh an chreidimh.[34] Léiríonn na soiscéil bá Chríost le baintreacha nuair a d'athbheoigh sé mac na baintrí as Náin agus arís nuair a mhol sé ofráil na baintrí boichte.[35] Is léir ón méid seo gur chothaigh an Chríostaíocht an tuiscint go raibh seasamh faoi leith ag baintreacha i láthair Dé agus go raibh cúram faoi leith á dhéanamh aige dóibh. Ba dhlistiniú tréan an méid sin, ar ndóigh, ar an ngéilleadh forleathan i dtraidisiún na tíre seo d'éifeacht ghuí baintrí, fiú má ba ghuí dhocharach féin í.

---

[29] Zacairia 7:10; Irimia 22:3.   [30] Íseáia 1:17.   [31] Leabhar na Salm 146:9.   [32] Eaxodus 22:21–3; féach leis Deotranaimí 27:19.   [33] Gníomhartha na nAspal 6:1.   [34] Litir Naomh Séamas 1:27.   [35] Lúcás 7:11; Marc 12:41–44.

'Joy's soul lies in the doing': the pleasure of fieldwork

ÉILÍS NÍ DHUIBHNE ALMQVIST

The summer of 1986 was one of those dreadful Irish summers. It rained and rained. The worst affected areas were in the east of the country; Hurricane Charley hit Dublin and rivers overflowed, flooding houses and shops. I was spending the summer in Kerry, however, in Dún Chaoin, with my family – Bo Almqvist, and our two little sons, Ragnar and Olaf. For once, the weather in Kerry was somewhat better than on the east coast, but only just.

Earlier, in 1984, Anne O'Connor, one of the editors of this *Festschrift*, had invited me to become a member of a group called The Women's Studies Forum, in UCD. This society had been set up by Ailbhe Smyth, who had assembled a group of about a dozen women – lecturers and graduate students, and a few writers – who were interested in feminism, in particular the relationship of feminism to scholarship, research, literature, academia and culture. Feminism was of course not new in Ireland in the 1980s, but its impact on intellectual life, and on university life, was as yet surprisingly limited. Thanks to the discussions at the Women's Studies Forum and the lectures and events organized by Ailbhe Smyth and others, for the first time I became aware of the general blind eye turned to women in almost every field of cultural endeavour in Ireland, particularly in literature but also in folklore collecting and study. Just as I had never observed, while studying for a BA degree in Pure English in UCD on a course the modest ambition of which was to introduce students to the entire corpus of literature in English, from the eighth to the twentieth century, that hardly any works by women appeared on the syllabus, similarly I had failed to see that all the full-time collectors employed by the Irish Folklore Commission were men. Nor had I noticed that the main storytellers in Ireland – although by no means all – were men. Certainly I had never given a second thought to the paucity of folklore relating to women's lives in the collections of the folklore archive.

But by summer 1986 I was aware of all these things, thanks to the Women's Studies Forum. Sometimes all it takes is a nudge to open one's eyes. It was clear that while there was absolutely no overt prejudice against women, their lives or their stories, there were inevitable gaps in the sort of material that had been collected by the industrious folklorists working for the Irish Folklore Commission; while there was plenty of information about ploughing and card-playing, fishing and house-building, accounts of anything to do with sexual life, reproduction, childbirth, the female body, were either limited or absent in the vast collections of information about human life in the collections of the

Department of Irish Folklore, as it then was (formerly the Irish Folklore Commission, and now the National Folklore Collection.) As a mother of two babies, I was particularly interested in finding out how pregnancy, childbirth and mothering had been experienced, in the old communities. (This is an example in itself of how the personal experience of the collector has an impact on what is considered interesting, and worth collecting). Ríonach uí Ógain, who had babies more or less the same age as mine, was also in Corca Dhuibhne that summer. I asked her if she would like to join me in interviewing someone about these matters. The person I wanted to talk to was Máire Ní Ghuithín, also known as Máire Mhaidhc Léin, a Blasket Islander (see plate 24.1). She was at this time living with her brothers, Seán and Muiris, in their house at Barr an Bhóthair in Dún Chaoin. This was a wonderful house, in which nothing had changed in perhaps a century. I described it in a short story I wrote a few years later:

> There is no electricity in this house. The kitchen looks exactly like it did forty years earlier when the brothers came in from the Great Blasket after it was evacuated. The walls are a yellowy white, the colour you see in villages in France and Italy.
> There are many beautiful kitchens in this valley. Some modern, some old. The personality of the owner stamped on every one of them. But this one is the most pleasing in its simplicity. Every single thing in it is functional. The skillet hanging from the crane over the fire is the sort of thing you would normally see in a museum, but Padraig bakes bread in it every day, great golden loaves. The turkey was roasted in that pot on Christmas Day. There are no ornaments in this neat house but everything in it is beautiful.[1]

Ríonach and I called in to Máire one afternoon in August. We sat by the fire, and asked her questions about childbirth, babies and the lives of women. We stayed with her for about two hours. When we came out of the house, which is situated in a hollow at the foot of Mount Eagle, the road was under two feet of water. It had rained heavily while we were inside, and the streams that flowed down Mount Eagle had swollen into dramatic cataracts which were thundering Niagorously down into the valley. We waded through the water and carried our tapes and the recorder to safety on higher ground. (As far as I remember, the Ó Guithíns' house was not flooded because Seán and Muiris had already protected it with sandbags.)

The material we recorded is preserved in the National Folklore Collection.[2] The relevant tape is NFC T_2299, and the catalogue entry describes it as including information on 'saol an oileáin, saol na mban, cleamhnais, breith'.[3]

1 Brian Ó Conchubhair (ed.), *Twisted truths: stories from the Irish* (Indreabhán, 2011), p. 94.
2 NFC T_2299.   3 I have listened to NFC T_2299. It includes some information on women's

Later that year, Máire published a book, *Bean an Oileáin*,[4] in which she wrote about the lives of women on the island. Clearly our session on the rainy August afternoon had inspired her to do so, and the work is interesting and important in filling in some of the detail of ordinary women's lives on the Blasket, and in a rural community in the early days of the twentieth century.

The main purpose of the collecting was thus fulfilled. The goal of any collector is to document tradition: stories, songs, oral history and much else. But collecting is also a part of the collector's life, and the benefits of collecting are more complex than the creation of the end product: the tape, the interview, the book, the film.

What I remember of the session with Máire is not so much the content of the tape we made – although some details of her account stayed with me. It is rather the circumstances: going into that extraordinary and beautiful house, sitting at the open fire, and coming out and stepping into a road that in our absence had been transformed into a fast-flowing river.

From the start, folklore fieldwork has been an adventure. One of the very earliest collectors of folklore in Ireland was Thomas Crofton Croker, born in the city of Cork in 1798. Usually described as one of the Irish 'proto-folklorists', or even as the first of them, since he began collecting before folklore study or collecting had become established in any professional or academic manner, he published several books, including *Fairy legends and traditions of the south of Ireland*,[5] and *Researches in the south of Ireland*.[6] Thomas Crofton Croker began collecting when he was in his teens, in the second decade of the nineteenth century. In the Cork he grew up in, there was a lively intellectual circle which was taking a keen interest in archaeology, in Irish language and culture. Although the great Irish culural renaissance was not to happen until the end of the nineteenth century, when much in the politics and administration of the country had changed, a harbinger of that movement was developing already at the start of the century.[7] Crofton Croker belonged to a coterie of young people who took an interest in 'antiquities', physical and verbal. His 'excursions', as described in his first book, took the form of Sunday and holiday hikes with his friend Joseph Humphreys, when both were in their mid- to late teens. They sketched ruins and old houses; they stopped in cottages and chatted to the country people, noting and remembering their stories and observing their customs and rituals.

---

lives, life on the Blasket, difference between life on the Blasket and life on the mainland, single women, married women. There is a good deal of description of food (potatoes, fish, soup), of buying some food in Dingle. I cannot hear anything relating to childbirth or the rearing of infants, although I remember that Máire spoke at least about ways of feeding infants. Possibly a tape is missing from the collection.   **4** Máire Ní Ghuithín, *Bean an oileáin* (Baile Átha Cliath, 1986).   **5** Thomas Crofton Croker, *Fairy legends and traditions of the south of Ireland* (London, 1825).   **6** Thomas Crofton Croker, *Researches in the south of Ireland* (London, 1824; New York, 1969).   **7** Liam Mac Mathúna and Regina Uí Chollatáin (eds), *Saothrú na Gaeilge scríofa i suímh uirbeacha na hÉireann, 1700–1850* (Dublin, 2016).

Like many of the 'proto-folklorists' of the time, they were young men enjoying the countryside, on walks with a purpose. Collecting folklore was a pleasure, part of the pleasure of the Sunday afternoon hikes. Like all research, it is exciting because one is discovering new things about humanity and the world.

For Crofton Croker, the realization that he was collecting stories that had been told for centuries but which nobody had written down before must have been thrilling, as soon as he realized what he had stumbled into. But as well as being intellectually fascinating, folklore collecting had the additional attraction of being sociable and unpredictable: he met exceptionally entertaining and creative people, most of them highly intelligent. His fieldwork was also physically engaging: Crofton Croker walked for miles in the Cork countryside on his 'excursions'. Even today most folklore collectors are eager walkers; in the early nineteenth century, they had no choice. (It may be observed that as far as physical activity and social interaction is concerned, folklore fieldwork is the polar opposite of internet research.)

Before the professionalization of folklore collecting and studies, which occurred towards the end of the nineteenth century in Scandinavia and Germany, and somewhat later in Ireland, the association of fieldwork with leisure activity was obvious. Folklore collecting for the most part was an amateur pursuit, carried out in people's spare time – this didn't mean that they did not publish the results of their research, or, in some, rare, instances – for example that of Jeremiah Curtin – make money out of it.[8] However, even in a professional context, when research is a component of an individual's career, whether the collector is an academic or a student, folklore collecting is also an enjoyable pursuit.

This is especially clear when the collector is an urban dweller, who goes to the countryside, in her own country or abroad, to do fieldwork. In Ireland, the countryside in question has traditionally been the west of Ireland, in the Gaeltacht, on the coast. The season for collecting is usually the summer, when academics have time to leave the workplace. Fieldwork is thus associated with summer and holidays, gorgeous scenery and bracing sea air. Bo Almqvist, for instance, collected most of his stories during the summers he spent in Dún Chaoin, from the mid-1960s until his death in 2013. Collecting involved walking through the countryside to the storyteller's house, talking to him or her and recording the stories, then walking home again. Going for a drink with some of the storytellers in the local pub could be an additional and not uncommon part of the experience.

My own collecting experience is more limited. I have written about my first encounter with Joe Mac Eachmharchaigh, a Donegal storyteller, in my recent

---

8 Angela Bourke, 'The myth business: Jeremiah and Alma Curtin in Ireland, 1887–1893', *Éire-Ireland*, 44:3–4 (2009), 140–70; see also, in this volume, Angela Bourke's essay, 'Alma agus Jeremiah Curtin i gConamara'.

memoir, where I describe the joy of setting out to find his house on a snowy January night in 1978:

> I set out to find Joe on the second night, also crisp and moonlit. I tramped along a bog road, serenaded by barking dogs, intoxicated by the turf smoke. It began to snow. Overjoyed, I thought I was like the Brothers Grimm, going out to collect stories in the countryside around Kassel at the beginning of the nineteenth century – obviously I knew very little about the Brothers Grimm, or I wouldn't have drawn any comparisons. I imagined them as middle-aged men, did not know that they were about my age when they began to collect tales, did not know that they seldom if ever went out tramping around the countryside, in winter or summer, but relied on their friends, often women, to send them the stories in letters. But it was a magical association, which quickened my step and helped me overcome my fear of the crazy dogs, and my shyness at barging in on a complete stranger.
>
> I would tell Bo about this, and I knew he would be pleased, and proud of his good student, following in his own footsteps. For he, as a young student, had tramped the countryside in Kerry, and in Iceland, seeking out storytellers and collecting their tales. I felt, under the starry night, that I was part of a chain of tradition that certainly went back to the age of romanticism, to 1812, the year of the publication of the Grimms' collection of fairytales, the groundbreaking book which was the catalyst for folktale collecting and comparative folklore studies all over Europe. I was a participant in that great project which had been going on for almost two hundred years. I was becoming one of the conservationists who both discover and save the culture of the world. That's what I felt, crunching through the snow, under the stars.
>
> Like the B & B, Joe Mac Eachmharcaigh's house was cheek to jowl with a derelict whitewashed cottage, grass and weeds abundant on its collapsing thatched roof; the beautiful ruined old side by side with a not so lovely new version of vernacular architecture. But Joe didn't live in a big bungalow. His home was a little prefab hut, what was known in Donegal as a chalet. Turf smoke puffed out of a steel pipe that served as a chimney. No dog, until I knocked on the door. Then a ferocious barking and a man's voice saying *Druid do bhéal, druid do bhéal*! Or something like that.
>
> Joe was shocked to see me on the doorstep, a stranger in the snow.
> '*Tar isteach a thaiscí*!'
> He welcomed me into his room.
> It was like stepping into an oven, wonderfully hot after the freezing temperature outdoors. And the room was cosy. Outside, the house looked like a temporary office on a building site. But this grim exterior led to a

traditional Donegal kitchen. A range in the middle of the gable wall, a table under the window. Down at the back wall, a red settle bed. Just like in the old cottages I had often stayed in as a child. The room embraced me with its warmth. I felt perfectly at home. It was like opening a shabby old book and entering a fairytale.[9]

Going on a journey always raises the spirits – but there is more to it than enjoyment of scenery and fresh pastures. My most extensive and intensive collecting was carried out in the city where I have always lived, Dublin, during the Urban Folklore Project 1979–80. This project was an employment scheme, so I was paid for the work, which was full-time for about a year-and-a-half. I seldom travelled more than four or five miles from home to meet my informants and record their stories, songs and memories. Nevertheless doing this fieldwork brought me into parts of the city, onto streets and into houses and apartments, which I would never have visited otherwise. I was astonished at the charm and cosy comfort of Corporation flats in Ringsend and O'Devanney Gardens. The exteriors of these places could be shabby and uncared for, but when one stepped inside the door of the apartment, another world awaited: homes that were loved and cared for, and expressed the tastes and interests of the residents. Above all, I got to know people whom I would never have encountered in the normal course of my life, which, like most people's, was circumscribed and tended to involve only people who were in my own immediate circle: mostly the same age, with the same education, of roughly the same social class. Collecting folklore brought me into contact with all kinds of 'others'. That I, and they, were working together on a project, that I was recording their memories, local history, stories, or whatever their speciality was, gave us a basis for a relationship which would otherwise have been impossible. Even though the places I went to were close to home, physically, they were new and exotic for me.

And collecting involved physical activity. Like Crofton Croker, I usually walked from home or office to wherever I was collecting, part of the way or the whole way. I couldn't drive and didn't own a car. Finding my way to Black Pitts, where I had never before set foot, or Stoneybatter, or Ringsend, was a delight and an adventure in itself.

The final joy of collecting is that one is usually aware that the storyteller or informant enjoys the whole experience just as much as the collector does. Both share an appreciation of the topic, be it story, memory of the past, song. Both want to record it. The collector finds a good talker, and the good talker finds a good listener, and – crucially – they have something to talk about: a real topic which interests them both. There is true collaboration, mutual appreciation and respect in the relationship.

9 Éilís Ní Dhuibhne, *Twelve thousand days* (Belfast, 2018), pp 52–3.

In works of folklore study that are as graphic and fluent as novels, writers such as Henry Glassie[10] and Ray Cashman[11] have written about their love of the places they collect in, and their affection for their informants. These descriptions of their journeys are interwoven with the documentation of the material collected, and with their analysis thereof. Their books pay due homage to the wholeness of fieldwork: it encompasses the information collected, the collector, the informant, and the setting, all of which contribute to the overall experience, and all of which arguably form key parts of the comprehensive record.

Fieldwork, as Crofton Croker discovered on his hikes around Cork, is fun. Ríonach uí Ógáin, in her work as an archivist, collector and professor of Irish Folklore, has experienced this pleasure and joy over the course of her long and rich career. Sitting by a fire in a country cottage in Dún Chaoin during one of Ireland's rainiest summers and stepping out into a river was just one of many interesting adventures. Ríonach had other careers and jobs before she joined the Department of Irish Folklore but she was in love with folklore and pursued it. Why? A small number of people are drawn to our subject, and I am not sure if we know precisely what attracts them to this esoteric discipline, to the extent that they devote their lives to its study. It is a vocation and an addiction. Whatever one's level of involvement, however, the endeavour is richly rewarding. Folklorists are few. But they are lucky people, and the joy of fieldwork cannot be over-estimated.

---

10 Henry Glassie, *The stars of Ballymenone* (Indiana, 2016).   11 Ray Cashman, *Packy Jim: folklore and world view on an Irish border* (Madison, WN, 2016).

The contribution of Séamus Ó Cinnéide to the Schools' Folklore Collection, 1937–8

WILLIAM NOLAN

This essay examines the contribution of Séamus Ó Cinnéide, principal of the two-teacher primary school, Lios na mBroc (Lisnamrock), Ballingarry, Thurles, Co. Tipperary, to the Irish Folklore Commission's Schools' Collection in 1937-8.[1] A brief biography is given and the essay then focuses on some central themes in his narrative.

BIOGRAPHICAL DETAILS

Séamus Ó Cinnéide (James or Jim Kennedy) – known locally as 'The Master' – was born in 1886 in the mining cluster of Earlshill in the Catholic parish of Ballingarry, barony of Slievardagh, Co. Tipperary. His mother, Sarah Kennedy, née O'Rourke, was widowed the following year when her husband John, a small farmer, died on 14 February 1887 at the young age of 42, leaving her with three young children.[2] Séamus attended the national school at Lisnamrock, about a mile from his home, which opened in 1876 to cater for a dense rural population engaged mainly in coal-mining. Indeed, the subdivision of the townland in which the school was located was known colloquially as 'the Acres', a reference to the plots of one acre allocated by the Langley landlords to the miners who worked their collieries. Around 1905, Séamus enrolled in Marlborough Training College for national teachers, in Dublin, probably the first in his extended family and from his social class to enter third-level education. He came out on probation in 1907 and, according to local knowledge, he was initially employed in a school in lowland Templetuohy, about twelve miles north of Earlshill.

Séamus Ó Cinnéide was appointed to his alma mater on 1 November 1910. In the 1911 Manuscript Census he is listed as a 25-year-old national-school teacher residing with his mother and an older brother in Earlshill townland.[3]

[1] Séamus Ó Cinnéide's contribution forms part of the Schools' Manuscripts Collection of the National Folklore Collection (NFCS), and is bound in volume 562, pp 159–326, where the following details are given: 'Co: Tiobraid Árann, Bar: Slievardagh, Par: Baile an Gharrdha, Scoil: Lios na mBroc, Oide: Séamus Ó Cinnéide' (p. 159). Throughout this article, references to the Schools' Manuscripts Collection appear with the designation NFCS and with a colon separating the volume number from the page numbers (e.g., in the present instance, NFCS 562:159–236). The National Folklore Collection is housed in University College Dublin.
[2] http://historicgraves.com/old-church/ts-ocbg-0149/grave, accessed 17 February 2019.
[3] www.census.national archives.ie/pages/1911/Tipperary/Ballyphilip/Earlshill/837964/,

278

Subsequently, he moved a couple of fields away from his family home purchasing a small farm and residence close to what was known locally as 'the Aul' Yard', probably an earlier location for coal and culm sales. Around him were the paraphernalia of the most active phase of coal-mining in Earlshill initiated in 1845 when the Mining Company of Ireland acquired the lease to the mines previously worked by the local landlord family, Goings of Ballyphilip House.

We have no evidence that Séamus Ó Cinnéide participated in any of the political movements sweeping Ireland from 1914 onwards. The Great War, Easter Week 1916, the War of Independence and the Civil War are conspicuously absent from the material he contributed to the Schools' Collection. He had, however, an abiding interest in the Irish language and it is believed that he attended courses for national teachers at Ring College (Coláiste na Rinne) in the Waterford Gaeltacht. From his analysis of census data in respect of Irish-speaking, Garret FitzGerald concluded that in the pre-Famine period Irish was spoken by less than ten per cent of the whole population in the South Riding of Tipperary, in which Slieveardagh is located. The percentage proportion for Slieveardagh, because of its long tradition of commercial coal-mining and immigration, was much less;[4] none of the informants recorded by Séamus Ó Cinnéide, some of whom were over 90 years of age, had Irish. Ó Cinnéide was well aware of the decline of Irish as a spoken language and this prompted him to record a 'List of Irish words and phrases that have been adopted into the popular English speech of the Galltacht'. The alphabetical list in this retrieval exercise has some 200 words and phrases, exemplified by the common speech of the people.[5]

Only snatches of Séamus Ó Cinnéide's life as a school teacher have survived. My late mother, who attended Lisnamrock School from 1910, remembered an incident around 1914 when an inspector visited the school. Miss O'Dwyer, the principal, had instructed the pupils to welcome the inspector with a song which had the words 'We are little British children', but to the horror of teacher and inspector the pupils sang 'O'Donnell Abú'. This piece of subversion may have been orchestrated by Ó Cinnéide. As a local, 'The Master' knew every detail of the children's lives and, for example, when a pupil faltered in answering a question he caustically remarked 'You wouldn't forget the bar of a Cashel set [a popular local dance] at Bill Shea's'. Séamus Ó Cinnéide retired early from teaching due to ill-health and died on 30 March 1942 at the age of 56. His life would have been forgotten and his lore unrecorded only for the impetus provided by James Delargy's extraordinary project to use the network of national schools and their teachers to chronicle rural Ireland from the vantage point of

---

accessed 17 February 2019.   4 Garret FitzGerald, 'Irish-speaking in the pre-Famine period: a study based on the 1911 census data for people born before 1851 and still alive in 1911', *Proceedings of the Royal Irish Academy*, 103 C (2003), 191–283 at 203; data for Ballyphilip DED, in which Earlshill is located, is on p. 238.   5 NFCS 562:167–81.

the late 1930s. As I understand the scheme, pupils in senior classes were allocated the task of collecting folklore under a series of headings from their parents or neighbours and this material was copied into specially provided copybooks issued by the Folklore Commission and returned to Dublin.[6]

Whether through design or accident, Séamus Ó Cinnéide decided to take sole responsibility for the compilation for Lisnamrock School and it was a fortunate decision for the material now reposing in MS 562, pp 159–326, may be one of the richest seams in the whole collection. From internal details within his compilation, it appears that Ó Cinnéide was collecting folklore before the School's Collection was projected as he has references (p. 186) to an informant who 'told me the following story fifteen years ago [1923]'. It seems that the sphere of influence of the school was the geographical focus of Delargy's survey. There were no precise geographical boundaries demarcated, and this is true in respect of Lisnamrock. Because the school straddles the boundary of the Catholic parishes of Ballingarry and Gortnahoe and Glengoole, its catchment incorporates townlands in all of these. The townlands for which he provides a census in 1938 were Ballinastick, Ballyphilip, Clashduff, Coalbrook, Curaheenduff, Glengoole South, Gurteen Upper, Kelliheen, Knockalonga, Lickfinn and Lisnamrock. These were all within the coal-mining district and in a topographical sense were sharply divided from the limestone lowlands of central Kilkenny, to the east around Callan, and of mid-Tipperary, centered on Thurles to the north.

Séamus Ó Cinnéide's domain was firmly anchored to the hill country in the mining basin of Slievardagh above the limestone. Ó Cinnéide is never explicit about the ways in which his home place is different from surrounding places, indeed topography is rarely considered except when discussing placenames. He observed, however, that the hills served as a watershed or boundary between the Nore and Suir drainage basins. In one field near his home the water drained south to the Nore, whereas that from the adjoining field flowed south to the Suir.[7]

FACTIONS AND FACTION FIGHTING

Factions were agrarian secret societies based on kin or defined place associations. Ó Cinnéide, while admitting that their origins were uncertain, traced them to a hanging at an indeterminate time in the past:

> It is said that a man was about to be hanged in the district one time when a bystander, looking up and noticing the rope around his neck, exclaimed,

---

6 Mícheál Briody, *The Irish Folklore Commission, 1935–1970: history, ideology, methodology* (Helsinki, 2008), pp 260–70. 7 NFCS 562:236.

> 'Well you may wear your cravat'. 'Why then', said the doomed man, 'If I was down out of here I'd tear the ould waistcoat off you'. Whereupon the people split into factions.[8]

Their function was often to act as unofficial regulators and enforcers in relation to the distribution of land and employment, but Ó Cinnéide's factions, the Caravats and Shanavests (from Irish *seanveist*, meaning 'old waistcoat'), are not given any policing role or economic dimensions. Though he names the families affiliated to both factions – 'Stokes, Croke and Corcoran' were Caravats whereas 'Pollard, St John and Rochfort' were Shanavests – he does not say that they were class-based or otherwise. Led by local champion athletes, their only public function was to organize their respective forces for the annual ritual battle at the fair of Ballingarry, known as the Gooseberry fair, held, according to Ó Cinnéide, on 23 July.

Amhlaoibh Ó Súilleabháin, the Callan diarist, recorded for 26 May 1828: *La Aonaigh Baile an-Garadh .i. Cille Bhaoithn .i. an aonaigh is coirpthe a ccoige Mumhan na a ccuige Laighean* ('Ballingarry, that is, Kilboyne, fair day, that is, the most wicked fair in Munster or Leinster'), and he composed a burlesque poem on the event.[9] The contest was treated like a military encounter and both parties made extensive arrangements, such as the engagement of reinforcements and the tactics to be adopted, during the week preceding the battle. According to Ó Cinnéide, these plans were openly discussed between the protagonists who maintained cordial relations right up to the appointed time of combat. Sean Garbh Ryan, farmer, coal-carter and weight-lifter, was the Shanavest leader:

> Ryan was a Shanavest and in the faction fights of Ballingarry used go before his men with a *sceach* or willow basket held with his two hands in front of him warding off the fusillade of stones which was let off before the two parties got to close quarters.[10]

His rival leader was the Caravat, Black James Maher, who was a noted high-jumper and skilled with the shillelagh:

> He could cover thirty-three feet in a standing hop and jump, trained to thrust, parry and strike with a blackthorn by an old man named Paddy Gregan from Duharra in north Tipperary, few could equal him in single combat at a faction fight.[11]

---

8 Ibid:, p. 209.   9 Michael McGrath (ed. and trans.), *Cinnlae Amhlaoibh Uí Shúileabháin. The diary of Humphrey O'Sullivan. Part I containing the diary from 1st January, 1827 to the end of August, 1828*, Irish Texts Society 30 (London, 1936), pp 270–5. The date given in *Thom's Irish almanac and official directory* for the year 1828 for Ballingarry fair is 24 July (p. 50).   10 NFCS 562:162.   11 Ibid., pp 163–4.

Ó Cinnéide does not date the faction fight but from circumstantial evidence it appears that he was retelling accounts which had survived orally from pre-Famine times. He tells us that Black James Maher sold his small farm and emigrated to New York in 1907 to join his family there when he was 80 years of age. This implies that he was born in 1827 and raises doubts as to whether he could have been recognized as a faction leader when he was not yet twenty.

After the battle of Ballingarry combatants with superficial injuries were treated by a local bonesetter, '"Shameen" Brien of Knockalonga' but:

> To Doctor Going of Ballyphilip House all those with broken skulls went for treatment as that gentleman was an army doctor at the battle of Waterloo; he was perfectly skilful in inserting silver plates in the craniums of the victims of Ballingarry Fair.[12]

According to the Revd C.C. Ellison, John Going, MD, was surgeon to the First (Royal) Dragoon Guards from 17 December 1801 to 25 February 1817. He was awarded the Waterloo Medal, retired on half-pay in 1817 and died on 5 January 1838 aged 80.[13] The fact that a member of the local landlord family provided medical services to the injured faction fighters implies that landlords, who as magistrates represented law and order, did not apply the full rigours of the law to those engaged in such disturbances. Perhaps they hoped that communal violence directed internally would dissipate energies which could threaten them and the state they represented. Dr Going's involvement obviously predates 1838 when the Caravat, Black James Maher, would have been, according to Ó Cinnéide's own evidence, 11 years old. He is apparently conflating incidents and personalities – what Cathal Póirtéir refers to as 'chronological compression'.[14]

Ó Cinnéide has what is a rare account as to how faction affiliation influenced distribution of relief during the Famine. A 'stirabout' or 'meal house for the distribution of cooked or raw yellow meal' was located at Earlshill to which place it was brought each day from Goings of Ballyphillip:

> John Maher had charge of the distribution. Now as John was a 'Caravat', the members of his faction received first consideration, the 'Shanavest' being served last. An old woman named Kitty Casey, who was married to a leading 'Shanavest' named Sean St John (Sean a Cogadh [Seán a' Chogaidh]) of Earlshill, said to me once in describing that period 'Well, *a chara*, 'tis often three waters boiled off the pot before anything was sent home in our bag'.[15]

---

12 Ibid., p. 206. 13 Revd C.C. Ellison, 'Going of Munster', *The Irish Ancestor*, 10:1 (1977), 30. 14 Cathal Póirtéir, *Famine echoes* (Dublin, 1995), p. 11. 15 NFCS 562:196–7.

It may be appropriate to ask here why Séamus Ó Cinnéide did not connect the factions to the problems experienced by the Mining Company of Ireland on taking over 'Mr Going's extensive coalfield in Earlshill and Ballyphilip with free use of his level' in 1845.[16] Previously, the mines had been worked through the contract or master collier system, which was analogous to the middleman system in landholding. These master colliers may have also been faction leaders. The new arrangement rendered old contracts redundant and placed the working colliers in a direct wage relationship with their new employers. Such a radical change was opposed by the master colliers who would lose both money and social prestige under the new system. Not surprisingly, they protested and, on the evening of 20 October 1845, Martin Morris, an underground steward under the new system:

> ... was shot at and severely wounded on his return from the colliery to his house, and although large rewards have been offered for information that might lead to the conviction of the perpetrators of the outrage, they have not yet been made amenable to justice.[17]

As the conflict widened, the traditional anonymous notice was despatched to the colliers employed by the Mining Company ordering them 'to resign their contracts on pain of death'. Unable to protect its workers, the Company reluctantly suspended the works on 20 December 1845. Substantial rewards of some £350, assembled through contributions from government, the Company and local landlords, were posted to encourage the discovery and conviction of Morris' assailants. The Mining Company portrayed Martin Morris, who had charge of the underground workings at the adjoining collieries of Ballinastick and Earlshill, as a model employee, 'a man deservedly raised from the ranks to a place of trust in his native village'. The forces of modernization eventually prevailed. The assailants were discovered and dealt with, Martin Morris was restored to health, and work resumed at the mines in early 1846.

Ó Cinnéide must have known about this incident, which raises the intriguing questions as to whether the master colliers were also faction leaders, and as to why he omitted any reference to it. One suspects that, as with the absence of discussion on the War of Independence and the Civil War in his narrative, Ó Cinnéide did not wish to offend local sensibilities in respect of events within recent memory. His community of the Earlshill coal basin was his extended family and family secrets were not for public dissemination.

---

16 Mining Company of Ireland, 'Half-yearly report of the board of directors', 31 May 1845', *Mining Journal* (London), 12 July 1845, 344; the Langley-owned mine at Coalbrook was not leased until 1853.   17 The episode is dealt with in the Mining Company of Ireland, 'Half-yearly report of the board of directors', 30 November 1845, *Mining Journal*, 3 January 1846, 6.

Ó Cinnéide ascribes the termination of faction fighting to the 'spread of the Fenian movement in the district'.[18] His chronology is of interest insofar as most commentators consider that the influence of the factions had waned during the pre-Famine period. The emphasis on national moral improvement was paramount in the O'Connell-dominated campaign for Catholic Emancipation and Fr Mathew's Temperance Crusade. In effect, the Irish people had to prove they were fit for self-government by abrogating what was considered as mindless violence and drunkenness. During the 1830s, the Catholic Church, in partnership with O'Connell's Catholic Association, stage-managed dramatic grand reconciliations between the factions, and Tom Steele, O'Connell's faithful acolyte, revelled in the title 'Grand Pacificator'. Yet there is compelling evidence that the rural factions survived to play a role in the events before and after the Rising in 1848. The final act in that drama took place in the parish of Ballingarry on 29 July and it is tempting to posit that the Caravats and Shanavests had forgotten their old battles to join with William Smith O'Brien in a national rather than a local quarrel at a time close to their traditional fight at the Fair of Ballingarry.[19]

THE GREAT FAMINE

The narrative of the Great Famine provided by Séamus Ó Cinnéide is rather benign. He wrote:

> In 1824 the mining rights were acquired by the Mining Company of Ireland and by 1846 four hundred men were employed in the area mining coal. At least two hundred others found employment carting the coal and culm to Callan, Tipperary, Cashel and Thurles and to the various lime quarries which were then very numerous in the county. As the Company found a market for its products during the period, they were able to retain all their hands in constant employment. This meant that there was a plentiful supply of money for the people and they were able to buy the necessaries of life. It is not recorded that anyone died of hunger in the district.[20]

The implication is that the provision of employment and the existence of a cash economy countered the worst impacts of the potato shortage. He shuns the workhouse, the fever hospital, contagious diseases and concentrates on the positive impact of the public works programme:

18 NFCS 562:206.   19 This is discussed in greater detail in William Nolan, 'Remember '48': the Young Ireland Rising' (forthcoming).   20 NFCS 562:195–6.

At this time a new road was made from Rafter's Cross in Kelliheen to the gateway leading from Knockadeeve to Lickfinn. Before this time the road connecting Rafter's Cross with Mardyke wound round the top of Knockadeeve in Lickfinn and was quite steep and hilly. It is plainly visible to this day. By choosing a line to the north west of the old road, the 'new line', as it is called, shortened the distance to Mardyke and removed the necessity for climbing over the hill. A large number of people found employment on this, removing the earth, quarrying stones and breaking them – men were paid 8*d*. (eight pence) per day. Stonebreakers had task work or piece work as it was called and the women and children were employed by these to help in the work. Even children were carried to the heap of stones by their mothers, supplied with hammers and compelled to break for the day.[21]

Sources contemporaneous with the Famine, such as the reports of the Mining Company of Ireland, confirm Ó Cinnéide's account of the availability of food, but not his claim of full employment during the crisis:

Your profit in this district has been curtailed by an endeavour, during the recent pressure occasioned by the failure of the potato crop, to provide food for the families of the men employed; in which endeavour there has been already distributed one hundred and fifty tons of Indian corn meal purchased for cash and sold under cost price, a proceeding not dictated altogether by philanthropic feelings, but adopted with the view of forwarding your best interests, by alleviating the severe privations to which your men and their families would have been liable, if the distressing circumstances in which they were placed had not been attended by your Board.[22]

Famine-induced recession impinged on the purchasing power of farmers and ever-mounting banks of coal and culm testified to the economic recession. The workforce was restricted to a four-day working week. By the end of 1847 upwards of 50,000 tons of culm had accumulated 'although the workmen have been limited to half time for several months past'. Still the work continued: a new level at Glengoole and Lickfinn; a deep level at Coolquill; a working pit and engine pit sunk at Earlshill and 'the steam engine at the Commons transferred there'. There were profits of £3,338 in 1847, but the workmen were limited to no more than two to three days' employment in the week. The yearly accounts indicate the downward spiral in sales: in 1844, for example, some 45,000 tons of culm were sold; by 1848 this tonnage had been reduced to 20,000.

21 Ibid., pp 198–9.   22 Mining Company of Ireland, 'Half-yearly report of the board of directors', 31 May 1846, *Mining Journal*, 4 July 1846, 282.

The hoped-for increase in demand, subsequent to improved productivity in agriculture, did not materialize and the company was downcast in its report for 31 May 1848:

> In this expectation your board has been disappointed; and although in the absence of demand for culm, one fourth of the men usually employed have been discharged, and the remainder limited to half time, there has been a further accumulation of stock on bank at the collieries, which now amounts to £17,071–14–11 at a reduced valuation, and your profit from this branch of your works is still further reduced in the half-year ended, by reduction of price to induce sales.[23]

Ballingarry's problems peaked in the stormy, wet winter of 1847 – thirty-five inmates of the fever hospital died in one week in December. The death census of Fr Philip Fitgerald, curate in the parish of Ballingarry, read at the Repeal Association meeting in Conciliation Hall on 3 May 1847, estimated that in the six months from October 1846 some eighty of the 176 deaths in the parish were attributable to the famine. In haunting images, he depicted the dying burying the dead:

> Funerals passing and repassing in every direction, the congregation on Sundays reduced by half, the church yards like fields lately tilled, without a green spot, constantly visited by processions of a few gaunt figures, carrying with difficulty the remains of some more fortunate relative or friend, themselves no less pale and ghastly, and scarce sufficient in strength and numbers to make the grave.[24]

The weight of documentary evidence appears to cast great doubt on Ó Cinnéide's interpretation but we need to be careful in assessing it. First, he was not writing about all of the Mining Company of Ireland's operations, nor about all of the barony of Slieveardagh, or indeed the Catholic parish of Ballingarry. He was dealing with the townlands in the catchment area of Lisnamrock school and localism prevailed. Mining communities were as locally circumscribed as their farming compeers and, as we have seen, there was ongoing development at Earlshill Colliery during 1847 that no doubt alleviated food shortages. What happened in the Common's Colliery a few miles to the north-east would not have unduly concerned the miners of Earlshill.

Second, as many commentators across a range of disciplines have told us, there was a great silence, or a kind of collective amnesia, concerning the Famine

---

23 Mining Company of Ireland, 'Half-yearly report of the board of directors', 31 May 1848, *Mining Journal*, 22 July 1848, 345.   24 Cited in William Nolan, 'The famine in Slieveardagh' in John Walsh and Joe Kennedy (eds), *The famine in the Kilkenny / Tipperary region* (Callan,

that the Schools' Collection and the subsequent Famine Questionnaire issued by the Folklore Commission in 1945 did much to dispel. Ó Gráda expressed it as follows:

> *Choinnigh an dream a tháinig slán – más feidir a leithéid a rá fúthu – chucu féin formhór den turraing, den bpéin, nó den náire a bhí gairid don gcnámh.*[25]
>
> Those who escaped – if that can be said about them – kept to themselves most of the grief, the pain, or the shame that was close to the bone.

Academic historians did not begin to seriously address the Famine until the 1950s, and the deluge of atlases and local monographs were not released until the floodgates were opened by the various commemoration programmes in the 1990s.[26]

THE FENIAN ORGANIZATION

Ó Cinnéide is generally apolitical but he does make an exception in respect of the Fenian organization. Tipperary and Kilkenny were particularly active in the movement and three of the leading figures in the formation of the Irish Republican Brotherhood in 1857 were James Stephens of Kilkenny, Michael Doheny of Fethard, Co. Tipperary, and John O'Mahony, who had moved from Clonkilla near Mitchelstown, Co. Cork, to his aunt's farm at Mullough near Carrick-on-Suir, Co. Tipperary, in the early 1840s. All had participated in the 1848 Rising, and Doheny and O'Mahony escaped to America where they established the American wing of the IRB in New York.[27] Callan, Clonmel, Tipperary town and Carrick-on-Suir had significant concentrations of Fenian activists and Charles Joseph Kickham, president of the Supreme Council of the IRB, was a native of the adjoining parish of Mullinahone. Dissemination of Fenian ideology to the hills was probably through the carters of coal and culm to the towns.

Ó Cinnéide is generally more specific concerning dates dealing with more recent events and with people he personally knew. However, we do not know if the following account predated or post-dated the Fenian Rising of March 1867. It relates to the importation of arms:

1998), p. 84. **25** Cormac Ó Gráda, *An drochshaol: béaloideas agus amhráin* (Baile Átha Cliath, 1994), p. i. **26** R.D. Edwards and T.D. Williams (eds), *The Great Famine: studies in Irish history* (Dublin, 1956); Cecil Woodham-Smith, *The great hunger: Ireland, 1845–1849* (London, 1962). **27** Eva Ó Cathaoir, *Soldiers of liberty: a study of Fenianism, 1858–1908* (Dublin, 2018); see app. 1, pp 401–28 for biographies of over 300 Tipperary Fenians.

The arms were procured through the agency of the late Thomas Dunning, Killenaule. The rifle parts, revolvers and ammunition were concealed in tea chests consigned to Mr. Dunning who dealt in that commodity. They were taken in charge by James Quinn [1843–99] of Killenaule, father of the present William Quinn, popular dog owner and trainer. He kept them concealed in the trunk of a tree from which the core had been removed. When in this, the bore was closed by the insertion of a plug of wood.[28]

James Quinn was a cooper, typical of the skilled artisans from whom the Fenian organization drew many recruits. It was, according to Ó Cinnéide, when the Fenian organization accepted the New Departure (1878), and aligned with Charles Stewart Parnell's constitutional crusade, that the arms were placed in a barrel that was secreted in a boundary fence on a local farm. However, in 1920, a group of young boys noted bees entering and exiting the wall and rediscovered the barrel and the hidden weapons after following the trail of the bees and dismantling the wall. The local IRA were consulted as to their viability but as the rifles were of the Schneider type, for which no ammunition was then available, they were dumped again into a disused coal shaft in the townland of Ballinastick. Here they remained until found during the redevelopment of the mines during the 1950s.

Ó Cinnéide identified 'one of the O'Flanagans of Kilbrennal House', Ballynonty, as the local Fenian leader or centre. This may have been Thomas Parker O'Flanagan, who had been a member of the Council of the Irish Confederation in 1848 and was actively involved in William Smith O'Brien's failed Rising in July of that year. Ó Cinnéide also named 'the late Edmund Nolan, Glengoole South, the late Edmund O'Shea, Ballinastick, and the late Michael Connors of Earslhill' as Fenian activists, and recorded what must have been a novel location for target practise:

> In winning coal in the district, 'inclines' at an angle of 30 degrees were tunnelled in the earth. Two of these, 210 yards each, existed in Lickfin and Knockanure. At the bottom of the incline a tunnel six feet high was cut at right angles each way. These were perfectly straight and extended a distance of three or four hundred yards. Into these at night crept the Fenians and placing a lighted candle in the centre of the road or tunnel they practised ball firing in the bowels of the earth in comparative safety.[29]

28 NFCS 562:192. Thomas Dunning and his wife Mary are returned as shopkeepers at Main Street, Killenaule, in the 1901 Census. An advertisement for Dunning's premises in 1889 listed twelve departments and he was also an undertaker and shipping agent for American steamships (George Henry Bassett, *The book of County Tipperary* (Dublin, 1889, reprinted Belfast, 1991), p. 396). 29 NFCS 562:192–3. The Flanagans had died out by the 1901 Census. There are entries for Edmund Nolan, Edmund O'Shea and Michael Connors in the

Ó Cinnéide made a fascinating connection between Jeremiah O'Donovan Rossa, one of the most renowned of the Fenians, and a local man named John Kerwick of The Lawn (explained by Ó Cinnéide as the anglicised form of An t-Oileán [The Island], as it was located in boggy land below the rim of the hill) who was 90 years of age in 1938. Kerwick had emigrated to New York where he became involved in the Fenian movement and according to Ó Cinnéide:

> He still possesses the bulldog revolver (a serviceable weapon) with which he was supplied in New York when, with three others, he was selected to accompany O'Donovan Rossa on a proposed visit to Ireland with instructions to shoot before being captured.[30]

Jeremiah O'Donovan Rossa was jailed in 1865 in the government's sweep on the Fenian propagandists associated with the *Irish People*. He was released in 1871 on condition he left Ireland. Rossa settled in New York where he became immersed in the sometimes rancorous world of Irish-American physical-force politics. He returned to Ireland in the summer of 1894, on the expiry of his original prison sentence, and undertook an extensive lecture tour. He was back in Ireland again in 1904 and remained in Cork until 1906.[31] It was probably in 1894 that John Kerwick acted as O'Donovan's Rossa's bodyguard at a time when the latter was still active in Irish-American politics. None of the Fenians named by Séamus Ó Cinnéide feature in Eva Ó Cathaoir's biographies of Tipperary Fenians.[32]

THE LAST 'WEDDING PROCESSION' AND A PERSONAL CONNECTION

Throughout his narrative, Ó Cinnéide is recording the lore of older neighbours but on the rare occasion he was a participant observer. He tells how he took part in the last 'wedding procession' in his study area, as a young boy '43 years ago [1895]'.[33] The groom and bride travelled to the church separately with their respective groups and after the church ceremony all repaired to a public house. Then, symbolizing their new status, they proceeded to the groom's home as one party in nineteen outside cars. The groom and bride were in the leading car, usually with the fastest jarvey in the district, and Ó Cinnéide remembered that 'The pace on the outward journey was a cracker'. According to tradition, the groom and bride could not be passed, but there was great competition among the

---

locations identified by Séamus Ó Cinnéide. They were then in their fifties. Michael Connors gave a number of folktales to Ó Cinnéide and we can presume that he was also the informant in respect of the Fenian organization.   30 NFCS 562:193.   31 Seán Ó Lúing, *Ó Donnabháin Rosa II* (Baile Átha Cliath, 1979), pp 222–68, for details on both trips.   32 Ó Cathaoir, *Soldiers of liberty*, pp 401–28.   33 NFCS 562:283–5.

guests for second and third place. A laurel arch, placed across the road in the Going demesne townland of Ballyphilip, read: 'welcome and good cheer, and a bouncing boy on every year'. The guests were treated to a substantial meal served in relays, and dinner was also served to six beggars in one of the outhouses. Music was provided by two fiddlers, Lancers and Cashel sets were danced, individuals performed hornpipes and reels and the dancing was interspersed with songs. The festivities lasted well into the following day.[34]

Magic, ritual and pishogues, as exemplified by the appearance of the fairy doctor in the following story, seem to have had greater efficacy than prayer. One of the enduring attractions of the School's Collection is the possibility that one might discover a link with one's own departed relatives, either as informants or as subjects of stories. In his 'How the Butter-Taker was stopped' – an event that happened 'over eighty years ago'[35] – Ó Cinnéide tells how a farmer named William Nolan (my great-grandfather) of Mellison had nothing in the butter churn but froth after hours churning. He enlisted the assistance of a 'fairy doctor' named Donncadh Booree who came to Nolan's house carrying the coulter of a plough and other irons. While Nolan's wife churned, Donncadh placed the irons in the fire. As the irons reddened, a 'loud wailing was heard', and when Nolan went out into the yard he 'beheld one of the most respected residents of Gurteen standing there. She begged his pardon and promised never again to interfere with his butter'.

CONCLUSION

Ó Cinnéide caught the ebbing tide in his intensely localized domain and the Schools' Collection gave him the opportunity to tell the story of his own place and his own people. In this essay, only a fraction of the material he discovered has been discussed. There are also detailed descriptions of agricultural practices, variants of international and national folk tales, elements of material culture, demographic patterns, landlord behaviour and an explanation of field and townland names. Drawing from the craftsmanship inherited from his maternal O'Rourke relations, he often provided illustrations of the common implements constructed from local materials. It is indeed striking that in such a comprehensive narrative of rural life in Ireland the priest is conspicuous by his absence. One would also have expected that Ó Cinnéide would have discussed

---

34 Charles Joseph Kickham, *Knocknagow; or, The homes of Tipperary* (reprint Dublin, 1998), pp 201–42, has a detailed description of 'Ned Brophy's hauling home', which he also refers to as a 'procession'. The wedding festivities at Ned Brophy's commodious house in Knocknagow, for he was a strong farmer, facilitated the coming together of the community and allowed Kickham portray its diverse social components, including the priests. Séamus O Cinnéide is describing a much smaller affair. 35 NFCS 562:313–5.

class differences in a district where farmer and coalminer lived side by side. Land and coal did not mix well. His purpose was not to analyze but to dress his people in their best clothes and happiest times. When they gathered, whether at pithead, crossroad, threshing-day or hayfield, trials of strength were commonplace. Around the firesides they traced the champion athletes; men who could mow an Irish acre of hay in a long day; the collier who won the most coal from reluctant seams. His were a joyful and competitive people. Séamus Ó Cinnéide always roved out on a fine Sunday morning in May.[36]

---

[36] I wish to acknowledge the assistance of Martin Maher, Ballingarry, Co. Tipperary, and Sean Watts, Killenaule, Co. Tipperary, in researching this essay.

Stories my mother told me: collecting folklore from a woman of Clonmel, Co. Tipperary

ANNE O'CONNOR

In this essay I wish to give a flavour of some of the stories and folklore that I collected from my mother, Ethel O'Connor, whose maiden name was O'Brien. I had started studying Irish and international folklore and ethnology in University College Dublin (UCD) in 1976 (the subject was only offered in the second and third year of the honours BA degree at that time). Bo Almqvist was then the Professor of the Department of Irish Folklore (Roinn Bhéaloideas Éireann) in UCD, Seán Ó Súilleabháin was the archivist, and Caoimhín Ó Danachair the senior lecturer; it was a vibrant hive of folklore collecting, classification and indexing, as well as teaching and academic discourse and research at the time. The collections of the Irish Folklore Commission (Coimisiún Béaloideasa Éireann, 1935–70) had been moved to UCD in 1971, when the academic department had been established, under James Hamilton Delargy (Séamus Ó Duilearga); and all the staff from the Commission had been moved accordingly, along with the various collections of manuscripts, sound recordings, photographs, books, maps etc., the inheritance of the rich and extensive fieldwork done by hundreds of volunteers, part-time as well as full-time collectors of Irish folk tradition since the 1930s, and earlier. These archival collections and all subsequent material collected in Ireland are now held within the National Folklore Collection (NFC).[1]

So in December 1978, having been involved in fieldwork in both the midlands of Ireland with full-time collector Jim Delaney (along with Críostóir Mac Cárthaigh), and with Séamas Ó Catháin and Leo Corduff in the Gaeltacht of north-west Mayo during the previous two years, I had started to conduct folklore interviews with people I knew, including my own family, relatives and neighbours. My mother, Ethel, and her two sisters, Agnes and Maisie, were already Questionnaire Correspondents[2] for the Department of Irish Folklore since 1976. All her life, my mother was a great storyteller, as well as a beautiful singer. She often sang Irish traditional songs and ballads. I approached her then

---

1 See Mícheál Briody, *The Irish Folklore Commission, 1935–1970: history, ideology, methodology* (Helsinki, 2007), for details of the evolution of the IFC, now incorporated into the NFC; see also, Bo Almqvist, *The Irish Folklore Commission: achievement and legacy* (Dublin, 1979).
2 See Bairbre Ní Fhloinn, 'In correspondence with tradition: the role of the postal questionnaire in the collection of Irish Folklore' in S. Ó Catháin and P. Lysaght (eds), *Northern lights: following folklore in north-western Europe. Aistí in adhnó do Bho Almqvist: essays in honour of Bo Almqvist* (Dublin, 2001), pp 215–28, for a discussion of the Irish Folklore

as a tradition bearer, or as an 'informant' as we had been taught to call the people from whom we collected folklore at that time, and, using Seán Ó Súilleabháin's *A handbook of Irish folklore* (1942), I proceeded to ask her about traditions she remembered from growing up in Clonmel, County Tipperary, in the 1920s and 1930s, and including any later memories.[3]

My mother was born in the town of Clonmel, her parents were Margaret (*née* Condon) and James O'Brien. On her mother's side of the family, her maternal grandmother was from the Nire Valley (then a Waterford Irish-speaking Gaeltacht area), and her maiden name was Joanna O'Brien. My mother's father, James O'Brien, was born in Waterford, and his family had a long history in that county also.

While, naturally, I heard a lot of stories, memories, anecdotes of family members across the generations as I was growing up, from both my father and my mother and others, as I prepared to make a sound recording of my mother, I wished to specifically enquire about the knowledge she had of traditional beliefs, practices, or legends; among her store of 'old' sayings, Irish-loan words, colourful phrases, foodways and crafts, etc., and other material. Her repertoire and memories were far wider than the collection I made from her in 1978, but of that collection, the major genres of folk tradition explored could be classified as popular belief and legend, life cycle and rites of passage (such as, childbirth, marriage and death), calendar custom, weather lore, children's games, local and historical lore, supernatural and religious tradition, especially concerning death, the Otherworld and the prevalence of ghosts and spirits.[4] This, of course, directly reflected my own preoccupations, and I was to go on to conduct extensive research into Irish and international folklore, specifically concerning the fate of souls in the Otherworld.[5]

At that time, when I was beginning to collect folklore material, I was interested especially in the stories women would tell only to each other. Sometimes it was oral history, as distinct from folklore, but the important thing was the telling and the way individuals remembered their stories. Everyone has his or her own story. The sharing of secrets and the way in which women would share confidences with each other, especially about their own lives and experiences, would become my fascination.

Commission and later Department of Irish Folklore, UCD. 3 Note that extracts from that audio-recording which I made on 5 December 1978 with my mother are presented in this essay. The sound recording is held in the NFC sound archives, as NFC T_2538. 4 See Seán Ó Súilleabháin, *A handbook of Irish folklore* (Dublin, 1942), which lists the questions a folklore collector can ask of any tradition bearer, categorized by subject matter, and which forms the basis of the indexes of the NFC archives. 5 See, for example, Anne O'Connor, *Child murderess and dead-child traditions: a comparative study*, Folklore Fellows Communications 249, Academia Scientiarum Fennica (Helsinki, 1991), and Anne O'Connor, *The blessed and the damned: sinful women and unbaptized children in Irish folklore* (Bern, 2005); see also Ríonach uí Ógain and Anne O'Connor, '"Spor ar an gcois is gan an chos ann": a study of the dead lover's return in Irish folk tradition', *Béaloideas*, 51 (1983), 126–44.

1. SETTING THE SCENE

We started by talking about Clonmel and its environs. The landscape of Cluain Meala, the 'vale of honey' in the Golden Vale, and the beautiful mountain of Sliabh na mBan, which overlooks the town and the river Suir, is the context for our discussion. My mother recalled stories she had heard as a young girl about Oliver Cromwell and his siege of the town in the late seventeenth century, and about how he famously stabled his horses in the nearby St Mary's abbey, then a Roman Catholic chapel, which later became part of the Church of Ireland. She shared memories of stories she had heard concerning various historical events in Clonmel, in Tipperary, and throughout the country – such as Daniel O'Connell's era, the Penal Laws, the Civil War – and of more recent events of the twentieth century in Ireland.

While some of this material could be more properly considered as 'oral history' rather than 'folklore', much of it would also be deemed to be 'historical lore'. In this essay I cannot go into depth about the various definitions and discussions on the meanings ascribed to these terms, but suffice to say that when I talk of 'folklore', I mean material that has been passed from individuals, groups or generations to others – by word of mouth or by example – which is anonymous and which has become 'traditional' through this transmission process. Folklore, therefore, is a dynamic process, involving communication and, often, performance. It means that there is a strongly-attested corpus of this material which we can identify and analyse as folklorists. Through the telling of certain stories, and through the remembering of certain events and happenings, people, consciously or unconsciously, create or construct meaning in their lives, and *folklore*, in its exploration of oral communications between people, seeks to understand and interpret that meaning.

Oral history, on the other hand, could more often be seen to be concerned with individual memories or personal witness, in other words, accounts of experiences of historical happenings. As an example of this genre from my mother, she often recounted stories her parents told her about what it was like for them during the War of Independence (1919–21) when the 'Black 'n Tans' were in the town. In one story, they captured her father, James, lining him against a wall and intending to shoot him, but, luckily, he escaped over the wall; while in another, the 'Tans' burst into the house during curfew one night because there was a candle lighting in an upstairs room, where a child was ill, and Margaret and James had to plead forgiveness while quenching the light. Another example was her telling about her memories and experiences when, as a young woman staying with her elder sister in Dublin on the night of 31 May 1941, German aircraft dropped four high explosive bombs on the nearby North Strand area of Dublin city during the Second World War.

2. CALENDAR CUSTOM

My mother remembered the traditional celebrations of various feast days throughout the year, including both secular and religious feasts. She talked about the various ways of celebrating the four 'quarter days' of Irish folk tradition, which heralded the coming of the seasons, namely, the first of February (Lá Fhéile Bríde / St Brigid's Day), the first of May (Bealtaine), the beginning of Harvest (Lúnasa) and the first of November (Samhain).[6]

Naturally, as a child growing up during the 1920s and 1930s, she was surrounded by Roman Catholic religious beliefs and customs. She talked about the importance of religious festivals, such as Easter, and especially about religious processions such as the May procession in honour of the Blessed Virgin Mary, where she said there was a special altar to Mary erected 'at every street corner' and 'the whole town' turned out to follow the procession. There was also a huge Corpus Christi procession through the town, and such demonstrations of piety and religious observance were important in the new Irish state and in the resurgent Catholic worldview of the time.[7]

However, my mother also remembered the lighting of bonfires on feast days such as May Eve and Hallowe'en. Tales of tricks played on people at those times too were told, and visits on Pattern Days to holy wells.[8] One such pattern was to St Patrick's Well, a short distance from the town, which she remembers as follows:

> It is about a mile and half outside the town, on the Cahir road ... yes, it was a holy well, and people went there for cures, especially cures for eye troubles. We went there of course, every St Patrick's Day, every St Patrick's Day, the whole town went out ... there was a pattern. There was a procession, to St Patrick's Well, the clergy and the townspeople, and there was the Rosary there and Benediction, usually, held at the well, you know, and of course it was a great outing for all the kids. Oh, everyone would go, you had to go, you had to go, you might be exhausted by the time you got there, but you went!
>
> The townspeople would bring food, and sandwiches there, and there was also, very funny, there were families ... There was a family in Clonmel ... and they went to all the events with their apples and oranges, bananas

---

[6] Kevin Danaher, 'The quarter days in Irish tradition', *Arv*, 15 (1959), 47–55; see also, Kevin Danaher, *The year in Ireland* (Cork, 1972). [7] Raymond Gillespie has commented on the importance of the Corpus Christi processions from the sixteenth century onwards in Ireland and across the British isles; see R. Gillespie, 'Differing devotions: patterns of religious practice in the British Isles, 1500–1700' in S.J. Connolly (ed.), *Kingdoms united? Great Britain and Ireland since 1500* (Dublin, 1999), pp 67–77, especially pp 68–72. [8] Anne O'Connor, 'Sacred sites, holy wells and pilgrim paths: revivals in Irish religious tradition?' *Reading Ireland, The Little Magazine*, 4:1 (Spring/Summer 2018), 82–91.

and all the rest of it, you know, they had a stall, and they were always at St Patrick's Well, selling apples and oranges, and minerals and sweets.

It is much more modernized now, because we saw it the year before last [1976], and it was completely changed from when I was a girl. When I was a girl, there were rough paths, and rocks, you know, that you had to get over to get in to the well; and of course, it made it more adventurous for us, and there were trees and greenery all around.

There was also a 'Ragwell' outside the town, which my mother said was not actually seen as a 'holy well', but was still a place where she thought people went to obtain cures for various ailments, as follows:

> You went over the Convent Bridge ... and you went to the left, up a mountain road, and there was an old well there. What it was there for, I don't know, but there was a tree beside that well, now it wasn't a holy well, and this tree was covered with rags.

This 'Ragwell' outside Clonmel is discussed by Anne Markey in the 'Introduction' to *Folklore and modern Irish writing* (2014),[9] revealing its prominence in both literary sources as well as popular tradition from the seventeenth century to the present. However the perception of the 'virtues' of the well evidently changed in popular opinion between the seventeenth and early twentieth century, illuminating the 'dynamic and changing nature of Irish popular beliefs and practice over time.'[10]

Speaking of Christmas traditions, and of St Stephen's Day, and the Wren Boys in Clonmel, she said:

> That was St Stephen's Day, oh, they were out bright and early the Wren Boys, they would be at the door at eight o'clock in the morning, and all day long the doors would be banging with the Wren Boys. On Wren Boys' Day, as you know, we all dressed up, and we went to 'follow the wren'. And we went around to all the houses nearby, of course, with our faces blackened and different costumes on us, but as children we did not go everywhere the real Wren Boys went!

---

9 I am grateful to Anne Markey for identifying this source material. See Anne Markey and Anne O'Connor (eds), *Folklore and modern Irish writing* (Dublin, 2014), pp 10–11, and references contained therein, especially Anon., *Vertue rewarded; or, The Irish princess*, ed. Ian Campbell Ross and Anne Markey (Dublin, 2010), pp 63–4; see also a description of this well, not as a holy well, but as an example of 'tree worship', with the 'sacred ash' tree festooned with 'the usual tokens' in Patrick Lyons, 'Clonmel gleanings: the Ragwell near Clonmel', *Béaloideas*, 15 (1945), 284.   10 Apparently, this Ragwell was known also as 'Tobar na Liobar' and is referenced as 'a trysting place for lovers' by James Maher (ed.), *Chief of the Comeraghs* (Co. Tipperary, 1959), p. 181; this reference is repeated by Charles J. Boland, *Rare Clonmel:*

They used to sing:

> The wren, the wren, the king of all birds,
> on St Stephen's Day, was caught in the furze,
> up with the kettle and down with the pan,
> give us some money to bury the *wran*!

3. RITES OF PASSAGE: CHILDBIRTH

Talking about traditions of childbirth,[11] my mother confided that this was not a topic that was openly discussed during her early life, and not really at all until she was married and had children of her own. For some examples of this material, which she also submitted in response to the 'Childbirth Questionnaire' which I circulated in 1983, here she is speaking of pregnancy:

> Pregnancy was never discussed openly. It was treated as confidential and if children were present, it was never mentioned; but of course children always heard the odd bit of conversation which meant nothing to them at the time. The only reference to pregnancy in describing a woman's condition that I remember was 'expecting'. I remember when I heard that someone was 'expecting' I used to think they were going to have visitors.
>
> It was said that she [the pregnant woman] was not encouraged to visit graveyards or woods as if she came across a hare or rabbit, or was frightened by an animal, her child would have some disfigurement. [For instance, if a hare was involved, people believe the child would be born with a 'hare-lip']. I don't know if she was forbidden to eat any food. It was felt that she should get any food she 'longed' for. This 'longing' had to be satisfied or the child would be deprived.
>
> The belief about a scalding or burn that a pregnant woman received was that the burn mark appeared on the child. If a pregnant woman tripped or fell, a mark also appeared on the child ... Drinking plenty of water gave to baby a very clear skin.

Concerning the confinement of the new mother, the care of the new born child, and any 'old sayings' or divination about the characteristics or future life of the baby, my mother said:

---

a *Charles J. Boland anthology* (Mullinahone, 1959), p. 53. However, no mention of this is made by my mother, and this 'use' of the well must not have been known to her as a child.   11 Anne O'Connor, '"Women's folklore": traditions of childbirth in Ireland', *Béaloideas*, 85 (2017), 264–97; Anne O'Connor, 'Listening to tradition' in Liz Steiner Scott (ed.), *Personally speaking* (Dublin, 1985), pp 74–92.

The only characteristics that I remember were in the old rhyme:

> 'Monday's child is fair of face,
> Tuesday's child is full of grace,
> Wednesday's child is loving and giving,
> Thursday's child works hard for a living,
> Friday's child is full of woe,
> Saturday's child has far to go,
> but the child that's born on the Sabbath day, is bonny and loving and winsome and gay'.

There was also the belief that a child born with a 'caul' [a covering of the cranium] was extremely lucky and would never die from drowning as the caul was supposed to protect the child, and whoever had it in his or her possession, from drowning; and sailors and fishermen would buy these cauls before going to sea, for their protective qualities.

A male child was always considered more important than a female, because of the succession of the family name. The saying 'is it a boy or a child' was often used, but I thought that was only a joke!

Until the 'christening', the baby was considered to be in danger as the belief that it should die without baptism, that it would never see God, is still strong in our country. The mother too, until after the 'churching' was considered to be in danger of damnation, because the 'churching' or 'purification' was necessary to cleanse her, before she took part in any church ceremonies or sacraments, like 'confession' or 'holy communion'.

Speaking of churching, she added:

> The baby was christened within the fortnight the mother spent in bed and as soon as possible after she got out of bed the mother was taken to the church. She did not do any work in the house, like preparing food, washing up or laundry etc., until after she was churched, as this was considered to be very unlucky. The ceremony usually took place at the altar before the Tabernacle. The mother held a lighted candle in her right hand while the priest prayed over her. I can't remember the specific words or prayers the priest used.

Note that this thanksgiving ritual is no longer conducted by the Roman Catholic Church, although arguably, christening and baptismal rituals recall this act of thanksgiving.

4. RITES OF PASSAGE: MARRIAGE

Speaking of marriage, my mother had the following rhymes, which she said were generally believed to be 'true' during her youth: 'Monday for health, Tuesday for wealth, Wednesday the best day of all, Thursday for losses, Friday for crosses, and Saturday no luck at all'! Speaking of the colours the bride should wear on her wedding day, she recounted as follows:

> Marry in white, you'll do alright,
> marry in blue, you'll always be true,
> marry in pink, your spirits will sink,
> marry in green, you'll never be seen,
> marry in grey, you'll go far away,
> marry in red, you'll wish yourself dead,
> marry in brown, you'll live out of town!

The importance of ensuring good luck at this time was also symbolized by a horseshoe on the top of the cake, and it was usual that wedding cakes would have tiny silver horseshoe decorations. Similarly, the rhyme of the importance of the bride wearing 'something old, something new, something borrowed and something blue' was well-known. She also said that it was considered greatly unlucky for the bride-to-be to be seen in her wedding gown by her future husband before the wedding.

5. RITES OF PASSAGE: DEATH AND THE OTHERWORLD

Speaking of traditions concerning death and the Otherworld, and omens of death, my mother said the following:

> Ethel: The banshee[12] was the one [omen of death] in our family, the chief one. She followed all the O's and the Mac's, presumably, and we were O'Briens.
> Question: What did she look like?
> Ethel: Well she was supposed to look like just an old woman, dressed in black, and she would be combing her hair. And in fact, if there was an old comb found, any old comb, if you were passing along the road and there

---

12 See Patricia Lysaght, *The Banshee: the Irish supernatural death-messenger* (Dublin, 1986); Patricia Lysaght, 'The banshee's comb (MLSIT 4026): the role of tellers and audiences in the shaping of redactions and variations', *Béaloideas*, 59 (1991), 67–82; see also, Reidar Th. Christiansen, *The migratory legends*, Folklore Fellows Communications 175 (Helsinki, 1958); MLSIT 4026 'The banshee's comb' in Bo Almqvist, 'Crossing the border: a sampler of Irish migratory legends about the Supernatural', *Béaloideas*, 59 (1991), 209–17, 219–78 at 221–2.

was an old comb on the road, you were not supposed to touch it. That was probably a hygienic way of keeping us away from it, I don't know, but you were told that any old comb you saw belonged to the banshee. You weren't supposed to touch it.

Question: Did people see her or hear her? Or both?

Ethel: Well she was heard, she was heard, on numerous occasions, in our family. And the night my brother died, the night Mick died, they said they heard her that night, while he was being waked.

My grandmother never got over his death. And speaking of the belief in the afterlife, my mother told how, after her eldest brother's untimely death at a young age, her mother would often say, on seeing a butterfly, that this was the soul of her son visiting her. There was an easy accommodation with another way of seeing – a thin veil of non-Christian belief intermingled with devout Catholicism. The dead were always present, their souls 'thick in the air around us' as they say. The veil between this world and the next was thin and easily traversed.

When I was a child I did not understand the significance of these stories – they were just 'stories'. But now I understand how they fit into the entire panoply of Irish religious narrative and discourse: these stories mediate a view of the world, of life and the afterlife which has or had become part of us. The Catholic hierarchy of the Otherworld: Heaven, Hell, Purgatory and Limbo;[13] the belief in the Last Day of Judgment and the resurrection of the saints. These were integral to the worldview of Irish Catholics, and were emphasized in twentieth-century Ireland. Still echoing an earlier belief, which was the belief in the afterlife and the possibility of otherworldly beings living contemporaneously with us – the belief in the fairy folk, or *na daoine maithe*, come to mind.

There was no difficulty in my grandmother believing that the soul of her dead son was appearing in the form of a butterfly, and this, of course, is also an international motif in folk belief and is encapsulated in an international migratory legend.[14] This demonstrates what Caoimhín Ó Danachair taught us in those early years studying folklore and ethnology in the 1970s in UCD, that the 'neutral' was a powerful concept in folklore and traditional belief and custom.[15] Everything could be seen as benevolent or malevolent, depending on the circumstances, purposes and context; ambiguity was inherent to folk tradition.

---

[13] Anne O'Connor, 'To hell or to purgatory? Irish folk religion and post-Tridentine Counter-Reformation Catholic teachings', *Béaloideas*, 80 (2012), 115–41.   [14] Bo Almqvist, 'Dream and reality. Some notes on the Guntram legend (ML 4000) in Irish tradition', *Sinsear. The Folklore Journal*, 5 (1988), 1–22.   [15] Caoimhín Ó Danachair, 'The neutral in Irish folk tradition', *Etnologia Europea* (1977–8), 173–7.

On another occasion, however, my mother believed that she had herself seen a banshee, as follows:

> Question: And you yourself saw a banshee?
> Ethel: Oh I did, I never will forget that – now I don't know if it was the banshee – I wonder was it the banshee – I went up that little boreen from Irishtown to the Western Road, it stretched from Irishtown to the Western Road, this night and I was standing there in a gateway, talking to this friend of mine – and I shouldn't have been there, because I should have been at home, and I always considered it a punishment on myself [laughs] but anyway, I know this much, I looked to the left, and this person was standing on my right, and I looked to the left and I saw this woman in black, coming up the boreen, from Irishtown direction. I thought the woman was coming up towards us, going to pass us by, you know, and I didn't take any notice then. I thought the woman was going to pass us by and I continued talking to the person on my right, and when I looked back – and there was nowhere else for her to go, except through the wall! – she was gone! [Laughs]
> Question: And what was at the wall?
> Ethel: There was nothing at the wall, there was a cemetery behind the wall, this is what frightened the heart out of me, you know [laughs], an old cemetery now, it was disused … it was an old cemetery, and all I know is that when I turned again, that person was gone. And I nearly died, I thought, out of there I'd never get!

She had many stories of the supernatural, such as sightings of mysterious 'black dogs', haunted houses, gates that could not be closed, appearances of restless spirits, and stories of the devil, such as that of another migratory legend 'The cardplayers and the devil'[16] where the devil is finally recognized by his cloven foot and his disappearance as a ball of fire through the roof; as well as local lore in Tipperary and Waterford concerning the 'Devil's Bit' mountain in the Knockmealdown mountains, where the devil is said to have bitten a chunk out of the mountain (to form the famous 'Vee'), but then, being pursued, he had to drop it and it fell to earth, thereby creating what became the Rock of Cashel.[17]

---

16 ML 3015 'The cardplayers and the devil'; See also Éilis Ní Anluain, 'An cearrbhach agus an diabhal: ML 3015 in Éirinn', *Sinsear. The Folklore Journal*, 5 (1988), 75–87. See also Almqvist, 'Crossing the border', 219.   17 This is an aetiological legend, of course, and it is very typical of the kind of local legends which are plentiful throughout the Irish countryside whereby the origin of special features of the landscape are ascribed to otherworldly interventions.

6. CONCLUSION

This short essay is in honour of my mother, and to acknowledge the great debt I owe her for my own fascination with, and love of, Irish and international folklore. Her stories and songs, anecdotes and ways of speaking, the colourful and imaginative imagery of her language, her use of Irish and Hiberno-English words and idioms, will remain with me always. I can still hear her voice and her laughter as she talked about some of the topics mentioned above, as well as other discussions through the years. Folklore, as process, communication and performance, is alive and well, and good stories, like memories of loved ones, will live forever.

'What will we be?' – A spirit of hope distilled

VINCENT WOODS

1. LITÍR Ó CHROÍ GO CROÍ

July 1992. My aunt Rose writes a letter to my mother a week or so before her older sister dies. She is saying goodbye, and from Manchester, forty years after she left Ireland, Rose chooses words in Irish to try to express what she wants to say. I sit at my mother's bedside and read those words to her, trying to keep my voice steady and my eyes clear. There is a deep silence and fullness in the room after I stop reading. I don't remember what my mother says when she finally speaks out of the frailness of a body diminished by cancer, but I know the words she has heard echo back to her childhood, to the sounds and language around her as a young girl, bridging an unseen, ever-present void in her life, closing a circle, and maybe opening another heartline into the future.

There was line upon line of people at Mary Guihen's funeral, neighbours, strangers, mourners, people who had come to pay their respects. People from Arigna (AR-ig-na, as the old people always pronounced it), Keadue (Céide), Ballyfarnon, Glan, Drumshanbo, Drumkeeran, Creevelea, Dowra, Ballinaglera, The Rock. Old people I had never seen before, women and men in black and brown, strong hands and arthritic hands grasping our hands, toothless mouths speaking words of grace and consolation. 'Mary was a true friend to me'. 'We were great friends'. 'Mary Curly was a friend to everyone'. And sometimes 'Sure, you're friends of our own' – meaning we're cousins or blood relatives and the hand that is extended in condolence is linked through time and memory. I still remember glimpses of all the good-hearted people who stood in line, limped towards us, some of them, with damaged knees, bad hips, painful backs and joints, to offer their sympathy, support, the spark of courage to go on. 'I'm sorry for your trouble'. And standing in respect on the evening of her removal (the coffin placed on chairs outside the front door of the house, the chairs knocked over when the coffin was lifted up and her body removed forever from the home she had made with my father) are Ríonach and Déaglán, who had driven from Kerry to be there, and drive back again that night.

My mother always said that the Guihens originally came from Kerry, though she could never quite explain how the pocket of Guihen families came to settle in Tarmon and Arigna. But many families of Guihen were to be found in this Leitrim–Roscommon border hinterland. Some would appear to have changed their name to Wynne, as my uncle Johnny did when he emigrated to America in the late 1940s; as my granduncle, John Guihen did when he joined the British army to fight in the First World War. But how can we be sure of source or truth? In a recording I made with my mother in 1989 she tells me that the Guihens came to Tarmon and Arigna from Donegal.

I've imagined the original name, Ó Gaoithín, may derive from the wind (*gaoth*) – from a little wind that blew music in on its breath, that carried my mother's soul upwards and away on the night of her funeral, a pink and black butterfly that came back to be with us one last time. My father would have none of it: 'Nothin' but an aul' moth', he said, part-scornful, part-jealous, part-doubtful. He might have relished the more down-to-earth earthiness of the other wind that blew from Guihens, as it blows from us all: Aunt Tessie in Manchester, sister to Rose, once told me that their father was a renowned farter: 'You'd hear him coming at the bend in the road half a mile off; cabbage was the worst and he had a great garden of it', and she threw her head back in joyful laughter. Oh they were gay, the Guihens, to use that word in an older sense: quick to the dance, swift to the note of humour and laughter, agile to language and nuance, impatient and infinitely patient, slow to anger, but the anger was sudden and fierce.

I don't know what became of that letter from Rose to Mary. It may be among bundles of letters that I've stored in the attic of my sister Theresa's house in Tarmon in anticipation of days or weeks of quiet time and application when some of the written past may be put together again. Or it may be gone to dust or fire. I wish I could remember exactly what Rose wrote. But I remember the impulse of it, the heart reaching for a language with a deeper layer of expression and connection than is contained within the English in which we all live.

2. YELLOW MILK, CURATIVE LOVE; '*CÉ H'É SIN? LORD LEITRIM?*'

When I was a boy I didn't know that the English we spoke in Tarmon was shaped by Irish, the language that had been alive and spoken in that part of Leitrim up to the 1920s. Our English was salted, peppered and enriched with words and phrases and concepts from Irish. Every now and again I trawl the banks of memory, fish out the old words that hold the echo of a world that had slipped out of sight but not vanished, that was as real as muck and snow and water. I turn the words over in my mind, an act of consolation, remembrance, an honouring of something intangible and infinitely real:

> *Bashtins* – the first milk from a cow after calving, yellow and rich.
> *Bóthaláns* – ragwort – the yellow weed of the fairies.
> *Ceolán* – a weakling.
> *Ceo-brón* – not a hint of sorrow or worry – 'there wasn't a *ceo-brón* on him/or her'.
> *Dárideel* – a tormenting person, a trying person, what would now be called 'a weapon' of a person – 'He/she is a right *dáirdeel*'.

Lathaí – loving, physically affectionate, good-natured – 'She / he is a very *lathaí* child'.

Meas – regard – 'Oh, I'd have no *meas* on that thing / on such and such a person'.

Mí-adh – bad luck – 'There's some *mí-adh* on this house'.

Óinseach and *amadán* – fool – no gender distinction that I remember.

Sooh – an expression of deep disdain – 'Oh *sooh* on that, and *sooh salach*'.

One story that came down to us was how a neighbour and relative in Aughamore had become pregnant as a young, unmarried woman. The family reared the child, but kept him hidden. A neighbouring man spotted the boy one day, made no comment – but asked a loaded question:

Cé h'é sin? Lord Leitrim?

Ceo-liath – the Irish for blue-mould, a word memory that came back to my mother from childhood in the last years of her life.

'That be's nice', Josie Murray would say of something she liked, maybe something sweet, like a piece of cake or a biscuit.

We never ate 'potatoes' or spoke of them. It was always 'praties', 'diggin' the praties', 'atin' the praties', 'the pratie-hape', 'new praties'. There was a local man nicknamed 'Pratie' Flynn. The dung was put out in purdogs. A sudden gust of wind that would lift drying hay and send it adrift in a summer meadow was 'the *sí-gaoth*'.

The nuns in the old convent at Gob in Cartronbeg (all massacred by Frederick Hamilton's soldiers on Christmas Eve 1641) were known locally as 'Na Cailleacha Dubha'. There was a hollow called 'Poll na Still' between two meadows on our land in Aughamore. My granduncles and generations before them had made poteen in that spot. You'd never know that now, were you to walk the land. You wouldn't know unless you knew – unless you'd listened. And saw. A crying *sí-óg'* was a whingy child. *Biseach an bháis* – a sudden, brief improvement in the health of a dying person. '*Muise*' (I always heard 'musha') – a favourite of our neighbour Rita McPadden who once said 'necessity knows no law'. *Ochón is ochón ó* – my grandmother Bee Guihen's (Bridget Flynn's) great sigh of lament and exhaustion. It sounded like ochónochónó (which looks like a word Joyce might have coined for *Finnegans Wake*).

3. REMEMBERED PLACE NAMES AND FIELD NAMES

Tobar na nAlt; Cnócan Rua; Coill Beag; Bun na hAbhann; Gairdín Pairc Bhetty. Up to the 1990s or so, the most common expression of affection and love for a child in Tarmon was to call her or him '*a grá*', but it was pronounced with a hard 'a', more like Donegal Irish though not quite as hard, hovering somewhere between north and west. My godmother, Maggie Anne Rynn, always called me '*a grá*'. She gave us biscuits and sugared tea, and her sweet good nature has sustained me in life. I meet her daughter Sheila in Shannon on Mother's Day 2018, and she tells me she has kept a feather duster that belonged to her mother. She recently gave a feather from it to a relation who was seriously ill, figuring that something that was touched by someone as kind and hard-working as her mother was as likely to contain curative powers as any relic from a church-appointed saint.

4. A DREAM OF FEATHERS AND JIMMY THE HUN

When I was a boy I daydreamed of cascading white feathers, small, soft feathers floating to earth. I was trying to make sense of a local family name, or nickname – a family of Gillhooleys who were known as the 'Feathers'. A few 'Feathers' were in school with me, and I liked them. I was puzzled by the name, which was sometimes used as a jibe, a taunt, a sneering put-down and confrontation. I eventually asked my mother why they were known as 'Feathers'. She told me: their grandfather was Peadar Gilhooley and his sons were Sonny Pheadair and Mick Pheadair, in the old way of naming and distinguishing one family from another. But by the 1950s that tradition was fading, and the old way was becoming unfashionable, almost shameful in the ears and eyes of a new generation. So 'Sonny Pheadair' became 'Sonny Feather' and his daughters and sons became the 'Feathers' and a new ignorance took root.

So it was with other names, too. The Patsys and the Peatys and the Billys and the Dans and the Nabs were taunted with the real names of their grandfathers. The recipients of the occasional sneers (and more than occasional in the deadly playground of childhood bullying) naturally enough abandoned the system of naming, and the old form that held truth, clarity and, sometimes, honour, was cast aside and hard English won the day – not always, though, and maybe not completely, ever. Bridgie Pat Hughie, or Bridgie Pat, our neighbour and gallant trooper of the road and rambling house, never seemed to object to her name. Another old neighbour was 'Maggie Pádraig' (or [Maggie] 'Pauric' as I imagined the name spelt when I was small) and thus she remained till her dying day. In the case of the distinguished Drumkeeran fiddle player and composer, Joe 'Lacky' Gallagher, the 'Lacky' (from 'Malachy', his father) stuck with pride. He was proud of the music and he and his family are proud of the name.

The strange and sometimes bitter transition from Irish to English gave us many manglings of both languages, as well as a rich legacy of sound and linguistic duality and hybridism, and an immeasurable realm of loss and possibility. One of the more amusing details of this terrain came to me in August 2016, in a remarkable letter from a man I've never met. Jim Gammons from

Uachtar Ard, Murmad, Virginia, Co. Cavan, wrote to me on foot of an article I had published in the *Irish Times* about place and identity in rural Ireland. Jim told me that he had worked as a Housing Inspector for the Department of Local Government in the 1950s, and 'my territory was Leitrim, with an odd foray into West Cavan'. He went on:

> I spent a whole morning many years ago in Glangevlin inquiring for an Owen McGovern of Derrynanta. The ancient kingdom of Glan was always McGovern country. They were hemmed in by the Maguires of Fermanagh whose territory flowed through Swanlinbar to the 'Black Rocks' in Dernacreive where they were crowned sitting in 'Maguires' Chair', a natural outcrop that you probably know. At the other end, in Blacklion, they are now cut off from Fermanagh by Neven Maguire.
>
> Anyway, back to Owen McGovern of Derrynanta. I stopped a man at random (this was over fifty years ago and there were lots of people and lots of houses around then). I asked for 'Owen McGovern of Derrynanta'. He said 'There are thirteen Owen McGoverns in Derrynanta. You'll need to tell me a bit more about him'. I said 'The only thing I know is that he has a bad house'. 'That narrows it down to nine', he said. Coming up to lunch time and a dozen enquiries later, I found I was looking for 'Owenie Einy Atty' and his sister, 'Annie Einy Atty'. Everyone had nicknames involving their father's first name and their grandfather's first name. Owenie's father was Eoin (pronounced 'Ein', as in the Fermanagh one, and his grandfather was Matty (shortened to Atty).
>
> Another time I was looking for a James McGovern and kept failing because I didn't know his nickname. I came across a postman leaning on his bicycle, talking to another man. I said to myself 'I'm in business now. Postmen know everyone'. When I put my question the postman answered 'Would it be this man here?' I said 'It might be, but I have no way of knowing'. Many different expressions crossed the postman's face and eventually he left it to his companion to sort out the situation. The companion said 'Is it about a grant for a house?' I said 'Yes'. I had found my man! The postman didn't want to say 'Is it Jimmy the Hun you're looking for?' – in case the nickname might cause offence. It was, in fact, Jimmy the Hun I was looking for, and this man was, in fact, Jimmy the Hun. I did my business and went away thinking Jimmy's father was probably in the British army in the first World War and came home full of stories about shooting Huns. The real explanation was completely different and I heard it from a woman called Eithne McGovern (from Glan, naturally). She said 'I know Jimmy Hun'. I think she said she was at school with him. She said his grandparents spoke Irish, his mother spoke a mixture of Irish and English and objected to old people calling her son 'a mhic'.

So the proud Glangevlin mother called her lad 'a shon', adding a buailte or séimhiú to the English word 'son'. Who could have guessed that etymology, with its raft of humour and sadness! Sometimes the seemingly obvious is the blatantly incorrect. The easy answer can lead one down a blind boreen.

5. RED VAN AS HEARSE; THE IKE GUIHENS

Pat Ike and Annie Ike were brother and sister. They were Guihens from Tullycorka in Tarmon. Their father was Ike Guihen. I think they might have been 'friends of our own', distant cousins. They were both given to walking the roads, Pat in a big brown topcoat, Annie in a red wool coat, summer and winter. They seemed lost, dispossessed, and there was something deep and wounded in them. Pat died in the county home (the old workhouse) in Carrick-on-Shannon in April 1970. There was no money for a funeral, no way to provide a hearse and all the trappings of a dignified removal and burial. My older brothers took his coffin from Carrick to Tarmon in the old red Doherty's bread van they had bought for transporting the kitchen furniture they were making in a visionary, but ultimately unsuccessful, cottage industry based in the old national school in which they had studied as boys. I remember a dark, cold evening and the coffin being lifted out of the back of the bread van and into the cold, dark church. My brothers changed the fittings on his coffin to take the pauper's look off it. Pat was 52. Annie died forty years later, on 28 March 2010. She was 78 and had spent decades in care homes. I should have made it my business to visit her when she was alive. Her name is on a plain wooden cross that has broken off at the base, but rests against the old stone wall at the head of her grave in Curraghs Cemetery, close to Aughamore and our family home. I often visit that grave to remember Pat and Annie. In 1990, my mother wrote to me in Australia to say that she had met a young man in the graveyard, a young American from Chicago who was looking for his family graves. His family was the Ike Guihens. He was part-Russian. My mother wrote: 'if only you could have seen his beautiful, grey eyes'.

The word 'losset', which I wrote about in the poem 'The meaning of a word' was a name given to a household object no longer in use in my childhood – a simple, wooden folding table that hung on the kitchen wall of the two-roomed house my mother married into in 1944. It was taken down and placed in the centre of the floor, a pot of praties emptied onto it and people sat around it to eat. With the steady movement of people and life down from the old houses in the hills to the new houses by the main road in the valley, the 'losset' – both physical object and word – was abandoned, all but forgotten. My father mentioned the losset once or twice and I remember asking the great Irish lexicographer Tomás de Bhaldraithe about the word at a small gathering in his home in Rathgar in Dublin in the mid-1990s. 'Was it an Irish word?', I asked. 'Oh', he said 'I'm almost certain that's an Old English word, but let me check'. And in we went to his study where he took down the relevant volume of the *Complete Oxford English dictionary*, where the word was revealed as an Old Irish word (*losat* (i) 'kneading-trough'; (ii) 'table spread with food'). He was delighted, we both were delighted – and his lovely smile lit the study.

The words 'gaoth' and 'gee' are unrelated, except in the soundscapes of my imagination. I first learned of Sheela na Gigs when I was twenty or so, from my partner Anne O'Connor, and it was a little while before I realised that 'gig' was the same word as 'gee', a word which had coloured my youth. A school bus driver, big, balding, relentlessly cheery would greet the girls with an inevitable 'How is your gee this morning?' or cruder variations on that theme. Some of them were well able for him and would shoot back 'Arrah, how is your own, and how hairy is *it*'! The more timid ones would shrink back in their seats and make their journey in silence. The word rang out, clear and unambiguous. The sound of Gaelic Ireland? Maybe ... .

Irish was alive in the landscape when my father and mother were children. They told me they heard it spoken around them – 'when the old people didn't want you to know what they were talking about', my father said. My mother's grandmother, Sally McKenna, loved Irish and saw that it was vanishing around her. She defied her parents, my mother always said, and married up in the hills above the lake, where the language was still strong. That would have been in the 1870s. Seán McDermott came to visit her, having heard that she was a native speaker. '*Bhfuil Gaelige agat?*' '*Lán sac*' ar sise. She was an old woman when my mother was a girl in the 1920s. By 1940, Irish was no longer spoken in Tarmon or Arigna.

6. RE-SEEDING WORD

I used to cut seed potatoes with my father. He showed me how to spot the eye, where to cut. We'd sit in a shed in a field close to our house, a field that was sometimes meadow, sometimes the ground for planting praties, a field through which the old road had run across the hills at Lees' land in Mullafada, through the uplands of Towneycorry and down into Cartronbeg, all land that mearned the lake shore. French soldiers walked that road on their way to Ballinamuck in 1798 and begged for food from an ancestor of my mother's – a pot of meal and mashed spuds which she had prepared for the pigs, but which he was very grateful to receive for his starving companions. There was a curious stone formation in the field where I would sit with my father. It looked as if it might have marked a place where someone had died or was buried. When my twin nephews, John and Adam, were little boys, they would chat away to two old men they claimed they saw regularly in the field, near that stone mound. They grew up in a new house built in the field in the early 1990s.

In the mid-1990s two brothers from Chicago in the US came to live in Tarmon, in the house of Mae Lee, my great friend from childhood. I think they had family connections to Leitrim. Jim and John Duran were quiet, gentle, men, Irish-language scholars, always reading, always curious about word, phrase, grammar, pronunciation, the likely sound of Leitrim Irish. When they moved on after a few years in Tarmon they gave many books to their neighbour, my sister-in-law, Frances Lucy, who inherited a love of Irish from her father, Seán Lucy, poet and Professor of English at University College Cork, and a friend of Seán Ó Riada.

A small trove of books was moved from one house to the other: copies of *Sinsear* and *Béaloideas*; *Old Irish-paradigms and selections from the Old-Irish glosses* by John Strachan and Osborn Bergin; Seán Ó Súilleabháin's *Nósanna agus piseoga na nGael*, a lovely first edition of *Scéalaíocht na ríthe*, edited by Tomás Ó Floinn and Prionsias Mac Cana with illustrations by Micheál Mac Liammóir; *The Irish language: An Ghaeilge* by David Greene with extensive notation in red pen by James J. Duran. The gift of dictionaries, poetry, a handful of novels was gratefully received and the books were added to the bookshelves in Aughamore. I like to think my nephew, John Woods, noticed the books, saw how pleased and excited Frances and I were when we came back with bags full of Irish.

John was named after my father, who left school at thirteen. A few years before he died my father told me that he had won a prize in national school for an essay in Irish on the coal mines in Arigna. He worked in those mines – 'the pits' as they were known locally, later in his life. My nephew, John Woods, fell into Irish in his teens and came to love it, and live in and through, and by, its light. He told me that when he visits the graveyard in Curraghs he finds that he can only pray and think in Irish. He wrote to me recently. I had told him I was writing a piece for this *Festschrift* in honour of Ríonach uí Ógáin whom we knew from University College Dublin, and suggested he might add something about his experience of discovering the hidden layers of Irish in the landscape of his childhood and youth:

A Vincent mhaith,

Is minic muid ag caint ar a liachtaí teach tréigthe atá anois insa Tearmann. Cinnte, is díol suntais é – agus díol imní – an oiread acu atá san áit. Le chaon taobh an bhóthair, is ar éigean nach líonmhaire iad ná na tithe a bhfuil cónaí iontu. Sna cnoic, ba é do dhícheall aon líon tí amháin a áireamh in aghaidh na gcúig bhfothrach.

'Sé an bánú a fheictear don tsúil. Agus is eolach an tsúil … ach ní feasach.

Caint ón gcnoc anuas, agus ón seansaol anall, atá ag bunadh an Tearmainn. Ní airíonn an chluais an bánú, mar gur feasach di an rud ar a dtugann tú féin 'the colour of language'.

Bhí an Béarla corradh is céad bliain ag pobal na gcnoc, ón athrú teanga i leith. Dá fhad acu an Béarla, ba sheacht bhfaide an Ghaeilge, agus is buan a hanáil sin go fóill. Sliocht an phobail chéanna muide, agus más ea, tá lorg ár sinsear chomh mór orainn is go bhfeileann 'sliocht' mar ainm. An áit is láidre a mbíonn sin le brath ná insa dáimh leis an tseanchaint.

Inseoidh mé dhá fhocal dhuit faoi aimsir na Nollag arú anuraidh. Cailleadh ár madadh ionúin, rud a ghoill sách trom orainn. Ba léiriú é sin go raibh seal na clainne tugtha.

An lá arbh éigean a chur, seo mar a labhair m'athair, ag oibriú sluasaide dhó: 'Cnocán Rua is the next one over, Poll na Stile is the far side of that, and below this is what they called Bun an Ghamhna'.

B'shin an chéad uair agam na hainmneacha sin a chloisteáil.

Insa spreab, an seanrá.

Le cion croí,

John

7. THE BITTER HALF-CROWN; A HOUSE INTACT

Both my parents left school at thirteen, father in 1925, mother in 1932. All their siblings finished school at the same age. My mother always regretted that she hadn't had an opportunity to 'go on for teaching', and often remembered a schools' inspector who singled her out for praise for her beautiful reading of an Irish text, giving her half a crown and telling the teacher, Master Fleming, that she must go on to higher education. He asked about her family circumstances. 'Oh', said the teacher, 'she won't be going anywhere – they're as poor as church mice'. I think that remark (and reality) stung my mother all her life.

In considering all that has been lost and regained one can't separate the fate of language and the shape of culture from the often hard facts of economics. If people have to struggle to survive they're less likely to be educated, more likely to emigrate, more likely to embrace a language that seems to hold a promise of employment and opportunity and turn their backs on one that is associated with poverty, the past, old objects and ways that are slipping out of use, old people who are dying away. I fear for *Gaeltacht* communities today. Economic shifts and changes eat away at community, erode the future, undermine progress, stability and a living language as the sea erodes and undermines the coast. 'What will we be?' a young island woman asked a friend of mine after the death of a close neighbour. But the plaintive appeal in that phrase direct from Irish to English seems to hold a world of lament and doubt.

I take heart in the work of my nephew and his peers like Darach Ó Séaghdha who use the best of the internet and new technology to alert a new generation to the extraordinary wealth and worth of the Irish language. Poets like Aifric Mac

Aodha and Doireann Ní Ghríofa turn old ground into new crop. I salute Ríonach uí Ógáin for her generous and unstinting work for culture, language and education. I sometimes close my eyes and picture two scenes described to me: a group of women quilting in a (now vanished) house in Derrindaingean when my father was a boy, all of them speaking Irish. And, a group of men gathered around the open fire in Murray's house in Cartron Beg when my uncle Mickey (Michael Guihen) was a lad, all of them smoking pipes, the smoke drifting into the room and up the chimney, the talk and stories drifting across and into time. Murray's house is intact. I remember a phrase that was used there to welcome neighbours in rambling and the occasional stranger given a bed for the night, warmth, sustenance: '*Tá an bóthar glan is an oíche go breá, ach mar sin féin, fan go lá*'.

Illustrations

'Nell Phurge' (Eibhlín Ní Mhurchú, in conversation with Ríonach uí Ógáin. ii

7. *Margaret A. Mackay*
7.1 Åke Campbell and Calum Maclean. 61
7.2 Staff of School of Scottish Studies. 64

9. *Meidhbhín Ní Úrdail*
9.1 Pádraig Feiritéar (1856–1926). 96
9.2 Feiritéar 8, leathanach scaoilte marcáilte '5'. 97
9.3 Plaic chuimhneacháin an tí inar rugadh Pádraig Feiritéar ar an mBaile Uachtarach. 98
9.4 Feiritéar 1, colafan ar lch 486. 99

12. *Nicholas Carolan*
12.1 'Bacach i lár Aonaigh', RIA MS 23 F 22. 133
12.2 'Eamonn de Búrc', RIA MS 23 F 22. 140

13. *Cathal Goan*
13.1 'Róisin Dubh'. 143

15. *Lillis Ó Laoire*
15.1 Peadar Ó Tiománaí, Na Cruacha. 1949. 162
15.2 Teach Pheigí Ní Ghadhra inniu. 164
15.3 Róise Nic a' Ghoill agus Máire Mhic Giolla Dé. 166
15.4 Ciot Tom Ní Mhianáin, a deartháir John agus cuid de mhuintir Thoraí 1940 idí. 171
15.5 'Úna Bheag na hÁite'. 173
15.6 'Ar Theacht na Féil' Pádraig'. 175
15.7 Tomba mhuintir Tom sa tseanreilig i dToraigh, 2015. 176

16. *Tom Sherlock*
16.1 Finbar Boyle with Niall Hackett and Rosa Corcoran, in Claddagh Records, Cecilia Street, Dublin, 2002. 184

18. *Barbara Hillers*
18.1 Ríonach uí Ógáin and John Hume, Newman House, Dublin, July 1995. 213

RÍONACH UÍ ÓGÁIN'S PHOTOGRAPHIC WORK
(*between pages 18 and 19*)

1. A fairy tree and fairy rock, next to the home of singer Beairtle Ó Flaitheartaigh, Camas, Co. Galway.
2. Junior Crehan at his home near Miltown Malbay, Co. Clare.
3. Jack Doyle (Camp) at An Bóthar pub, Corca Dhuibhne, Co. Kerry.
4. A sweathouse at Drumkeeran, Co. Leitrim.
5. Selling winkles and dillisk in Kilkee, Co. Clare.
6. John Costelloe and his daughter Norrie, Kilbaha, Co. Clare.
7. Tobar Muire, Roisín na Mainiach, Carna, 15 August 1986.
8. 'Lá an Dreoilín' (The Dingle Wren), 26 December 1989, An Daingean, Co. Kerry.
9. Former Blasket Islanders Seán and Muiris Ó Guithín and Máire Ní Ghuithín, outside their home in Dún Chaoin, Co. Kerry.
10. Sharpening a scythe, Sherkin Island, Co. Cork, 2002.
11. Students of Irish folklore recording the singer Frank Harte in the Folk Music Section of the Department of Irish Folklore, University College Dublin.
12. Bríd Ní Nia and her brother, Pádraig, Carna, Co. Galway, in 1985.
13. Colm (Cóil) de Bhailís, An Diméin, An Cheathrú Rua, Co. Galway.
14. Storyteller Michael Mharcais Mac an Iomaire, Coillín, Carna, Co. Galway.
15. Former Blasket islanders Ellen Copley (Neilí Pheig Sayers) and Betty Teahan (Lísín Cearnaigh) in Torrington, Connecticut, with Ríonach uí Ógáin in 1992.
16. Sisters, Mrs Maura Carroll and Mrs Jenny Tierney, *née* Callaghan, viewing material they contributed to the Schools' Manuscripts Collection in 1937.
17. Student field work in Ráth Chairn, Co. Meath, in 1992.
18. Mrs. Susan Dugdale, accordion player, aged 101, Killallon, Clonmellon, Kells, Co. Meath.
19. Musician and former Blasket islander Muiris Ó Dálaigh, better known as 'Dálaigh', pictured in 1987.
20. Musician Áine 'Cheaist' Ní Chatháin (Uí Laoithe) and family at her home in Com an Liaigh, Ceann Trá, Co. Kerry.
21. Singer and musician Cóilín Ó Cualáin (Cóilín Mháirtín Sarah), Maínis, Carna, Co. Galway.
22. Mary Ghriallais (*née* Ní Fhlaitheartaigh), Cill Bhreacáin, Ros Muc, Co. Galway.
23. The pattern of St Mac Dara, Cruach na Cara, Carna, Co. Galway, 16 July 1976.
24. Singer Patrick de Búrca, Aill na Brón, Cill Chiaráin, Co. Galway.
25. Singer Vail Ó Flatharta in 1984.

Illustrations

PLATE SECTION

(*between pages 146 and 147*)

8.1 Nellie O'Brien, painted by Walter Frederick Osborne.
12.1 'Cailín Deas Rua', RIA MS 23 F 22.
15.1 Teach Pheigí Ní Ghadhra inniu.
19.1 Publicity notice for events organized to celebrate 'Women's Little Christmas', 2019, at the Vienna Woods Hotel, Glanmire, Co. Cork.
21.1 A section of Daniel MacDonald's, *The discovery of the potato blight*.
21.2 William Bourke Kirwan, *A stocking girl of Connemara, Mary Lynch*.
24.1 Máire Ní Ghaoithín, iar-Bhlascaodach, Barr an Bhóthair, Dún Chaoin, Co. Chiarraí.
27.1 Famine sod from Tarmon, Co. Leitrim (2015) by Miriam de Búrca.

Contributors

ANNA BALE, Sound Archivist, National Folklore Collection, University College Dublin

ANGELA BOURKE, Professor Emerita of Modern Irish, University College Dublin

NICHOLAS CAROLAN, Irish Traditional Music Archive

SÍLE DE CLÉIR, Head of Léann na Gaeilge, University of Limerick

KELLY FITZGERALD, Assistant Professor, School of Irish, Celtic Studies and Folklore, University College Dublin

CATHAL GOAN, Former Director-General of RTÉ and Adjunct Professor in the School of Irish, Celtic Studies and Folklore, University College Dublin

BARBARA HILLERS, Associate Professor of Folklore, Department of Folklore and Ethnomusicology, Indiana University, Bloomington

CRÍOSTÓIR MAC CÁRTHAIGH, Director, National Folklore Collection, University College Dublin

MARGARET A. MACKAY, Honorary Fellow, Celtic and Scottish Studies, University of Edinburgh

LIAM MAC MATHÚNA, Professor Emeritus of Modern Irish, University College Dublin

MAUREEN MURPHY, Professor Emerita of Teaching, Learning and Technology, Hofstra University, Hempstead

ÉILÍS NÍ DHUIBHNE ALMQVIST, President, Folklore of Ireland Society / Cumann le Béaloideas Éireann

BAIRBRE NÍ FHLOINN, Head of Irish Folklore, University College Dublin

MEIDHBHÍN NÍ ÚRDAIL, Associate Professor of Modern Irish, University College Dublin

WILLIAM NOLAN, Formerly Geography Department, University College Dublin, and currently General Editor of the Irish County History and Society Series, published by Geography Publications

STIOFÁN Ó CADHLA, Senior Lecturer in Folklore, University College Cork

SÉAMAS Ó CATHÁIN, Professor Emeritus of Irish Folklore, University College Dublin

ANNE O'CONNOR, Folklorist and Psychotherapist, and currently Editor of *Béaloideas: Journal of the Folklore of Ireland Society*

ANNE O'DOWD, Retired Curator, Irish Folklife Division, National Museum of Ireland

DIARMUID Ó GIOLLÁIN, Professor and Chair, Department of Irish, and Concurrent Professor of Anthropology, University of Notre Dame

PÁDRAIG Ó HÉALAÍ, Retired Senior Lecturer in Modern Irish, NUI Galway

ÉAMONN Ó hÓGÁIN, Independent Scholar

LILLIS Ó LAOIRE, Senior Lecturer in Modern Irish, NUI Galway

TOM SHERLOCK, Independent Music Business Manager and Consultant

SEOSAMH WATSON, Professor Emeritus of Modern Irish, University College Dublin

FIONNUALA CARSON WILLIAMS, Independent Scholar

VINCENT WOODS, Writer, Broadcaster and Member of Aosdána

Tabula Gratulatoria

Anna Bale
Dick Beamish
Virginia Blankenhorn
Angela Bourke
Pádraig A. Breatnach
Mícheál Briody
Peter Browne & Siobhán Ní Laoire
Paddy Bushe
Neil Buttimer
Nicholas Carolan
Fionnuala Carson Williams
Ray Cashman
Kate Chadbourne
Hugh Cheape
Hugh & Jacinta Colreavy
Maura Corcoran
Maureen Cronin
George Cunningham
Marian Deasy
Síle de Cléir
Tim & Máirín Dennehy
Eithne de Valera
Aileen Dillane
Jonny Dillon
Greta Dillon-Åberg
Clodagh Doyle
Colette Ellison
Dewi Evans
Kelly Fitzgerald & Peter McCanney
Maxim Fomin
Anna Germaine
Henry Glassie & Pravina Shukla
Cathal Goan
Aoife Granville
Terry Gunnell
John Harrington

Marie Heaney
Barbara Hillers
Clare Hodgins
Ailsa C. Holland
Harry Hughes
Irish Traditional Music Archive
Madeleine Kinsella
Nancy Looney
Liam Mac Amhlaigh
Adam Mac an Rí
Críostóir Mac Cárthaigh
Fionnán Mac Gabhann
Dónall Mac Giolla Easpaig
Margaret A. Mackay
Liam Mac Mathúna
Anne Markey
Paul McKeon
Seán McKiernan
Patricia Moloney
Terry Moylan
Vera Moynes
Aine Moynihan
Maureen Murphy
Éilís Ní Anluain
Máire Ní Annracháin
Treasa Ní Bhrua
Bróna Nic Amhlaoibh
Róisín Nic Dhonncha
Ailbhe Nic Giolla Chomhaill
Máire Ní Chaoimh
Áine Ní Cheallaigh
Caoilfhionn Nic Pháidín
Maighréad Ní Dhomhnaill
Órla Ní Dhubhghaill
Éilís Ní Dhuibhne Almqvist
Eithne Ní Fhlathartaigh
Bairbre Ní Fhloinn
Deirdre Ní Loingsigh
Muireann Ní Mhóráin
Máire Ní Neachtain
Tuala Ní Ógáin
Tríona Ní Shíocháin

Meidhbhín Ní Úrdail
The Nolan family
William Nolan
Pádraig Ó Baoighill
Dónall Ó Braonáin
Donla & Anraí ó Braonáin
Stiofán Ó Cadhla
Ian Ó Caoimh
Clíona O'Carroll
Séamas Ó Catháin
Colmán Ó Clabaigh OSB
Seán Ó Coileáin
Gearóid Ó Conchubhair
Anne O'Connor
Séamus Ó Cróinín
Gearóid Ó Crualaoich
Mícheál & Mairéad Ó Cuaig
Seán Ó Curraoin
Liam Ó Dochartaigh
Noel O'Donovan
Anne O'Dowd
Proinsias Ó Drisceoil
Mary O'Dwyer
Colm Ó Flathartaigh
Ciarán Ó Gealbháin
Diarmuid Ó Giolláin
Pádraig Ó Héalaí
Tomás Ó hÍde
Conall Ó hÓgáin
Éamonn Ó hÓgáin
MacDara Ó hÓgáin
Lillis Ó Laoire
Máire & Feargal Ó Móráin
Maitiú Ó Murchú
Nollaig Ó Muraíle
Mícheál Ó Raghallaigh
Aighleann O'Shaughnessy
J.J. O'Shea
Lochlainn Ó Tuairisg
Royal Irish Academy Library
Odile Perrin Saint-Pierre
Muintir Sharpson

Tom Sherlock
Lisa Shields
Natasha Sumner
Margaret Tinsley
Regina Uí Chollatáin
Caitríona Uí Ógáin
Fintan Vallely
Joyce van Belle
Mary Warren-Darley
Seosamh Watson
Gary West
Kevin Whelan
Ulrika Wolf-Knuts
Vincent Woods